हिमालय में एक तपस्वी

रहस्यमयी खोज का क्लासिक लेखन

पॉल ब्रंटन

हिमालय में एक तपस्वी

एकाकी प्रवास की डायरी

प्रकाशक : वॉव पब्लिशिंग्ज़् प्रा. लि. पुणे

मुद्रक : ट्रिनिटी अकादमी, फॉर कॉर्पोरेट ट्रेनिंग लि., पुणे

प्रथम आवृत्ती : दिसंबर 2021

रीप्रिंट : जनवरी 2025

अनुवादक : रचना भोला (यामिनी)

ISBN : 978-93-90607-56-3

'A Hermit in The Himalayas' इस अंग्रेजी पुस्तक का हिंदी अनुवाद

Himalaya Me Ek Tapaswi
by Paul Brunton

परिचय

जब से पॉल ब्रंटन ने 'ए हर्मिट इन हिमालयाज़' लिखी, तब से संसार में बहुत कुछ बदल गया है – और पी.बी. (वे अपने चाहनेवालों के बीच इसी नाम से जाने जाते हैं) भी स्वयं अपनी तीसरी और अंतिम यात्रा वृत्तांत पुस्तक लिखने के बाद बदल गए हैं। इसके साथ ही, बहुत सी बातें ज्यों की त्यों हैं।

जब पी.बी. ने अपनी यात्रा आरंभ की तो वे कुछ समय तिब्बत में बिताना चाहते थे परंतु उन्हें सरकारी अधिकारियों ने ऐसा करने की अनुमति नहीं दी थी। आजकल, उन पर्यटकों के लिए ऐसा करना संभव है, जो चीन के मानव अधिकार दस्तावेजों को उपेक्षित कर तिब्बत में प्रवेश करना चाहते थे – परंतु किसी तिब्बती के लिए ऐसा करना खतरनाक या असंभव है। पी.बी. के भारत में अंग्रेजी राज के बारे में व्यक्त किए गए विचार, भारत को आज़ादी मिलने से कई साल पहले लिखे गए थे – हो सकता है कि वे बीते हुए युग के धुंधले फुटनोट्स से ज्यादा न लगें हालाँकि आज की खबरें हमें एक पश्चिमी साम्राज्य के कर्म, चुनौतियों और भाग्य की प्रतीक्षा का स्मरण करवाती हैं, जो एक पूर्वी देश की संस्कृति और शासन का स्थान लेना चाहता है। विरोधी संस्कृतियों, राजनीति और भाग्यों का विरोध, पूरे विश्व में जारी है। इसी बात को ध्यान में रखते हुए, पी.बी. के वक्तव्य और सुझाव आज भी प्रासंगिक हैं।

मैं दूसरे विषय को, 'पी.बी. की प्रतिक्रिया' का नाम देता हूँ – उन्होंने बहुत ही अलग-अलग विषयों पर अपने विचार रखे हैं, जिनमें तलाक, सेक्स, यूएफओ, ज्योतिष विज्ञान, चाय और मेरा प्रिय हजामत भी शामिल हैं। जैसा कि 'नोटबुक्स ऑफ पॉल ब्रंटन' में देखा गया, पिछले कुछ सालों के दौरान कुछ विषयों पर पी.बी. के विचारों में बदलाव आया है। (चाय इसका अपवाद रही जिसे वे अंत तक सराहते रहे।) फिर इन पुराने सुझावों को अपने साथ रखने की क्या आवश्यकता है? केवल इसलिए क्योंकि आज भी पॉल ब्रंटन की इस पुस्तक के विचार ऐसे हैं, जो हमें विविध विषयों पर एक नया दृष्टिकोण और नज़रिया दे सकते हैं।

तीसरे विषय को बहुत विस्तार से और पूरी सुंदरता के साथ लिखा गया है। इसमें से अधिकतर हिमालय के भव्य सौंदर्य और वर्णन के बारे में है। इसके साथ ही उन्होंने आंतरिक मन की सुंदरता को भी अभिव्यक्त किया है। पी.बी. के पिछले यात्रा वृत्तांत में भारत और मिस्र के उल्लेखनीय स्थलों की खोज थी। इस जगह उन्होंने अपने हृदय और कलम को प्रकृति की ओर मोड़ते हुए, संसार से परे एक बैरागी के एकांत प्रवास की सादगी और सुंदरता के बारे में लिखा है। पी.बी. अपने पहाड़ी घर के सौम्य और नाटकीय तत्त्वों के बीच बड़ी आसानी से विषय बदलते हैं, एक पल में आकाश में दिखते तारों के मौन में मग्न होते हैं, तो दूसरे ही पल एक तेंदुए का सामना करते हैं और वह भी केवल आत्म-नियंत्रण के बल पर। फिर भी वे इस प्रवास को संसार से सदा के लिए दूर होना नहीं मानते। हम देखते हैं कि पी.बी. एकांतवास के लिए सीमा, उद्देश्य और अभ्यास नियमित रूप से कर रहे हैं, जो हमें कुछ समय के लिए सांसारिक उलझनों से दूर करता है और हम लौटकर बेहतर तरीके से दुनिया का सामना कर पाते हैं। इस तरह, यही इस पुस्तक का सार है : एक ऐसा मार्ग, जो प्रकृति के साथ हमारे पवित्र संपर्क के माध्यम से हमें हमारी गहरी स्थिरता के बीच ले जाता है।

पी.बी. ने अपने उच्चतम अस्तित्व का परिचय एक पहाड़ के शिखर पर ही पाया, यह आपके किसी शहर के पार्क या अपने ही घर के प्रांगण में भी मिल सकता है। इस किताब को बाहर ले जाएँ, प्रतिदिन के एकांत स्थल को खोजें और एक-दो क्षण के लिए, यह महसूस करें कि सुदूर बसे पर्वत पूरी स्पष्टता और मौन के बीच, आपके हृदय को अपने संदेश दे रहे हैं।

टिमोथी स्मिथ

सह-संपादक, द नोटबुक्स ऑफ पॉल ब्रंटन

नोट : टिहरी गढ़वाल का इलाका आज भी वैसा ही है, जैसा पी.बी. के समय में था। यदि आप इसके बारे में दिलचस्पी रखते हों तो इन वेबसाइटों पर अधिक जानकारी प्राप्त कर सकते हैं :

http: //tehri.nic.in/

http: //www.gmvnl.com/districts/tehri

http: //www.garhwaltourism.com/tehri

विषय सूची

प्रस्तावना

नेपाल के राजकुमार मसूरी शमशेर जंग बहादुर राणा की ओर से

मुझे अपने मित्र पॉल ब्रंटन की पुस्तकों में से नवीनतम पुस्तक[1] के लिए परिचयात्मक शब्द लिखने में बहुत प्रसन्नता का अनुभव हो रहा है। यह दृश्य पर्वतों की लंबी और प्रसिद्ध पर्वत श्रेणियों के बीच स्थित है, जो भारत को मध्य एशिया से अलग करता है। लेखक ने जिन खाईयों और शिखरों का वर्णन किया है, उसने उन्हें टिहरी के इलाके में देखा, वे मेरे अपने प्रिय नेपाली हिमालय के पहाड़ों का ही विस्तार हैं। चूँकि मेरा जन्म इन पहाड़ों के बीच ही हुआ इसलिए मेरे मन में इनके लिए असीम स्नेह का भाव है। ब्रंटन के मौलिक और आकर्षक पुस्तक के माध्यम से इनके बारे में पढ़ना अपने आपमें बहुत प्रसन्नतादायक रहा।

जो लोग वनों से घिरी श्रेणियों तथा हिमालय की हिमाच्छादित चोटियों के बीच पले-बढ़े हैं, वही जान सकते हैं कि लेखक ने कहीं भी अति प्रशंसा नहीं की, केवल इनके साथ सहज न्याय किया है। भले ही पूरे विश्व में न हों, परंतु पूरे एशिया में ये दृश्य सदैव भव्य और गरिमामयी रहेंगे।

पहाड़ों से लौटने से पूर्व, लेखक कुछ दिन के लिए मेरे पास ठहरे और उन्होंने मुझे 'हिमालय में एक तपस्वी' की पांडुलिपि दिखाई। तभी मुझे पता चला कि उन्होंने पांडुलिपि के कुछ पन्ने मेरे नाम भी किए हैं। मैं अपने घोड़े की पीठ पर सवार होकर, उनसे भेंट करने गया था, उन्हें मैं अपने समय के आध्यात्मिक गुरु के रूप में आदर देता हूँ। यदि मुझे पता होता कि वे अपनी स्मरण शक्ति के बल पर, मेरी कही बातों के चुपचाप गुप्त नोट्स तैयार कर रहे थे, तो निःसंदेह मैं थोड़ा सोचकर बोलता। क्योंकि मुझे पता नहीं था कि वे एक डायरी लिख रहे थे, जिसमें वे समय-समय पर अपने विचार, घटनाओं और वार्तालापों को शामिल करते रहते थे। सौभाग्य से, मैं उनके विवेक पर विश्वास रख सकता हूँ कि वे ऐसे विषय प्रकाशित नहीं करेंगे, जो आम जनता के लिए नहीं हैं।

यह नई पुस्तक, डायरी होने पर भी, मेरे लिए किसी विशेष अध्ययन व शोध

---

[1] यह पुस्तक 1936 में लिखी गई थी।

से तैयार की गई पुस्तक से कम नहीं है, हालाँकि इसमें अनिवार्य तौर पर एक तरह की आत्मीयता और बिंदासपन भी है, जो प्राय: ऐसी डायरियों में ही पाया जाता है। इस पुस्तक में आपको एक प्रतिभाशाली लेखक के सबसे गुप्त विचारों को भी जानने का अवसर मिलता है। उन्होंने बताया कि जब उन्होंने इन पन्नों को मुझे दिखाने से पूर्व स्वयं देखा, तो उन्हें लगा कि वे 'भयंकर रूप से अहंकारी' लग रहे थे, वे चाहते थे कि इन पन्नों को वहीं दफन कर दिया जाए, जिस जगह वे लिखे गए। पर मैंने उन्हें दिलासा दिया कि यह अहंकार हर संस्मरण का हिस्सा होता है और हिमालय में उनके जीवन के ये संस्मरण उस योग्यता से बच नहीं सकते, जो साहित्य को अतिरिक्त रुचि और आकर्षण प्रदान करते हैं, भले ही ये समाज को अरुचिकर क्यों न लगें।

मेरा मानना है कि पॉल ब्रंटन जिन दिनों टिहरी में प्रवास कर रहे थे, उस दौरान वे उस इलाके में रहनेवाले एकमात्र गोरे रहे होंगे। निश्चित रूप से बहुत कम यूरोपियन ऐसे होंगे, जो सभ्य समाज से इतने दूर जाकर, घने जंगलों और पहाड़ों के बीच एकांत प्रवास करना चाहेंगे, जैसा उन्होंने किया। खैर, मुझे पूरा यकीन है कि उन्हें उनका पुरस्कार मिला है, जिस थोड़ी सी अवधि के दौरान मैं उनके साथ रहा, मुझे मानना पड़ेगा कि वे विलक्षण दिन थे : भौतिक संसार के सभी प्रपंचों और चिंताओं से परे सपनों, शांति और आध्यात्मिकता के जगत में रहने का अपार सुख।

मुझे ऐसा जान पड़ता है कि आमतौर पर उनके विचार, जो अन्य पुस्तकों और इस पुस्तक में प्रकट हुए हैं, वे पश्चिमी लोगों तथा तेजी से बढ़ रहे उन असंख्य पूर्वी लोगों के लिए हैं, जो पश्चिमी लोगों की जीवनशैली और चिंतन अपना रहे हैं। मैंने निजी रूप से पाया कि योगसहित हमारे प्राचीन एशियाई दर्शन और पद्धतियाँ, जो बीसवीं सदी की समझ से सुदूर जान पड़ती थीं, उन्हें ब्रंटन अपने वैज्ञानिक, तार्किक, आधुनिक तथा असंप्रदायिक तरीके से समझाने में सफल रहे हैं। मेरे लिए उन गुप्त विद्याओं को समझना और भी सरल हो गया।

अधिकतर धर्म ग्रंथों के अनेक पन्नों पर आपको ऐसी आत्मा का उल्लेख मिलेगा, जो अलग-अगल बोलियों में, विभिन्न तरीकों से; भिन्न-भिन्न व्यक्तियों के माध्यम से अपनी बात कहती है। मुझे पूरा विश्वास है कि ब्रंटन को एक ऐसे माध्यम के रूप में चुना गया था, जो पश्चिम के यांत्रिक जीवन में उलझे लोगों के लिए पूर्व के थोड़े से खोए हुए विवेक की पुन: व्याख्या कर सकते थे और उन्होंने

अपना कार्य पूरा भी किया।

इस प्रकार की पुस्तक उन लोगों के लिए है, जिनके भीतर आत्मा के आंतरिक जीवन के लिए सहानुभूति अथवा तड़प है। मैं उस समीक्षक की गहरी अज्ञानता को भाँप सकता हूँ, जिसने कलकत्ता के यूरोपियन-प्रबंधन से निकलनेवाले एक अखबार के माध्यम से, लेखक की पिछली पुस्तक 'गुप्त भारत की खोज में' को झूठा ठहराते हुए, भारत में किसी भी तरह की आध्यात्मिकता के अस्तित्व को नकारा और अंत में लेखक की ऐसे शोध करने की क्षमता का भी उपहास किया। सभी श्रेष्ठ भारतीय पत्रों, तथा संप्रदायों के प्रमुखों ने उस पुस्तक की भूरि-भूरि प्रशंसा की है। इस प्रकार पश्चिम में जन्मे और पूर्व में रहनेवाले उस समीक्षक की समझ और अनुभव की कमी दिखाई देती है, जिसने उस कार्य की आलोचना की।

उसकी राय को उतना ही कीमती माना जा सकता है, जितना मिंग वंश के अनमोल चीनी फूलदान पर किसी अशिक्षित घूंसेबाज की राय।

मैं व्यक्तिगत रूप से प्रमाणित कर सकता हूँ कि ब्रंटन की पुस्तकों में जिनका वर्णन है, वे न केवल भारत में असाधारण उपलब्धियों, चमत्कारिक शक्तियों तथा आध्यात्मिकता से युक्त ऐसे योगी हैं बल्कि ऐसे अनेक असाधारण व्यक्ति भी हैं जिनका वर्णन उन्होंने नहीं किया है। हालाँकि औसत यूरोपियन और पश्चिमी-शिक्षा प्राप्त भारतीय उनके वक्तव्यों को उदासीनता, व्यंग्य और निंदा की दृष्टि से देखते हैं - जिससे यह सिद्ध होता है कि उन्हें संसार के सबसे अमूल्य ज्ञान तथा एशिया की सबसे कीमती गुप्त परंपरा की दीक्षा नहीं मिली।

एक नेपाली होने के नाते, मैं ऐसे लोगों से संबंध रखता हूँ, जो पूरी कट्टरता से अपनी भूमि को सबसे श्रेष्ठ और स्वतंत्र रखने में सफल रहे हैं। मैं यह भी प्रमाणित कर सकता हूँ कि इस आध्यात्मिक विवेक की प्राचीन परंपराओं को भारत से भी कहीं अधिक बेहतर रूप में, नेपाल के पर्वतों में संरक्षित रखा गया है। परंतु लेखक जैसे सच्चे जिज्ञासु ही एशिया के सच्चे ऋषियों के समाज और रहस्यों को भेदने की आशा रख सकते हैं। उनके कलकत्ता के आलोचक समीक्षक को ही अकेले दोषी नहीं ठहराया जा सकता क्योंकि मैंने सुना है कि लेखक के मिस्री शोधों तथा महान पिरामिड के गुप्त अनुभवों को, यूरोपियनों ने 'मात्र पत्रकारिता का एक करतब' कहकर नकारा है! एक बार फिर उन्होंने अज्ञान को धोखा दिया। यदि वे पॉल ब्रंटन से कभी निजी रूप से मिलते या वे मिले भी हों, तो उन्हें पॉल ब्रंटन के

आंतरिक जीवन के बारे में जानने का अवसर न मिलता, जैसा कि मैंने उनके बारे में यहाँ लिखा है। वे वास्तव में जानते हैं कि उनकी गंभीरता और परिपक्वता पर किसी तरह का प्रश्न नहीं उठाया जा सकता और उन्होंने जीवन से परे, रहस्यमयी सत्यों की खोज के लिए कितने भौतिक बलिदान किए हैं। बहुत कम लोग ही उन्हें वास्तव में जानते हैं और उनके बारे में गलतफहमियाँ ही प्राय: स्वीकार कर ली जाती हैं।

मुझे बहुत प्रसन्नता हो रही है कि मुझे अपने मित्र की पुस्तक का परिचय देने की सेवा करने का अवसर मिला। इन पन्नों से झलकनेवाले आंतरिक प्रकाश का संदेश, पवित्र हिमालयों में छिपकर रहनेवाले ऋषि-मुनियों के आशीर्वाद से फलीभूत हो!

- शमशेर जंग बहादुर राणा

पहले ब्रिटिश संस्करण की भूमिका

कहीं पाठक इसे एक नई पुस्तक न मान लें और यह न समझें कि मैंने कई वर्षों के मौन को इसके माध्यम से तोड़ा है इसलिए मैं उन्हें जल्दी से बता देना चाहता हूँ कि ऐसा नहीं है। जितना मुझे याद है, यह उससे भी कहीं अधिक वर्ष पूर्व लिखी गई थी। इसका काम, मद्रास की एक प्रेस में अटक गया था, जहाँ उन दिनों मैं रह रहा था और फिर वहीं से पुस्तक प्रकाशित भी हुई। उनमें से कुछ प्रतियों को इंग्लैंड भेजा गया और उसी रूप में प्रसारित किया गया परंतु जल्दी ही वे ओझल हो गईं। माँग के बावजूद, 'ए हर्मिट इन हिमालयाज़' फिर कभी प्रकाशित नहीं हो सकी।

हालाँकि इस पुस्तक में जिस मध्य हिमालयी क्षेत्र की बात की गई है, मैं दोबारा उस स्थान पर कभी नहीं जा सका, युद्ध के दौरान मैं उन भव्य पर्वत शिखरों के बीच गया था; पहले सुदूर पूर्व में, सिक्किम की सीमाओं पर और फिर सुदूर पश्चिम में, जहाँ से थोड़ा सा तिब्बत दिखाई देता था।

मैं कभी भी उन अंतहीन पर्वत शिखरों की कतारों को भुला नहीं सका, जो इस तरह सूरज में चमचमाती थीं, मानो स्वयं ही आकाश में कहीं आधी गुम गई हों। खड़ी, पथरीली घाटियों में नाचते झरनों के खुशनुमा स्वर भी कैसे भुलाए जा सकते हैं।

यह अनिवार्य था कि इस डायरी में प्रस्तुत कुछ दृष्टिकोणों को आंतरिक विकास और बीतते वर्षों के अनुभवों के साथ सुधारना चाहिए। परंतु सामान्य दृष्टिकोण वही रहा और वह यह है कि हमें अपने मन और हृदय को वश में रखकर आध्यात्मिक शांति प्राप्त करनी होगी। कुछ समय पहले ही मैं पूर्व की यात्राओं को पूरा कर पश्चिमी जगत के जीवन में लौटा। परंतु फिर भी मैंने यहाँ जो भी देखा व सुना, वह मुझे आश्वस्त करता है कि यह माँग पहले से कहीं अधिक तीव्र और महत्त्वपूर्ण हो गई है, जब यह डायरी लिखी गई थी। अगर संसार कष्टों के बीच हतप्रभ व विस्मित खड़ा है; तो ऐसा आंशिक तौर पर इसलिए है क्योंकि हमने कार्य को ही देवता बना दिया है; हमें अभी सीखना है कि कैसे होना है, जैसा कि हम

पहले सीख चुके हैं कि कैसे करना है।

हमें इन तूफानों के बीच इसी तरह की पतवार चाहिए। कई बार ऐसे समय भी आते हैं, जब इस तरह का एकांत प्रवास हमारे लिए कोई मूर्खता नहीं बल्कि विवेक और कोई दुर्बलता नहीं बल्कि शक्ति बन जाता है। यदि हम सबसे हटकर अपने लक्ष्यों पर विचार करें, अपनी दिशा का सर्वेक्षण करें, यदि अपनी व्याकुलता को शांत करने के लिए समय और सुविधा का प्रयोग करें, यदि हम अपनी अंतर्दृष्टि को अधिक सचेत करें, तो हम गलत नहीं करते।

हालाँकि मैं केवल अमूल्य, अस्थायी और कभी-कभी मिलनेवाली सहायता के अलावा किसी देहाती या एकांतिक प्रवास की हिमायत नहीं करता क्योंकि हमें असली जंग तो अपने ही अस्तित्व से लड़नी है, ठीक जिस जगह हम खड़े हैं। जीवन की इस यात्रा में जो भी परीक्षा सामने आती है, उससे उबरने का अवसर न केवल चेतना को संपन्न करता है बल्कि चरित्र को भी उन्नत बनाता है। इस तरह व्यक्ति को बेहतरी के लिए अपने चरित्र को उन्नत बनाने का मौका मिलता है। यह भूल भी अपने आपमें एक गंभीर दोष है कि रहस्यमयी सोच, ध्यान का अभ्यास आदि केवल बैरागियों, भिक्षुओं और पवित्र व्यक्तियों या फिर सिरफिरे दीवानों तक ही सीमित है।

युद्ध-पूर्व का आसानी से यात्रा करनेवाला समय अब नहीं रहा। विमानों के बावजूद, आज हिमालय अधिकतर विदेशियों के लिए उससे भी अधिक सुदूर जान पड़ता है, जब मैंने पहली बार नीले आकाश तले इसके बहुरंगी गुंबद में प्रवेश किया था। एकांत प्रवास की चाह रखनेवाला, इन दिनों ज्यादा दूर तक नहीं जा सकता, संभवत: अगली काउंटी से आगे नहीं जा सकता। वस्तुत: आवास की कमी के कारण, कई बार व्यक्ति को अपने निजी कक्ष का एकांत तक नहीं मिलता। तो क्या मार्ग बंद हो गया? नहीं। यह अब भी सभी मनुष्यों के लिए खुला है, केवल इसका तरीका अलग हो सकता है। यदि कोई व्यक्ति अपनी दैनिक गतिविधियों में से, दिन या रात के समय, घर में ध्यान के लिए आधे घंटे का समय निकाल ले, तो उसे अंत में अच्छे परिणाम प्राप्त होंगे। जिन्हें घर में या बाहर खुले में अपने ध्यान के लिए उचित वातावरण न मिल सके, वे सर्विस-ऑवर के अलावा चर्च में भी यह ध्यान कर सकते हैं। हालाँकि किसी शांत पर्वतीय स्थल पर ध्यान रमाना थोड़ा सरल लग सकता है, परंतु वह व्यक्ति जहाँ भी हो, उसका मन ही मायने रखता है।

वह जिस प्रशांत अवस्था को पाना चाहता है, वह धीरे-धीरे गहरी होती जाएगी और ऐसा बिंदु भी आएगा जब उसे लगेगा कि उसकी सोच स्थिर और मन रिक्त हो गया है। इसी आंतरिक मौन के बीच, अस्तित्व की ईश्वरीय चेतना का प्रवेश होता है और हम नहीं जानते कि यह सब कैसे संभव होता है।

जो लोग रहस्यमयी जिज्ञासा के बीच काफी समय बिताते हैं और उचित मार्गदर्शन से आगे बढ़ते हैं, उनके लिए यह अनंत प्रेरणादायी हो सकता है। क्योंकि यह उन्हें उस अनंत शक्ति से जोड़ता है, उस अनंत विवेक और कल्याण से संपर्क साधने में मदद करता है, भले ही वह संपर्क कितना भी दुर्बल या क्षणिक क्यों न हो।

ऐसे ध्यान के फल, आत्मा के पुष्प समान सौंदर्य की झलक के रूप में प्राप्त होते हैं। हालाँकि यह केवल कुछ क्षणों के लिए होता है, परंतु अधिकतर मामलों में, इसका प्रस्फुटन वर्षों तक स्मरण में रहता है। अपनी आंतरिक यात्रा में बहुत दूर तक यात्रा करने में सक्षम व्यक्ति ही किसी भी समय में, स्वेच्छा से, इस उच्चतम चेतना के प्रशांत सौंदर्य की ओर लौट सकता है।

जनवरी, 1949

पॉल ब्रंटन

1

मित्रता का दर्शन - हिमालय के बीच खच्चर की पीठ पर सवार - पर्वत के शिखर पर मेरा बंगला

मेरी यात्रा का पहला चरण शीघ्र ही पूरा होगा। दक्षिण भारत के उष्ण त्रिकोणीय टुकड़े से कई सप्ताह की अनियमित यात्रा के बाद से, आज मैं बिस्तर पर इस सुखद चेतना के साथ सोनेवाला हूँ कि अब कुछ समय तक भूरे कंबलों और सफेद चादरों को इतनी जल्दी दोबारा बाँधने की नौबत नहीं आएगी।

ऐसा नहीं कि यात्रा अपने आपमें एक स्वागत योग्य बदलाव नहीं लाई। पारा थोड़ा सा कम होने से भी सूरज के ताप में झुलसी देह को चैन आया है। इसके साथ ही दृश्यों का अद्‌भुत सौंदर्य और स्थान भी बुद्धि का कौतूहल जगाने के योग्य रहे हैं। यह एक चिंतित यूरोपियन के लिए एक आज़ादी और सुकून का अनुभव है, जो उस दमघोंटू मैदानी इलाके से इस जगह आया है, जहाँ गर्मियों की चिलचिलाती धूप लबादे की तरह घेरे रखती थी।

सबसे बेहतर, व्यक्ति को पुराने दोस्तों से मिलने और नए दोस्त बनाने का आनंद मिल चुका है। यह सच है कि जो मनुष्य सांसारिक संबंधों या निजी स्वार्थ के बजाय आध्यात्मिक निकटता को अपनी मित्रता का आधार बनाता है, वह अपने लिए बहुत अधिक मैत्री की अपेक्षा नहीं रख सकता क्योंकि परम अस्तित्व के आदेश अनुसार चलना होता है। बुद्धि या फिर यूँ कहें कि

गलतफहमी के विभिन्न स्तर – वे उन लोगों के बीच असंख्य बाधाओं को ला खड़ा करते हैं, जिन्हें ईश्वर ने मैत्री के आनंद से नहीं जोड़ा।

आज जब मैं निम्नलिखित बाहरी छवियों के बारे में विचार करता हूँ, जिन्हें मैंने इस निजी यात्रा के दौरान पाया, तो मुझे उन संभावनाओं के लिए आश्चर्य होता है, जो हमें परम अस्तित्व की राह पर चलने से प्राप्त होती हैं, भले ही वे आपस में कितनी गुँथी हुईं या दुर्बल ही क्यों न हों।

रेशमी कपड़ों में सजा चश्माधारी व्यापारी जिसकी दुकान भीड़ भरे बाज़ार में स्थित है... एक अखबार का धूर्त बौद्धिक सहायक संपादक, जो मेरे ठंडे पेय पीने के दौरान राजनीति और अर्थव्यवस्था की बातें करता है... एक अशिक्षित कारीगर जो पूरे सप्ताह नाममात्र के वेतन पर सुबह से रात तक परिश्रम करता है और जिसकी दुखद दरिद्रता मेरे सामने इस सत्य को प्रकट करती है कि जिन्होंने जीवन के संघर्ष में पसीना बहाया है, परंतु कभी रक्तरंजित नहीं हुए, वे सही मायनों में इसका अर्थ नहीं जान सकते... एक अधेड़ नेक ख्यालवाले महाराजजी, वे अपने नैतिक संयमों के लिए आदर के लिहाज से विक्टोरियन युग से संबंध रखते हैं और बड़े ही विषाद से उस पतन का निरीक्षण करते हैं, जो आज की युवा पीढ़ी को निगल रहा है... एक युवा अंग्रेज हैडमास्टर जो ताज़ा सोच और उत्साह के साथ, शैक्षिक स्तर को गर्त से निकालने की कोशिश में है, जिसमें उन्होंने पाया कि एक ताकतवर और प्रमुख मंत्री जिनकी योग्यताओं ने उन्हें एक विशाल भारतीय राज्य में उच्च सरकारी पद दिया है और जिनके वार्तालाप से मेरा बौद्धिक कौतूहल शांत होता है... एक भारतीय धार्मिक बिरादरी के आध्यात्मिक प्रमुख जो हम दोनों को बाँधनेवाले सूत्र का आदर करते हुए, हमारे विश्वासों व मान्यताओं के अंतर को भी अनदेखा कर देते हैं... एक निर्धन और फक्कड़ योगी, जो ऋषिकेश से परे, गंगा नदी के किनारे रहस्यमयी शक्तियों पर ध्यान रमाते हैं, ऋषिकेश वह अद्भुत नगर है जिसे बैरागियों, संन्यासियों, भिक्षुओं और तीर्थयात्रियों ने अपना स्थायी अथवा अस्थायी आवास बनाया है...।

वे प्रशांत स्वर में मुझे बताते हैं कि वे किस प्रकार देह से आत्मा को विलग कर, सुदूर कलकत्ता में चल रहे दृश्यों के साक्षी हो सकते हैं अथवा नीचे देखते हुए लंदन के कोलाहल से भरे यातायात के स्वर को भी सुन सकते हैं! इसके अतिरिक्त एक बंगाली महिला है, जिन्होंने उच्चतम प्रकार की आध्यात्मिक सिद्धि प्राप्त कर ली है। और जब वे अपने भक्तों के विशाल समूह के सामने अधमुँदी आँखों के

साथ बैठती हैं, तो उनका चेहरा मुझे सौंदर्यमयी संत मदर टेरेसा के मुख का स्मरण करवाता है। एक सफेद दाढ़ीवाले दुबले और बूढ़े मुसलमान जो मुझे दिल्ली की तंग गलियों और बाज़ारों से होते हुए भारत की सबसे बड़ी मस्जिद, जामा मस्जिद में ले जाते हैं, जहाँ वे मुझे अपनी युवावस्था में किए गए मक्का के हज के रोमांचक कारनामे सुनाते हैं। फिर बताते हैं कि वे किस तरह स्वयं को एक और हज के लिए तैयार कर रहे हैं, जो इस संसार से उनका प्रस्थान होगा। वे मुझे प्रिय है क्योंकि वे अपने दर्शन के साथ थोड़ा सा मौज-मस्ती भी शामिल करना नहीं भूलते।

इसके अतिरिक्त और भी बहुत से हैं; ज्ञात और अज्ञात, जिन्होंने मेरे मार्ग को बहुत ही आत्मीयता से स्पर्श किया है; भले ही वे मन से बहुत ही सरल हों, परंतु इससे हमारी परस्पर सहजता में कोई अंतर नहीं आता। यदि कोई मनुष्य सही मायनों में जीना चाहे तो उसे जीवन के सभी किनारों को छूने के लिए तैयार रहना चाहिए। यहाँ तक कि महान मार्गदर्शक भी संसार के अस्वीकृत और घृणित अपराधियों के साथ से पीछे नहीं हटता; हालाँकि उसे ऐसा तभी करना चाहिए जब आंतरिक आकर्षण साझा और निरंतर बना रहनेवाला हो अन्यथा नहीं। जीवन में अचानक आनेवाले परिर्वतन इसकी राह में नहीं आने चाहिए। वह पहला व्यक्ति जिसकी आत्मा जीजस ने बचाई, वह नगर का कोई गुणवान व्यक्ति नहीं बल्कि एक वेश्या थी।

जब मैं विदेश में कुछ वर्ष अनुपस्थित रहने के बाद, एक मित्र के पास दोबारा जा रहा था, तो उन्होंने मेरे सम्मान में एक छोटी सी दावत रखने का प्रस्ताव रखा ताकि मैं नगर के महत्वपूर्ण हस्तियों से भेंट कर सकूँ। मैंने स्पष्ट इंकार कर दिया। मेरे मन में किसी भी नगर के महत्वपूर्ण लोगों से मिलने की कोई इच्छा नहीं थी। वैसे भी, दूसरों को क्या परवाह पड़ी है! मैंने थोड़ी सी पत्रकारिता, थोड़ा सा संपादन या फिर कह सकते हैं कि कुछ किताबें लिखी हैं। मैंने कुछ असाधारण लगनेवाले शोध भी किए हैं। बस इतना ही। बहुत से लोगों ने ऐसा किया है और इससे भी कहीं ज्यादा किया है। दावत देने का समय तब होगा, जब मैं कुछ सार्थक हासिल कर लूँगा, जब मैं आत्मारूपी हिमालय पर चढ़ते हुए, इसके श्वेत शिखर तक जा पहुँचूँगा। और यदि कभी ऐसा संभव हुआ तो मुझे संदेह है कि तब नगर के जाने-माने विख्यात लोग मुझसे भेंट नहीं करना चाहेंगे।

अभी ऐसे बहुत से लोग हैं, जिनसे मैं पुन: मिलना चाहता था, परंतु खेद से कहना पड़ता है कि अब समय नहीं है! मैं उत्तर की ओर अपने प्रस्थान के

लिए अधिक देरी नहीं कर सकता क्योंकि मेरे पास एक लक्ष्य और उद्देश्य है, जो मेरे लिए सर्वाधिक महत्त्व रखता है। इसलिए अब मैं, एक हल्के सलेटी रंग के पहाड़ी खच्चर की काठी पर सवार, इसके गले में बँधी घंटियों के स्वर सुनते हुए, पैदलसवार की गति से चलते हुए, खड़ी फिसलन से भरी चढ़ाईयों से होते हुए हिमालय की श्रेणियों की ओर जा रहा हूँ।

***

सच कहू तो अब हम दोनों बहुत थके हुए हैं, अंतिम पड़ाव आने पर ही हमें राहत महसूस होगी। मेरे साथ मेरा नौकर भी है, उसके ठीक पीछे मुझसे लगभग आधा मील की दूरी पर, मेरा सामान ढोकर लानेवाले कुलियों का जत्था भी आ रहा है। अपना मेहनताना लेकर वापस लौटते समय शायद वे कुली खुश नहीं होंगे क्योंकि उन्हें मुझसे अधिक मेहनताने की अपेक्षा होगी। इस खच्चर ने भी एक खतरनाक और जोखिम से भरी मूर्खतापूर्ण आदत बना रखी है, यह बार-बार संकरे रास्ते के बाहरी छोर की ओर चला जाता है, जहाँ तीन हज़ार फीट की गहराई पर एक खाई मुँह खोले हमारा इंतजार कर रही है। मार्ग के भीतरी ओर चोटी का लंबवत हिस्सा है, जिसमें से ये निकला है। पशु बड़ी आसानी से उस ढलान को उतरकर, बिलकुल नीचे की ओर तेज़ी से जा सकता है पर उसके लिए वापसी इतनी आसान नहीं होगी। नीचे खाई में लगातार फिसलते हुए जाने की कल्पना से भी मुझे भय हो रहा है। यही भावना बार-बार उमड़ आती है कि मुझे अपनी गति को संयमित रखते हुए सावधान रहना है। मैं बार-बार बाईं ओर से लगाम खींचता हूँ, पर अड़ियल खच्चर बार-बार खाईवाले किनारे पर चला जाता है और मैं काठी पर बैठे-बैठे झूलने लगता हूँ। मुझे समझ में नहीं आता कि उस ओर ऐसा क्या आकर्षण है कि इसे मरने का भी भय नहीं होता, परंतु मैं इसके साथ इसकी नियति का साथी बनने को तैयार नहीं हूँ।

मैं सचमुच नहीं जानता कि ये अपने जीवन के प्रमुख चरण में, अपने अस्तित्व का नाश करने पर क्यों तुला है, परंतु आज दोपहर इसने जानकर अपनी दाईं टाँग को खाई की ओर ले जाकर करतब दिखाया, नतीजन यह फिसला और मैं धड़ाम से जमीन पर जा गिरा। नितंब में खरोंचें आईं और कंधा तेज़ दर्द के साथ अपनी जगह से खिसक गया। तब मैंने सोचा कि अब हम दोनों के लिए समय आ गया है कि हम आमने-सामने होकर इस गंभीर मसले पर बात करें और मैंने तय किया कि मैं इस अड़ियल खच्चर के उदासीनता भरे रवैए को भेदकर, इसे समझाने

की चेष्टा करूँगा कि यह अपनी भूल सुधारे।

यह तो साफ है कि बातचीत का थोड़ा असर दिखा, इसने अपना दुःख से भरा उदास मुखड़ा थोड़ा सा उठाया और अपने पैर दृढ़ता से जमाए रखे। इसने अपने खुरों को जमीन पर कसकर जमाना आरंभ किया ताकि हमारे लिए अचानक गिरने का खतरा न बना रहे। बाद में मैंने खच्चर को पुरस्कार देने की सोची और उसे अपनी कीमती चीनी के भंडार में से दो चम्मच चीनी खिलाई। यह इतनी सामान्य चीज़ थी कि मैदानी इलाके में इसकी कमी नहीं थी पर अब मुझे बहुत संभलकर इसे खर्च करना होगा क्योंकि अगर अनुमानित समय से पहले मेरा राशन समाप्त हुआ तो मुझे बेस्वाद फीकी चाय से संतोष करना होगा।

कुलियों के मुखिया ने मुझे बताया कि खच्चर की ये अवांछित आदत उसके तिब्बती माता-पिता की देन है, जो अक्सर अपनी पीठ पर भारी बोझ लादते थे। वह भार उनके दोनों ओर काफी चौड़ाई तक झूलता था कि उन्हें मजबूरन मार्ग के भीतर छोर से बाहर की ओर चलना पड़ता था ताकि उस ओर की चट्टानों से सामान न टकराए।

सारा दिन सूरज इतनी तीव्रता के साथ चमकता रहा, जिसने मुझे हैरानी में डाल दिया। हालाँकि यह तीव्रता सहनीय है और काफी हद तक यूरोप के अगस्त महीने के तापमान की तरह है परंतु मैदानी इलाकों की झुलसा देनेवाली गर्मी की तुलना में निश्चित रूप से स्वर्गिक ही है।

एक और रास्ते की ओर मोड़ आया, जो लगातार ऊँचाई की ओर जा रहा था, उसके सम्मुख आते ही मेरी विस्मित दृष्टि के सामने मंत्रमुग्ध कर देनेवाला नैसर्गिक सौंदर्य साकार हो उठा। यह प्रकृति इतनी उदारता से ऐसी अलग-अलग आकार की विशाल चोटियों तथा पर्वत श्रेणियों को संभाल सकती है कि इन्हें देखकर सधी हुई यूरोपियन आँखों को विश्वास ही नहीं होता। चाहे किसी भी दिशा में देखो, चारों ओर हिमालयी दैत्यों की ओर ही दृष्टि जाती है। उत्तर-पूर्व की ओर, अनंत तुषार का एक क्षेत्र, एक विशालकाय ऊँचा अवरोधक जो तिब्बत को ऐसे संसार में संदेहास्पद और सुरक्षित रखता है, जो हर संभव उपाय से मैत्रीपूर्ण संप्रेषण में लीन है, यह इसके हिमदरारों से भरे सफेद पार्श्वों को संभाले रखता है, सफेद बर्फ से ढके कंधे और हल्का नीला हिमाच्छादित शीश आकाश की ओर उठा है, जहाँ इसके तल पर घाटियों के साए दिखाई देते हैं। इनके चारों ओर उजली चमकती

बर्फ देखी जा सकती है। पूर्व में, वनों से घिरी ऊँचाईयों और पर्वत स्कंधों की लंबी अनियमित रेखा को दूर तक फैला देखा जा सकता है, जो परत-दर-परत दूर तक जाते हुए क्षितिज में विलीन होती दिखाई देती है। पश्चिम की ओर, मैं हल्की हरी-सफेद ऊँची-नीची खाईयों को गाढ़े भूरे रंग में मिलते देखता हूँ, जो हज़ारों फीट नीचे, चट्टान और धरती के एक विशाल कटोरे में मिलती दिखाई देती है। दक्षिण की ओर, ऊपर की ओर देखते हुए, विशाल जामुनी ग्रेनाइट की खड़ी चट्टान दिखाई देती है, जो मेरे खच्चर के बाहरवाले किनारे से केवल कुछ ही फीट की दूरी पर है, सारे परिदृश्य पर उसका वर्चस्व है।

गहरी खाईयों से विभाजित ऊँट की पीठ जैसे पर्वत श्रेणियों, उन्नत शिखरों और गहरी खाईयों का यह जाल आपस में इस तरह फैला है कि एक में दूसरी शाखा निकलते हुए दूर तक समानांतर चली जाती है और फिर अचानक कहीं मुड़कर, आगे अनायास ही दोबारा मिल जाती है। इस जगह पर नक्शा बनानेवालों को वाकई बहुत कठिनाई हुई होगी। इस अंतहीन भ्रम के अंबार को संभालना, मैदानी इलाकों और खेतों की तुलना में बहुत कठिन रहा होगा। पर्वत शिखर यूँ ही बेतरतीबी से इधर-उधर बिखरे हैं। ये न्यू यॉर्क शहर के ऊँची-ऊँची इमारतों के ढाँचे जैसा नहीं है।

यह अचानक याद आना भी विचित्र था कि यह सारा हिमालय हमारी धरती के साथ, सूर्य के चारों ओर अठारह मील प्रति सैकेंड की गति से चक्कर लगाता है।

फिर भी मेरे देखे हुए किसी भी अन्य प्राकृतिक दृश्य की तुलना में इसका ऊबड़-खाबड़ सौंदर्य कहीं अधिक आकर्षक है। मैं पूरे हृदय से कुदरत के इस उपहार को ग्रहण करता हूँ। इस धरती को बनानेवाले भगवान स्वयं इसके सौंदर्य से अभिभूत हुए होंगे। इस दृश्य का नैसर्गिक सौंदर्य किसी भी कल्पना से परे है। यह मन को प्रेरित करते हुए आत्मा को उन्नत बनाता है। यदि कवि शैली होते तो निश्चित रूप से इस क्षेत्र में आते ही कविता अवश्य लिख लेते परंतु अफसोस मैं कोई कवि नहीं हूँ। यह तेजस्वी हिमालय संपूर्ण एकांत के आभामंडल में स्थित है, जो बहुत अधिक शांतिपूर्ण तथा प्रेरक रूप से भव्य है। हिमालय के इन पर्वतों में, पर्वतारोहण का सच्चा आकर्षण है। सभ्यता सुदूर बसी है, नगर भी दूर-दूर हैं और चारों ओर शांति का अद्‌भुत साम्राज्य है। ये हमें अनंत का संदेश देते हैं, हालाँकि दक्षिण में भी पर्वत श्रेणियाँ हैं, जो भूगोल के लिहाज से बहुत पुरानी हैं परंतु भयंकर

पर्वत ही इसके लिए अनंत का संदेश लाते हैं। यहाँ व्यक्ति ब्रह्माण्डीय रहस्य से साक्षात्कार कर सकता है, जो किसी मानव-निर्मित विशाल नगरों की आड़ में नहीं छिपा, परंतु स्वयं को अपने सबसे सहज रूप में, शांत चुनौतीपूर्ण मुख के साथ प्रकट करता है। हिमालय प्रकृति के महानतम बलों का मूर्तिमान रूप है।

***

हम उस संकरे मार्ग पर आगे बढ़ते गए। हिमालय के ये तीव्र ढलानवाले मार्ग, जीवन के मार्गों की तरह ही हैं। मैं कानों में संगीत की धुन के साथ इस मार्ग का रोमांच उठा रहा था। ईश्वर मुझे लुभा रहा है। मैं केवल हिमालय नहीं बल्कि स्वर्ग की ओर बढ़ता जा रहा हूँ। मैंने एक बेहतर संसार को पाने के लिए ही दूसरे संसार को छोड़ा है। मुझे कोई कठिनाईयाँ नहीं आईं, कोई मेरे पास नहीं आ सकता क्योंकि पहले उन्हें मेरे हृदय में अपना स्थान बनाना होगा और वे ऐसा नहीं कर सकते। हवा में उस प्रेम की गंध है, जो उस परम पिता परमात्मा से मिलता है। पर्वत उस सौंदर्य से भरे हैं, जो उनका नहीं अपितु ईश्वर का है। संपूर्ण यात्रा एक भव्य काव्यमयी प्रतीक बन गई। पवित्र प्याले की जिज्ञासा इसका दैवीय यथार्थ है।

मेरे खच्चर के पैर उखड़े हुए पत्थरों, टूटी हुई चट्टानों और राह में गिरे ग्रेनाइट के टुकड़ों पर लड़खड़ा जाते हैं, जो ऊपर से लुढ़ककर आ रहे हैं। कई जगह पर पथरीले रास्ते पर घास भी उगी हुई दिखती है। कई बार, राह के किनारे कुछ सुंदर फूलों का झुंड भी अचानक सामने आ जाता है। पुदीना और गेंदा, दोनों ही यहाँ हैं।

रास्ते में, मैंने एक विचित्र दृश्य देखा। एक कुली, एक महिला को सरकंडों से बनी तिकोनी सी टोकरी में बिठाकर ले जा रहा था, जो उसने अपनी पीठ पर बाँधी हुई थी। महिला यात्री का पति पीछे पैदल आ रहा था। दोनों ही तीर्थयात्री हैं जो हिमालय के किसी तीर्थ की ओर जा रहे हैं और शायद उन्होंने वह रास्ता नहीं अपनाया है, जिससे तीर्थयात्री सामान्यत: जाते होंगे। हालाँकि वह महिला इतनी कमजोर भी नहीं थी पर शायद चढ़ाईवाले पहाड़ी रास्तों पर चलने में परेशानी हो रही होगी।

जंगल से ढकी एक विशाल दीवार की उभरी हुई चट्टानी दरार से बहता पहाड़ी नाला धीरे-धीरे मार्ग के साथ बह रहा है। इसने एक उथला सा गड्ढा बना दिया है और खाई के एक ओर गिर रहा है। खच्चर अचानक ही रुका, अपना सिर

धरती की ओर झुकाया और उस गड्ढे में मुँह डालकर प्यास बुझाने लगा। अगर मुझे उसकी इस हरकत का अनुमान न होता तो शायद मैं फिर काठी से लुढ़ककर, नीचे मुँह खोलकर बैठी खाई में जा गिरता। परंतु मैंने पहले ही सावधानी बरती और खच्चर की पीठ से उतर गया।

इस बिंदु से मार्ग थोड़ा सहज हो गया और हम तेज़ी से आगे जाने लगे। खैर, देश के घुमावदार स्वभाव के चलते, हमें चोटियों के आसपास और घाटियों के बीच पूरे चक्कर लगाते हुए जाना होगा; किसी भी तरह से कोई छोटा मार्ग नहीं अपनाया जा सकता।

पहाड़ों की ओर देवदार के घने वृक्ष हैं और वे लताओं की गहरी पकड़ में हैं, जो उनके तनों से गोल घुमावदार चक्कर बनाकर लिपटी हैं। एक बार मैंने एक अकेले बुरुंश के पेड़ को देखा था, जो लाल फूलों से लदा हुआ था और इधर भी कुछ फूलों के झुंड तितर-बितर दिखाई दे रहे हैं।

अंततः सूरज ढलने को आया, तीव्रता एकदम घट गई, एक उजला पीला फीकापन सा चारों ओर छा गया और आकाश पारदर्शी लाल हो उठा।

इक्का-दुक्का गिद्ध उड़ते हुए दिखते हैं और चक्कर लगाती चीलें आसमानी नीले आकाश से होते हुए अपने ठिकानों तक जा रही हैं। मैंने देखा कि गिद्ध किस तरह दूसरे पक्षियों की तरह पंख झटकते हुए आकाश में नहीं उड़ते, उनकी गति ठीक विमानों जैसी होती है। यह अपने पंखों पर संतुलन साधे हुए, ऊपर या नीचे की ओर उड़ान भरता है।

एक बार मैंने कोयल की आवाज़ भी सुनी और मुझे याद आ गया कि यूरोप में बसंत आ गया होगा।

सूरज ढलने के साथ ही कई सारे बदलते रंगों का उपहार लाया है। आकाश की ओर जाती चोटियों और शिखरों की सफेदी, किरणों के लाल और गुलाबी रंग से रंग गई है; परंतु यह आभा अस्थायी है। डूबते सूरज का प्रस्थान बर्फ से ढकी चोटियों को पल-पल नया रूप देता है और वनों से ढकी निचली श्रेणियों को केसरिया रंग मिला है। लाल रंग सुनहरे में बदलता है और सुनहरा रंग फिर से पीलेपन में आ जाता है। और जब अंतिम किरणें विदा लेती हैं, तो रंगों की गरमाहट भी श्रेणियों और बर्फ को त्याग देती है, जिससे एक अजीब सा उजलापन छा जाता है। धुँधलापन और गहरा होते हुए सलेटी-सफेद रंग में बदल जाता है।

अंत में, सूर्यास्त, पूर्व में दिन और रात के बीच का छोटा सा अंतराल है, परंतु ये रंगीन क्षण मेरे लिए अमूल्य हैं।

शीघ्र ही अस्पष्टता के एक आवरण ने सारे इलाके को घेर लिया परंतु श्रेणी के पीछे से जल्दी ही चाँद निकल आया और सौभाग्य से इसकी रोशनी इतनी थी कि हम इसकी किरणों में अपना मार्ग आराम से देख सकते थे। जल्द ही मेरी आँखें उस अंधकार में चांदनी को देखने की अभ्यस्त हो गईं। जब हमारा रास्ता हमें गोल चक्कर कटवाते हुए पहाड़ी चोटी तक ले गया, तो हमने खुद को घने जंगल के अंधकार के बीच पाया और पेड़ों के बीच अपना रास्ता खोजना भी कठिन हो गया। अंत में हम एक बार फिर चांदनी के बीच बाहर निकले और मेरे खच्चर के सामने तीन मील का पहाड़ी रास्ता था, जो साफ दिख रहा था।

मैंने मन में सोचा कि इस तरह के रास्ते का सबसे बड़ा फायदा यही होता है कि आप अपना रास्ता भटक नहीं सकते। इस जगह रास्ता बतानेवाले बोर्ड नहीं होते क्योंकि उनकी कोई आवश्यकता ही नहीं होती। आप आगे जा सकते हैं या पीछे वापस आ सकते हैं पर आपको कहीं और नहीं जाना, जब तक आपको खड़ी चट्टानों पर चढ़ना या खाईयों में उतरना नहीं आता। यह किसी अजनबी नगर में भटकने से कहीं बेहतर है, जहाँ खुद को खोने से आसान कुछ नहीं होता।

हाँ, यह हमारी यात्रा का अंतिम चरण है। हमने एक विशालकाय किंतु सुंदर अलौकिक जगत की यात्रा की है। चांदनी में पत्ते भी रूपहले हो गए हैं और पेड़ों के तने देखकर लगता है मानो उन्हें चीनी चढ़े हुए पाषाण से गढ़ा गया हो। संसार के इन विशालकाय दैत्यों पर पड़ती चंद्रमा की हल्की रोशनी के बीच कुछ ऐसा विचित्र सम्मोहन है, जिसका वर्णन नहीं किया जा सकता। मैंने अनुमान लगाया कि रात के नौ बजे होंगे, पर मैं सही तरह से समय नहीं बता सकता क्योंकि एक दुर्भाग्यपूर्ण दुर्घटना में मेरी कलाई की घड़ी टूट चुकी है और इस तरह मुझे वापस शहर में लौटने तक समयविहीन रहना होगा। ऐसा नहीं कि यह हानि नहीं है, पर मैंने तय किया है कि मैं और समय, कुछ महीने के लिए एक-दूसरे से विदाई ले सकते हैं। इस तरह धरती अपने ही तरीके से कार्य करती रहेगी। वैसे भी, मेरे लिए यही बेहतर था कि मैं तीन हज़ार मील दूर गिरने के बजाए कुछ फीट की दूरी पर गिरूँ।

आकाश की काली पृष्ठभूमि में, ऊँची चोटियों के साये लहरा रहे हैं, जो दूर

तक हमारे मार्ग से गुजरते हुए घाटी को ढक रही है। आकाश में लगातार टिमटिमाते असंख्य तारों की संख्या बढ़ती जा रही है, जो रात के राजदूत बनकर, अपने रत्न लिए आ पहुँचे हैं। मानो बहुत से पिरामिड कतार बनाए खड़े हों। प्रत्येक चोटी किसी दैत्य की प्रेतात्मा के समान लगती है, परंतु फिर भी इनकी सुंदरता से इंकार नहीं कर सकते। इनमें से प्रत्येक इस छोटे से खच्चर पर सवार जीव का उपहास कर रही है, जो इनके शांत लोक में घुसपैठ करने आ गया है। यह हिमालय, इस विचित्र प्रकाश में, दैत्यों का दंतकथा लोक बन गया है। हो सकता है कि इस जगह वे परीकथाएँ भी सत्य हो सकती हैं, जो हमारे बचपन का मन बहलाती आई हैं। अचानक ही मुझे पश्चिमी क्षितिज पर, वृषभ के राशिचक्रीय नक्षत्र में प्लीडस का खूबसूरत तारासमूह दिखाई देता है। भले ही प्राचीन लोग जीवित नहीं परंतु इसमें एटलस की सात पुत्रियों की कथा समाई है, जिन्हें स्वर्ग में भेजा गया और वे सितारों में बदल गईं।

मैंने और उत्सकुता से बल लगाया। यह हमारी अच्छी किस्मत है कि हमारे पास राह दिखाने के लिए चंद्रमा की पर्याप्त रोशनी है क्योंकि मैंने देखा कि देश के वनों में छिपी प्रकृति के कारण मैं अपनी मंजिल से भटक सकता हूँ, जिसके कारण मुझे और लंबे समय तक अनावश्यक रूप से खच्चर की सवारी करनी होगी। और मुझे यह कहने में लज्जा आ रही है कि मेरे साथ ऐसा ही हुआ। जब हम लगभग एक चौथाई मील तक गलत रास्ते पर चले गए, तो अचानक ही मन में रास्ता भटकने का अंदेशा हुआ और मैंने खच्चर से उतरकर, उसका मुख उसी तरफ मोड़ दिया, जिस दिशा से हम आ रहे थे। मेरी बिजली से चलनेवाली टॉर्च यूँ ही सामान में पड़ी थी और अब मेरे काम नहीं आ सकती थी। अब मेरे पास धीरे-धीरे पैदल चलने के सिवा कोई उपाय नहीं है। थोड़ा पैदल चलने पर ही मुझे समझ में आया कि वह मार्ग आड़ा-तिरछा होकर चोटी के एक बिंदु तक चला गया है, जहाँ घने वन में थोड़ी निकासी बना दी गई है और वह हिस्सा पर्वत के किनारे को ऊपर से नीचे तक ढकता है।

मैंने अपने खच्चर को एक पेड़ से बाँधा और छोटे तीखे किनारे से होते हुए ऊपर तक चला गया। वहीं से, मैंने चंद्रमा की हल्की रोशनी में एक पर्वत की चोटी के पास स्थित एक जंगली और देहाती क्षेत्र के एकांत में बने बंगले की सफेद की हुई दीवारों को चमचमाते देखा। मैं अपने नए घर पहुँच गया था।

इमारत से परे, कुछ ही कदमों की दूरी पर मैं एक और गहरी खाई के छोर

तक आ गया, जो चोटी के दक्षिणी मुख से मिलती है। यह तो साफ है कि मुझे भविष्य में इस ओर थोड़ा संभलकर आना होगा!

मैंने एक बार फिर अपने खच्चर को इनाम दिया, हालाँकि इसने मुझे उस दिन बहुत सारी दर्द करनेवाली चोटों का उपहार दिया था, पर वह मुझे सफलतापूर्वक मेरे अनूठे और आकर्षक आवास तक ले भी आया। इस अवसर पर, मैंने अपनी जेब में और गहराई तक हाथ डाला और इसने मेरी दी हुई चीनी मज़े से चटकर ली।

बर्फीले पहाड़ों की ओर से ठंडी हवा बह रही है। मैंने अपनी जैकैट के कॉलर ऊँचे कर लिए। मेरे सिर पर, आकाश अपनी पूरी सुंदरता के साथ जगमगा रहा है। नक्षत्र अपनी सहज आभा के साथ विचर रहे हैं। ऊँचे स्वर्ग में वे सितारे, रात के मुकुट पर लगे हीरकों के समान हैं।

और अब मैं मार्ग के पास ही बैठा, पूरे धैर्य से, अपने कुलियों के आने का इंतजार कर रहा हूँ, जिन्हें मैंने कुछ घंटों पहले, अपने से पीछे छोड़ा था तब तक मैं उस रात की खूबसूरती में खो सा गया, अचानक ही तेज आवाजों और हर्षोल्लास के स्वरों से तंद्रा भंग हुई। एक बार फिर मेरे भीतर मिलनसरिता की भावना ने जोर मारा और मुझे खुशी हुई कि हम सब फिर से मिल गए। मैंने अपने कुलियों समेत अपने नौकर की गिनती की और निश्चिंत हुआ कि वे सब सही-सलामत यात्रा करके आ गए हैं। जब मैंने उन्हें मुस्कुराते हुए कहा, 'हम सात लोग हैं!' और इसके साथ वर्डस्वर्थ नामक कवी की एक खास कविता की कुछ पंक्तियों को सुनाया, हालाँकि उन्हें उस कविता का अर्थ तो समझ में नहीं आया लेकिन मुझे मुस्कुराते देख वे भी मुस्कुराने लगे। शायद उन्होंने कल्पना की कि मैं अपने विचित्र देवताओं के आगे कोई मंत्रजाप कर रहा हूँ और उन्हें धन्यवाद दे रहा हूँ कि हम सब यात्रा से सुरक्षित आ गए हैं।

सारे सामान को बंगले के अंदर रखा गया। बैग खोले गए, मोमबत्ती और माचिस निकाले गए। फिर कुलियों को मेहनताना देकर विदा देने का समारोह आरंभ हुआ। ये अच्छी मजबूत गठन के नाटे लोग हैं, जो पहाड़ी कबीलों से संबंध रखते हैं। वे वाकई बहुत ताकतवर और हट्टे-कट्टे होते हैं। ये लोग प्राय: प्रतिदिन अपनी पीठ पर सौ किलो वजन तक उठा लेते हैं - परंतु मैंने कभी उनकी पीठ पर ऐसा अमानवीय बोझ नहीं लादा। औसतन पचास पाउंड तक का भार ही रहा होगा। इसके बावजूद उनका आहार थोड़ा भात और सूखे मटर से ज्यादा नहीं होता और

उसके बाद उसे गले से नीचे उतारने के लिए थोड़ा सा दूध पीते हैं।

कोई सोच सकता है कि यदि किसी यूरोपियन कुली को ऐसा काम करना पड़े तो उसे कितना माँस खाना होगा और दिन में कितनी बार आहार लेना होगा। मेरे अपने कुलियों ने अपना पूरा भोजन केवल सुबह के समय किया था और उसके बाद दिन में हल्का सा नाश्ता। ये पहाड़ी कुली सर्दी-गर्मी की परवाह न करते हुए, ज्यादा से ज्यादा भार उठाकर, बड़े से बड़ा पहाड़ चढ़ सकते हैं जिसमें उनका छरहरापन भी काम आता है।

मैंने बक्षीस की माँग का अनुमान कर लिया और ऐसी धनराशि दी, जिसने उनके बड़बोले मुखिया को चुप करवा दिया। उन्होंने बताया कि वे लोग थोड़ी झपकी लगाकर, भोर में ही खच्चर लेकर वापस चले जाएँगे।

मेरे नौकर ने बिस्तर खोल दिया है। हम थके हुए और धूल से भरे हुए हैं, अपने आसपास की जगह से अनजान हैं और पास माहौल का जायज़ा लेने का समय भी नहीं है। फिर हम बाकी सभी चीज़ों को भुलाकर, अपने शरीर को उस रहस्यमयी किंतु स्वागत-योग्य अवस्था में ले गए, जिसे संसार नींद के नाम से जानता है।

2

तिब्बत में कैलास पर्वत के लिए प्रस्तावित अभियान - हिमाच्छादित पर्वतीय दृश्यों का अद्भुत रूप - मैंने अपने लिए 'आश्रयगृह' खोज निकाला

एक दिन वैज्ञानिक हमें हल्की झपकी का गणित निकालकर देंगे, वे हमें थकान से लेकर अचेत अवस्था तक डिग्री का अनुपात गणना करके दे सकते हैं। परंतु वे कौतूहल शांत करने के लिए जो भी अनुपात प्रस्तुत करें, वह हिमालय के ऊँचे पर्वतों पर रहनेवाले लोगों के लिए अलग ही होगा।

हम दोनों ही सामान्य नींद की तुलना में कम नींद लेकर, कहीं अधिक तरोताज़ा होकर उठे, हमने पहले से कहीं ज्यादा जीवंत अनुभव किया। हो सकता है कि यह विशुद्ध वायु का असर रहा हो, जिसने हमारे शरीर की कार्यविधि को सुचारू करने में मदद की। हमने और दिनों की तुलना में अपने रोज़मर्रा की दिनचर्या को बहुत जल्दी आरंभ किया। लेकिन हमें भोर के आगमन की प्रतीक्षा में दीपक जलाकर बैठना पड़ा। हम इतंजार में थे कि धीरे-धीरे सूरज की रोशनी में पर्वतों की हल्की धूमिल रेखा दिखने लगेगी और आसमान का रंग गहरा नीला हो जाएगा।

मैं बंगले में टहलने लगा। यह एक सादी और बहुत कम सामान से भरी जगह है, जो पर्वतों में बने एकांत बंगले के अनुरूप ही है। तीन जोड़ा दरवाजे मेरे कमरे में खुलते हैं, जिनमें से एक डाइनिंग हॉल से आ रहा है, दूसरा शयनकक्ष से जुड़ा है (हालाँकि

आप उसमें टाइलों से सजी दीवारों और चीनी मिट्टी से बने सामान की अपेक्षा न रखें, वहाँ ठंडे पानी के लिए जस्ते से बने टब के सिवा कुछ नहीं है) और तीसरा दरवाजा सीधा जंगल की ओर जाता है। आखिरी दरवाजे में चमकीले काँच से रोशनी छनकर आ रही है।

इस तरह यह मेरा नया घर है। अचानक ही मुझे चेतावनी याद आ गई, मुझे कहा गया था कि यह घर भुतहा है, पर मैंने इसे गंभीरता से नहीं लिया। भले ही यह कभी सच रहा होगा, पर अब ऐसा नहीं हो सकता। मैं यह मानने को तैयार हूँ कि धरती से विदा लेनेवाली आत्मा ने स्वयं को धूमिल अदृश्य से रूप में एकाध बार लाने का प्रयत्न किया होगा ताकि इस परिचित धरती से अपना संपर्क बनाए रख सके, परंतु मैं यह मानने को तैयार नहीं हूँ कि वह अब भी यहीं है। कोई भी भूत इस स्वस्थ पर्वतीय वायु में जीवित नहीं रह सकता। वैसे भी वह प्रशंसा के अभाव में बहुत अकेला और उदास महसूस करेगा। इस सुंदर आवास में कोई बेचारा भूत कैसे किसी प्रोत्साहन की अपेक्षा रख सकता है। जो जाने कितने बरस इसी तरह वीरान पड़ा रहता है। एक आत्मसम्मानी भूत को कम से कम दर्शक तो चाहिए। और वह इस जगह कैसे दर्शकों की उम्मीद रख सकता है - देवदार के वृक्ष, आलसी भालू या फिर शरीर भेदनेवाली हवाओं का जोर? नहीं, उसे तो लोगों की संगत चाहिए, समाज चाहिए, तभी वह अपने होश ठिकाने रख सकेगा। मुझे पूरा यकीन है कि मुझे दी गई चेतावनियों का कोई आधार नहीं होगा।

और मेरी गतिविधियों के बारे में पूछें तो सबसे पहले मुझे स्थिर बैठना है। मैं पूरी गंभीरता से बात कर रहा हूँ। वाकई, मुझे मानना पड़ेगा कि यह बहुत ही अजीब बात है और इतनी अजीब बात है कि जब से मैं ब्रिटिश देश से इस ओर आया हूँ, मैंने कभी इस बारे में विचार तक नहीं किया; निश्चित रूप से यह ऐसा काम है, जिसके बदले में मुझे कोई एक पैसे का भी मेहनताना नहीं देना चाहेगा। फिर भी यही परम सत्य है, स्वयं को इंसानों से काटकर, खुद को इस हिमालय के साम्राज्य में स्थापित करने का एकमात्र उद्देश्य यही है। मैं अपने लिए इस रोमांच के बीच कोई उत्साह, सिर के बाल खड़े कर देनेवाली परिस्थितियों और कष्टों की अपेक्षा नहीं रखता।

मेरे भीतर मिश्रित भावनाओं का ज्वार उमड़ रहा है। मैं एक साथ सुखद एहसास, विस्मय और सांत्वना से घिरा हूँ। मैं प्रसन्न हूँ क्योंकि मेरा मानना है कि मेरा एक हिस्सा जैसे इसी जगह से जुड़ा है, यह निश्चित रूप से पहले जन्म

में यहीं-कहीं बसता होगा। विस्मित हूँ क्योंकि मुझे याद है कि इस हिमालय की विशाल श्रृंखला में, 25000 फीट की ऊँचाई से अधिक, साठ से अधिक पर्वतीय शिखर हैं, भयंकर बर्फीले तूफान और लगातार व्याकुल कर देनेवाली नीले रंग की बिजली के बीच ये हिमाच्छादित देव, मनुष्यों के संसार से कैसे अनासक्त खड़े हैं। मैं आश्वस्त हूँ क्योंकि इन क्षेत्रों में भले ही प्रकृति मनुष्य की अच्छी मेजबान न होने के लिए कुख्यात है, मेरे भीतर एक तरह के दैवीय संरक्षण का भाव उभरता है और सारे भय तिरोहित हो जाते हैं।

इन शाश्वत बने रहनेवाले पर्वतों के बीच, समय की कद्र करना और इसी बात पर दिमागी घोड़े दौड़ाना थोड़ा मुश्किल होगा।

'स्थिर रहो और जानो कि मैं ईश्वर हूँ।'

यह पंक्ति हिब्रू बाइबिल से ली गई है। यह मुझे विदा देते हुए हिमालय की ओर किसी अन्वेषक या शोधकर्ता के रूप में नहीं भेजती। यह चाहती है कि मैं अपनी बाहरी गतिविधियों से दूर रहते हुए अपने चित्त को शांतचित्त अवस्था तक ले जाऊँ। हालाँकि मुझे इसके सुझाव के अनुसार, आत्म-सजग ध्यान की अवस्था में भी नहीं जाना होगा, बस स्थिर होना सीखना है। मैं न तो कोई बाहरी और न ही कोई भीतरी रोमांच चाहता हूँ, मैं प्रकृति को अपनी शिक्षिका बनाना चाहता हूँ, मैं अपनी आत्मा को इस प्राकृतिक परिवेश के मौन से एकात्म कर देना चाहता हूँ और चाहता हूँ कि मेरा प्रत्येक विचार इस शून्य में कहीं विलीन हो जाए। मुझे एक जीवित विरोधाभास बनना है, कुछ न करने के प्रयत्न की कौतूहलपूर्ण पद्धति के साथ ही उच्चतम अवस्था का मोक्ष पाना है। कुल मिलाकर, मैं स्तोत्र की पंक्ति को अपने जीवन में शाब्दिक रूप से उतारने के लिए तैयार हूँ।

इस प्रकार दैवीय उपस्थिति का आनंद पाने के लिए, मैंने उत्तर की ओर अपनी यात्रा आरंभ की। मैं नहीं जानता था कि मेरे पैरों को कहाँ विश्राम मिलेगा। हिमालय की पर्वतमालाओं की श्रृंखला पंद्रह हज़ार मील के लगभग ही होगी। क्या मैं उस विचित्र जगत में, अपने लिए ऐसा एकांत स्थल पा सकूँगा, जो मुझे मेरे आंतरिक अस्तित्व के साथ आसपास के परिवेश में घुलने की अनुमति दे सके?

सदियों से भारत के योगी, ऋषि और संत हिमालय के घने वनों या हिमाच्छादित पर्वत शिखरों पर रहते आए हैं। वे इन स्थानों के सामंजस्यपूर्ण परिवेश के बीच ध्यान रमाते थे। इस प्रकार मैं भी परंपरा के अनुसार, उनके ही उदाहरण

पर चल रहा था।

मेरा ध्यान सबसे पहले, तिब्बत की ओर स्थित, कैलास पर्वत पर गया। यह पूरे एशिया में हिंदुओं और उस महाद्वीप के बौद्धों के लिए सबसे पवित्र स्थल है। कैथोलिक ईसाईयों के लिए रोम, मुसलमानों के लिए मक्का और यहूदियों के लिए जेरूशलम का जो महत्त्व है, कैलास भी उनके लिए वही महत्त्व रखता है। यह उनका मोक्ष धाम है, उनके देवताओं का धाम और उनके देवदूतों का आवास। इसके शिखरों पर निर्वाण प्राप्ति संभव है। मैं जानता हूँ कि यह केवल उनका अंधविश्वास नहीं है क्योंकि इसके समर्थन में अनेक गहन और गूढ़ कारण भी उपलब्ध हैं। क्या हमारी कल्पना इतनी बुरी और संकीर्ण हो गई है कि यह जीवन और संसार में प्राचीन देवताओं को कोई स्थान नहीं दे सकती? क्या ओलंपस पर्वत हमारे लिए बंजर पहाड़ भर है, जो कभी प्राचीन मनुष्यों के लिए इतना महत्त्व रखता था? देवताओं ने लोगों के साथ अपने नाम बदले, परंतु स्वयं को नहीं बदला। वैसे भी, स्वयं भगवान बुद्ध ने ही अपने शिष्यों से कहा था कि वह स्थान उन लोगों के लिए उपयुक्त है, जो ध्यान साधकर अपने लिए मोक्ष पाना चाहते हों। जिस प्रकार ओलंपस के बादलों से घिरे शिखर पर यूनानी देव, लोगों की नज़रों से दूर बैठे हैं, उसी तरह मान्यता है कि कैलास के हिम से ढके शिखरों पर, दिवंगत बुद्धों की आत्माएँ छिपी हैं।

तिब्बती इसे कांग-रिनपोचे यानी हिम-रत्न कहते हैं। उनके मध्ययुगीन योगी मिलारेपा ने इसी पर्वत की एक गुहा में ध्यान रमाया था। वैसे तो अल्मोड़ा से होते हुए कैलास की तीर्थयात्रा का मार्ग जाता है परंतु मैंने अपने लिए लंबा और कठिन मार्ग चुना क्योंकि उस पर बहुत कम लोग जाते थे और वह कहीं अधिक हरा-भरा था। इसके सौम्य एकांत से गुज़रते हुए, आबादी से घिरे स्थानों के तनावों से परे यात्रा करना ऐसा ही होगा, मानो किसी व्याकुलता और विक्षिप्तता से भरे संसार से बाहर आकर पवित्रता और सौम्यता के बीच यात्रा हो रही हो।

***

यह सच है कि हिमालय पार की इस यात्रा के दौरान जान के कुछ जोखिम होंगे, परंतु वे मुझे एक क्षण से भी अधिक का कष्ट नहीं दे सकते। मैंने अपने स्कूल के अनुभव से सीखा है कि जो व्यक्ति अपने से कहीं बड़े अभियान को पूरा करने निकलता है तो देवों के संरक्षक उनके साथ होते हैं।

कैलास ही मेरा केनान (ईसाई, मुसलमान और यहूदी धर्म का तीर्थ) हो गया। परंतु नई दिल्ली में केंद्र सरकार की लाल फीताशाही आगे आ गई और मैंने पाया कि मुझे तिब्बत की सीमा से आगे नहीं जाने दिया जाएगा। तिब्बतवासियों के लिए कैलास पर्वत इतना पवित्र है कि वे विधर्मी यूरोपियन को उस जगह नहीं जाने देंगे। 1908 की संधि के अधीन अंग्रेजों ने आश्वासन दिया था कि वे ऐसी कोई अनुमति नहीं देंगे कि यूरोपियन अपनी उपस्थिति से उनके तीर्थ की गरिमा और पवित्रता को मलिन कर सकें।

समय बहुत कीमती है। एक-एक दिन हाथ से निकलता जा रहा था, तिब्बत की सीमा में जाने की अनुमति माँगने के लिए मैंने वॉयसराय से अपील की।

हिज़ एक्सीलेंसी ने मेरी किताब, 'ए सर्च इन सीक्रेट इंडिया' पढ़ रखी थी और इसके कारण ही मुझे दयालबाग जाने का अवसर मिला, मैंने आध्यात्मिक आधार पर उस नगर का दौरा किया और एक अध्याय भी लिखा। इसके अलावा, हिज़ एक्सीलेंसी नगर के रचियता साहबजी महाराज से इतने प्रसन्न हुए कि अगले साल की ऑनर्स सूची प्रकाशित होते समय, उन्हें नाईट की उपाधि प्रदान की गई।

परंतु मेरी विशेष अनुमति के बारे में उत्तर नहीं मिल पाया क्योंकि तिब्बतवासी इस बात के घोर विरोधी हैं कि कोई भी यूरोपियन उनके किसी पवित्र स्थल पर कदम न रखने पाए।

मैंने लंदन में भारत के राज्य सचिव को एक पत्र लिखा। मैंने उनसे अपने शोधों के बारे में बात की थी, उन्होंने मेरे साथ हमदर्दी दिखाई और वे जानते थे कि मैं कितने कौशल, समझ और विवेक से पूर्वी लोगों की धार्मिक भावनाओं का आदर-सम्मान करता था।

उनका जवाब भी सीधा और सच्चा था। सरकार के लिए तिब्बती अधिकारियों से यह आग्रह करना लज्जाजनक होगा और वे निश्चित तौर पर इंकार कर देंगे। वैसे भी, केवल उनकी ओर से यह आग्रह भर करने से ही मुझे अपनी यात्रा में किसी तरह की कोई मदद नहीं मिलनेवाली थी।

हालाँकि सरकार चाहे तो मुझे तिब्बतियों की ओर से परमिट दिलवाया जा सकता था कि मैं दार्जिलिंग के निकट कलिमपोंग से होते हुए, तिब्बत की सीमा पार करूँ और ल्हासा तक व्यापारिक मार्ग पर जा सकूँ, परंतु मुझे ग्यांत्से से आगे जाने की अनुमति नहीं मिल सकती थी।

मैं निराश हूँ। केवल चमड़ी के रंग के कारण एक व्यक्ति को तीर्थ पर नहीं जाने दिया जाता। जबकि यह पवित्र स्थल गोरी जाति के रंगीभेद से जुड़े पापों के लिए हमनाम जान पड़ता है। मैं बौद्ध धर्म के बारे में तिब्बतवासियों से कहीं अधिक जानकारी रखता हूँ क्योंकि मैंने लंबे समय तक इसका अध्ययन किया है और मुझे एक बहुत ही विद्वान और आध्यात्मिक रूप से उन्नत लामा से पढ़ने का सौभाग्य मिला, फिर भी मुझे विधर्मी माना जा रहा है क्योंकि मेरी चमड़ी का रंग गोरा और उनका पीला है।

मेरे लिए ग्यांत्से तक यात्रा का परमिट किसी काम का नहीं है। ग्यांत्से तिब्बती नगर है और उन तिब्बती व्यापारियों के लिए महत्त्व रखता है जो ल्हासा से भारत आते हैं। यह तिब्बत के पूर्व में पड़ता है जबकि कैलास पर्वत देश का पश्चिमी हिस्सा है। परंतु मैं न तो कोई व्यापारी हूँ और न ही कोई भूगोलवेत्ता। मैं कुछ भेड़ की खाल में लिपटे व्यापारियों और कुछ उनींदे बौद्ध मठों को देखने के लिए तिब्बत नहीं जाना चाहता। मेरा उद्देश्य कहीं अधिक परम है और इसका मूल कैलाश ही है। मेरे जीवन का हिस्सा, मेरा समय, अब केवल इस उद्देश्य पर ही व्यय होना चाहिए।

मैंने यह समाचार अपने योगी मित्र को भेजा, जो पहले भी कैलाश पर्वत जा चुके थे। उन्होंने जवाब दिया कि अब भी मैं एक तरीके से यह यात्रा कर सकता हूँ और उसकी निश्चितता में कोई संदेह नहीं है।

उनका सुझाव है कि अगर मैं स्वयं को भगवा वस्त्रोंवाले योगी में बदलकर, चेहरे और हाथों को रंग लूँ और पीला चोगा पहन लूँ तो बाकी सब वे देख लेंगे और मेरे साथ तीर्थ पर चलेंगे। उन्होंने आश्वासन दिया है कि वे तिब्बत की सीमा सुरक्षित रूप से पार करवा देंगे और कैलाश पर्वत तक ले चलेंगे क्योंकि मार्ग में उनके मित्र मदद करेंगे।

मैंने उनकी पेशकश ठुकरा दी। मेरा मानना है कि मेरे सहायक सरकारी दोस्तों को धोखा देना ठीक नहीं होगा। तीर्थयात्रा पूरे सम्मान से हो वरना बिलकुल न हो। इसके अलावा इसके कारण अजीब सी राजनीतिक समस्याओं का भी सामना करना पड़ सकता है।

इसके बाद एक और उम्मीद बाकी है, इसे भी आज़माने का समय आ गया है। एक तिब्बती मित्र मेरे काम और शोध के प्रति सहृदयता का भाव रखते हैं,

उन्होंने तिब्बत की सरकारी परिषद में अपनी ओर से जोर डलवाकर भी देखा। उन्होंने मुझे तिब्बती लिपि में लिखे कुछ पत्र भी दिए, उन्होंने मेरी राह में पड़नेवाले मठों के प्रधान लामाओं के नाम पत्र दिए। उनमें स्थानीय अधिकारियों से आग्रह किया गया था कि मुझे आवश्यक ईंधन और भोजन मुहैया करवाया जाए। लगता है कि उन्हें पक्का यकीन था कि मुझे तिब्बत में कैलास पर्वत की यात्रा करने की अनुमति मिल ही जाएगी। मुझे भी आस थी कि कैलास पर्वत की तलहटी में बसे मठ में कुछ समय व्यतीत करूँगा और वहीं शांत वातावरण में अपनी धूनी रमा लूँगा।

मैंने उन्हें अपने हालात बताते हुए तत्काल एक पत्र भेजा।

गुलाबी तार की पर्ची ने सारे कौतूहल का अंत कर दिया। उसमें लिखा था–

> बहुत खेद से कहना पड़ता है। सरकार से सलाह की। आंतरिक समस्याओं के चलते, वर्तमान ल्हासा अधिकारियों पर अधिक दबाव नहीं बन पाया।

मैंने उन शब्दों को किस्मत का लेखा समझकर सच मान लिया।

मेरे गुरु ने मेरे प्रस्थान से एक-दो दिन पहले रहस्यमयी तरीके से कहा था, 'कैलाश पर्वत तुम्हारे भीतर समाया है।' क्या वे जानते थे कि मैं उस जगह नहीं पहुँच सकूँगा? इसके बाद कैलाश के धवल शिखर मुझसे दूर होते गए और मैंने अपना ध्यान दूसरी दिशा में लगाया।

मेरी स्वीकृति असहायता की स्वीकृति है परंतु इसमें ही समझदारी है। नियति ने मेरे ध्यान के लिए विशेष स्थान चुना है और जब मैंने नक्शे में हिमालय के विशाल साम्राज्य को देखा तो मेरी अंगुली सीधा टिहरी-गढ़वाल के राज्य में जाकर रूकी, जहाँ से भारत की पावन नदी गंगा चलती है। मैंने स्वयं को प्रेरित अनुभव किया कि यही कैलाश पर्वत के लिए मेरा विकल्प होगा।

ब्रिटिश भारत के गर्म मैदानी इलाकों और जमे हुए तिब्बती पठारों के बीच, ऐसे बहुत से राज्य हैं, जो महान हिमालय की प्राकृतिक सीमाओं से घिरे हैं। इनमें भूटान, सिक्किम, नेपाल और टिहरी-गढ़वाल शामिल हैं। केवल कुछ गोरे ही इन जगहों पर आ सके हैं, वैसे इन एकांत में बसे पर्वतीय इलाकों में ऐसी सीमाएँ हैं, जो विदेशियों को अपने से परे ही रखती आई हैं। नेपाल पूरी तरह से स्वतंत्र राज्य

है, भूटान भी ऐसा ही है, सिक्किम को ब्रिटिश का संरक्षण प्राप्त है। हालाँकि टिहरी गढ़वाल राजनीतिक तौर पर ब्रिटिश संरक्षण में आता है, परंतु अंग्रेजी नागरिकों को इसका आकर्षण कभी था ही नहीं। यहाँ के महाराज का रहन-सहन उसी पारंपरिक रूप से भारतीय बना रहा, जैसे सदियों से रहता आया है। इस जगह रेल्वे का कोई काम नहीं है क्योंकि यहाँ कोई पर्यटक धरती को प्रदूषित करने नहीं आ सकते।

राज्य का जो हिस्सा तिब्बत की ओर है, उसमें आने के लिए यूरोपियन लोगों को एक विशेष परमिट लेना पड़ता है। इस जगह पहुँचने और यात्रा की कठिनाईयाँ, सभ्य जीवन की सुविधाओं का अभाव, आधुनिक यातायात का अभाव और इस जगह के लोगों का पश्चिमी तौर-तरीके से अनभिज्ञ होना ही गोरों को दूर रखते हैं, बस कुछ शिकार प्रेमी अपवाद कहे जा सकते हैं। परंतु अब यही चीज़ें मेरा ध्यान अपनी ओर खीचेंगी। वैसे भी, भारत के अधिकतर पवित्र स्थल यही पर हैं। अनादिकाल से अनेक ऋषि-मुनियों, संतों, देवताओं और योगियों का वास इस पवित्र भूमि में रहा है इसलिए योगी-मुनियों की प्राचीन कहानियाँ यहाँ के लोगों को जुबानी याद हैं। काश, मुझे भी अपने ध्यान के लिए कोई एक अनुकूल स्थान मिल जाए, यह जगह दुनिया के सबसे सुंदर दृश्यों से भरी हुई है।

***

सूर्योदय के समय किरणों का मार्ग रोकनेवाली ठंडी सलेटी रंग की परछाईं कहीं ओझल हो गई है। पूरब में किसी गुलाबी मोती की आब लिए भोर निकल आई है। पक्षियों की चहचहाहट, खिलखिलाहट, उत्सुकता से भरे गान के सुर मेरे कानों पर पड़ रहे हैं। मैं उठकर बैठ गया और एक-एक कर अपने बैग खोले। ओह, कितनी अलग तरह की चीज़ों को मैंने अपने बैग में रखा है। यह भी एक रोचक बात है कि एक फौजी किटबैग में कितना कुछ ठूँसा जा सकता है। सूट, शर्ट, जूते, भोजन, कागज, लैंप! किटबैग के इस बड़े से मुँह के पास कितना बड़ा पेट है, इसे कितना भी खिला दो, यह अपने लिए फिर से माँगने लगता है।

इसके बाद मैं आसपास के माहौल का जायजा लेने निकला। मैं इस जगह से जान-पहचान बढ़ाने के अलावा अपने लिए ऐसा कोना खोजना चाहता था जहाँ बैठकर कुछ न करने के काम को अंजाम दिया जा सके।

यहाँ मैं एक संकरी रास्ते पर हूँ, जो दो गहरी खाईयों के बीच विभाजक का काम कर रहा है।

मुझे पहला नज़ारा जंगलों का और दूसरा नज़ारा बर्फ का दिखाई दे रहा है। यह अपने आपमें एक हैरतंगेज कर देनेवाला और अद्भुत दृश्य है। मेरे सोने के कमरे में एक पिछला दरवाजा है, जो उत्तर-पूर्व की ओर खुलता है, वहाँ से ग्लोब के सबसे भव्य शिखरों का दृश्य दिखाई देता है। दरवाजे से कुछ ही इंच की दूरी पर खड़े देवदार और फर के वृक्षों के ऊपर से वे हिम से ढके शिखर दिखाई देते हैं, जो टिहरी राज्य को तिब्बत के शिखरों से अलग करते हैं। इनमें से कुछ ढलानें तो इतनी खड़ी हैं कि उन पर बर्फ भी नहीं टिक पाती और वे चारों ओर की शुभ्रता के बीच अपने भूरेपन के साथ खड़ी दिखाई देती हैं। पूरे आकाश में रंगों के सुंदर संयोजन का मेला सजा हुआ है।

सुबह के सूरज की तिरछी किरणों और आसमान के रंगों का प्रतिबिंब बर्फ में झलक रहा है, जिसने अपने आप ही हल्की गुलाबी आभा ले ली है और फिर इसके बाद हल्के गुलाबी और सुनहरे रंगों की आब दिखाई देती है। अब चारों ओर सुनहरी चांदनी बिखरी दिखाई दे रही है, जो चट्टान पर विविध रंगों में सजी है और वे मोतियों जैसे जगमगा रही हैं।

एक सौ बीस मील तक और जहाँ तक मेरी नज़र जाती है, बाईं व दाईं ओर, चौदह हज़ार मील तक मेरी नज़रों से परे, बर्फीले शिखरों की पंक्तियों को दाईं से बाईं ओर विस्तारित होते हुए देखा जा सकता है। मुझे सोलह हजार फीट की ऊँचाई पर, उत्तर में बुरानघाटी पास और पच्चीस हज़ार फीट की ऊँचाई पर, नंदादेवी शिखर पूर्व में दिखाई देता है, जहाँ जाकर इसका अंत हो जाता है। नंदादेवी बाकी सारी चोटियों से कहीं ऊँची है, मानो किसी विशालकाय चर्च की मीनार हो। इस जगह ग्रेनाइट की ठोस दीवार है - जिसे इस धरती पर सबसे विशाल और भारी माना जा सकता है - जिस पर बर्फ और हिम की गहरी अभेद चादर बिछी है। यह देखनेवालों को ऐसा अद्भुत नज़ारा देती है कि व्यक्ति उसी पल में समझ जाता है कि संसार ने तिब्बत को अकेला क्यों छोड़ा हुआ है। ये विशाल श्रेणियाँ अपने से परे दिखते पठारों के लिए जिब्राल्टर[1] हैं; वे अभेद और दुर्गम हैं और इसके अधिकतर दर्रे ऐसे हैं, जिन्हें पार नहीं किया जा सकता।

कुछ चोटियों से सफेद रंग का धुआँ निकलता दिखाई देता है, मानो कोई

---

[1] यह एक चट्टानी प्रायद्वीप है, जो स्पेन के मूल स्थल से दक्षिण की ओर समुद्र में निकला हुआ है। इसके पूर्व में भूमध्यसागर तथा पश्चिम में ऐलजेसियरास की खाड़ी है। 1713 ई. से यह अंग्रेजी साम्राज्य के उपनिवेश तथा प्रसिद्ध छावनी के रूप में है।

ज्वालामुखी हो परंतु यह तो पंखों जैसे हल्के हिमकण हैं, जिन्हें हवा ने आसमान में पहुँचा दिया है।

इसी अनियमित सफेद सी रेखा पर मुझे एक ही बार में सैंकड़ों ऊँची चोटियाँ दिखाई देती हैं, जो श्रेणियों पर मुकुट सी सजी हैं। उन ऊँचे इलाकों में कुछ भी नहीं बसता। प्रकृति ने उन्हें अपने सफेद सिंहासनों पर गर्वीले सम्राटों सा तैनात किया है। पशु या मनुष्य जगत का कोई साधारण सा जीव भी उन तक पहुँचने और उन स्थानों पर बसने के बारे में सोच तक नहीं सकता। उन घाटियों में अपने प्राणों की रक्षा नहीं कर सकता। उनके हिमाच्छादित सिर बीस हज़ार फीट की ऊँचाई पर हैं और समुद्र तल की रेखा से और भी और ऊँचे दिखते हैं। इस क्षेत्र में उनकी प्रचुरता देखते ही बनती है। उत्तर-पूर्व में, गंगोत्री के निकट ऐसे ही विशालकाय दैत्यों का जमघट है, जहाँ पावन गंगा को हिमखंड से अपना स्रोत मिलता है। मेरे पास बंदरपुच्छ है, यह लगभग पच्चीस हज़ार फीट की ऊँचाई पर स्थित है, जो भारत की दूसरी बलशाली नदी जमुना के निकट ही खड़ा है। बदरीनाथ, केदारनाथ और श्रीकंठ की सूर्य को चूमती चोटियों को भी देखा जा सकता है, जो मेघविहीन आकाश में चमचमा रही हैं।

यह भी एक विचित्र और स्तब्ध कर देनेवाला विचार है कि अगर कोई व्यक्ति पहली बार किसी दूसरे ग्रह से हमारी धरती पर आए तो सबसे पहले वह हिमालय की पर्वत श्रृंखलाओं को ध्यान से देखेगा। सैंकड़ों चोटियों में से, अधिकतर कम से कम बीस हज़ार फीट से अधिक ऊँचाई पर स्थित हैं और इस तरह हिमालय हमारे अपने ही ग्रह की सतह पर सबसे उल्लेखनीय वस्तु बन जाता है। यहाँ तक कि उत्तरी अमेरिका के रॉकी भी इसका मुकाबला नहीं कर सकते, उनके पास केवल बीस हज़ार फीट की ऊँचाई पर स्थित एक ही पर्वत है - माउंट मैक किनले।

ये चोटियाँ घने वनों और बर्फ से ढकी हैं, ये स्वर्ग तक जाती हैं। मैं इन्हें बहुत ही आदर-मान, विस्मय और सराहना के भाव से देखता हूँ। परंतु गहरी खाईयों और खतरनाक हिमस्खलन और पिघलते हिमखंडों के बीच दूर-दूर तक विशालकाय पत्थर फैले हैं। लटकते हिमखंडों के बीच कहीं भी दाईं से बाईं ओर, एक भी ऐसी जगह नहीं दिखती, जहाँ कोई बिना किसी बाधा के एकांत में स्थिर बैठ सके।

मेरे पैरों से लेकर नीचे दिखाई दे रही गहरी खाई तक देवदार और सनोबर के घने वृक्ष दिखाई देते हैं।

वाह क्या भाग्य है! मेरे दरवाजे पर क्रिसमस ट्री का पूरा जंगल है। और हर पेड़ की शाखाओं पर उपहार लटके हुए हैं – ये अमूर्त और अदृश्य उपहार हैं, सौम्यता और एकांत के उपहार! इन विशाल और ऊँचे वृक्षों का ऊपरी हिस्सा मेरे दरवाजे तक आता है परंतु इनकी जड़ें पर्वतों की ओर चालीस या पचास फीट तक नीचे गई हुई हैं। देवदारों ने अपनी परिधि की कमी को ऊँचाई से पूरा कर लिया है। वे अपनी हरी पोशाकों में बहुत ही भव्य और राजसी दिखाई देते हैं।

उनके तनों पर काई का लेप है। धरती पर देवदार के भूरे सुईनुमा काँटों की भरमार है। मेरे दरवाजे के पास खड़े पेड़ों पर कुछ लताएँ उग आई हैं, जिनके हल्की गंधवाले सफेद फूलों के कारण यह परिदृश्य और भी खूबसूरत दिखने लगा है। वे चमचमाते सितारों की तरह छाए हुए हैं। निःसंदेह, इन मौन खड़े वृक्षों की परछाईयों के बीच वह गहन और आरोग्यकारी शांति मिल सकेगी, जो नगरों के कोलाहल में नहीं है। परंतु यह ढलान इतने तीखे मोड़ों से भरी है कि पास से गुज़रनेवाले पेड़ों के तनों को पकड़े बिना नीचे उतरना असंभव है। वैसे भी, सूर्य अब भी इन असंख्य शाखाओं को नहीं भेद सका; जंगल बहुत ही वीरान और ठंडा है और मुझे सूर्य प्रेमी होने के नाते धूप से मिलनेवाली किरणों से स्नेह है। मैं एक बार फिर पीछे हट जाता हूँ।

टिहरी इलाके के ये जंगल ही इस क्षेत्र की आय का एकमात्र साधन हैं, खेती-बाड़ी के लिए जगह बहुत कम है। यही वजह है कि इन्हें बहुमूल्य संसाधन माना जाता है, मानसूनी बारिश के दौरान नदियों में इसकी लकड़ी को तैरते देखा जा सकता है, जिसे ब्रिटिश राज के अधीन भारत में रेल्वे के काम में लाया जाता है। वन निरीक्षक अधिकारी समय-समय पर संपत्ति के निरीक्षण के लिए आते हैं। उन्हें निरीक्षण के दौरान रहने-खाने की असुविधा न हो, इन्हीं बातों को ध्यान में रखते हुए, इन निर्जन स्थानों पर ये बंगले बनाए गए हैं। मैं भी इस समय ऐसे ही एक बंगले में ठहरा हुआ हूँ। जो इस इलाके के सरकारी अधिकारियों की कृपा से संभव हुआ है। कोई अधिकारी पूरे वर्ष में एक या दो बार ही इस बंगले में आता है और वह भी अपने दौरे के दौरान एकाध रात ही ठहरता है।

मैं दरवाजे से परे हटकर, बंगले के आसपास शीतल वायु में टहलने लगा। यह जिस संकरे टीले पर खड़ा है, वह पूरब में आधे मील तक चला गया है और अचानक ही सात सौ फीट ऊँची पहाड़ी में बदल जाता है। उसका अधिकतर हिस्सा, निर्जन और पत्थरों से भरा है और दूसरे हिस्से में छोटे पेड़ लगे हुए हैं।

पहाड़ी ने मुझे आकर्षित नहीं किया।

मैं आगे की ओर बढ़ा, पिछली रात मैंने यह समझा था कि बंगले के पिछली ओर एक तंग नदी घाटी है। मैंने नीचे झाँका तो पाया कि यह वास्तव में भयंकर गहराईवाला विशाल कुदरती नाला है, जो अपने आपमें कमाल का खूबसूरत दिख रहा है। मैं प्रसन्न हुआ कि मेरे घर से इतना सुंदर नज़ारा दिखेगा। ठीक नीचे तक देवदार का घना जंगल दिखाई दे रहा था। यह दो गहरी गुफाओं का मिलनस्थल है, जिनके आगे की ओर उभरे किनारे चौड़े होते हुए एक गोलाकार घाटी बना रहे हैं, जिस पर एक बड़ी चोटी स्थित हो सकती है। हो सकता है कि प्रकृति की कल्पना में ऐसा ही कुछ बसा हो। गहरे हरे जंगलों के बीच कहीं-कहीं भूरे और जामुनी रंग का विस्तार दिखाई दे रहा है।

पूर्वी छोर पर, एक के बाद एक पर्वत श्रेणियों की श्रृंखला दिख रही है, मानो हमलावर इंसानों का विरोध करने के लिए फौजी टुकड़ियों को तैयार किया गया हो। पश्चिमी सीमा की ओर से आपस में उलझी हुई पहाड़ियों और छोटी-मोटी पगडंडियों को देखा जा सकता है। जब मैं उस विशाल और खोखले खाई जैसे स्थान को ताक रहा था, तो उसकी ढलानों पर नज़र जा टिकी, मुझे एहसास हुआ कि मुझे अब और खोज करने की आवश्यकता नहीं थी। इस पर्वतीय कटोरेनुमा आकार के आसपास ही कहीं मुझे अपने ध्यान सत्रों के लिए कोई आदर्श कोना मिल जाएगा।

मेरे वुडमैन चाकू के कुछ सधे हुए वार से मैंने पाँच फीट के उस लकड़ी के टुकड़े को सीधी पहाड़ी छड़ी में बदल दिया। आपको उसे छड़ी बनाने के लिए कोने से तराशना है, पर केवल कोने पर तराशने के बजाए नाव के पेंदे की तरह बनाना होगा। इसके बाद मेरी खोज का अंतिम चरण आता है।

मैं एक पहाड़ी पर बहुत सावधानी से पैर टिकाते हुए पश्चिम की ओर जा रहा हूँ। इसकी फिसलन से भरी ढलानों पर जाना सहज नहीं है और फिर बीच में कुछ उभरी हुई चट्टानें भी आ जाती हैं। मैं धीरे-धीरे काई से भरे चिनार के वृक्षों के झुंड के पास से गुज़रता हूँ। रास्ते में कहीं उगे पुदीने की पत्तियों की गंध मुझ तक आती है। मैंने झुककर उस सुखद गंध को फिर से सूंघा और अंत में शिखर तक आ ही गया। उस जगह पहुँचकर, यह देखकर हैरानी हुई कि बहुत सारी समतल जगह सूखे पत्तों से भरी थी। ये इस जगह कैसे आए होंगे? क्या किसी हिमालय

के भंवर ने उन्हें हवा में सैंकड़ों फीट उछाला और फिर जानकर इस जगह पर जमा कर दिया?

चाहे जो भी हो, पहाड़ी पर पत्तों का यह कुदरती कालीन मेरे लिए मोटे हाथ से बुने कालीन से कम आरामदेह नहीं है। इसे आप मिर्जापुर में बुने कालीन से कम कलात्मक नहीं मान सकते। पत्तों के सुंदर और सजे हुए अस्तित्व के बीच कहीं-कहीं थोड़ा सा अजीब लगनेवाला दलदली गेंदा और छोटे जामुनी फूल खिले हैं।

मैं जानता हूँ कि अब मुझे किसी और यात्रा की आवश्यकता नहीं है। ईश्वर मुझे संपूर्ण आश्रयस्थली में ले आया है। तिब्बतवासियों की तरह हिंदुओं की भी परम मान्यता है कि हिमालय देवताओं के गुप्त धाम हैं और यहीं वे आध्यात्मिक महामानव पाए जाते हैं, जिन्हें वे ऋषि कहते हैं। माना जाता है कि वे आज भी अदृश्य व सूक्ष्म देह के साथ इन क्षेत्रों में वास करते हैं। जी, उनमें से एक ही मुझे इस स्थान पर ले आया है। यह भी हो सकता है कि यह अविश्वसनीय और अकल्पनीय सुंदर व एकांत स्थल कभी उसकी तपोस्थली रहा हो। मैं धीरे-धीरे सम्मोहित होता जा रहा हूँ।

यह हकीकत है कि टिहरी के ये चौड़े पर्वतों का राज्य पवित्र आवास है। हिंदुओं की मान्यता है कि ये हिमालय तीर्थ, विशाल पर्वत श्रेणियों के मध्य बसे हैं और उनकी बनारस, पुरी और नासिक जैसी पवित्र नगरियों से कहीं अधिक पावन हैं। शिव, कृष्ण और अन्य सभी देवता भी अंतत: यहीं आते हैं और उनका इस स्थान पर पहले बसनेवाले लोगों पर कोई न कोई प्रभाव तो अवश्य रहा है।

मैं अपनी सम्मोहित कर देनेवाली पर्वतीय आश्रयगाह में हूँ। बहुत सारी पत्तियों के ढेर के बीच मेरा ध्यान करने का आसन चमक रहा है। दिन में दो बार, भोर व संध्या के समय, मैं अपनी छड़ी की मदद से इसकी तीखी चढ़ाईयों को पार करूँगा और फिर बैठकर सीखूँगा कि एक मनुष्य स्थिर रहने की कला कैसे सीख सकता है और अंत में इसी माध्यम से ईश्वर को पा लेता है।

हिमालय ही मेरे लिए स्वर्ग का विकल्प होगा और इस भव्य एकांत के बीच, मैं स्वयं को ईश्वर के उस गूढ़ एकांत के लिए प्रस्तुत कर सकता हूँ।

3

भारत में ब्रिटिश राज और राजनीतिक संघर्ष पर एक मनन - राजनीति के आध्यात्मीकरण की आवश्यकता - विचारों पर नियंत्रण - एकाग्रता का रहस्य

दोपहर बाद, मैं अपनी आश्रयस्थली की तीखी ढलान पर लौटा। पहाड़ी छड़ी भले ही पर्वतारोहियों की लोहे की नुकीली नोकवाली छड़ी जैसी न हो, परंतु अपना उद्देश्य तो पूरा कर ही रही है। मैंने अपने लिए एक जगह खोजी, जहाँ मैं शांत और स्थिर बैठ सकता था, यह उस आंतरिक स्थिरता की प्रस्तावना थी, जिसे मैं संध्या के आगमन के साथ जागृत करने की आस रखता था।

मैं टीले के छोर के बहुत पास जाकर बैठता हूँ ताकि उस जगह से नीचे की संकरी घाटी के नज़ारे का आनंद भी लिया जा सके। यह जगह असीम आनंद और शांति का स्रोत है। अगर आप धरती पर कहीं असीम शांति पा सकते हैं, तो यह क्षेत्र उन कुछ क्षेत्रों में से एक होगा। यह विशुद्ध सीमा क्षेत्र है, जहाँ हिंदू देवताओं का आवागमन रहा, यह वास्तव में शेष भारत से अलग जान पड़ता है।

मेरी नज़रें एक विशालकाय देवदार वृक्ष की मुड़ी हुई शाखाओं पर जा टिकती हैं, जिसका बूढ़ा तना भूरी-हरी काई से ढका है और दाढ़ी की तरह शैवाल लटक रही है। यह मेरे आसन से कुछ ही फीट की दूरी पर उगा है और टीले की ओर अलग ही

कोण में मुड़ा हुआ है। इसकी शाखाओं से सूरज की किरणें छनकर आती हैं। इस जगह शाखाओं की बहुत नियमित वृद्धि नहीं हो सकी है और उसकी शाखाओं से बहुत सारे सुईनुमा काँटे चुपचाप धरती पर गिर रहे हैं। पर फिर भी इस बूढ़े और गहरे पेड़ में राजशाही की धूमिल सी छाप है, इसकी पत्तियों से भले ही वह खास गंध आती है, जो देवदार की लकड़ी से इसके आदिम संबंध को नकारती है। मैंने पढ़ा है कि मुगल बादशाह अपने स्नान का पानी गर्म करने के लिए देवदार की लकड़ी को जलाते थे और उनके हरम के स्नानगारों के लिए भी इसी लकड़ी का उपयोग किया जाता था क्योंकि इसकी गंध सबसे अलग थी। दो नन्हे पहाड़ी फूल अपनी ताज़ी छोटी पत्तियों से देवदार के चरणों को चूम रहे हैं। सभी वृक्षों में से सबसे अधिक आध्यात्मिक देवदार को देवताओं का प्रिय वृक्ष माना जाता है।

मुझे लगने लगा कि हमारे बीच अच्छी पहचान हो गई है, यह लंबा उदार देवदार और मैं, दोनों ही एक अकाट्य मित्रता के बंधन में हैं, जब मैं एक दिन इससे विदा लूँगा, तब भी हमारी मित्रता यूँ ही बनी रहेगी। हम दोनों को किसी भी दशा में एक-दूसरे के साथ बने रहना होगा, नियति हमारे लिए यही चाहती है। 'हे बुजुर्ग देवदार, मैं तुमसे अपने मन के सारे राज़ कहूँगा, अपने उन आनंदों और कष्टों का वर्णन करूँगा, जिन्हें एक मनुष्य कभी दूसरों के सम्मुख नहीं लाना चाहता, भले ही वह कितना ही बड़ा लेखक क्यों न हो। और तुम भी मुझे अपने मन की कहना, भले ही तुम्हारा स्वर इतना मंद हो कि दुनिया देखने पर नाक-मुँह चिढ़ाए और यही समझे कि मैं स्वयं को छल रहा हूँ। हम दोनों ही उनकी बातें सुनकर दयापूर्वक हँसेंगे और उन्हें क्षमा कर देंगे क्योंकि हम दोनों ही जानते हैं कि भले ही प्रकृति हमारी साझी माता है परंतु संसार अब भी प्रकृति के जतन से छिपाए गए रहस्यों से पूरी तरह अनजान, अपने ही अज्ञान में मग्न है।'

***

मेरे विचार अचानक भटककर भारत की ओर आ जाते हैं, वह धरती, जिसे मैं पीछे छोड़ आया। सुदूर मैदानी इलाकों के नगर, जहाँ धूप में किसी पत्थर की मूर्ति को हाथ रखते ही हटा लेना पड़ता है क्योंकि वह उसके ताप से तप रही होती है, जहाँ कुछ धूप से झुलसे गोरे देखे जा सकते हैं, जो चाहकर भी अपने काम से मुँह नहीं मोड़ सकते और ऐसी भीषण गर्मी और मच्छरों के बीच रहने को विवश हैं। राजनीतिक विरोध का तनाव घट गया है क्योंकि भले ही आप कितने

भी आदर्शवादी क्यों न हों, 110 तापमान के बीच उत्साह से काम करना असंभव है।

भारत की ब्रिटिश विजय का रहस्य और अर्थ, कुछ ऐसा है जिसे आज तक कोई भी भारतीय संतोषजनक रूप से प्रकट नहीं कर सका क्योंकि किसी ने भी आंतरिक विजन के साथ इसकी जाँच नहीं की और न ही जातीय भेदभाव को परे रखा। मेरा मानना है कि अगर ब्रिटिश राज उतना ही बुरा है, जैसा कि कुछ भारतीय कहते हैं, तो उनके लिए देश त्याग ही एकमात्र संसाधन बचता है। हालाँकि, इसके साथ ही मैं यह भी विचार करता हूँ कि अगर ब्रिटिश अधिकारी जातीय आधार पर भेदभाव रखते हों, तो उनके लिए भी देश त्याग करने में ही भलाई है। समय के साथ, यही परिदृश्य आगे चलकर दोनों को समझा देगा कि यह विशाल उप-महाद्वीप विभिन्न प्रकार की जातियों का मिलन स्थल क्यों बना।

जीवन ने दो लोगों को अचानक एक-दूसरे के सामने ला खड़ा किया है, इसका कोई न कोई उद्देश्य तो अवश्य होगा।

क्या उन्हें एक-दूसरे को कोई सेवा देनी है?

पश्चिमी सभ्यता ने दो दशकों के दौरान भारतीय तटों पर डेरा डाला, उसके बाद कम से कम एक दो दशकों का समय और लगेगा। फिर संसार को अपना उत्तर मिल जाएगा।

इस दौरान, राजनेताओं ने शिक्षित युवा भारतीयों के लिए एक और रोज़गार का प्रबंध कर दिया है। वे भारतीय स्वतंत्रता के लिए गुहार लगाते हैं। वे चाहते हैं कि अंग्रेज सरकार भारत छोड़कर चली जाए। वे जिस जगह भी एकत्र होते हैं, यही बात पूरे कोलाहल के साथ बारंबार सुनाई देती है। ऐसा सभ्य और युवा हिंदू तेज़ी से ओझल हो रहा है, जो भले ही आधुनिक पोशाक पहनता हो परंतु उसकी सोच पुरखों के समान होती है। वह जो पतलून पहनता है, वह उस पुलक (रोमांच) का प्रतीक बन गई है, जो वह अपने धर्म, सरकार, रीति-रिवाजों और परिवेश के लिए महसूस करता है। वहीं दूसरी ओर, सेना के छावनियों और नागरिक क्लबों, नई दिल्ली के सरकारी सचिवालय की लाल बलुआपत्थर से बनी इमारतों में, अपमानजनक अंग्रेज जाति, अपनी जाति के सारे अड़ियल साहस के साथ, अपनी पीढ़ियों के बीच के सेतु को पकड़े रखने के लिए संकल्पबद्ध है। नियति हमेशा की तरह, अंत में अपना निर्णय देगी। वह स्वयं अपने हल लिखेगी, जो हमेशा की तरह

उसके गहरे रहस्यमयी मसौदे पर सबसे बुद्धिमत्ता भरे होंगे। शेक्सपीयर ने कहा है, 'समय मनुष्य पर राज करता है। वही उनका अभिभावक है और वही उनकी कब्र भी है: वह उन्हें वही देगा, जो वह देना चाहेगा, वह नहीं देगा, जो वे चाहते हैं!' क्योंकि एक ऐसी महाशक्ति है, जो मनुष्य की आकांक्षाओं और महत्वाकांक्षाओं पर राज करती है।

मैं भारत में हो रही गतिविधियों को देखते हुए अपनी ही अटकलें लगा रहा हूँ परंतु ऐसी दुनिया जिसमें राष्ट्रीय और जातीय भेदभाव ही राजा हो, उसमें सच कहना कोई अक्लमंदी नहीं होगी। मैं किसी राजनीतिक लेबल से नहीं जुड़ा और न ही जुड़ना चाहता हूँ। यह सच है कि इन दिनों किसी लेबल के साथ न जुड़ना कमजोरी मानी जाती है, जो उपेक्षा को निमंत्रित करती है परंतु पैगंबर की सोच अपनाना भी खतरे से खाली नहीं है। अंग्रेज और भारतीय दोनों ही, मेरे रवैए को सीमित कर देंगे और निश्चित तौर पर मेरी भविष्यवाणी को उचित अर्थ में नहीं लेंगे। इसलिए बेहतर यही होगा कि मैं चुप्पी साध लूँ। इस दौरान मैं देखना चाहता हूँ कि पूरब और पश्चिम एक-दूसरे को और अधिक सराहें और मैं अपने विनम्र रूप में, उनके बीच सद्भावों का वाहक बनना चाहता हूँ। स्थापित समाज के दोषों को गिनवानेवाले लाखों लोगों के कोलाहल के बीच मुझे अपना समय क्यों नष्ट करना चाहिए? मुझे अपनी ओर से थोड़ा रचनात्मक कार्य करना होगा।

यदि मैंने इस देश में राजनीतिक भविष्यवाणी पर काम किया, तो मेरे लिए एक और खतरा सामने आ सकता है, जो पूरब की ओर से साजिश और संदेह से भरा होगा। जब भी इस खतरे की बात सोचता हूँ तो पिछले युद्ध के अल्पज्ञात प्रसंग की याद आ जाती है।

स्वर्गीय कर्नल टी.ई. लॉरेंस जितने प्रसिद्ध और प्रिय थे, उतने ही निंदित भी हुए और उन्हें बहुत बार गलत समझा गया। वे अरेबिया में अपने अभियान के दौरान एक बहुत ही नाजुक दौर में पहुँचे और उन्हें ऐसी अड़ियल बाधाओं का सामना करना पड़ा, जिनसे पार पाना इतना आसान नहीं था।

परंतु उन्होंने अचानक अपनी बुद्धि से काम लेते हुए एक नया विचार निकाला। उन्होंने लंदन से आग्रह किया कि वह लाल सागर और मैडीटेरेनियन के इलाकों में सीमाओं पर बसे कबीले में दौरे करने के लिए पेशेवर जादूगरों को भेजे। यदि संभव हो सके तो वे अरब मूल से होने चाहिए और उन्हें कबीलेवालों के रीति-रिवाजों

और तौर-तरीकों की जानकारी हो। उनके काम को पड़ोसी इलाकों से आनेवाले घुमक्कड़ फकीरों के काम की तरह प्रस्तुत करते हुए इस तरह लोकप्रिय बनाया जाना था कि लोग उनकी चमत्कारिक शक्तियों पर भरोसा करने लगें। उनकी इसी प्रतिष्ठा के बल पर उनके पास भविष्यवाणी करने की तथाकथित योग्यता भी आ जाती और फिर वे तुर्कों की सनसनीखेज हार की भविष्यवाणी कर देते, इस तरह अरब को ब्रिटिश को अपना सहयोग देने का संकेत मिल जाता। इसके अनुसार पाँच लोगों को निकट पूर्व में, इस अभियान पर भेजा गया, उनमें से तीन अरब मूल के थे। उनमें से एक अरबभाषी फ्रेंच था और एक अरबभाषी अंग्रेज था, जिसे इस काम के लिए जादूगरी का विशेष प्रशिक्षण दिया गया था। उन्होंने लॉरेंस के लिए बढ़िया काम किया और कई अरबवासियों को प्रभावित करने में सफल रहे, परंतु फ्रेंच सज्जन और दल के एक और सदस्य का पर्दाफाश हो गया और उन्हें अपनी जान से हाथ धोना पड़ा।

***

ऐसा नहीं कि राजनीतिक टकराहट और जातीय भेदभाव के अपमान का कोई वास्तविक अंत नहीं है। जब हमारे हृदय शांत होंगे तो हमारा संसार भी शांत होगा – उससे पहले ऐसा होना संभव नहीं है। जिन प्राचीन ऋषियों ने मानवजाति को ये सूत्र दिया, आज उन्हें अव्यावहारिक आदर्शवादी कहकर त्याग दिया गया है। परंतु यदि किसी नीति की अंतिम जाँच सांसारिक मामलों में ही होनी हो, तो हमें यह मान लेना चाहिए कि इस शांतिविहीन संसार में कोई सुधार नहीं हुआ। हमारे युग का आध्यात्मिक खोखलापन और हमारे आंतरिक संसाधनों की निर्धनता स्वयं को कोलाहल में स्पष्ट तौर पर अभिव्यक्त करती है, हम अपने आसपास चारों ओर परेशानी देख रहे हैं और देख रहे हैं कि हमने निरर्थक विचारों और मनुष्यों को कितना मान दे रखा है।

संसार में अहंवाद और बुद्धि के विकास के कारण, व्यावहारिक विवेक को एक काल्पनिक भाव दे दिया है, परंतु हमारे भूतपूर्व ऋषि-मुनियों ने जो भी कहा, वह मानवजाति के इतिहास के गहन अनुभव से कहा और वह सब आज भी उतना ही सटीक है। किताबों से घिरे इतिहासकार ऐसा होने के बारे में सोच तक नहीं सकते। पिछले कुछ हज़ार वर्षों का दर्ज इतिहास और केवल अनुमान – मानवजाति के विस्तृत इतिहास का केवल अंश भर ही प्रस्तुत कर पाता है। जब कोई व्यक्ति – जो कभी उससे अधिक होने का दावा नहीं करता – जैसे कि भगवान बुद्ध कहते हैं

कि घृणा को घृणा से नहीं जीता जा सकता; घृणा को प्रेम से ही मिटाया जा सकता है, तब वह कोई कोरा भावुक आदर्शवादी नहीं रह जाता, जो अपने निरर्थक भावों को शब्द दे रहा हो। वह एक व्यवसायी की तरह ही व्यावहारिक होता है, जो अपने कान फोन पर और अपना ध्यान मेज़ पर रखे कागज पर लगाए रखता है।

भगवान बुद्ध की तरह, उनके स्तर के सभी महान संत भी युद्धों को अंतहीन रूप में देखते हैं, उन्हें पुरातन युग और ऐतिहासिक युग की स्थिति की अंदाजा है। वे इन चीज़ों को ग्रह के अतीत के ब्रह्माण्डीय विजन के रूप में देखते हैं, जैसे कोई दर्पण देख रहा हो। उन्हें दिखाया गया कि किस तरह कारण और प्रभाव के सूत्र मानवता के मामलों में अदृश्य हाथों से इस तरह बँधे है कि एक कभी अलग न होनेवाला न्याय और सब कुछ एक समान कर देनेवाला संतुलन, निरंतर कार्यरत है। वे यह भी देखते हैं कि इस ब्रह्माण्ड के पीछे एक आध्यात्मिक शक्ति काम करती है, जिसकी एकरूप अभिव्यक्ति गूढ़ स्नेह में छिपी है और वह अनंत शक्ति है। वे जानते हैं कि घृणा पीड़ा को जन्म देती है, यह घृणा करनेवाले और उस व्यक्ति के लिए भी पीड़ा लाती है, जिससे घृणा की जा रही है। जब तक इसके बदले स्नेह को आश्रय नहीं दिया जाएगा, तब तक इस पीड़ा का अंत नहीं हो सकता। वे उपदेश देते हैं कि इसे तत्काल लागू किया जाए ताकि अनावश्यक पीड़ा से अपना बचाव हो सके। क्या वे अथवा घृणा करनेवाला अव्यावहारिक है?

ठीक इसी तरह, जीजस को भी जीवन का यही संस्करण दिया गया। जीजस ऐसे संसार में थे, जो आडंबरवादी धार्मिकों से भरा था और जिनके बीच आँख के बदले में आँख और दाँत के बदले में दाँत का सिद्धांत चलता था। उन्हें भी ब्रह्माण्ड का यही विजन दिया गया और वही नियम बताए गए, जो इस पर रहनेवालों का कड़ाई से संचालन करते हैं। वे पहाड़ों के गहन एकांत में जा पहुँचे और स्वयं को ध्यान की गतिहीनता के बीच मग्न कर लिया। बहुत जल्द ही वे वापस आए और पाखंडियों को फटकारते हुए, अपने आसपास के लोगों को अपने स्पर्श भर से आरोग्य प्रदान करने लगे। उन्होंने प्रेरित शब्दों में अपने आसपास जुट आई भीड़ से कहा :

> 'जो तुम्हें शाप दें, तुम उन्हें आशीष दो। जो तुम्हारा अपमान करें, उनके लिए प्रार्थना करो। दोष मत लगाओ तो तुम पर भी दोष नहीं लगाया जाएगा, दोषी न ठहराओ तो तुम भी दोषी नहीं ठहराए जाओगे, क्षमा करोगे तो तुम्हें भी क्षमा दी जाएगी; क्योंकि जिस नाप

से तुम मापते हो, तुम्हारे लिए भी उसी माप से मापा जाएगा।'

वह जानता है।

परंतु केवल सतह को देखनेवाला मनुष्य का संसार नहीं जानता, कुछ नहीं समझता और अपने कष्टों से भरे मार्ग पर चलता ही जाता है। कटुता से भरी शत्रुता केवल तभी सहायक होगी, जब इस अलिखित नियम को समझा जाएगा कि **कोई भी मनुष्य दूसरे मनुष्य के साथ जैसा भी करता है, वह किसी न किसी रूप में, किसी भी दूसरे स्रोत की ओर से, उसकी ओर अवश्य प्रतिबिंबित होता है।** इस प्रकार सार्वभौमिक भाईचारा ही सबसे समझदार और उपयुक्त नीति मानी जा सकती है। इस कष्टों से भरे युग में, यही हमारा तत्काल और आत्मीय मुद्दा होनी चाहिए।

वैसे भी आज के जमाने में कौन अपने लिए उपदेश और प्रवचन चाहता है? वे केवल मेरा उपहास कर सकते हैं। धर्म परिवर्तन कर चुके लोगों को प्रवचन नहीं दिया जा सकता, जो लोग यकीन करते हैं, उन्हें कहने की आवश्यकता नहीं है और जो विश्वास नहीं करते, वे तुम्हारी बात ही नहीं सुनेंगे। नियति ही राष्ट्रों का दायित्व लेगी और उन्हें वही सिखाएगी, जो उन्हें सीखना चाहिए। मेरे लिए सबसे व्यावहारिक मार्ग यही होगा कि मैं अपने ध्यान और एकाग्रता की ऊर्जा को ऐसी दिशा में निर्देशित करूँ, जहाँ उनका पूरी किफायत से प्रयोग हो सके।

मेरे जीवन में ऐसा ही एक मार्ग उपलब्ध है। यह सबसे बेहतरीन आरंभिक बिंदु है, जिस जगह से निःसंदेह संसार में बदलाव लाने का रास्ता मेरे से होकर जाता है। स्नेह भावना प्रसारित करने का सबसे बेहतर कार्य मुझसे ही आरंभ होता है। मुझे अपने विचारों को शांत करते हुए, शांति से, संसार के कल्याण के लिए बने बौद्ध मंत्र को दोहराना चाहिए, जिसका भावार्थ है :

> 'मैं संसार की चारों दिशाओं में करुणा को प्रवाहित करता हूँ। मैं उत्तर, दक्षिण, पूर्व और पश्चिम में, ऊपर और नीचे, करुणा को निर्देशित करता हूँ। मैं इस धरती के सभी जीवों को करुणा निर्देशित करता हूँ।'

मेरा मन धीरे-धीरे इस सौम्य विषय पर विचार करने लगता है; मेरा मन भावुक हो उठता है और जब मैं अंतिम शब्द उच्चारता हूँ तो स्वयं को ही धन्य अनुभव करने लगता हूँ।

अचानक ही मेरे कटु आलोचक का चेहरा सामने आ जाता है। मैं उसे अपने

आगे इतने कठोर शब्द बोलते सुन रहा था, मानो वह सदेह वहीं उपस्थित हो गई हो, जबकि मुझे अच्छी तरह पता है कि वह एक दूसरे महाद्वीप पर रहती है। मैं भी सब जानता हूँ और अपने उन रहस्यों को रहस्य ही रखते हुए, मैं उन शब्दों को अनुसना कर देता हूँ, परंतु आज मैंने उसे मुस्कुराकर, क्षमा करते हुए अपनी शुभकामनाएँ प्रेषित कीं। मैंने उसकी आँखों में देखते हुए, उसके लिए प्रार्थना की कि उसकी आत्मा को सत्य, मधुरता और प्रकाश का वरदान मिले। मैंने उसे तीन बार आशीर्वाद दिया और फिर उसके विचारों और मेरे बीच एक मानसिक दीवार उपस्थित हो गई।

***

मेरे पास से अभी-अभी एक पतंगा गुज़र गया है। और इस समय हवा की ठंडक संध्या समय समाप्त होने का संकेत दे रही है और अपने ध्यान को समाप्त करने का समय हो गया है। अब मुझे अपनी शारीरिक स्थिरता का मानसिक स्थिरता से मेल करना है। मैंने अपने आसपास देखा - सूरज पहाड़ों के पीछे छिप रहा था, जिन्होंने अपनी गरमाहट छोड़ दी थी और परछाईं से घिरे फीकेपन में लौट आए थे।

मैं संसार को त्यागकर अपनी परम शांति के बीच विराजमान था। फिर धीरे-धीरे मैंने अपना ध्यान भीतर की ओर लगाया। कहीं न कहीं, मेरे भीतर उस परम पिता, उस परम सार और दैवीय अस्तित्व का अंश छिपा है, जो मेरी प्राण ऊर्जा है। मेरे गुरु ने कहा था, 'शांत हो जाओ और तुम उस परम पिता को जान सकोगे और जान लोगे कि वह और तुम एक ही हो।'

मेरी श्वास गति धीमी होती जाती है। मैं एक क्षण के लिए अपना पूरा ध्यान श्वसन पर केंद्रित कर देता हूँ। मैं पूरे ध्यान से आती-जाती श्वास को लय में नियंत्रित करने की चेष्टा में हूँ। इसे और अधिक गतिहीन, सौम्य और कम करना चाहता हूँ।

मस्तिष्क एक चक्र की तरह है, जो अंतहीन रूप से घूमता ही रहता है, यह घूर्णन के साथ ही ताज़े विचारों की खेप उठा लेता है। अब मैं इस चक्र को धीमे होते हुए देखता हूँ। मैं अपने भीतर एक निश्चित बिंदु पर ध्यान रमाने के संकल्प को जितना गहन करता हूँ, उतना ही मेरे विचारों की लंबाई और चौड़ाई कम होती चली जाती है। मैं जानता हूँ कि मैं इस बुद्धि की विश्रांति के माध्यम से विवेक

का मार्ग पा सकता हूँ।

मुझे याद है, एक योगी ने मुझसे क्या कहा था, मुझे उनकी परम उपलब्धियों पर पूरा विश्वास था। वे एक प्राचीन और सुंदर मंदिर के छोटे से कक्ष में रहते थे। जब मैं उनके सामने धरती पर बैठा था तो वे अपने रूई के गद्दे पर आँखें बंद किए अधलेटे थे, जिससे वे बहुत ही कम हिलते थे। हम आपस में बात कर रहे थे कि ध्यान के आरंभिक साधक को आरंभ में कैसी परेशानियों का सामना करना पड़ सकता है। उन्होंने उत्तर दिया था :

'यदि हम मान लें कि एक दिए हुए समय में किसी व्यक्ति के मस्तिष्क में एक सौ विचार आते हैं और यदि वह निरंतर अभ्यास से उन्हें अस्सी की गिनती तक ले आता है, तो हम कह सकते हैं कि उसने मन को एकाग्र करने की बीस प्रतिशत शक्ति पा ली है। इस प्रकार ऐसी एकाग्रता शक्ति पाने का सबसे प्रत्यक्ष उपाय यही होगा कि अपने विचारों की संख्या को कम करने का प्रयत्न किया जाए।'

और इस तरह अपने मस्तिष्क के काम करने की धीमी गति के साथ, पूरी सजगता के बीच, मैं स्वयं को एक गहरी शांति में लिपटा हुआ महसूस करने लगता हूँ। विचारों की लंबी एकाग्रता के कारण अंततः भीतर से एक उच्चतम शक्ति का उदय हो रहा है। मुझे शहरों में बसनेवाले लोगों के लिए बहुत खेद होता है, जो अंतहीन संघर्ष में घिरे हैं। उन्हें बुद्धि को ही प्रधान क्यों बनाना चाहिए? हालाँकि उनका पलायन का मार्ग आंतरिक रूप से मेरे मार्ग से अलग नहीं हो सकता। उनका मन निरंतर रोज़मर्रा के जीवन के कष्टों और झमेलों से जो संताप सहता है, उसे मानसिक स्थिरता, शांति और आरोग्यकारी भावना मिल सकती है, जो उनके क्षत-विक्षत स्नायुओं के लिए मरहम का काम करेगी।

बुद्धि तो साधन मात्र है और इसे मनुष्य का अनिवार्य अस्तित्व नहीं कह सकते। यह आत्म-निर्भर नहीं है। यह एक स्वचालित और सामान्य दिनचर्या का अंग है। आधुनिक मनुष्य मात्र सहज प्रवृत्ति पर यांत्रिक बुद्धि की प्रधानता को लक्ष्य करता है और ठीक इसी तरह भावी मनुष्य केवल बुद्धि पर दैवीय प्रवृत्ति की जीत का प्रतिनिधित्व करेगा।

कारण, जो कभी-कभी हमारा अच्छा मार्गदर्शक भी हो सकता है, वही कभी-कभी हमें छल भी सकता है। हम सदा सोची-समझी विचार योजना से ही आगे नहीं चलते, कई बार प्रेरणा का निरंतर प्रवाह भी यही काम करता है। कारण

पूरी तरह से गणितीय है, जहाँ जाने किस अज्ञात स्रोत से सहज प्रवृत्ति सामने आ जाती है। हमारे विचार पर सहज प्रवृत्ति की प्रधानता का माप नहीं किया जा सकता। यह मन में बिना किसी घोषणा के प्रवेश करती है, मानो इसके पास कोई निजी द्वार हो। यह कोई विचार नहीं बल्कि किसी उन्नत लोक का प्रवेश है, जो अचानक ही विचारों में झलक उठता है। यह कोई भाव नहीं - जब तक वास्तव में भाव निजी रूप से अलग हो। परंतु खेद से कहना पड़ता है, हममें से अधिकतर इस सहज प्रवृत्ति के संकेतों से अनजान हैं या इन्हें जानकर उपेक्षित करते चलते हैं।

इस समय मैं जिस अतुलनीय शांति से घिरा हूँ, हो सकता है कि यह उस तरह की परम शांति न हो, जैसी मैं लंबे समय से पाना चाहता था क्योंकि अब भी मस्तिष्क के खाली पड़े कक्षों में विचारों का आवागमन जारी है। सही मायनों में स्थिर होने का अर्थ है कि हम केंद्रित हों। जो भी हो, आज तो मैं इससे ही संतुष्ट हो जाऊँगा और इस रहस्यमयी सीमा को लांघने की चेष्टा नहीं करूँगा।

मैं जानता हूँ कि ये घुसपैठिए मनुष्य के अनिवार्य अस्तित्व से अनजान हैं। मैं जानता हूँ, जब सारे विचार तिरोहित होंगे, जब वे शीत ऋतु के कमलों की तरह कुम्हला जाएँगे, तभी दैवीय यथार्थ से सामना होगा। यदि कोई केवल संकल्प रखे या निरंतर अपने भीतर ध्यान रमाने का प्रयत्न करे, तो उनका अपने ही अस्तित्व से संघर्ष होने लगता है। मनुष्य पर यह पकड़ इतनी गहरी है जितनी वह कल्पना तक नहीं कर सकता, यह लंबे समय से अनुवांशिकता में बसी ऐसी आदत है, जो पूरी जाति को सदियों से दी जाती रही है। वह उसे निर्दयता से पकड़कर, इस तरह अपना दास बनाए रखती हैं कि मनुष्य कुछ समझ नहीं पाता और उसे ऐसी आज़ादी नहीं मिल पाती, जो वास्तव में अज्ञात आंतरिक प्रकृति में बसी है। मैंने स्वयं उस प्रक्रिया को देखा है, जिसकी यांत्रिकता भी किसी से छिपी नहीं है।

मैं इन अदृश्य शत्रुओं के प्रति युद्ध का ऐलान करने के लिए ही हिमालय आया हूँ। ऐसा नहीं कि जब मैं ऐसा करना चाहूँ तो उन्हें अपने से दूर नहीं रख सकता; ऐसा भी नहीं कि मैं उन सभी सैद्धांतिक और व्यावहारिक रहस्यों से अनजान हूँ, जिन्हें लागू करके मुझे जीत हासिल हो सकती है; ऐसा भी नहीं कि इन कामों के लिए मेरे पास शक्तिशाली निजी सहायता का अभाव है, परंतु मैंने इन हमलावरों को केवल कुछ देर के लिए ही अपने से अलग रखा है, जबकि मेरी जीत ने मुझे अस्थायी चैन से अधिक कुछ नहीं दिया। मनुष्य पर इनकी पैतृक शक्ति ऐसी ही है। मेरे जीवन में अभी आध्यात्मिक शिखर तक जाना शेष है। हालाँकि

समय आ गया है कि मैं उनके साथ एक और निरंतर युद्ध तब तक लड़ता रहूँ, जब तक इनमें से एकाध बैरी मैदान न छोड़ दे।

इन एकांतिक और निर्जन हिमालयी वनों से अधिक उपयुक्त युद्धक्षेत्र में और क्या होगा। मैं जितने भी देशों में गया, उनमें से एक भी स्थान ऐसा नहीं था जहाँ मैंने सहज महसूस किया हो – मैंने इन पर्वतों में आध्यात्मिक प्रशांति के लिए अनुकूल परिवेश पा लिया है, जहाँ मेरी नियति अंतत: मुझे ले आई है। इसी जगह पर आप स्तोत्र की इन पंक्तियों को कहीं बेहतर तरीके से महसूस कर सकते हैं : **'स्थिर रहो और जानो कि मैं ईश्वर हूँ।'**

किसी भी हाल में, मेरी ओर से कोई और बेहतर अभ्यास नहीं हो सकता – बस मुझे एक जगह पर स्थिर होकर बैठना है। दैवीय लोक में प्रवेश के लिए कोई सरकारी परमिट नहीं चाहिए, जो बुद्धि के हिमालयी अवरोधक के परे स्थित है। मुझे इस समय मेरे गुरु से जो सहायता मिली है, इससे बेहतर कोई और सहायता, किसी मनुष्य से नहीं मिल सकती। मैं जानता हूँ कि उसकी शक्ति ऐसी ही है कि हमारे बीच के दो हज़ार मील, उसकी अनुकंपा से केवल दो फीट की दूरी में बदल सकते हैं। मैं इससे अधिक और क्या चाह सकता हूँ? परंतु आश्रयस्थली में ढलती संध्या की परछाईं इस तरह उतर आई मानो कोई लजीली युवती अपने प्रेमी के घर में प्रवेश करती हो। सूर्यास्त की हल्की गुलाबी आब भी नहीं रही। दिन ढल जाएगा और जल्दी ही तारों की रोशनी शिखरों को चूमकर सुला देगी।

मैं यह सोच रहा हूँ कि इस ढलते हुए दिन में ऐसी कौन सी रहस्यमयी विशेषता है, जो इसे मेरे लिए इतना आकर्षक बना देती है? जहाँ सभी प्राचीन ऋषि-मुनि और संत मनुष्य को भोर के समय ध्यान करने का सुझाव देते आए हैं, ऐसे में क्या मुझे अपनी अंतरात्मा का स्वर सुनते हुए अपनी प्रिय मानसिक शांति को पाने के लिए ढलते हुए दिन का आसरा लेना चाहिए। प्रत्येक वैज्ञानिक तथ्य, प्रत्येक गूढ़ सिद्धांत, प्रत्येक तर्क उनकी ओर है परंतु मेरे लिए संध्या का समय कहीं अधिक सहायक है। मुझे स्वीकार करना चाहिए कि इस समय जो सुंदर प्रकटीकरण सामने आता है, उसके मुकाबले में कुछ हो ही नहीं सकता।

यही संध्या, एक दिन मुझे मेरे अंतिम मोक्ष के नियत क्षणों तक ले जाएगी। निर्वासन ने अपने भीतर उतरने की आंतरिक यात्रा आरंभ कर दी है।

मैं उठता हूँ क्योंकि मेरे वन से घिरे बंगले में लौटने का समय हो गया है।

4

आंतरिक मौन की मेरी खोज- भूतपूर्व ब्रिटिश की याद - मानवजाति के साथ प्रकृति का उद्देश्य- प्रकृति के साथ तादतम्य

मैं कई दिनों से अपनी पीठ में लगातार होनेवाले दर्द के बावजूद उस खड़ी चढ़ाईवाली प्राकृतिक रंगभूमि में जा रहा हूँ जो मेरी आश्रयस्थली है। मैंने पूरी निष्ठा से स्थिरता के साथ अपना वादा निभाया है। देवदार अपनी राजसी ऐंठन छोड़कर किसी दोस्त की तरह मेरा स्वागत करने लगा है। जल्दी ही वह मुझे अपनी मित्रता के पवित्र दायरे में स्वीकार भी कर लेगा। सूखे पत्तों ने भी पीछे खिसककर जगह बना दी है, मानो वे संसार को सूचित कर रहे हों कि यह स्थान विशेष रूप से ऐसे व्यक्ति के लिए आरक्षित है, जो स्थिर होना चाहता है, शांत बैठना चाहता है। सूरज की रोशनी में कुछ नन्हे पहाड़ी फूल चमक रहे हैं और उनकी पीली पंखुड़ियों के बीच आपस में होड़ लगी है कि कौन सारे परिवेश को अधिक सुगंधित कर सकता है। एक सप्ताह पहले तक, एक बारहसींगा मेरी आहट पाते ही भाग खड़ा होता था। आज तो वह भी पूरे एक मिनट तक ओट से मुझे ताकता रहा, वह बार-बार अपने चौड़े कान और गीला नाक उचका रहा था। जी, मैं उनके साथ घुलने-मिलने लगा हूँ।

हालाँकि मैंने अपने मन में चलनेवाले विचारों को रोकने के लिए कोई अनावश्यक प्रयत्न नहीं किया है। मैं बहुत आराम

से ध्यान करता हूँ और जब उसके बाद विश्रांत होता हूँ, तो मेरी ओर से कोई अतिरिक्त प्रयत्न किए बिना ही विचार स्वयं ही शांत होते चले जाते हैं। मुझे लगता है कि किसी जल्दबाजी की ज़रूरत नहीं है, हालाँकि मेरी समय सीमा, हिमालय की बदलती जलवायु संग बंधी है, संसार के प्रति मेरे कर्तव्यों को चाहे छोड़ भी दिया जाए। 'धैर्य आनंद की कुंजी है, परंतु जल्दीबाजी दुःख की कुंजी है।' मेरे विश्रामप्रिय अरब मित्र अक्सर मेरी पश्चिमी गति को देखकर मुझे इसी तरह फटकारते थे। जाने क्यों, इस जगह उनकी बात ठीक लगने लगी है। मुझे लगने लगा कि मुझे कभी अपने नन्हे रोमांच के परिणाम देखने की चिंता नहीं होगी क्योंकि भले ही यह मेरे लक्ष्य तक पहुँचने की नाकाम कोशिश ही क्यों न रहे, फिर भी एक महाशक्ति है, जिसने मुझे अपनी शरण में ले लिया है और इसके निर्णय बिना किसी विद्रोह के स्वीकार किए जा सकते हैं।

मैं आध्यात्मिकता के अधिक विकास के लिए कोई प्रयत्न नहीं करना चाहता। मैं भी कीट्स की तरह वही कहना चाहता हूँ, जो उन्होंने अपनी कला के बारे में सोचते हुए कहा था, **अगर कविता उतने सहज भाव से भीतर नहीं उमड़ती जैसे पेड़ पर पत्ते आते हैं, तो बेहतर होगा कि वह सामने ही न आए।**

आज मेरी ध्यान की प्रस्तावना का विषय पुराना हो गया है – भले ही पूरब के लिए यह पुराना हो परंतु अधिकतर पश्चिमवासी अब भी इससे अनजान हैं। आत्मा के क्रमिक पुन: प्रकटीकरण का सिद्धांत, जिसे पाइथगोरस ने पुनर्जन्म कहा और जिसे एशिया के बौद्ध और हिंदू पुन: जन्म लेना कहते हैं, वह उतना ही पुराना है, जितना प्राचीनतम पुराऐतिहासिक लोगों का अस्तित्व रहा होगा।

कोई एशियावासी, यदि वह मुसलमान नहीं हो, तो निश्चित रूप से इस सिद्धांत को कुदरती सत्य के रूप में स्वीकार करता है, यह उसके भीतर बसे विश्वास की शक्ति है। इसके विपरीत पश्चिमवासी सांसारिक जीवन को ही सबकुछ मानते हैं, इसे भी उनके भीतर बसे विश्वास की शक्ति ही कहा जाएगा।

आध्यात्मिक और मानसिक रहस्यलोक की बात करें, तो पूर्वी लोगों के पास ज्ञान का असीम भंडार है, जो उन्हें परंपरा में मिला है। यह भंडार उस ज्ञान से कहीं अधिक है, जो यूरोप और अमेरिका में मौजूद है। इसका आंशिक कारण यही है कि बादवाले महाद्वीप भौतिक और बौद्धिक विकास में कहीं आगे निकल गए और उन्हें उन चीज़ों से स्वयं को दूर करना पड़ा जो कम मूर्त थीं और कुछ कारण

यह भी रहा कि पूर्वी जातियाँ उनसे कहीं अधिक प्राचीन थीं। यह सच है कि अब पूर्वी परंपराएँ अंधविश्वासों और लोक कथाओं की परजीवी लताओं में उलझ गई हैं, परंतु मूल वृक्ष अब भी मौजूद है। यह ज्ञान साधारण लोगों को नहीं सौंपा गया क्योंकि यह बहुत कम लोगों के हाथों में संरक्षित था।

भारत में भी, अपनी राजकीय पतन और आर्थिक अधोगति के बावजूद आध्यात्मिकता की जिज्ञासा लोगों में अधिक है।

जब तक रंग भेद का दर्प हमें दूसरी जाति के गुरु से मिले निर्देशों को ग्रहण करने से दूर रखता रहेगा, तब तक हम पश्चिमवासी इन उच्चतम शिक्षाओं का सार नहीं पा सकते। जैसा कि प्राचीन समय में, भगवान बुद्ध से लेकर जीजस तक के काल के दौरान हुआ, सबसे श्रेष्ठ प्रज्ञा ने कुछ पूर्वी रूपों में ही स्वयं को अभिव्यक्त किया।

सबसे पहले, किसी पश्चिमवासी को यह धारणा ही हास्यासपद लगती है कि वह पहले भी इस धरती पर आ चुका है, हालाँकि पूर्वी लोग इस बिंदु पर अपने पुरखों के ज्ञान की सटीकता पर अंगुली उठाने की कल्पना तक नहीं कर सकते।

मुझे बौद्ध धर्म की दीक्षा देनेवाले भिक्षु ने एक बार एक मानसिक विधि बताई थी, जिसकी मूल दीक्षा स्वयं भगवान बुद्ध ने दी थी, जो उनके ही मठ में सिखाई जाती थी और उसके निश्चित परिणाम आते थे। इस विधि से अपने पिछले जन्मों की जानकारी पाई जा सकती थी। दैनिक अभ्यास में स्मृति को दिन-प्रतिदिन, सप्ताह-प्रति सप्ताह, माह-प्रतिमाह पीछे की ओर ले जाया जाता था, जब तक पूरे एक वर्ष की स्मृति ताज़ा न हो जाए। इसके बाद इसी तरीके से धीरे-धीरे पिछले वर्षों की स्मृति दोहराई जाती थी। अंतत: साधक में याद करने और मानसिक चित्रण करने की अद्‌भुत शक्ति विकसित हो जाती, जो उसकी नवजात अवस्था तक जाती थी। सुनने में भले ही विचित्र लगे परंतु तब अपने जन्म का दिन तक याद किया जा सकता था।

आजकल मनोविज्ञानी, सम्मोहनकर्ता और मनोविश्लेषक बार-बार यह जानकारी देते हैं कि हमारा सारा पिछला जन्म अवचेतन मन की स्मृति में छिपा है। यदि यह सच है तो एक मानसिक अभ्यास के बल पर जन्म से पूर्व की घटनाओं को भी याद किया जा सकता है। असामान्य मनोविज्ञान की खोजें भी मार्ग को स्पष्ट कर रही हैं।

परंतु मेरे बौद्ध भिक्षु यहीं नहीं रुके। उन्होंने कहा कि अपने जन्म तक यादों को जानने के बाद, अभ्यास के बल पर उससे भी पुरानी यादों में जा सकते हैं, जो एक बिलकुल ही अलग व्यक्ति या धरती पर पिछले अस्तित्व की याद होगी। भूतपूर्व मृत्यु से भूतपूर्व जन्म तक की सारी जानकारी को इस विचित्र मनोवैज्ञानिक प्रक्रिया और अभ्यास के बल पर जाना जा सकता है।

भिक्षु ने कहा कि यह अभ्यास इतना कठिन था कि कुछ बौद्ध ही इस उपाय से इतनी दूर तक जा सके हैं। उन्होंने स्वयं बीस वर्ष तक इसका अभ्यास किया था और स्वयं इसके प्रभाव के साक्षी थे। परंतु अनमनी प्रकृति से इतनी लंबी यादों को वापस लाने के लिए वाकई बहुत प्रयत्नों की आवश्यकता थी।

मैं इस मामले में कोई सिद्धांत या नियम प्रस्तुत नहीं कर सकता परंतु इस व्याख्या को जानने के बाद कोई व्यक्ति उन रानियों और क्लियोपैट्राओं की फसल पर व्यंग्य कर सकता है, जो पश्चिम में इस विद्या के प्रकट होने के बाद पैदा हुई। उन्होंने तत्काल इस सिद्धांत को अपना लिया। जहाँ कहीं अधिक अनुभवी पूर्वी व्यक्ति पैर रखने से घबराता है, वहीं कोई सिरफिरा मनोविज्ञानी चला जाता है। बीते हुए अस्तित्वों को याद करना इतना आसान नहीं है। प्रकृति ने यूँ ही उन्हें एक अभेद आवरण में नहीं छिपा रखा।

मैं जिस देश से आया हूँ, वहाँ शायद ही कोई ऐसा व्यक्ति ऐसा होगा जो इस पद्धति को आज़माना चाहेगा क्योंकि ऐसा मुश्किल ही होगा, जो लगभग आधे जीवन तक, प्रतिदिन अपने कुछ घंटे केवल इस नाम पर लगा सके कि उसे बीती हुई यादों को ताज़ा करना है। सच कहूँ तो खेल में इतना मजा नहीं है। प्रकृति की तरह, हमें भी एहसास है कि बीता हुआ कल, वर्तमान की तुलना में हमारे गहरे प्रयत्नों का इतना अधिकारी नहीं है। इन चित्रों को परछाईयों से भरी गुफाओं से बाहर लाने से कोई लाभ नहीं होगा।

परंतु यह नहीं कहा जा सकता कि ये यादें किसी उपहार की तरह नहीं आ सकतीं। मुझे ये यादें इसी तरह, अनपेक्षित व असाधारण रूप से मिलीं, जिसका अनुभव भी अकल्पनीय है। हालाँकि पिछले जन्मों की यादें बिलकुल सच्ची हैं, ये साबित करने का कोई प्रमाण आज के दौर में कहीं मिलेगा नहीं इसलिए उनके बारे में बात करना बेकार है। इस संदर्भ में बादाम जैसी आँखोंवाले चीनी संत का कथन उपयुक्त होगा, 'जो जानते हैं, वे कहते नहीं; जो कहते हैं, वे सच जानते

नहीं।' मैं केवल इतना कह सकता हूँ कि यदि मैं ईश्वर की कृपा और पेनिनसुलर व ओरियंटल स्टीम नेवीगेशन कंपनी की मदद से एशिया की भूमि पर कदम रख सका हूँ तो अपने पिछले जन्मों में भी मेरा इस जगह आना अवश्य हुआ होगा।

***

एक तेज़ हवा के चलने की आवाज के साथ मेरी तंद्रा भंग हुई। कोई चीज़ या व्यक्ति ढलान से मेरी ओर आ रहा है। मैं कह नहीं सकता, केवल आवाज से अनुमान लगाना मुश्किल है कि वह कोई इंसान है या जानवर पर मैं पूरी शांति से स्थिर रहा। जल्दी ही मुझे एक मनाल पक्षी अपनी ओर आता दिखा। इसके शरीर का रंग नीला और उसकी पूँछ भूरे रंग में है। पक्षी ने मेरी ओर देखा और तेज गति से घाटी की ओर उड़ गया। यह उत्साह के मारे चिल्ला रहा है। इस जगह इंसानी पुकार नहीं सुनाई देती।

पश्चिम में बहुत से लोग पुनर्जन्म की बात से ही सकुचा जाते हैं, मानो वे कोई कातर घोड़े हों क्योंकि उन्हें बताया जाता है कि हमें अपने पिछले कर्मों का फल भुगतना पड़ता है। वे भयभीत होकर कहते हैं, 'क्या! आप चाहते हैं कि हम दूसरों का किया-धरा भुगतें? यह तो नाइंसाफी होगी।'

क्यों नहीं?

सारा प्रश्न इसी बात पर टिका है कि हम कौन हैं।

यदि हम इस भौतिक शरीर से अधिक नहीं हैं, तो यह आपत्ति उचित है। यदि हम उन मक्खियों की तरह हैं, जो इस ग्रह पर एक दिन बिताकर चली जाती हैं, तो पश्चिम सही है। यदि हम ऐसी आत्मा हैं, जो बार-बार इस धरती पर आती है, तो एक जन्म में किए गए पापों का निपटारा अगले जन्म में किए जाने का न्याय थोड़ा सा रुखा लगता है। तब तो हमारे जीवन पर अपनी छाप डालनेवाली नियति एक निरंकुश बल हो जाएगी।

मैं मानता हूँ, नहीं, मुझे पता है कि इंसान की नियति कीटों के साथ नहीं, ईश्वर के साथ है। मस्तिष्क विचार पैदा नहीं करता, शरीर आत्मा को पैदा नहीं करती, जैसे तार बिजली पैदा नहीं करती। देह और दिमाग तो साधन मात्र हैं जो इस घने भौतिक जगत में एक सूक्ष्म और गूढ़ शक्ति के वाहक हैं।

यदि हम केवल देहधारी हैं और इससे अधिक नहीं, तो हमारे अणुओं से यह

कहना अनुचित होगा कि वे धीरे-धीरे रूपांतरित होकर नए सिरे से विभाजित हों और मृत्यु के बाद दूसरे जीव के रूप में जन्म लेकर, हमारे गलत कामों की सजा भुगतें। परंतु हम यही हैं बल्कि इससे भी अधिक हैं। कुछ ऐसा जो चेतना के कहीं अधिक निकट है। सही मायनों में, हम सजग मन हैं जो शरीर के माँस और मज्जा से गुंथे हैं।

जो मन हमारे चरित्र, प्रवृत्तियों और क्षमताओं का प्रतिनिधित्व करता है, वह हमारे कर्मों का असली स्रोत नहीं क्योंकि मन यानी शरीर नहीं। यही मन एक जन्म से दूसरे जन्म में जाता है, शरीर की मृत्यु होती है मन की नहीं। यदि एक जन्म में उसने किसी को तकलीफ दी, तो अगले जन्म में उसे उसका फल भुगतना पड़ता है। हर कोई आसानी से इस बात से सहमत भी होता है। शायद इस जन्म में हम जो सुख-दुःख का अनुभव करते हैं, उसकी तैयारी हमने पिछले जन्म में ही की थी।

परंतु जो सिद्धांत यह घोषणा करता है कि हर अणु को उसका फल मिलना ही चाहिए तब तो यह जन्म लेने का सिलसिला तब तक जारी रहेगा, जब तक सारे कर्मों का निपटारा नहीं हो जाता, यह सुनने में तार्किक लगता है। यह दूसरे प्राकृतिक नियमों से भी मेल खाता है, जिन्हें प्रत्येक वैज्ञानिक ने इस भौतिक जगत में खोजा है। यह उस विचार से कहीं अधिक आश्वस्त करता है कि जीवन एक लॉटरी है जिसमें इनाम कम और धोखे ज्यादा हैं। घटनाओं का एक ऐसा ज्वार आता है, जो हमारी स्वतंत्र इच्छा का हनन कर देता है। उच्चतम शक्तियों के हाथ में सब कुछ है; हमें चिंता करने की आवश्यकता नहीं है। यहाँ उस असहायता और उलाहनों को नाजायज माना जाए, जिनके चक्कर में अक्सर भारतीय उलझ जाते हैं और उनके इस रवैए को इस स्थान की जलवायु का विशेष रूप से सहयोग मिलता है।

वस्तुओं के भौतिक दृष्टिकोण की व्यर्थता तब और भी स्पष्ट हो जाती है, जब जीवन के इस न्याय और अन्याय के प्रश्न पर विचार होता है। हम जीवन के मानसिक पक्ष को उपेक्षित कर देते हैं जबकि प्रकृति की नज़रों में यह कारण-कार्य सिद्धांत का पक्ष है।

प्रकृति को देखकर लगता है कि वह निर्दयी भाव से प्रतियोगी है, परंतु प्रकृति हमारी माता है। ऐसी कौन सी माता होगी, जो अपने बच्चे को सबक देने

के अलावा किसी और कारण से सजा देगी? प्रकृति भी हमारी माता की तरह ही सजीव माता है। इस ग्रह की सारी बुद्धिमत्ता के पीछे इसका ही हाथ है। अगर आप खनिज, पौधों और पशु जगत पर एक नज़र डालें तो आपको अच्छी तरह समझ में आ जाएगा। हमने प्रकृति की क्या दशा कर दी है कि उसे हमें समझाने के लिए दंडित करना पड़ रहा है। हम एक ही जीवनकाल में उससे मिलनेवाले सबक कैसे सीख सकते हैं?

तो इस योजना में प्रकृति का लक्ष्य क्या है? क्या मैं कहने का साहस रखता हूँ? देहधारी मनुष्यों के लिए यह उत्तर अभी बहुत दूर की कौड़ी है। इस सुदूर दिखनेवाले लक्ष्य को उन शब्दों में कैसे प्रकट कर सकते हैं, जो इसे आसानी से पाने योग्य और तार्किक दिखा सके?

केवल इतना संकेत भर किया जा सकता है कि प्रकृति हमें भौतिक जगत के उलझाव से परे करना चाहती है ताकि हम आत्मा के उन आदिम स्थलों को बनाए रख सकें, जहाँ हम पहले कभी आए थे। बाइबिल के दृष्टांत के अनुसार, यह हमें एक बार फिर अदन के बगीचे के लिए हामी भरवाना चाहती है।

यदि हमने स्वयं को अस्तित्व के इस चक्र से बाँधा है, जिसे नियति चलाती है तो हम ही स्वयं को मुक्त भी कर सकते हैं। यही प्रकृति की इच्छा है और वह हमारी प्रसन्नता को बनाए रखेगी। हो सकता है कि संसारभर की चिंता हमें फिर से निराशा की ओर खींच ले जाए परंतु प्रकृति हमें शांति देती है। हमें इस सांसारिक जाल से निकलकर स्वयं को अपने केंद्र में स्थापित करना चाहिए, बाहरी रूप से अलग होकर, संतुलित भाव से अपने भीतर प्रवेश करना। जब तक हम अपना केंद्र नहीं पा लेते, तब तक हम भावी घटनाओं की दया पर पड़े रहेंगे।

ये शब्द सुनने में पुराने लग सकते हैं और वे हैं भी। संसार के आरंभिक युगों से, इन्हें किसी न किसी प्रत्येक महान संत की ओर से अलग-अलग रूपों में दोहराया जाता रहा है और युग के अंतिम दिन तक दोहराया जाता रहेगा। प्रकृति के लक्ष्य की इसके अतिरिक्त कोई और व्याख्या नहीं की जा सकती क्योंकि यह वही उत्तर है, जो उन लोगों को स्वयं देती है, जो उससे प्रश्न करना जानते हैं। एक तथ्य चालीस कल्पनाओं से कहीं बढ़कर है और वह प्रकृति का तथ्य है।

इस ब्रह्माण्ड का भौतिक स्वरूप और हमारे शरीर एक दिन नष्ट होंगे, परंतु हम फिर भी रहेंगे।

परंतु आज तक के लिए इतना ही काफी है कि हम इसे लिख लें।

***

मेरे सहित, कुछ लोगों के लिए यह बेहतर होगा कि वे अपनी स्थिरता, लोच और ताकत पाने के लिए इन गगनचुंबी शिखरों को अपना आदर्श चुनें। प्रतीकात्मक रूप से ये उन्नत शिखर क्या दुर्बल मनुष्यों के लिए सबक नहीं हैं?

आगे चलकर, मेरी स्थिरता के दौर, काफी हद तक आसपास के परिवेश से जुड़ने लगे। कवि शैली के शब्दों में, ऐसा लगता था मानो मैं प्रकृति से एकात्म हो रहा था। जब मैं असीम धीरज के साथ अपने पठार के छोर पर बैठता, तो आसपास की सुंदरता और सौम्यता मेरे भीतर रिसने लगती। मुझे लगने लगता कि मैं भी उसी प्राकृतिक परिदृश्य का हिस्सा हो गया हूँ। मैं अपनी प्रकृति में हिमालय की स्थिरता को शामिल कर रहा हूँ। मेरा शरीर उस भूरी माटी से उस तरह निकला जान पड़ रहा है, जैसे वह वृक्ष उगा हुआ है। मैं सामने खड़े देवदार की तरह धरती पर उकड़ूँ बैठा हुआ हूँ। मेरी नसों में बहनेवाला जीवन ठीक वैसा ही जीवन जान पड़ता है, जो मेरे आसपास के पौधों के रस में भरा है। यहाँ तक कि ठोस पर्वत भी अब कठोर क्रिस्टल और पतली मिट्टी से बनी चट्टान नहीं रही, अब यह भी एक जीवंत उपस्थिति है, जो ठीक उसी तरह निर्देशिक नियमों का पालन करती है, जैसे मेरा शरीर उन्हें मानता है।

जब यह एकात्म भाव मेरे भीतर और अधिक प्रवेश करता चला जाता है, तो भीतर से कल्याण का अद्‌भुत भाव सामने आता है। मैं और ये मित्रवत् पेड़, ये दयालु धरती, जिसके चमचम करते धवल शिखर क्षितिज पर दिखाई दे रहे हैं, ये सभी एक ही जीवित शरीर रचना से बँधे हैं और सब कुछ, सबके लिए कल्याण की भावना रखता है। यह ब्रह्माण्ड मृत नहीं, जीवित है, दुष्ट नहीं स्नेही है, यह कोई खोखला आवरण नहीं बल्कि एक महान मस्तिष्क का विशालकाय शरीर है। मुझे उन भौतिकवादियों के लिए खेद होता है जो पूरी ईमानदारी से, अपने सीमित आँकड़ों के बल पर मृत्यु को ही संसार का सम्राट मानते हैं और उन्हें लगता है कि वस्तुओं के सार में शैतान छिपा है। क्या वे अपने अति-सक्रिय मस्तिष्क को शांत करते हुए, स्वयं को प्रकृति के भव्य और विराट व्यक्तित्व से एकात्म कर सकते हैं, तब वे जान सकेंगे कि वे कितने गलत थे।

जो भी हो, उन्नत वैज्ञानिकों की खोज के परिणाम हमारे हाथों में हैं, केवल

सिद्धांत बनानेवाले और मंदबुद्धि ही भौतिकवाद के विषय को अपना समर्थन दे सकते हैं।

यह ऐक्य का भाव जिस रहस्यमयी रूप से कल्याण का भाव प्रकट कर रहा है, वह वाकई उल्लेखनीय है। इसके लिए मेरी ओर से कोई प्रयास नहीं किया गया, जाने यह मेरे भीतर से किस जगह से प्रकट हो रहा है। सामंजस्य धीरे-धीरे प्रकट होते हुए, मेरे पूरे अस्तित्व में संगीत की तरह प्रवाहित हो रहा है। मेरे भीतर एक असीम कोमलता का भाव छा गया है, जिसने कठोर निराशावाद को परे कर दिया है, जो मनुष्य के आभार व्यक्त न करने और छल करने से उत्पन्न एक प्रबल अनुभव है, जो मेरे स्वभाव में कहीं गहराई तक जा बसा है। मैं उग्रता के स्पष्ट प्रकटीकरण के बावजूद प्रकृति की बुनियादी कृपा को महसूस कर रहा हूँ। जिस तरह ऑक्रेस्ट्रा में सभी वाद्य यंत्र आपसी तालमेल में होते हैं, सभी व्यक्ति और वस्तुएँ भी इसी मधुर संबंध में बँधे हैं, जो महान माता के हृदय में वास करता है।

मैं विचार करने लगा कि मेरे आदरणीय पूज्य गुरू ने मुझे किसी विशेष ध्यान के लिए सुझाव क्यों नहीं दिए और न ही कोई ऐसा रहस्यमयी सूत्र दिया जिस पर निरंतर मनन हो सके। वे चाहते थे कि मैं किसी परम पद को पाने के लिए कोई प्रयत्न न करूँ और मुझे अपनी ओर से प्रयासहीन होना होगा। उन्होंने ऐसा कोई खाका नहीं खींचा कि मैं क्या हो सकता था; उन्होंने केवल इतना कहा, 'बस रहो! संक्षेप में, यदि मैं चाहता हूँ कि मेरे साथ कुछ हो, तो बस मुझे अपनी ओर से कोई प्रयत्न नहीं करना।'

हम मनुष्य अपनी ही नज़रों में इतने महत्त्वपूर्ण और दंभी हो गए हैं कि हमें यह समझ में ही नहीं आता कि जो महान माता, बड़े ही धीरज से अपनी छाती पर हमारा भार सहती है, हमें विविध प्रकार के भोजन से पोषण देती है और जब हम पूरी तरह से थक जाते हैं, तो हमें फिर से अपनी गोद में ले लेती है, इसका अपना एक उद्देश्य है, जो यह हमारे माध्यम से पूरा करना चाहती है। यदि हम ऐसा करना चाहें तो। हमने अपनी ही योजनाओं और परियोजनाओं को तैयार कर रखा है, हमने तय कर लिया है कि हम जीवन से क्या चाहते हैं और हम निरंतर सोचते हुए संघर्ष कर रहे हैं ताकि अपनी इच्छाओं की संतुष्टि कर सकें। यदि हम अपने समय का एक चौथाई हिस्सा भी आत्म-प्रयासों से उबरकर, चुपचाप प्रकृति के मन को अपने मन से एकात्म होने दें, तो हम उन चीज़ों का समझदारी से पुन: आकलन कर सकते हैं, जिन्हें हम पाना चाहते हैं और इसके साथ ही उन्हें पाने के

लिए प्रकृति माता का सहयोग भी प्राप्त हो सकता है।

यह संसार एक विशाल होटल है, जहाँ हमें माता प्रकृति की ओर से रहने और खाने की व्यवस्था दी गई है, हम अपना बिल भरते हैं और आगे चले जाते हैं।

प्रकृति हमारे साथ काम करने की इच्छा रखती है और यदि हम अपनी ही इच्छा के निरंतर अभ्यास के बीच उसके लिए समय निकाल सकें, तो उसके उद्‌देश्य के साथ एकात्म हो सकते हैं। यदि हम ऐसा करते हैं तो हम सुखद आश्चर्य के साथ देखेंगे कि उसके पास भी हमारी आँखों के ठीक सामने यह सब पाने का उपाय है, बस उसकी आवाज सुनाई नहीं देती। हमें उसका साथ देने के लिए नि:स्वार्थ भाव से आगे आना होगा। और तब उसके और हमारे लक्ष्य, सदा के लिए एक होंगे। तब महत्वकांक्षा, आकांक्षा में बदलेगी और कभी जिन वस्तुओं को हम निजी कल्याण के लिए पाना चाहते थे, वे सायास प्राप्त होंगी और हमारे माध्यम से दूसरों का भी कल्याण करेंगी। उसके साथ इस प्रकार सहयोग देने का अर्थ होगा कि हम जीवन का बोझ उठाने के बजाए, उसे यह भार उठाने दें; तब सब कुछ आसान होगा, यहाँ तक कि चमत्कारिक भी हो सकता है।

मैंने पहले भी इन सत्यों को देखा है, परंतु अभी मेरी पर्वतीय आश्रयस्थली में और माता के साथ निकटतम आत्मीयता के बीच, मैं यह सब स्तब्ध कर देनेवाली स्पष्टता के बीच देख पा रहा हूँ।

एक कवि ने कहा है कि प्रकृति ईश्वर का वस्त्र है। परंतु मेरा कहना है कि प्रकृति ईश्वर से अलग नहीं है। मैं जानता हूँ कि जब मैं प्रकृति की वंदना कर रहा हूँ तो यह स्वागत भाषण नहीं है; कोई है जो मेरा अभिनंदन स्वीकार करती है। यदि ईश्वर महान वास्तुकार है, तो प्रकृति हमारे इस संपूर्ण ब्रह्माण्ड की सर्वश्रेष्ठ रचयिता है।

मेरे गुरु ने बहुत प्यारी मुस्कान के साथ, अलग से किए जानेवाले आत्म-प्रयास की व्यर्थता के बारे में कहा था, तुम ऐसे व्यक्ति के लिए क्या कहोगे, जो किसी रेल के डिब्बे में सिर पर सामान लादे चढ़ता है पर सिर का सामान नीचे रखने से इंकार कर देता है? ऐसे लोग अपने अस्तित्व के भार का समर्पण ईश्वर के प्रति करने से इंकार कर देते हैं, वे भ्रमित होकर अपना आग्रह बनाए रखते हैं और उन्हें लगता है कि इस भार को कोई दूसरा नहीं उठा सकता जैसे गाड़ी में चढ़े हुए व्यक्ति

को भ्रम था कि उसका भार गाड़ी ने नहीं बल्कि उसने स्वयं उठा रखा था। इस प्रकार, इस धरती को संभालनेवाला परमात्मा हमें भी संभालता है और वह हमारा सारा बोझ अपने सिर रखता है।

हमारे अपने ही अस्तित्व से जाने कितने कष्ट उभरते हैं? प्रकृति पहले हमें अपने कोमल स्पर्श से चेताती है, पर हम उसे बेरूखी से अपने से दूर कर देते हैं। हमें बहुत धीमी फुसफसाहट में पुकारा जाता है कि हम स्वयं को उस परम शक्ति के आगे सौंप दें, वह पुकार इतनी कोमल होती है कि जब तक हम सब छोड़कर, शांत भाव से उसे न सुनें, तब तक वह सुनाई ही नहीं देती। हमें जिस समर्पण से शांति मिल सकती है, वह हमारी सोच से कहीं परे है। हमारा निजी स्वभाव, अपने भ्रामक यथार्थ के साथ हमें छलता आया है और छलते हुए बंदी बना रखा है।

हमें प्रकृति को नष्ट करने के लिए यह दंड भुगतना पड़ रहा है। उसके साथ सामंजस्य; उसके बिना, केवल कष्ट और असंतोष!

मैं निश्चित तौर पर नहीं कह सकता कि प्रकृति के लिए मेरे मन में कितना आदर है। मेरे लिए यह एक ब्रह्माण्डीय मंदिर और गिरजा है। मुझे दक्षिण भारत में दलितों के मुख से बारंबार यही सुनने को मिला क्योंकि ब्राह्मण उन्हें अपने मंदिरों में प्रवेश नहीं करने देते। भारत के किसी भी स्थान की अपेक्षा, दक्षिण में छुआछूत का सबसे बुरा रूप देखने को मिलता है। पुरानी जाति प्रथा, प्राचीन समय के अनुरूप थी। ब्राह्मण सामाजिक व्यवस्था के शीर्ष थे, योद्धा उसकी आत्मा, व्यापारी और किसान इसका शरीर और दास वर्ग इसके चरण। हम सभी सिर या सभी पैर नहीं हो सकते। परंतु आज जाति की उस व्यवस्था का आधार कहीं खो गया है, यह असंगठित और दमनकारी हो गई है और लाखों लोगों को निर्दयता और अपमान का सामना करना पड़ रहा है। यदि ब्राह्मण समझदार थे तो दलित के प्रति अपनी वर्जनाओं को धार्मिक नहीं बल्कि सामाजिक या साफ-सफाई से जुंड़े रूप में रखते।

हम यह समझकर स्वीकार कर सकते हैं कि कोई राजा किसी सार्वजनिक भवन में सफाई करनेवाले के साथ नहीं बैठेगा, परंतु जब वह कहता है कि वह परिष्कृत बुद्धि के बजाय ईश्वर की ओर से मिले आदेश के कारण, उक्त व्यक्ति के साथ नहीं बैठ सकता, तो बेहतर होगा कि अब इस मूर्खता पर रोक लगा दी जाए। यदि मैं इन अभागे हिंदू दलितों का नेता होता, तो मैं उनसे कहता, 'जो चीज़ तुम्हारे लायक ही नहीं, उसके लिए इतना असहनीय कष्ट और अपमान सहन मत करो।'

प्रकृति ने आपको वास्तविक मंदिर दिया है, जिसमें ईश्वर उसी तरह उपस्थित है जैसे वह तैलयुक्त तीर्थों के अंबारों और अनुष्ठानों से ग्रस्त पाषाण प्रतिमाओं में पाया जाता है; किसी जंगल, पहाड़ी या फिर किसी खाली कक्ष में ही आ जाओ, मैं तुम्हें वह ईश्वर दिखा दूँगा, जिसे दूसरे कभी नहीं देख पाते।'

प्रकृति का स्वर अपने भीतर सुनना होता है; भले ही उसकी सुंदरता को बाहरी तौर पर निहार लें, परंतु उसका कल्याणकारी तालमेल हमारे साथ और हमारे बिना भी हमेशा बना रहता है।

यदि हम इसे अपने वर्तमान अनुभव से महसूस नहीं करते या अपने पिछले अनुभव से नहीं जानते, तो स्वयं को और अंधी बनी हुई दुनिया को भ्रमित करने के नाम पर ऐसे आशावादी शब्दों का प्रयोग न करते। परंतु जब मैं हिमालय के इस एकांत में स्थित चट्टान पर बैठकर उस सूक्ष्म और सच्ची संवेदना को अनुभव करता हूँ, तो इसे लिखे बिना कैसे रह सकता हूँ।

मैंने बहुत कष्ट सहा है और अब मीठी चाशनी में लिपटी संवेदना से नहीं निपटना चाहता, जो केवल कहानियाँ हैं। परंतु यदि आज रात मैं मर गया, तो मेरी डायरी में ये शब्द लिखे पाए जाएँ और इन्हें पूरे संसार के लिए प्रसारित किया जाए:

प्रकृति तुम्हारी मित्र है; अपने मौन के क्षणों में इसका पूरे आदर से आनंद लें, वह आपको गुप्त वरदान देगी।

5

दो योगियों का अनपेक्षित आगमन- हिमालय के तीर्थ और मंदिर - मौन से उपजी शक्ति

मेरा एकांतवास अब भंग हो चुका है। पहले आगंतुक आ पहुँचे हैं और उनके इस अनपेक्षित आगमन से मुझे इहलौकिक संसार के छोटे होने का पर्याप्त प्रमाण मिल गया है। कोई जहाँ भी चला जाए, चाहे वह महानगरीय कोलाहल हो या फिर किसी पूर्वी गाँव की छोटी संकरी पगडंडी पर हो, उसे किसी न किसी जानकार का सामना करने को तैयार रहना चाहिए, या फिर कोई ऐसा भी मिल सकता है, जो आपको जानने का दावा करता हो। मध्य और उत्तर भारत में मुझे तीन बार राह चलते सज्जनों ने रोका, उन्होंने मेरा नाम लेकर अभिवादन किया और मैं उनके नाम और चेहरों से अनजान था। दिल्ली में मैंने अचानक एक सेवानिवृत्त मेजर के साथ दोपहर का भोजन किया, जो पंद्रह साल बाद अचानक ही दिल्ली पधारे थे। मैंने उनके साथ अठारह माह पूर्व, लंदन में उनके आरामदेह घर में लंच किया था। देहरादून में, अचानक ही ऑक्सफोर्ड विश्वविद्यालय के एक विद्वान के साथ संप्रेषण के तार जुड़े, जहाँ उनसे मेरी भेंट हुई थी। और इस तरह यह सिलसिला जारी रहता है।

यहाँ हिमालय के बीच एकांतवास में, जो कि आज तक मुझे पूरी तरह से एकांतवास का अनुभव दे रहा था। अब मैं इस

बात को बेहतर तरीके से जानता हूँ। भले ही आप जो भी कर लें, अदृश्य हाथ अपनी ओर से आपके और आपके छोड़े गए संसार के बीच हर तरह के बंधन बाँधने की पूरी कोशिश करते रहते हैं।

मैं सुबह के समय कुछ देर के लिए, बाहर घास में रखे एक छोटे पत्थर पर आ बैठा। सिर पर देवदार के वृक्ष की टहनियाँ झूल रही थीं और मैं अपने कागजों, नोट्स और पत्रों को व्यवस्थित करने में लगा था। तभी नौकर अचानक सामने आया। एक बड़ी सी मुस्कान के साथ दो मेहमानों के आने की सूचना दी!

मैंने ऊपर देखा – और वे मेरे सामने थे। उसके ठीक पीछे, इमारत की ओर आनेवाले रास्ते पर चले आ रहे थे।

दोपहर का सूरज, पीले चोगोंवाले व्यक्तियों को ताक रहा था, एक ऐसा बाना जो उनके योगी, भिक्षु, साधु, संत, घुमक्कड़, पर्यटक पद-यात्री या फिर ठग होने का ऐलान करता था क्योंकि आधुनिक भारत में जो भी आजीविका के लिए काम नहीं करना चाहता, वह अपने आलसी शरीर पर यह आरामदेह चोगा पहनकर, एक धीर-गंभीर साधु का रूप ले सकता है, जो अपना पूरा जीवन ध्यान और गहन उपासना के नाम करना चाहता है। ये दोनों ही उसके भोजन के प्रबंध के लिए भी हो सकते हैं या फिर उनकी किस्मत अच्छी हो तो कई बार कुछ ऐसे संरक्षक भी मिल जाते हैं, जो आजीवन उनकी देख-रेख का भार ले लेंगे।

मेरे सामने खड़े दोनों व्यक्ति श्रेष्ठजन लग रहे हैं। उनमें से बड़ा दिखनेवाले व्यक्ति की शारीरिक गठन सुडौल और चेहरा खिला हुआ है। दिखने में ही राजसी छवि लगती है। उसके कंधों तक बालों की जटाएँ झूल रही हैं। उसका साथी आयु में थोड़ा कम छरहरा दिखता है परंतु वह भी उतना ही दर्शनीय है। उसके सिर पर थोड़े असामान्य तौर पर लंबे बाल हैं। पहले उसने ही अभिवादन करते हुए मेरा नाम लिया और साष्टांग दंडवत करते हुए मुझे आश्चर्यचकित कर दिया।

मैं उसे नहीं जानता था और मैंने यह बात उसे कही।

वह उत्तर देते हुए मुस्कुराया कि वह मेरे बारे में सब जानता है और उसे मेरे गुरु के विषय में भी जानकारी है। फिर उसने मुझे अपना नाम बताया तो मुझे पता चला कि वह दक्षिण-पश्चिम भारत के मालाबार तट से आया है। उसने बताया कि उसका साथी, उत्तर के गोरखपुर से है, जो संयुक्त प्रांत का क्षेत्र है। वह उसका गुरु है, आध्यात्मिक मार्गदर्शक, जो अपने क्षेत्र में काफी नाम रखता है। वक्ता उसका

अनासक्त शिष्य जान पड़ता है।

यह सारी जानकारी मैंने कई तरह के प्रश्न पूछते हुए, टुकड़ों-टुकड़ों में प्राप्त की। फिर दूसरे व्यक्ति ने मेरे निकट आकर कंधा छुआ और आम जैसा बड़ा सा फल देने लगा, नाम तो मुझे याद नहीं पर इतना पता था कि वह काफी महँगा फल है। उसने एक भी शब्द कहे बिना, मुस्कुराकर फल दिया। तब उसके साथी ने बताया कि उसने मौन व्रत रखा हुआ है और पिछले बारह वर्ष से कुछ नहीं बोला।

मैंने उन्हें धन्यवाद दिया और वह फल लेने से इंकार करते हुए कहा कि उस निर्जन प्रांत में उन्हें अपने भोजन की आवश्यकता पड़ेगी।

वाचाल साथी ने कहा, 'अरे नहीं। हमारे साथ ज़रूरत का सारा सामान लेकर कुली चल रहे हैं। हम गंगोत्री की तीर्थयात्रा को निकले हैं।'

परंतु मैं जानता हूँ कि यात्रा में कितनी कठिनाईयाँ होंगी इसलिए मैं फल लेने से इंकार कर देता हूँ। मैंने कहा कि अगर मैं उनके अति आवश्यक भोजन से थोड़ी सी भी मात्रा ली, तो मैं स्वयं को क्षमा नहीं कर सकूँगा।

तब वे दोनों ही उत्साहित व उत्तेजित होते हुए मुझ पर फल लेने का दबाव बनाने लगे। शिष्य ने कहा कि योगी साथी को ही वह फल विशेष रूप से अर्पित किया जाता है। यही परंपरा है और यदि मैंने इंकार किया तो उन्हें दुःख होगा। जब मैंने देखा कि उन्हें वास्तव में दुःख होगा, तो मैंने बेमन से उनका आग्रह स्वीकार किया, पर साथ ही यह कहा कि वह फल उसी समय काटकर सबके बीच बाँटा जाएगा। जब नौकर हमारे लिए फल काटकर तैयार कर रहा था तो मैंने उपहास में कहा कि उनसे भूल हो गई है। मैं कोई योगी नहीं हूँ, जैसा कि वे मेरे वस्त्रों से भी अनुमान लगा सकते हैं।

गुरु ने गंभीरता से उत्तर दिया, 'कोई पीले चोगे पहनकर योगी नहीं बनता; उसका कोई अर्थ नहीं है, यह हृदय की बात है और आप हममें से एक हैं।'

मैंने कहा, तब संभवत: यह पहली बार होगा कि एक योगी हिमालय के वनों में सूरज से बचाव के लिए टोप और तहदार पतूलन पहने, जलरोधी चटाई पर बैठा, अपने कहीं भी ले जाने योग्य छोटे से टाइपराइटर पर टाइप कर रहा है और उसके कंधों पर गर्म चाय से भरी थर्मस लटक रही है!

गुरु को मेरी बात सुनकर इतना आनंद आया कि उसके ठहाके पूरे एक मिनट

तक गूँजते रहे। बेशक, मौन व्रत के दौरान हँसना तो मना नहीं होता। हँसने को किसी भी तरह की वाणी में शामिल कर सकते हैं या नहीं, इसे बिखरे बालोंवाले दार्शनिकों तक सीमित रहने देते हैं, वे इस बारे में अच्छी चर्चा कर सकते हैं। पर अभी उनके साथ मेरा प्रश्नोत्तर सत्र समाप्त नहीं हुआ था। जब हम स्वादिष्ट फल खा रहे थे तो मैंने उनसे पूछा :

आपको कैसे पता चला कि मैं इस जगह रह रहा था?

हमें नहीं पता पर हमें बताया गया। बहुत ही शांत उत्तर मिला।

किसने बताया?

उन्होंने ने मुस्कुराते हुए ऊपर की ओर संकेत कर दिया और मुझे उस उत्तर से संतुष्ट होना पड़ा।

फिर भी मैंने अपनी ओर से एक ओर अंतिम प्रयास किया।

अगर आप गंगोत्री जा रहे हैं, तो आपको पता होना चाहिए कि यह तो गंगोत्री जाने का सामान्य मार्ग नहीं है। वह रास्ता तो धरासू और उत्तरकाशी होते हुए जाता है। आप मार्ग से भटक गए और अनावश्यक ही इसे लंबा कर दिया।

बहुत ही सौम्य मुस्कान के साथ उत्तर आया, परंतु हम आपसे भेंट करना चाहते थे और फिर वे विदा लेने के लिए उठ गए। वे अपने कुलियों से मिलकर दोपहर का भोजन करने जा रहे हैं। गुरु ने कागज और पेंसिल के माध्यम से, मुझे शाम के ध्यान-पूजन में आने का निमंत्रण दिया और अपने साथ रात्रि का भोजन ग्रहण करने का आग्रह किया। वे इस जगह एक दिन विश्राम करते हुए, अगली सुबह भोरबेला में प्रस्थान कर जाएँगे। इस बार मैंने आभार प्रकट करते हुए, उनका निमंत्रण स्वीकार कर लिया। मुझे एहसास हुआ कि वे अपनी आवश्यक सीमित सामग्री को मेरे साथ बाँटते हुए, मुझे आदर-मान दे रहे हैं।

दोपहर के भोजन के बाद उनके शिष्य फिर से मेरे पास आए। उनका नाम बंधु शर्मा है। मैंने सैर करने का प्रस्ताव रखा और उन्हें एक मील की दूरी पर स्थित शिखर पर ले गया, जहाँ सादगी से भरी पृष्ठभूमि में पीले तारक दिखाई दे रहे थे। राह में, हम संकरे मार्ग पर चलते हुए, दूसरे लोक की बातें करने लगे और वे अपनी जीवन यात्रा के विषय में बताने लगे। उनके मुख से ही उनके जीवन की यात्रा के अंश सुनने को मिले।

वे पूरे छह वर्ष तक, भारत के कोलाहल से भरे बाज़ारों से लेकर, जंगलों की एकांत में बनी कुटियाओं तक भटकते रहे। उन्होंने उन मंदिरों में वास किया, जिनकी शिलाएँ बासी मक्खन की गंध से गंधाती थीं, शुद्ध वायु देनेवाली पर्वतीय घाटियों में डेरा डाला, विभिन्न गुरुओं से आत्मा और परमात्मा के संबंधों को जानने के अलावा योग की शिक्षा ग्रहण की। हमने आपस में नोट्स की तुलना की, तो पता चला कि हम दोनों ही उनसे परिचित थे। उन्होंने कहा कि तिरुवन्नामलाई के रहस्यदर्शी गुरु ने उन्हें विशेष रूप से प्रभावित किया। उनकी उपस्थिति में मैंने तत्काल शांति का अनुभव किया। योगी ने कहा और उनके आश्रम में चार दिन के प्रवास में ही मुझे ऐसे आध्यात्मिक अनुभव हुए, जो उससे पूर्व कभी नहीं हुए थे। एक दिन, मैं वापस लौटूँगा। मुझे वापस जाना ही होगा।

मैंने उनसे पूछा कि वे किस तरह का जीवन जी रहे हैं और उसे कैसे सहन करते हैं?

'यह मुझे पूरी तरह से रास आता है क्योंकि मुझे अध्ययन और ध्यान करने की पूरी आज़ादी मिलती है। ऐसी आज़ादी, सरकारी नौकरी के दौरान मिलना संभव नहीं था, हालाँकि मेरा वेतन काफी अच्छा था।' उन्होंने उत्तर दिया।

यह एक कठोर जीवन है, आपके स्तर के अनुरूप तो सचमुच कठोर है।

ऐसा हो सकता था यदि मुझे अपने भोजन के लिए भीख माँगनी पड़ती; मैं अपने जीवन में इतनी हीनता स्वीकार नहीं कर सकता था। पर मैं इस मामले में सौभाग्यशाली रहा कि मुझे भोजन और आश्रय मिलता रहा। जिन गुरुओं के साथ रहा, उन्होंने सिर छिपाने को जगह और भोजन, दोनों ही दिए। इस तरह, गंगोत्री की इस तीर्थयात्रा में, जो गुरु मेरे साथ हैं, वही मेरा सारा खर्च उठा रहे हैं।

क्या यह सच है, जैसा कि बहुत से लोग दावा करते हैं कि अधिकतर घुमक्कड़ साधु और फकीर किसी काम के नहीं होते? आप इनके बीच रहे हैं इसलिए हमारी तुलना में कहीं अधिकार से इस बारे में बता सकते हैं, आपने इनके बीच समय बिताया है?

योगी ने उदासी से सिर हिलाया। उनकी आँखें भी उदास हो गईं।

बदकिस्मती से यह बात पूरी तरह से सच है। मैं तो और आगे जाकर कहना चाहूँगा कि इनमें से लगभग नब्बे प्रतिशत लोग केवल इधर-उधर भटककर समय

बितानेवाले पद-यात्री होते हैं और मैं आपको विश्वास दिलाता हूँ कि गंभीर आध्यात्मिक साधकों की संख्या पाँच प्रतिशत से अधिक नहीं होगी।

हमारा मार्ग हमें वन की ओर ले गया और दूसरी ओर से निचली ढलान दिखाई दी। हम आगे बढ़े तो अचानक ही एक भालू के पैरों के ताजा निशान दिखाई दिए। वह खाने योग्य जड़ों की खोज में कुछ देर पहले ही उस जगह से निकला होगा।

मैंने उन्हें एक घटना के बारे में बताया, जब मैं ग्वालियर स्टेशन पर ट्रेन आने की प्रतीक्षा में था। एक घुमक्कड़ साधु के हाथ में लाठी और कमंडल के सिवा कुछ नहीं था और वह टिकट कलेक्टर व रेल्वे पुलिस को धमका रहा था कि उसे गाड़ी में बिना टिकट यात्रा करने की अनुमति दी जाए। उसके तेज़ सुर और रहस्यमयी धमकियों के आगे कोई कुछ नहीं बोल पा रहा था और यह निश्चित था कि वह अगली मंजिल पर भी ऐसा ही प्रदर्शन दोहराएगा और इस तरह उन असंख्य साधुओं की जमात का हिस्सा बनेगा, जो भारतीय रेल्वे में निःशुल्क यात्रा करते हैं। वैसे भी, मैं उसकी आँखें देखकर जान सकता था कि वह गांजे के गहरे असर में था।

बंधु शर्मा ने दुःखभरे स्वर में अपनी निराशा प्रकट की।

उन्होंने कहा, 'एक ही वर्ष में मेरे तीर्थ और यात्राएँ पूरे हो जाएँगे। इसके बाद मैं हमेशा के लिए ऐसे समाज से दूर हो सकूँगा। आशा तो यही है कि बहुत सादगी के साथ, सीमित आय में गुज़ारा करते हुए किसी एक जगह पर रहूँगा। उम्मीद तो यही है कि दोस्तों से उसकी पूर्ति होती रहेगी और मैं अपना शेष जीवन अध्ययन के लिए समर्पित कर दूँगा।'

मुझे यह अच्छी तरह स्पष्ट हो गया कि भारत के घुमक्कड़ साधु मध्यकालीन यूरोप के इधर-उधर भटकनेवाले संन्यासियों जैसे ही हैं। भारत के आधुनिकीकरण के साथ ये विलुप्त होंगे, जैसे आधुनिक यूरोप में अब वे संन्यासी नहीं दिखते।

हो सकता है कि कुछ सच्चे और दुर्लभ योगी भी न रहें परंतु वे पूरी तरह से समाप्त नहीं होंगे। मैं स्वयं को सौभाग्यशाली मानता हूँ कि मुझे उनके बीच बैठने का सौभाग्य मिला। उनका समाज कुलीन तंत्र से कहीं अधिक विशिष्ट है।

उन्होंने मुझे बताया कि वे अपने आंतरिक जीवन में किस बिंदु तक आ गए

थे। वे बाहरी दुनिया को पूरी तरह से भुलाकर, दो से तीन घंटे के ध्यान में स्थिर बैठ सकते हैं; वे आत्मा के रहस्यमयी आनंदलोक में प्रवेश कर सकते हैं; और वे अपने विचारों की एकाग्रता शक्ति को बहुत ही उन्नत स्तर पर ले आए हैं। उन्हें एक तरह की भीतरी शांति मिली है, जिसके परिणामस्वरूप वे सदा प्रसन्न रहते हैं।

हमने दो समस्याओं के बारे में बात की, जिन्हें वे अकेले संतोषपूर्वक हल नहीं कर पा रहे थे और अंत में मैंने कुछ निश्चित व्याख्याओं को सामने रखा, जिन्हें उन्होंने आनंद से सुनने के बाद कहा, 'अब समझ आया है कि मुझे आपसे भेंट करने क्यों आना था। ये वही सटीक उत्तर हैं, जो मुझे जाने कब से छलते आ रहे थे।'

मैंने उनसे कहा कि मैं उस जानकारी का श्रेय नहीं ले सकता था क्योंकि वह ज्ञान मुझे मेरे गुरु के माध्यम से मिला था और इसके लिए मैं उनका आभारी था।

हमने पहाड़ी चोटी पर कुछ देर विश्राम किया। वह स्थान फर्न के पौधों से भरा था, जो देवदार के वृक्षों के आसपास घिरे हुए हैं। हमारी वापसी यात्रा में, आकाश तले एक धूमिल गुलाब और भट्टी में पिघलती धातु की तरह बर्फ पर पिघलती बर्फ के बीच, जंगली जैस्मीन के कुछ पौधे दिखे, जो अपने आपमें किसी सुखद आश्चर्य से कम न था। ये बहुत बड़े सुगंधित फूल होते हैं, जो बर्फ की तरह सफेद हैं और इन्हें देखकर मुझे ग्वालियर के उस बाग की याद आई, जहाँ मेरे मेजबान ने मुझे कुदरत के साथ कुछ स्मरणीय क्षण बिताने का अवसर दिया था।

मेरे साथी ने उस स्थान से मिलनेवाली प्रेरणा का संकेत दिया। लगभग सारे हिंदू इस बलशाली हिमालय के प्रति निष्ठायुक्त भाव रखते हैं, उनके ग्रंथों में इसे वास्तविक ऋषियों के उज्ज्वल युग का अंतिम आवास माना गया है।

शाम को, लालटेन की पीली रोशनी के बीच, मैं संध्या पूजन के लिए उनके और गुरु के साथ बैठा। उन्होंने कुछ मंत्रों का पाठ किया, उसके बाद धरती को झुककर प्रणाम किया। अंत में, रात्रि भोजन परोसा गया। सब कुछ एक बड़ी सी पीतल की थाली में परोसा गया है इसलिए सभी खाद्य पदार्थ एक ही बार में देखे जा सकते हैं।

मैं परोसे गए भोजन की विविधता और विशिष्टता को देखकर आश्चर्य में था। भारतीय अपने भोजन के साथ जो भी सहायक सामग्री लेना पसंद करते हैं, वह उस जगह मौजूद थी - चपाती से लेकर रसगुल्ले तक। गुरु के साथ बहुत सारे

कुली हैं और दो नौकर भी आए हैं। वे भी उनके साथ तीर्थ पर जानेवाले हैं।

रात्रि भोज समाप्त होने पर, मैंने उन्हें कुछ देर अपने बंगले पर आने का न्यौता दिया क्योंकि वे अगली सुबह प्रस्थान करनेवाले थे। हमने परस्पर आध्यात्मिक जीवन के प्राचीन विषयों पर चर्चा की, जिन पर भारत में अनेक बार चर्चा हो चुकी है और गुरु ने अपनी पेंसिल के माध्यम से तत्काल अपनी आध्यात्मिक संस्कृति की निश्चित शाखा के अनुरूप, अनेक छोटे बिंदुओं की ओर ध्यान केंद्रित किया। और फिर वे उठ खड़े हुए, हम सबने परस्पर मुस्कानों का आदान-प्रदान किया, प्रणाम की मुद्रा में हाथ जोड़े और वे मेरे घर से चल दिए। इसके बाद मैंने उन दो चोगाधारी योगियों को पुन: कभी नहीं देखा और न ही उनसे भेंट हुई।

***

यह तीर्थयात्राओं की ऋतु है। गीष्म के इन चार महीनों के दौरान हिमालय के मार्ग और पर्वतीय रास्तों पर सुरक्षित रूप से आवागमन हो सकता है परंतु इसके बाद वे चार, पाँच और छह फीट तक गहरी बर्फ में दफन हो जाते हैं और यात्रा करना लगभग असंभव और खतरनाक हो जाता है। इस प्रकार तीर्थयात्री इन्हीं दिनों में तीर्थ करने निकलते हैं। उनमें से अनेक पवित्र व्यक्ति, फकीर और भिक्षु हैं।

मैं ऐसे लोगों के संकल्प, वीरता और धार्मिक निष्ठा को सराहता हूँ, जो भारत के अलग-अलग मैदानी इलाकों से, झुलसती गर्मी क़े बीच इन खाईयों, पर्वतों, बर्फ और हिमखंडों के बीच चले आते हैं। गंगोत्री का मंदिर भी हिम रेखा के बीच ही पड़ता है। किसी यूरोपियन के लिए इस जगह की सर्दी को झेलना इतना कठिन नहीं है क्योंकि उसका अपना इलाका भी ऐसा ही है परंतु बहुत कम कपड़ों में लिपटे इन भारतीयों के लिए इस क्षेत्र में प्रवेश करना बहुत ही पीड़ादायक और कष्टदायक होता है। उनकी देह स्वयं को इस जलवायु के अनुकूल नहीं बना पाती।

सैंकड़ों की संख्या में पुरुष और यहाँ तक कि स्त्रियाँ भी, हर वर्ष ग्रीष्म ऋतु में हिमाच्छादित पर्वतों के बीच तीर्थयात्रा करने आते हैं। उनके धर्म में सिखाया जाता है कि इसी स्थान पर उनके पौराणिक देवी-देवता और प्रसिद्ध ऋषि-मुनि वास करते आए हैं और आज भी अदृश्य रूप में वास करते हैं।

हिमालय, भारतीय उप-महाद्वीप की पवित्र भूमि है। यह हिंदुओं के लिए वही मायने रखती है, जो किसी यहूदी या ईसाईयों के लिए फिलिस्तीन का है।

यहाँ बद्रिकाश्रम कुंज में, विख्यात व्यास ऋषि का वास था, जिन्होंने महाभारत का लेखन किया, यह भारत के महानतम धार्मिक महाकाव्यों में से है। गंगा के किनारे ऋषिकेश में उनके धार्मिक ग्रंथ को अंतिम आकार दिया गया। योग ग्रंथों के एकांतसेवी रचयिता महर्षि वशिष्ठ ईसा के आगमन से पूर्व, टिहरी क्षेत्र में ही वास करते थे। विशाल हिमाच्छादित पर्वत के प्राकृतिक सिंहासन पर, शिव विराजमान हैं, जिन्होंने एक योगी का रूप धारण किया है। माना जाता है कि वे आज भी परम समाधि में लीन हैं। अगस्त्यमुनि नामक छोटी सी वृक्षों से घिरी घाटी में, महान ऋषि अगस्त्य प्राचीन काल में योगाभ्यास करते थे। इस राज्य में प्रवाहित भागीरथी नदी का वर्णन पुराणों में आता है क्योंकि यह गंगा की प्रमुख सहायक शाखा है। इसका नाम राजा भगीरथ से जुड़ा है जो एक राजसी संत थे। एक ग्लेशियर घाटी में बद्री नारायण का मंदिर, बौद्धों के लिए भी पवित्र माना जाता है। केवल हिंदू ही नहीं बल्कि अनेक तिब्बती मठों से भी इसके प्रति आस्था प्रकट की जाती है।

जब तीर्थयात्री इन तीर्थों में पहुँचता है, तो उसे ऐसा जान पड़ता है मानो वह उस स्थान पर वास करनेवाले देवों की उपस्थिति में आ गया है। केदारनाथ, बदरीनाथ और यहाँ तक गंगोत्री और यमुनोत्री में भी, तीर्थयात्री बड़े ही धैर्य से पदयात्रा करते हुए, संकरे पर्वतीय मार्गों से गुज़रते हैं, सादे दाल-चावल का भोजन ग्रहण करते हुए, आनंदमग्न होकर प्रभु के नाम का गुणगान करते हैं और निरंतर जाप करते चलते हैं। वे तीखी चढ़ाईयों और गहरी ढलानों पर संघर्ष करते हुए निरंतर आगे बढ़ते हैं। ये दुर्बल और क्लांत देहधारी, छह से आठ सप्ताह की वापसी यात्रा के दौरान सभी तरह के कष्ट सहते हुए दुर्घटना और रोग का जोखिम भी उठाते हैं। और जब वे अंततः युगों बाद प्राचीन मंदिरों के द्वार तक पहुँचते हैं, तो इनके चेहरे उज्ज्वल मुस्कान से खिल उठते हैं क्योंकि उन्हें लगता है कि उन्हें इन देवों का आशीर्वाद प्राप्त हो गया है।

मेरा मानना है कि वे सही हैं।

भले ही मंदिर केवल पाषाण का अनुपयोगी संग्रह हो अथवा ये देव आदिम मनुष्य की कल्पना की उपज का अंश, हिमालय में वास करना भी अपने आपमें किसी स्मरणीय आशीर्वाद से कम नहीं लगता।

रात को आकाश में तारे, दिन की रोशनी के ताबूत से बाहर निकल आए हैं और इधर-उधर से ताक-झाँक करते दिखाई दे रहे हैं। हरक्युलस ने जिस राक्षसी

सर्प का वध किया, उसके नाम पर हाइड्रा का नाम पड़ा, यह अपनी पूरी लंबाई के आकार में दिखाई दे रहा है। दक्षिणी तारामंडल में से एक ओरियन (मृग नक्षत्र), भूमध्यरेखा पर दिख रहा है। इन तारों के बीच विशालकाय हंटर का रूप देखते ही बनता है। उसकी खंजरनुमा आकृति में नेबुला (निहारिका) भी शामिल है, जिसे आकाश के सुंदर नज़ारों में गिना जाता है। ओरियन के दक्षिण-पूर्व में सीरीयस (लुब्धक तारा) चमक रहा, जिसकी महिमा का गुणगान होता है। आखिर में मेरा ध्यान सिंह राशि के चमकते तारामंडल की ओर जाता है, जो राशिमंडल समूह में पाँचवें स्थान पर है और उर्ध्व दिशा में सर्वोत्तम है। इसके बाद मैं रात्रि विश्राम के लिए आ जाता हूँ।

मैंने उन सुदूर दिखते तारों के बीच मौन संप्रेषण का भरपूर आनंद ले लिया है।

***

आज जब मैं एक चट्टान पर आलथी-पालथी लगाए बैठा था, तो एक विचित्र ही अनुभव से साक्षात्कार हुआ। दाँया पैर बाईं जांघ पर था, दृष्टि सुदूर एक खड्ड पर टिकी थी, श्वास धीमी होते हुए अर्ध-निष्क्रिय स्थिति में आ गई थी। यह सौम्य अवस्था अचानक ही शक्ति के हिंसक प्रवेश के साथ टूट गई।

मेरी ओर से ऐसा करने के लिए कोई प्रयास नहीं किया गया था, मैं धरती पर किसी पाषाण की तरह निष्क्रिय बैठा था। फिर भी अचानक ही बिजली सी शरीर में कौंधी और मेरी रीढ़ की हड्डी को किसी धनुष की डोरी की तरह तान दिया। सारे शरीर में एक ओजस्वी शक्ति तैर गई। मैंने इसे सहन करने के लिए अपने दाँत भींचे और अपनी अंगुलियों को हथेलियों में गाड़ दिया।

शक्ति का यह अनपेक्षित वेग जाने कहाँ से उपस्थित हो गया था, यह शारीरिक और नैतिक, दोनों प्रकार का था। मेरी दुर्बल देह रूपांतरित हुई और ऐसा लगा कि मैं अतीव श्रम, उपलब्धि और सहनशक्ति के साथ कार्य कर सकता था और मेरे चरित्र को जैसे ताज़ा साहस, संकल्प और आकांक्षा के पंख मिल गए।

मैंने अनुभव किया, मानो अभिभावक देवदूत और सहायक आत्माओं ने मेरी देह को तान दिया है और वे आगे भी मेरे हर कार्य में इसी तरह सहायक होंगे। मैंने स्वयं को मुसोलिनी की तरह अनुभव किया और वह अदृश्य जगत मेरा एबीसीनिया (इथियोपियाई साम्राज्य) था। मैंने उस सेना अधिकारी की तरह अनुभव किया

जिसने एक बार मुझे अपने बारह सौ सिपाहियों के दल का नेतृत्व करने के अनुभव के बारे में बताया था। अपने पीछे बारह सौ लोगों की चेतना, जो मेरे एक ही इशारे पर साथ चलने को तैयार खड़े हैं, मेरे नेतृत्व में आगे बढ़ना चाहते हैं, यह देखकर मेरे भीतर से एक आत्म-विश्वास उमड़ता है, जो आमतौर पर मेरे अंदर नहीं होता। उसने स्वीकारा था।

यह रहस्यमयी मनोभाव लगभग एक घंटा या उससे अधिक समय तक रहा। फिर धीरे-धीरे ओझल हो गया परंतु ऐसा नहीं था कि इसने अपनी कोई छाप नहीं छोड़ी थी। मुझे एहसास हुआ कि मैंने दुर्घटनावश ही थोड़ा सूक्ष्म मानसिक, शारीरिक व आध्यात्मिक बल स्रावित किया था, हालाँकि कैसे, क्यों और कहाँ आदि के बारे में उचित रूप से नहीं बताया जा सकता।

अचानक ही तेज़ हवा चलने लगी और गहरे खड्डों में फैल गई। यह इस मनोभाव के बार-बार वापस आने की भविष्यवाणी कर रही है और इसके साथ ही निरंतर प्रत्येक क्षेत्र में जीवन के स्पंदनों में भी वृद्धि हो रही है। यह अदृश्य बल जाने कैसे मेरे भीतर आया और मुझे अपनी पकड़ में ले लिया, मैं इसका वर्णन नहीं कर सकता, मैं जानता हूँ कि भविष्य का सामना पूरी आशा और निर्भीकता से किया जा सकता है और जीत हासिल की जा सकती है। मुझे पूरा विश्वास है कि विजय का यह भाव मुझे भविष्य में भी सहायक होगा।

मुझे याद है, प्राचीन काल के योगी गुरु एक शक्ति के विषय में बताया करते थे, जो प्राय: मनुष्य के सूक्ष्म शरीर में सुप्तावस्था में रहती है। यह अदृश्य होने पर भी देह में अपनी भौतिक उपस्थिति रखती है। वे एक सर्प प्रतीक के रूप में इसकी तुलना करते हैं, जो मेरुदंड में कुंडलिनी मारे बैठा है। यदि एक बार यह कुंडलिनी शक्ति जाग्रत हो जाए और ऊपर की ओर बढ़े तो यह मनुष्य का नए सिरे से निर्माण करते हुए, उसे अतुल्य मानसिक, जादुई और आध्यात्मिक शक्ति प्रदान करती है। अंतत:, यह हिंसा के माध्यम से स्वर्ग के राज्य को भी तोड़ सकती है।

परंतु शरीर विज्ञानियों को ऐसी किसी चमत्कारिक शक्ति के प्रमाण नहीं मिले। यह तथ्य है या कल्पना, इससे मुझे कोई अंतर नहीं पड़ता परंतु मैंने एक खोज कर ली है।

मैंने पा लिया है कि मौन ही शक्ति है।

एक आधुनिक भारतीय गुरु थे, जो अब नहीं रहे। वे कहते थे कि ध्यान में

केवल एक स्थान पर बैठने मात्र से ही वे सारे संसार को अपने पैरों पर झुका सकते थे। उनका कहना था कि जो अपने विचारों को वश में कर सकता है, वह सारे ब्रह्माण्ड को भी झुका सकता है।

दुर्बल होने के बजाए आज मैं सबल हूँ; यही कारण है कि जो लोग ध्यान को दुर्बलता का भाव समझते हैं, वे नहीं जानते कि वे क्या बात कर रहे हैं।

मैं अपने भीतर किसी पुष्प की तरह प्रतिदिन पल्लवित होनेवाली स्थिरता व शांति की महिमा में कीर्तिमान हूँ।

ध्यान के दौरान जो शांत सहजता उभर आती है, संभवत: वही उस शक्ति का स्रोत हो।

आकाश में रहनेवाले देवता सदा स्थिर रहते हैं। इतने स्थिर व शांत कि मिस्रवासी सदा उन्हें अपनी लिपि में नीचे की ओर उकड़ूँ बैठे ही दिखाते आए हैं। फिर भी असंख्य मनुष्य अचेतन ही उनकी इच्छा पर चलते हैं और बड़े से बड़े ग्रह उनकी इच्छा के अनुसार एक से दूसरी ओर झूलते हैं।

संसार में सबसे बड़ा छल, यह कल्पना ही है कि केवल कोलाहल करने वाले ही सबल हैं और केवल सक्रिय लोगों के पास ही शक्ति होती है।

किसी विशाल संस्थान का बड़ा व्यावसायिक अधिकारी चुपचाप अपनी घूमनेवाली कुर्सी पर बैठकर काम करता है और उसके कर्मचारी इधर-उधर घूमते हुए कोलाहल करते फिरते हैं।

एक बड़े कारखाने के लिए विशाल चक्के की धुरी मशीनों की बेल्टे संचालित करती है, जबकि हज़ारों मनुष्यों का श्रम मौन व स्थिर होता है। उसका घेरा सबसे ज़्यादा शोर करता है और हवा में घूमता है। जबकि कारखाने की सारी गतिविधियाँ उस धुरी में स्थित होती हैं।

अफ्रीका के मैदानी इलाकों के भयंकर बवंडर, जीवन और सपंत्ति के लिए विनाशकारी होते हैं परंतु उनके मध्य में स्थिरता पाई जाती है। पर वे बाहरी तौर पर गरजते हैं परंतु भीतर से शांत होते हैं।

प्रकृति और जीवन की इन उपमाओं से इस तथ्य का खंडन होता है कि शांति दुर्बलता है। ऐसा नहीं होता।

संपूर्ण ब्रह्माण्ड का कर्ता – इसका सर्जक प्रशांत और अडिग है। सर्वोच्च सत्ता गतिहीन परम शून्य में वास करती है और सारी गति, सारी सृष्टि, सारे संसार के काम उस दैवीय स्थिरता और मौन से ही प्रकट होते हैं। और यदि मनुष्य को ईश्वर की छवि के अनुरूप बनाया गया है, तो उसके भीतर का सबसे ओजस्वी तत्त्व भी तो स्थिरता में ही वास करता होगा। यही जीवन का प्राथमिक सत्य है और हमारे लिए इसे मान देना ही बेहतर होगा।

यदि हमारे ब्रह्माण्ड को चलानेवाली शक्ति पूरी तरह से गुप्त व शांत है, तो उसके भीतर पैदा होनेवाला मनुष्य, ब्रह्माण्ड के सभी प्रधान तत्त्वों के आगे उसका ही छोटा सा प्रतिरूप है, वह भी उसी शक्ति से संचालित होता होगा, जो उसी तरह गुप्त और शांत है।

इस प्रकार, मेरा मानना है कि इस मौन के बीच अपने अभ्यासों को दोहराते हुए मेरे पास खोने के लिए कुछ नहीं है; मुझे इस मौन के बीच किसी दुर्बलता, क्षय या भय का आभास नहीं होता। इसके विपरीत, मेरे पास कुछ पाने, जीतने और उस रचनात्मक शक्ति से संपर्क साधने के लिए सब कुछ है, जिसने मुझे वास्तव में बनाया है। ऐसा संपर्क संभवत: मेरे सजग अस्तित्व को भी एक अनूठा बल प्रदान कर रहा है। जबकि बाहरी तौर पर भी प्रशांति के सिवा कुछ नहीं बचा है। दुनिया भले ही मुझे तुच्छ जाने। उसे मुझे कोई अंतर नहीं पड़ेगा। मैं भौतिक तल के बजाए एक और गहनतम तल का अनुभव ले रहा हूँ।

प्राचीन लोगों के पास सदा ऐसी संभावनाओं से जुड़े प्रसंग रहे हैं। हर वंश के पास अपने ऋषियों, मुनियों, जादूगरों और पैगंबरों के किस्से रहे हैं, जिन्होंने इंसान और कुदरत, दोनों को ही अपनी मर्जी के आगे झुका दिया। जहाँ उनकी मंशा नेक थी, वे भले थे। जहाँ वे स्वार्थ और लोभ में लिप्त थे, वहाँ वे दुष्ट कहलाए।

संसार को उन्हीं मूर्खतापूर्ण प्राचीन विश्वासों में डालकर अंधविश्वास को जीवित करना पीछे की ओर कदम लौटाना होगा, परंतु संसार को उन विश्वासों में छिपे सत्य से जोड़ना प्रगतिशील हो सकता है।

व्यावहारिक विज्ञान ने हमें मार्ग दिखाया है। इसने बेतार की मदद से अंतरिक्ष में सूक्ष्म विद्युत तरंगों की अदृश्य किरणें भेजी हैं; और बिना विमान चालक के, विमान इधर-उधर उड़ते दिखाई देते हैं, सड़कों का यातायात बत्तियों से नियंत्रित होता है। अलार्म घंटियों के साथ दरवाजे स्वयं ही खुलते और बंद होते हैं। रेल्वे के

सिग्नल स्वचालित रूप से अपना काम करते हैं। स्टीमर कोहरे में भी अपनी दिशा पा जाते हैं और सिपाही एक ही झटके में बिजली से मारे जाते हैं।

ब्रह्माण्डीय भंडारघर में बिजली के अतिरिक्त अन्य बल भी हैं, जो भले ही गुप्त रूप से कार्य करते हुए अदृश्य बने हुए हों, परंतु उनका भी हमारे जीवन में उतना ही महत्त्व है। यह भी हो सकता है कि ऐसे ही कुछ बल, स्वयं मनुष्य के भीतर सुप्त और अनप्रयुक्त पड़े हों।

क्यों नहीं?

6

मेरी डाक के माध्यम से संप्रेषण - छात्रों को टैलीपैथिक सहायता

भारत की कड़कती गर्मी के बीच निकटतम डाकघर से समय-समय पर डाक लानेवाला डाकिया या हरकारा, पैदल चलनेवाले विश्व चैंपियनों में से एक होता है। वह दिन-रात चलने के सिवा कुछ नहीं करता। वह ईश्वर की कृपा और अपने मज़बूत जूतों की मदद से दिन में बीस से पच्चीस मील चलते हुए, जरा भी विचार नहीं करता। वह अक्सर शाम ढलने के बाद आता है और लगभग प्रतिदिन आनेवाले तूफानों के कारण बुरी तरह से भीगा हुआ होता है। फिर वह अपना थैला खोलकर सारे पत्र मेज पर फैला देता है। इसके बाद खाना खाकर चाय पीता है और रात को आराम करने के बाद, अगली सुबह, मेरी ओर से सभ्यता के नाम पैगाम लिए लंबे पर्वतीय मार्गों पर निकल जाता है। उसका जीवन इसी तरह बीत रहा है। एक सादी आदिम आत्मा, अपनी सेवा के प्रति ईमानदार व निष्ठावान, लगातार पदयात्री बनी रहती है।

वह ऐसा आदमी है, जो यदि उन्नीसवीं सदी के आरंभ में इंग्लैंड में जन्मा होता, तो शायद चार्ल्स लैंब को उनके निबंध के लिए एक विषय दे देता। परंतु नियति ने उसे मेरी सेवा के लिए रख छोड़ा था ताकि वह मेरे लिए इन संकरे मार्गों से होते हुए

यात्रा करे और उस दुनिया से दूर रहे, जिसमें विशाल मक्खियों की तरह वायुयान भिनभिनाते हैं और तेज गतिवाले वाहन सड़कों पर दौड़ते हैं, जिन्हें कोई घोड़े नहीं खींचते।

मेरे लिए वह एक अमूल्य आवश्यकता है क्योंकि उसके कारण ही मैं दूसरी दुनिया के साथ संप्रेषण बनाए रख पाता हूँ। प्राचीन या मध्यकालीन ऋषियों को भले ही ऐसी सेवा में कोई रुचि न रहती हो, परंतु मेरे जैसे बीसवीं सदी के संन्यासी के लिए यह स्वागत योग्य है। आधुनिक संन्यासियों के लिए आधुनिक आदतें मेरा मंत्र है।

इस प्रकार मैं भले ही एकांतवासी हूँ परंतु संसार से कटा हुआ नहीं हूँ।

एक समय था, जब मैं चारों दिशाओं से आए इन संदेशों व पत्रों को अपने एकांत समय में आराम से देखता था। जब कोई लेखक अपनी अगली किताब के पाँच हज़ार पृष्ठ लिख चुका हो, किसी अखबार के लेख के कुछ पैराग्राफ लिख लिए हों, तो उसका बिलकुल मन नहीं करता कि वह फिर से कलम उठाकर दो-तीन हज़ार शब्दों में अज्ञात पत्रवाहकों को उत्तर दे या मित्रों के संदेशों का जवाब दे। खासतौर पर तब, जब उसे प्रतिदिन अपनी ध्यान देवी के लिए भी समय निकालना हो। यदि ऐसा होगा तो निश्चित रूप से उसे पत्रों के उत्तर देने में थकान और खीझ महसूस होगी।

निश्चित रूप से मैं फ्रेंच फ्लॉबर्ट की तरह एक बढ़िया संपूर्ण वाक्य लिखने के लिए तीन दिन का समय नहीं दे सकता। कोई जीनियस या करोड़पति ही समय का इतना अपव्यय सहन कर सकता है। मेरे पास कभी इतना धन नहीं होगा और मुझे गर्व से कस्टम अधिकारी को वह बात कहने के लिए भी पहले पूरा जीवन जीना होगा, जैसे ऑस्कर वाइल्ड ने यूएस में प्रवेश करते हुए कहा था, 'मेरे पास अपनी बुद्धिमत्ता की घोषणा करने के अतिरिक्त कुछ नहीं है।'

जब पत्राचार इतना अनूठा और निजी किस्म का हो, तो कोई सचिव भी इस बोझ को कम करने के लिए कुछ नहीं कर सकता, भले ही वह कितनी भी उपयोगी और अनिवार्य सहायता क्यों न हो। हालाँकि बदलते समय ने मेरे नज़रिए को बदला है और अब मैं इन पत्रों के लिए बहुत ही सहनशील रवैया अपनाने लगा हूँ। जो भी हो, अगर दुर्लभ रूप से बुद्धिजीवी या केवल ऑटोग्राफ की तलाश में रहनेवाले या फिर कौतूहलप्रेमी अथवा धार्मिक कट्टरवादियों के अलावा और लोग अपनी

सीमित प्रकृति से बाहर आकर किसी अजनबी को अपने जीवन के नज़रिए के प्रति कठिनाईयों या आध्यात्मिक समस्याओं या फिर परेशानियों, आंतरिक मार्गदर्शन आदि के लिए नहीं लिखते, जब तक उनके भीतर कुछ ऐसा करने की गहरी इच्छा पैदा नहीं होती। हालाँकि इसे आप किसी लेखक के जीवन का एक सुखद पहलू कह सकते हैं। उसके कुछ पत्रों से यह भी पता चलता है कि उसके कुछ पाठकों को उसके साहित्यिक प्रयासों के बल पर कितना बौद्धिक आनंद या आध्यात्मिक सहायता मिली है।

ऐसा धीर व संयमी लेखक कोई नहीं होगा, जो यह कहे कि उसे इस तरह के प्रशंसात्मक पत्र पसंद नहीं हैं। ऐसे पत्र उसे अपना काम जारी रखने की प्रेरणा देते हैं और उसे अन्य लोभनीय प्रस्तावों के सामने आने पर भी इस पेशे को छोड़ने नहीं देते। जब कटु समीक्षक उसकी पुस्तकों को 'साहित्यिक कचरा' कहकर त्यागते हैं या जी मिचलानेवाली मूर्खता का नाम देते हैं, जैसे कि उन्होंने मेरे साथ किया, तो वह उन्हें मुस्कुराकर क्षमा करते हुए, उदासीनता भरे मौन के साथ उत्तर देता है। फिर उन पत्रों के बड़े पुलिंदे को उठाता है, जिसमें अनजान पाठकों ने उसे अपना गहरा आभार और उन पुस्तकों के लेखन के लिए हार्दिक आशीर्वाद भेजे होते हैं।

हालाँकि अधिकतर समीक्षक ऐसी भाषा का प्रयोग नहीं करते, जैसा मैंने ऊपर बताया। उनकी ओर से जिन दो पुस्तकों की आलोचना हुई, उन्होंने ही दुनिया की दो सबसे सम्मानित पत्रिकाओं, 'द टाइम्स ऑफ लंदन' और 'द न्यू यॉर्क टाइम्स' से प्रशंसा आदि अर्जित की। ऐसे पत्र पाने के लिए आलोचना का कष्ट सहना भी मंजूर है। पर किसी भी दशा में जनता की राय जानने के लिए कोई मंच नहीं बना रखा। अगर संसार को मेरे विचार पसंद हैं, तो इससे मुझे प्रसन्नता होगी परंतु उसे यह पसंद नहीं है, तो मुझे कोई अंतर नहीं पड़ेगा।

मेरी डाक का नया बजट आ गया है। मैं अपने सचिव को इस एकांत हिमालय प्रवास के लिए खींचकर नहीं ला सकता इसलिए मुझे ही अकेले हर डाक और पत्र का जवाब देना होगा। वास्तव में, मुझे तो अपने स्थायी नौकर को भी साथ लाने के नाम पर खेद है। बेचारा इन दिनों व्याकुल दिख रहा है और मैंने गौर किया है कि वह वापसी के दिन गिनने लगा है। अगर उसने किसी सुबह हकलाते हुए अपने वेतन की माँग की और मुझे छोड़कर कहीं अधिक सभ्य और उन्नत शहर, दिल्ली की ओर निकल गया तो मुझे हैरानी नहीं होगी। मैं उसे वहीं से लाया था। मैं खुद अपना भोजन बना सकता हूँ – ओह, रहस्यवादियों को भी भोजन तो करना ही

पड़ता है- यही बेहतर होता कि मैं बाधा उत्पन्न करनेवाले विचारों से दूर इस शांत माहौल का आनंद ले पाता। मेरी पाक कला कौशल के अनुसार स्वादिष्ट भोजन तैयार करना कठिन नहीं है। कभी किसी अंग्रेज राजनीतिक दल का नारा था, 'पीस एट एनी प्राइस (किसी भी कीमत पर शांति), अब यही मेरा नारा हो गया है। जो योगी इन एकांत हिमालय पर्वतों में सब कुछ त्यागकर आते थे, उनके साथ भी उनके परम शिष्य रहते जो उनकी सांसारिक आवश्यकताओं की पूर्ति करते : अब मुझे समझ में आ गया कि उसका क्या कारण था। हालाँकि मैं कोई योगी नहीं - कम से कम रुढ़िवादी तरीके से तो नहीं हूँ - पर इस जगह मेरा उद्‌देश्य काफी हद तक उनके जैसा ही है।

मुझे अपने डाक के थैले से जो भी पता चलता है, वह कई बार असाधारण स्तर का रहता है। चेकोस्लोवाकिया में एक आदमी है, जिसने लिखा कि उसके देश में दो हज़ार से अधिक लोग़ चुपचाप मिलकर आत्मा की गुप्त प्रज्ञा का अध्ययन करते हुए, प्रतिदिन ध्यान का अभ्यास कर रहे हैं ताकि निर्वाण पा सकें। किसी बड़े शहर के हाई कोर्ट में वकालत का अभ्यास करनेवाले भारतीय बैरिस्टर का पत्र है, जो हिमालय के तलहटी क्षेत्र में एक आध्यात्मिक रिट्रीट आयोजित करना चाहता है, जहाँ वह और उसके जैसे अन्य पेशेवर लोग आकर अपने थके हुए मस्तिष्क को विश्राम दे सकें।

किसी यूरोपियन मानसिक शोध कमेटी की ओर से निमंत्रण है कि मैं लाल तपे हुए अंगारों पर चलने के प्रसंग का साक्षी बनकर, उसकी जाँच-पड़ताल करूँ। खेद है, दूरी के कारण ऐसा होना संभव नहीं है परंतु मेरे लिए सुनहरी रोशनी के बीच ढलते सूर्य की पड़ताल करना और उसका साक्षी बनना अधिक बेहतर होगा।

एक पत्रकार मित्र है, उन्होंने पूरे बीस साल तक हर तरह के दुर्भाग्य का सामना किया और खाली बटुए व गर्व से तने सिर के साथ दुनिया के सामने डटे रहे, अचानक किस्मत बदली और नियति अपने उपहार उनकी झोली में डालने लगी।

मद्रास में कोई अस्सी वर्षीय हिंदू गुरु हैं, जो चेलों की खोज में रहते हैं। उन्होंने मुझे एक पत्र की प्रतिलिपि भेजी है, जिसमें कहा गया है कि मुझे ईश्वर के नाम की दीक्षा दी जाएगी और उन महान रहस्यों को मुझ पर उजागर किया जाएगा, जिन्हें आज तक संभालकर रखा गया था। केवल उन रहस्यों को जानने के

हकदारों को ही देखने, जानने और सुनने का अवसर मिलेगा। परंतु इस काम को करने के लिए एक स्थायी भवन और अन्य कामों के लिए धन की आवश्यकता है। उन्हें अपने दैनिक भजन-पूजन के लिए कुछ मदद चाहिए। वे अमीरों से 108 रूपए, मध्यम वर्गीय से 40 रूपए और गरीबों से 9 रूपए की मदद लेते हैं।

भगवान का शुक्र है, मझे एक भी पैसा लगाए बिना, इन पर्वतों के बीच ईश्वर की दीक्षा मिल रही है और यह दीक्षा उस दीक्षा से कहीं बेहतर है, जो मुझे वह रूपया कमानेवाला गुरु देना चाहता है। परंतु मैं सोचता हूँ कि उसने यह पत्र मुझे क्यों भेजा? क्या मैं भारत में इतना जाना जाने लगा हूँ कि किसी का चेला बनने से इंकार कर सकूँ। एक मूर्ख वही है, जो जीवन में प्रयोग नहीं करता, डार्विन का यह कथन उस पर लागू नहीं होता।

एक वफादार दोस्त का पत्र है, उसने बताया है कि यूरोप में राजनीतिक समस्याओं का अंबार है। मेरी मित्र परेशान है क्योंकि वह एक जनरल की पत्नी है और वह भावी युद्ध से घबराई हुई है। उसने मुझसे आग्रह किया है कि मैं एकांतवास से वापस आकर अपनी ओर से कुछ प्रयत्न करूँ। पर प्रिय मित्र, मैं कौन हूँ? मैं एक तुच्छ लेखक और एक दुर्बल, कमियों से भरा नश्वर प्राणी हूँ, इसलिए मुझे लगता है कि हज़ारों चिंतित नेता और विस्मित शांतिवादी ही मिलकर इस समस्या को हल कर सकते हैं। यूरोप ने अपनी नियति स्वयं बनाई है और यह सब देवों की साक्षी में हुआ है, उसे इसका भार वहन करना ही होगा। हर कष्ट अपने साथ अज्ञात आध्यात्मिक क्षतिपूर्ति लाता है। हालाँकि निराश मत होना, हर योजना के पीछे एक रहस्य होता है, जो उचित समय आने पर उच्चतम शक्तियों के माध्यम से सामने आता है और संसार के चकित दर्शकों के आगे खुलता है। हमारी जाति अपने जीवनकाल में परिवर्तन के दौर से गुज़र रही है। इतिहास की अनदेखी मार्गदर्शक शक्तियों और भाग्य की महानतम शक्तियों को इस नाजुक दौर में आगे आना होगा ताकि हम उनकी इच्छा के अनुसार अपनी नियति को साकार कर सकें, फिर चाहे वह पीड़ा के लिए हो, आनंद के लिए हो या फिर दोनों के लिए।

संसार के वास्तविक स्वामी कौन हैं? क्या वे अचेतन कठपुतलियाँ हैं जिनके नाम सार्वजनिक रूप से प्रकाशित होते हैं, अथवा वे दिव्य तत्त्व हैं, जो शाश्वत काल से मानव जाति पर नज़र रखते आए हैं?

तब तक, अपने ही पवित्र अंत:करण में अपने हृदय को रमा दो, तब तुम्हारे

लिए कोई भय नहीं रहेगा। आधुनिक मन के लिए किसी ऐसी अवस्था का अनुमान लगाना बहुत ही कठिन है, जहाँ निजी अहं अवैयक्तिक अनंत के प्रति अधीनता में द्रवित हो उठता है। आरंभ में ऐसा जान पड़ता है कि यह असंभव है कि किसी का पूरा जीवन, उसके आनंद व कष्ट, उसके भय व आशाएँ, उसकी मूर्खताएँ व असफलताएँ कहीं थम जाएँगी और उसके भीतर के दिव्य स्रोत से निकला गहनतम जीवन, उनसे परे चमक उठेगा। इस अवस्था में कोई बीता हुआ या आनेवाला कल नहीं होता, केवल परम शांति ही विराजमान होती है। परंतु हमें अपनी ओर से प्रयत्न करते रहना चाहिए और यदि हम पूरी आस्था से प्रयत्न करेंगे, तो यह व्यर्थ नहीं होगा। यदि आप इस सत्य को धारण करेंगे तो आपके तुम्हारे हाथ में मार्गदर्शक लालटेन होगी।

***

एक और महिला का पत्र आया है। वह बहुत बूढ़ी है और पिछले तीस वर्षों से आध्यात्मिक सत्य की खोज में है। 'परंतु खेद से कहना पड़ता है, मेरे सारे प्रयत्न निष्फल हो गए। इस खोज में निराशा और मायूसी के सिवा कुछ हाथ नहीं आया। केवल संदेह और कटुता ही बढ़े हैं।' वह इतनी निराशा सहने के बाद मेरी सलाह चाहती है। 'ओह दुःखी हृदया, तुम्हें मेरी सलाह अवश्य मिलेगी। दुःख को विवेक की प्रस्तावना जानो। तुम्हें अपनी आशाओं को नए सिरे से जगाते हुए, उस सर्वोच्च प्रज्ञा के लिए अपनी आस्था में फिर से विश्वास करना होगा।'

मैंने अपने एक राजनीतिक मित्र को एक सलाह दी थी, जो उसके बहुत काम आई। उसने लिखा है कि क्या मैं अगले चुनावों में उसकी पार्टी के लिए खड़ा होना चाहूँगा। धन्यवाद और अफसोस! मैं तो उच्च प्रकृति के चुनावों में पहले से प्रत्याशी हो चुका हूँ, वही जो प्रकृति देवी रचाती है। मैं अपने इस चुनाव में, शांति के अतिरिक्त किसी पुरस्कार या सत्य के अतिरिक्त किसी आदर की अपेक्षा नहीं रखता।

मिस्र के एक मित्र का पत्र आया है, जिसमें उस भूमि के सामाजिक जीवन में अपनी भूमिका रचनेवाले दल के समाचार हैं और फिर वह मेरा हाल-चाल जानना चाहता है। एक रेल्वे अधिकारी ने अपनी समस्याओं के बारे में लिखा है, जो ध्यान के दौरान उसके सामने आ रही हैं। इंग्लैंड के एक डॉक्टर ने पत्र लिखकर मेरी एक किताब में दिए गए मनोवैज्ञानिक बिंदुओं की व्याख्या के लिए धन्यवाद दिया है

और इसके साथ ही एक ऐसा प्रश्न पूछ लिया है, जिसका उत्तर देना थोड़ा कठिन है। एक अमेरिकी व्यवसायी का कहना है कि मेरी कुछ पंक्तियों ने जीवन के प्रति उसके दृष्टिकोण को बदल दिया है, परंतु क्या मैं कुछ सुनिश्चित निजी समस्याओं को हल कर सकूँगा? कुछ इधर-उधर बिखरे हुए दल, जो संभवत: एक दिन सुसमाचार के वाहक होंगे और जो मानवजाति के कल्याण के लिए नि:स्वार्थ काम करने को तैयार हैं, उन्होंने अपना अनौपचारिक समाचार भेजते हुए, कुछ अहम बिंदुओं पर मेरी सलाह चाही है।

मेरा सबसे छोटा छात्र भले ही आयु में बारह वर्ष का है परंतु उसकी आत्मा कई सदियों पुरानी है, उसने स्कूल में अपनी प्रगति के विषय में एक स्नेहिल नोट भेजा है। वह उसी योग्यता और आश्वासन के साथ अभी से वह सब कर सकता है, जो करने के लिए वयस्क संघर्ष कर रहे हैं - स्थिर भाव से बैठना ताकि उस अनंत के साथ सफलतापूर्वक जुड़ा जा सके। एक योगी जो अपने पत्र का आरंभ और अंत ईश्वर के लिए बने संस्कृत प्रतीक के साथ करता है; एक इंजीनियर जो अपनी व्यस्त गतिविधियों के बीच भी वस्तुओं को दैवीय करने के लिए गुप्त संवेदनशीलता बनाए रखने की कोशिश में है, हालाँकि उसकी आध्यात्मिक प्रवृत्ति का प्रवाह असमान और असंगत है; एक कंपनी का निर्देशक, जो स्वयं को निर्देशित करना सीख रहा है; एक बेरोज़गार बढ़ई जो कहीं काम की तलाश के लिए मेरी सहायता चाहता है; सामाजिक चक्करों में घिरी एक काउंटेस जो अब भी अपने उच्चतम कर्तव्यों को भूली नहीं है - ये सब और इनके अलावा और भी बहुत सारे दिन के लिए पत्राचार का कोटा पूरा करते हैं।

मेरा अंतिम पत्र काफी भयावह है। यह उन त्रासदीपूर्ण घटनाओं की श्रृंखला है, जिसने लेखक का हृदय तोड़ दिया है। क्या मैं उसे अपनी ओर से कुछ दिलासा दे सकता हूँ, उसने कुछ स्पष्टीकरण चाहा है जो उसे जीवन का हिंसक अंत करने के बजाए उसे संभालने में सहायक हो सकता है।

मैं अपनी ओर से उसे यथासंभव स्पष्टीकरण देता हूँ, परंतु नियति के रहस्य के आगे हम सभी निरुत्तर हो जाते हैं। कोई निपुण व्यक्ति ही इस रहस्य को सुलझा सकता है। परंतु कुछ शब्दों से उसके मन को प्रसन्न तो किया ही जा सकता है : 'जब जीवन महान समस्याओं से घिर जाए और जीवन कष्टों से अंधकारमय लगने लगे, तो उस समय शोक न करो, यह न कहो कि यह अंत है! पूरी आशा के साथ कहो, 'यह तो आरंभ है! उस अवसर को, जीवन के एक नए आरंभ के रूप में

प्रयुक्त करो, अपने भीतर छिपी सकारात्मक, साहसी और रचनात्मक खूबियों को सामने ले आओ। यह एक ऐसा अवसर होना चाहिए, जिसमें आप अपने अस्तित्व का एक सूक्ष्म आधार पर, एक उचित आधार पर पुनर्निर्माण कर सको - उन योग्यताओं के आधार पर जो किसी के भीतर होनी ही चाहिए।

सबसे पहले अपने मन में उन समस्याओं को हल करो और फिर वे धीरे-धीरे स्वयं को नए बाहरी हालात के अनुसार ढाल लेंगी। हर सामने आते दुःख को, दैवीय जीवन का आरंभिक बिंदु मान लो। तुम्हें ईश्वर की छवि के अनुरूप गढ़ा गया है - अरे हाँ, तुम वास्तव में अपने भीतर, गहराई में ऐसे ही हो - उसके अनुसार ही जीओ। जब तुम दूसरे व्यक्ति या परिस्थितियों के बीच बुराई देखने से इंकार कर देते हो, तो तुम उसके प्रभाव को कम कर देते हो, जो तुम पर अपना प्रभाव डालता है। अपनी समस्या को जीवन के प्रति एक नए दृष्टिकोण के रूप में लो और इसे सशक्त और सकारात्मक रूप में जानो; विद्रोह किसी काम नहीं आएगा; विवेकपूर्ण परित्याग संभवतः सहायक हो। एक ताज़े व्यक्तित्व के साथ बिलकुल नई शुरुआत करो। इस प्रकार तुम नियति का सामना कर सकते हो। उन सभी वस्तुओं की सूची तैयार करो, जो तुम्हारे स्वामित्व में हैं; भौतिक और आध्यात्मिक; और तुम पाओगे कि वास्तव में सब कुछ नहीं खोया। सबसे बदतर स्थिति वह होगी, जब तुम सारी आशा, साहस और हम पर स्वामित्व रखनेवाली सारी दैवीय आरोग्यकारी शक्तियों को खो दोगे। वस्तुओं को छोड़ने का दुःख अच्छा है परंतु आशा समाप्त होने का दुःख बहुत बड़ा है। उसके आगे हथियार मत डालो; यह अनुचित है। ईश्वर अब भी उपस्थित है और अब भी सबकी देख-रेख करता है। मैं तुम्हें आश्वासन देता हूँ कि मैंने इस अंतिम वाक्य को लिखने का अधिकार अर्जित किया है क्योंकि मैंने भी इसे उसी दुःख में पाया था, जिसके बीच अब तुम हो।'

और अब मुझे अपने साथ घूमनेवाले बक्से से छोटा सा टाइपराइटर निकालकर उत्तर टाइप करने चाहिए क्योंकि मेरे पास लिखने के लिए समय का अभाव है। ऐसे भी कई लोग हैं, जिनके साथ संप्रेषण के लिए मेरे भीतर से हामी नहीं आती है। संभवतः ऐसा करने के लिए बहुत से कारण हैं। मैं नहीं जानता कि मुझे उसका पालन क्यों करना चाहिए क्योंकि गहन मस्तिष्क अपने ही कारण और तर्क रखता है, पर फिर भी मैं पालन करता हूँ। मैं सदा उसकी आज्ञा पर ही चलता हूँ, मिसाल के लिए, दुष्ट आलोचकों के लिए मौन ही सर्वोत्तम उत्तर है। इस तरह ऐसे कटु

अदृश्य स्रोतों के साथ ऐसा कोई संप्रेषण सूत्र नहीं बनता, जो उन्हें अवचेतन साधनों की तरह प्रयुक्त करते हैं। शत्रुता का उत्तर निर्भीकता से देना चाहिए, परंतु यह कहने की आवश्यकता नहीं कि इसका संबंध मूर्खता से भी है। जब जीजस ने अपने अनुयायियों से कहा कि वे कबूतरों की तरह निर्दोष और सर्पों की तरह धूर्त बनें, वे जानते थे कि दुष्ट अनिष्टकारी शक्तियाँ भी अपना अस्तित्व रखती हैं।

कई ऐसे व्यक्ति भी हैं, जो मेरे सीमित समय और ऊर्जा के लिए असंभव माँगें रखते हैं। उन्हें भी केवल मौन में ही उत्तर दिया जाता है। हालाँकि वे कितने भी नेक लोग क्यों न हों, परंतु मैं विवश हूँ, मैं अपने चौबीस घंटों को अड़तालीस घंटों में नहीं बदल सकता।

इसके अतिरिक्त भिक्षा चाहनेवाले अनेक पत्र भी आते हैं, यह भारतीय जगत अनिवार्य रूप से मानता है कि यश का संबंध संपदा से है। यह कभी नहीं सोचता कि कई बार निर्धनता भी यश की मैली-कुचैली बहन हो सकती है। कुछ पूरी लोग मेरी सभी पुस्तकों को निःशुल्क पाना चाहते हैं। वे इस भ्रम में हैं कि एक लेखक अपने बक्से में प्रकाशकों का गोदाम भरकर घूमता है, जबकि वे इस तथ्य से अनजान हैं कि लेखक को भी अपनी हर किताब खरीदने के लिए दाम देने पड़ते हैं। इस संसार में कुछ भी मुफ्त नहीं मिलता।

फिर भी कुछ लोग लेखक को प्रकाशक समझ लेते हैं, कुछ लोग यह मान लेते हैं कि उसने रोजगार कार्यालय खोला हुआ है।

और अंत में, चूँकि कोई ऐसे विषयों पर लिखता है, जो लंबे समय से असंतुलित और अवास्तविक लोगों के संरक्षण में रहे हैं और जिनका कभी उपहास किया जाता था। और अब वे अपना खोया हुआ सम्मान पुनः पा रहे हैं, कई सनकी यह सोचकर आ धमकते हैं, मानो उन्हें उनका सनकी साथी मिल गया! उनके लाख फुसलाने पर भी, मैं अपनी सामान्य बुद्धि और प्रबुद्ध विस्तृत यथार्थवाद से एक इंच भी खिसकने से इंकार कर देता हूँ।

हालाँकि, शाम के समय मैं एक और अलग तरह के पत्राचार में चला जाता हूँ। यह बिना किसी मशीन या कलम के काम करता है, परंतु फिर भी यह मेरे लिए कहीं अधिक संतोषप्रद है। ऐसे बहुत कम होंगे, जिन्होंने बिना कुछ माँगे सदा अपनी श्रद्धा और निष्ठा दी है और जिनके प्रस्ताव को बार-बार परखा गया है। वे स्वयं को मेरा शिष्य कहते हैं, पर मैं अपने लिए कोई शिष्य या छात्र नहीं चाहता।

हमारे भीतर का वह तत्त्व जो सबसे बड़ा है, वह हमें हर प्रकार की शिक्षा देने के योग्य है, वह हर तरह की सहायता दे सकता है, बस हमें उस तक सही तरह से पहुँचना होगा। इस आंतरिक प्रकाश के अतिरिक्त वास्तव में किसी और शिक्षक की आवश्यकता नहीं है, परंतु आकांक्षियों का यह संसार इतनी आसानी से इस तथ्य को ग्रहण नहीं करता, वे अपने लिए किसी ऐसे व्यक्ति को खोजते हैं, जो इस राह पर उनसे थोड़ा आगे हो और वे उस पर निर्भर हो सकें। यदि वे चाहते हैं तो उन्हें ऐसा करने दें, जब तक वे इतने समय तक निर्भर न रहें कि वे आध्यात्मिक आत्मनिर्भरता की उर्वर क्षमता को ही न खो दें, जो उनका जन्मसिद्ध अधिकार व नियति है।

अंत में मार्कस ऑरीलियस के ये शब्द सत्य लगते हैं, 'एक मनुष्य को सीधा तनकर खड़ा होना चाहिए, उसे दूसरों का सहारा लेकर खड़ा न होना पड़े।' परंतु ब्रह्माण्ड का नियम कहता है, **हम जो भी दूसरों को देते हैं, वह दूसरों की तुलना में उनके लिए अधिक कारगर होता है, जो उस पर भरोसा करते हैं।** यदि मुझे कभी आध्यात्मिक सौभाग्य मिल सका, तो ये मित्र भी उसे पाने के लिए समृद्ध होंगे। आस्था और श्रद्धा का प्रत्युत्तर औपचारिक शब्दों और आभार में प्रकट नहीं किया जा सकता, यह सभी उपहारों में से दुर्लभ है। यह एकांत की ओर ले जाता है, जो मेरे लिए सामाजिक जीवन है, जो अपने एकांत में ही एक फूलों से भरे बाग में बदल रहा है।

कुछ मुट्ठीभर लोग ऐसी अडिग आस्था रखते हैं, उन्हें तो निश्चित तौर पर पुरस्कार मिलना ही चाहिए। मैं चाहे उन्हें धन या पद नहीं देता पर मैं उन्हें सबसे बेहतरीन दे सकता हूँ – मैं स्वयं!

उनके चेहरे संध्या के धूमिल आलोक में कुछ इस तरह दिखते हैं, मानो चित्रों की लंबी गैलरी हो। मैं अपने एकांत आश्रयस्थल में बैठा हूँ और एक कौआ पंख फड़फड़ाते हुए अपने घोंसले की ओर उड़ जाता है। इस आध्यात्मिक तत्त्व से ओत-प्रोत क्षेत्र में मुझे जो भी मिलता है, मैं उनके साथ बाँटता हूँ। यदि मैं गहन शांति में प्रवेश करता हूँ, तो यह केवल मेरे लिए नहीं बल्कि उनके लिए भी है; यदि मुझे प्रकृति के उस परिवेश में प्रशांति मिलती है, तो मेरे मनोभाव मौन भाव से उनकी ओर प्रवृत्त होते हैं। जब पवित्र मौन का यह भाव अपनी गहनता के साथ मुझे घेर लेता है, तो मैं मानसिक संप्रेषण के माध्यम से उन निष्ठावान आत्माओं की ओर इसे प्रेषित कर देता हूँ। हो सकता है कि उन्हें हर बार पता न चले कि उनके

लिए क्या किया जा रहा है क्योंकि असंवेदनशीलता की सलाखों को आसानी से हटाया नहीं जा सकता, परंतु कई बार, चाहे अलग तरीकों से ही क्यों न हो, अंततः सारा भार पहुँचा ही दिया जाता है।

कई बार इन पत्रों की कोई स्वीकृति तब तक नहीं मिलती, जब तक अचानक ही कोई दुःख व कष्ट और यंत्रणा देने नहीं आ जाता : तब उस विषाद के मध्य शक्ति, विवेक और सांत्वना उन्हें वह सहने योग्य बना देते हैं, जो वास्तव में असहनीय था। कई बार किसी भीड़ भरी सड़क, व्यस्त ऑफिस या कोलाहल से भरे कारखाने के बीच अचानक एक विचित्र सी शांति आ विराजती है। तब यह दैनिक गतिविधि भी व्यर्थ नहीं लगती। परंतु किसी न किसी रूप में, एक शक्तिशाली एकाग्र विचार को अंततः अपने लक्ष्य तक जाना चाहिए।

बाहरी दुनिया इन धारणाओं का उपहास करेगी। उन्हें हँसने दो। हमने एक ईमानदार स्नेही आध्यात्मिक संपर्क स्थापित कर लिया है, जो स्थान और उत्तरजीविता की परख से परे है, जो इस हास्य को सह सकता है। यह एक ऐसी कड़ी है, जो न तो सामाजिक स्तर पर निर्भर करती है और न ही सांसारिक संपत्ति के साजो-सामान पर, इस प्रकार यह अमर होने के लिए अनुकूल है।

7

तिब्बत के भविष्य पर विचार - सर फ्रांसिस यंगहस्बैंड के अनुभव - पूर्व और पश्चिम की नियति

आज अलसुबह, आकाश का रंग गहरा नीला है, इटली के आकाश जितना ही साफ, चितकबरे खड़िया जैसे बादलों की नियमित किरणों के टुकड़े नज़ाकत से छितराए हैं। यह उन साफ दिनों में से है, जब हिमालय की पर्वत श्रेणियाँ स्पष्टता से देखी जा सकती हैं। भव्य परिदृश्य, सूर्य की उजली किरणों में बड़ी ही बारीकी से दिखाई देता है, विविध प्रकाश के बीच बर्फ के बड़े ग्लेशियर विशाल प्रिज्म जैसे दिखते हैं, जो रंगों की सुंदर आग्नेय किरणें वापस प्रतिबिंबित करते हैं।

पूर्व से पश्चिम तक, आँखों को ऊँचे पर्वत शिखरों और बर्फ के मैदानों में अजेय क्षितिज दिखाई पड़ता है। यह दृश्य इतना पवित्र और आकर्षक है, जिससे गहनतम सौंदर्यबोध उत्पन्न होता है। वास्तव में, बर्फ की निष्पाप पवित्रता, किसी भी ऐसे घुसपैठिए को फटकार देगी, जो अपने साथ भौतिकवाद लेकर आएगा। हिमखंड, चट्टानों के काले द्वीप और धातुमय दरारें रंगों का अद्भुत संयोजन पैदा कर रहे हैं और आकाश सारे परिदृश्य को एक संपूर्ण नीली पृष्ठभूमि दे रहा है।

वैसे इसके विपरीत, मुझे दक्षिण भारत के धान के खेतों की याद आती है, जो धूल भरे मैदानों के सुंदर नारियल वृक्षों

के समूहों से घिरे हैं।

मैं चुपचाप पिछले दरवाजे से इस दृश्य को उदासीनता से ताक सकता हूँ, मन में कोई आनंद का उल्लास या जीवंतता का आवेग नहीं उमड़ता। लंबी सफेद श्रेणियों पर खड़े ये पिरामिड के आकार के शिखर किसी भी शहरी मूर्ख को प्रकृति पूजक बना सकते हैं। ये कितने भव्य, असंख्य और आलीशान हैं। भोर का पीलापन और सूर्यास्त का हल्का बैंगनी रंग ऐसे तस्वीरें बनाता है, जिन्हें आप एकरसता अनुभव किए बिना हज़ारों बार देख सकते हैं। हिमालय की इन चमकती ढलानों के लिए क्या कहा जाए जो अक्सर बर्फीले तूफानों और हिमस्खलनों से घिरी रहती हैं! उनके चेहरों से संपूर्ण सौंदर्य झलकता है। ये उस महान वास्तुकार और निर्माणकर्ता की सबसे भव्य कृतियाँ हैं।

और फिर भी बर्फ और हिम की ये विशाल श्रेणियाँ किस तरह उस बंजर काले पठार की रक्षा करती हैं, जो उनके परिदृश्य की भव्य विशालता से परे पड़ता है। पंद्रह हज़ार फीट की ऊँचाई पर यह संसार की छत है। तिब्बत कई सदियों से, हिमालय की दुर्ग सरीखी सीमाओं के अंदर सुरक्षित रहता आया है। ऐसा लगता है, मानो प्रकृति ने जानकर उस धरती की रक्षा के लिए विशालकाय हिमअवरोधक खड़े किए हैं। इसे कुछ विशेष कारणों से ही संसार से अलग रखा गया है।

व्यावहारिक विज्ञान और तकनीकी आविष्कार हिमालय के शिखरों को भी जीत सकते हैं। चतुराई से तैयार किया गया एक विमान पहले ही दुनिया की सबसे ऊँची चोटी माउंट एवरेस्ट तक जा चुका है। काउंसलर अधिकारी सर एरिक की मध्य एशिया के काश्गर से नई दिल्ली के सरकारी मुख्यालय तक की उड़ान ने दिखा दिया है कि बीसवीं सदी का मनुष्य, पश्चिमी हिमालय के बर्फ से घिरे विशाल क्षेत्रों को दो दिन से भी कम समय में कैसे लांघ सकता है।

जब मैं हरिद्वार की प्राचीन नगरी में गया, जहाँ से गंगा नदी पहाड़ों से उतरकर, मैदानों में प्रवेश करती है, तो मुझे वाकई बहुत हैरानी हुई। हरिद्वार से एक मार्ग हिमालय में केदारनाथ और बदरीनाथ के तीर्थस्थलों की ओर निकल जाता है। ये स्थान हिंदू धर्म से इतनी निकटता रखते हैं कि प्रतिवर्ष सैंकड़ों की संख्या में तीर्थयात्री इन स्थानों पर पैदल यात्रा करते हैं और यदि वे संपन्न हों तो छोटी बहंगियों या पालकियों का प्रयोग होता है। परंतु इस वर्ष, मुझे इन तीर्थयात्रियों की यात्रा का एक नया साधन मिला है।

कुछ उद्यमी हिंदू इंजीनियरों ने मिलकर एक छोटी कंपनी खोली और एक विमान सेवा आरंभ की, जो पहले ही दिन से तेज़ी से काम करने लगी। समृद्ध तीर्थयात्रियों को एक छोटे से सुंदर मोनोप्लेन में उड़ान भरने की सुविधा मिली है, जो एक ही घंटे में हरिद्वार से नज़दीकी पहाड़ तक पहुँचा देती है। उस जगह से केदारनाथ तक जाने के लिए चार दिन की खच्चर यात्रा करनी पड़ती है और बदरीनाथ तक जाने का रास्ता सात दिन का रह जाता है। परंतु निर्धन तीर्थयात्री अब भी इन पहाड़ी इलाकों में तीन से चार सप्ताह की यात्रा के साथ अपना तीर्थ पूरा करते हैं।

यदि हिमालय के हर कोने में वायुयानों की घरघराहट सुनाई दे रही है और वे तीर्थयात्रियों को तीर्थस्थलों तक ला रहे हैं, तो ध्रुवीय अवरोधक भी लंबे समय तक दूर नहीं रहेगा। हो सकता है कि मैं भी एक दिन कैलास पर्वत पर जा उतरूँ और उसके आसपास बने पाँच मठों में से, किसी एक में जाकर बौद्ध भिक्षुओं से मेरा आतिथेय निभाने का पूरी तरह से अनपेक्षित आग्रह कर सकूँ।

पेट्रोल और मनुष्य के मस्तिष्क के कारण, तिब्बत की लंबे समय से चली आ रही सुरक्षा भेदी जा सकती है। इस सदी में इसके बर्फ से घिरे मोर्चे अब अछूते नहीं रह सकते। विमानों के पंखों की आवाज़ इसके ऊँचे मैदानों में सुनाई देनी चाहिए और ल्हासा के सबसे बड़े महल पोताला की खिड़कियों से यह सब दिखाई देना चाहिए।

एवरेस्ट की उड़ान, सर एरिक की उड़ान और तीर्थस्थल तक जानेवाला विमान, आनेवाले कल के सूचक हैं, यहाँ तक कि यूथोपिया की जीत भी एक अचंभा है। उसका एकांत भी तिब्बत की तरह ही था, हालाँकि वह इतना कठोर नहीं था। परंतु लगभग तीन हज़ार सालों का एकांत और स्वतंत्रता केवल सात माह में टूट गए। परंतु इतालवी लोगों के पास जो विमान हैं, उन्हें इन भयंकर मरूस्थलों और चट्टानी पहाड़ों को जीतने के लिए सात साल भी कम होंगे।

तिब्बत के ये छोटी आँखों और उठे हुए गालोंवाले तातार, जानबूझकर पूरे हठ से अपनी सीमाओं को बंद क्यों रखना चाहते हैं? वे बार-बार इस बात पर बल क्यों देते हैं कि वे अपने इस संकल्प के साथ प्रकृति के भव्य पर्वतीय एकांत को बनाए रखेंगे? वे अपने संदेह से इस तरह क्यों चिपके हुए हैं, जैसे उनकी धरती के आसपास खड़ी पर्वत श्रेणियों पर महीन बर्फ चिपकी रहती है?

इसके दो कारण हैं - धार्मिक और भौतिक।

तिब्बत पर लामाओं का शासन है। महान लामा सबसे अधिक शक्तिशाली हैं। वे ही सर्वोच्च प्रभुसत्ता - दलाई लामा की नियुक्ति करते हैं और उनकी मंत्री परिषद तय करते हैं। उन्होंने जनसमूह को अपनी भौतिक और आध्यात्मिक पकड़ में जकड़ा हुआ है।

वे जानते हैं कि विदेशियों का आगमन उनके शासन के लिए घातक होगा। वे विदेशियों को भौतिकवाद या फिर एक विचित्र धर्म का वाहक मानते हैं - दोनों ही उनके धर्म के प्रति सहानुभूति नहीं रखते और नतीजन उनकी शक्ति के लिए घातक हैं।

वे इस सुंदर भौतिकवाद को कटु कटाक्ष से देखते हुए, पश्चिमी घुसपैठियों को बर्बर कहने से भी नहीं चूकते, जो उन अतींद्रिय और धार्मिक रहस्यों के बारे में कुछ नहीं जानते, जिनके रहस्य, महान मठों के संरक्षित पुस्तकालयों में आज भी सुरक्षित हैं।

दरअसल इन दिनों एक और तथ्य के बारे में चर्चा होती है, जो अभी बहुत लोगों को पता नहीं है, कहते हैं कि तिब्बत की सीमाओं के भीतर इतना सोना हो सकता है, जो संभवत: किसी भी देश की सीमाओं में न हो। हो सकता है कि और भी खजाने देखने को मिलें क्योंकि कभी किसी प्रशिक्षित भूविज्ञानी को देश की अछूती भूमि का सर्वेक्षण करने की अनुमति नहीं दी गई। यहाँ तक कि जो सोने की खदानें, सेना की सुरक्षा में खोदी जा रही हैं, वे भी वर्जित और कठिन इलाकों में पड़ती हैं और वहाँ आदिम अवैज्ञानिक उपायों से खनन हो रहा है। आधुनिक तिब्बतवासियों के लिए आज भी वही उपाय अच्छे हैं, जो वे आज से ढाई हज़ार वर्ष पूर्व प्रयुक्त करते होंगे। वे खनन करने में सक्षम नहीं हैं। कोई भी यह सटीक अनुमान नहीं लगा सकता कि महान मठों के पास कितने विशाल संग्रह हैं या इन पर्वतों के नीचे अभी कितना सोना दबा हुआ है, जिसका खनन होना बाकी है। इस जगह पर कई मठों की छतें भी ठोस सोने से बनाई गई हैं।

क्या गोरे चेहरे तिब्बती धरती को उसके सोने के लिए दबाना चाहेंगे? क्या पश्चिमी लोलुपता इस देश से दूर रहकर सदा संतुष्ट रह सकेगी?

वे शक्तियाँ लामाओं से कहीं विशाल हैं, जो आज पूर्व और पश्चिम को विवश कर रही हैं कि वे नए और पुराने का मेल करें।

चाहे अच्छा हो या पुराना, तिब्बत गोरे चेहरों के प्रवेश का सफलतापूर्वक विरोध नहीं कर सकता। चाहे बेमन से ही सही, इसके प्रमुख अपनी कट्टरता को त्यागकर, कुछ गोरे लोगों के आविष्कारों को अपना चुके हैं। यहाँ तक कि सरकार भी एक प्रसारण स्टेशन तैयार कर रही है ताकि कुछ विशेष प्रांतीय शहरों के राज्यपालों को अपेक्षाकृत अधिक तेज़ी से आदेश जारी किए जा सकें। पोताला के महल में बिजली के बल्ब जगमगाते हैं। और एक टैलीग्राफ लाइन को भारत के दार्जिलिंग से जोड़ा गया है। जब एक तिब्बती अधिकारी, मेरी ओर से ल्हासा के अधिकारियों से कैलास पर्वत अभियान की मध्यस्थता कर रहा था, तो मुझे तीन सप्ताह तक नई दिल्ली में इंतज़ार नहीं करना पड़ा कि कोई संदेशवाहक याक पर सवार होकर पहले ऊँचे दर्रे पार करेगा और फिर कोई घुड़सवार दक्षिणी तिब्बत के पठार पर संदेश लाने और ले जाने का काम करेगा। जी नहीं, इसके लिए ल्हासा की टैलीग्राफ लाइन को धन्यवाद देना होगा कि मुझे अपने मित्र के माध्यम से कुछ ही दिन में अंतिम निर्णय सुना दिया गया था।

वर्तमान में विकास को देखते हुए कहा जा सकता है कि पूर्व और पश्चिम भले ही एक न हों, परंतु इन्हें आपस में मेल करना चाहिए। हालाँकि मैं पूर्वी लोगों के प्रति थोड़ा सहानुभूतिपूर्ण रवैया रखता हूँ, जो अतीत में गोरों के साम्राज्यवाद को लेकर सहज ही आशंकित हैं, परंतु अब वह दौर नहीं रहा और उनकी वे इच्छाएँ भी पुरानी हो गई हैं। सारा संसार यातायात, संप्रेषण, व्यापार और संस्कृति के माध्यम से आपस में जुड़ रहा है। मैं उन मूर्खों में से नहीं हूँ, जो यह कहते सुने जाते हैं कि पश्चिमी लोग, पूर्व में अपने भौतिकवाद के अलावा कुछ भी अच्छा नहीं लाए। इसके विपरीत, वे अपने साथ अच्छा और बुरा, दोनों ही लाए हैं। और उन्हें भी अच्छा और बुरा, दोनों ही मिले हैं।

पवित्रता को केवल पूर्व की ही वसीयत नहीं माना जा सकता। मैं पूरे आत्म विश्वास से दावा कर सकता हूँ कि पूर्व को भी पश्चिम की तरह ही आध्यात्मिक पुनःजागरण की आवश्यकता है, दोनों ही गोलार्द्ध आध्यात्मिक रूप से खराब दौर से गुज़र रहे हैं।

हम भौतिक संसार में रहते हैं क्योंकि हमारे शरीर भौतिक हैं, यह उचित ही है कि हम मनुष्य के मस्तिष्क से उपजे सुख-सुविधा और आविष्कारों का आनंद लें। इस प्रकार प्रगतिशील पश्चिम और रुढ़िवादी पूर्व के मेल से प्रकृति के संसाधनों का उचित व संपूर्ण उपयोग संभव हो सकेगा। ऐसे परिणाम से इसे कोई हानि नहीं

बल्कि लाभ ही होगा।

पश्चिम को भी लाभ होगा। सबसे पहला और स्पष्ट लाभ भौतिक है। दूसरा और धीमा लाभ विशुद्ध रूप से सांस्कृतिक है।

परंतु इन अलग-अलग लोगों के मेल को मैत्रीपूर्ण घटना के रूप में सामने आना चाहिए। मध्य अमेरिका में मध्ययुगीन स्पेन के उपाय और उसका सोना लूटने के तरीकों को आज का संसार नहीं सराहेगा। पूर्व और पश्चिम को आपस में अच्छे भाईचारे की भावना को बल देना होगा। उनके बीच विचारों का आदान-प्रदान हो और आपसी मेलजोल के कारण भौतिक सुधार हों, उनके बीच गोली और बम का संबंध न हो!

इन अंतिम शब्दों से मुझे एक महत्त्वपूर्ण प्रसंग का स्मरण हो आया, जो मुझे कुछ वर्ष पूर्व सर फ्रांसिस यंगहस्बैंड ने सुनाया था। तीस से भी अधिक बरस पहले, उन्हें एक छोटे से ब्रिटिश सैन्य अभियान का प्रमुख बनाकर, पूर्वी हिमालय की बर्फ से ढके, तिब्बत में भेजा गया ताकि लामा-राजा की सरकार के साथ एक राजनीतिक और वाणिज्यिक समझौते पर बातचीत हो सके।

सैन्य अभियान का प्रमुख उद्देश्य यही था कि तिब्बितयों के कटु रवैए को बदलकर, उन्हें भारतीय व्यापार के प्रति अनुकूल तार्किक रवैया अपनाने को कहा जाए। इस प्रवेश के साथ तिब्बत का एकांत टूटना संभव हो पाता।

सर फ्रांसिस ने तिब्बितयों को पूरा अवसर दिया कि वे शांतिपूर्ण समझौते पर आ सकें परंतु वे अपने हठ पर अड़े रहे। आनन-फानन में जुटी सेना ने, ल्हासा की ओर जानेवाले बंजर मार्ग पर उनका रास्ता रोक लिया। विरोधी सेना के पास, पुरानी जंग खाई बंदूकों, धनुष-बाण और तलवारों के सिवा कुछ नहीं था। ब्रिटिश नेता को पता था कि उसके हथियारबंद सिपाहियों के आगे विरोधी सेना कितनी बचकानी थी। उसकी अपनी फौज के पास आधुनिक राइफलें, मशीनगन और गोला-बारूद का अंबार था। उसने कई बार तिब्बती सेनापति से आग्रह किया कि उसका मार्ग न रोका जाए वरना भारी संख्या में जनसंहार होगा। सर फ्रांसिस ने स्पष्ट शब्दों में जताया कि वे केवल एक संधि पर हस्ताक्षर करवाने आ रहे हैं और इसके तुरंत बाद तिब्बत छोड़कर भारत लौट जाएँगे।

परंतु तिब्बती अपनी अनुशासन और हथियारों से रहित आधी-अधूरी सेना के साथ टस से मस नहीं हुए और अंततः हमला हुआ। कर्नल यंगहस्बैंड को विवश

होकर गोली चलाने का आदेश देना पड़ा। जिस समय उनकी टुकड़ी अंधाधुंध गोलियों से बौछार कर रही थी, उस समय सामनेवाली सेना हर कुछ मिनटों के बाद अपनी उन पुरानी बंदूकों में गोलियाँ भरती जिनके लगभग सभी निशाने चूक रहे थे।

वही हुआ जो होनेवाला था। सैंकड़ो तिब्बती सिपाही देखते ही देखते मारे गए और जो बचे वे तितर-बितर हो गए। ल्हासा जानेवाला मार्ग खुल गया था।

इस प्रसंग को बताने का तात्पर्य यही है कि हथियारबंद सेना के आगे भी तिब्बती सेना का विरोध जारी रहा और इसके मूल में उनका एक अंधविश्वास छिपा था। इसके सिपाही अपने प्रतिष्ठित तांत्रिकों के अनुष्ठानों और प्रसिद्ध पुरोहितों के तंत्र-मंत्र पर भरोसा करते आए थे। उन्हें कहा गया था कि उनके शिविरों में जो निःशुल्क ताबीज और खासतौर पर तैयार किए गए तलिस्मान बाँटे गए थे, उन्हें पहनने से दुश्मनों की गोलियों का असर नहीं होगा। उनके अडिग विश्वास और अंधविश्वास ने ही उन लोगों को ब्रिटिश सेना के आगे खड़ा कर दिया और वे इसी झूठे आत्मविश्वास के कारण मारे गए कि दुश्मनों की गोलियों का उन पर कोई असर नहीं होगा। प्रकृति के नियम तो किसी के लिए भी नहीं बदलते, फिर चाहे वे लामा ही क्यों न हों!

यह प्रसंग हास्यास्पद अंधविश्वास और गहन प्रज्ञा के आदतन मेल को दिखाता है, जो पूर्वी जातियों में पाया जाता है। हालाँकि कोई भी व्यक्ति लगातार कोरे असत्यों पर भरोसा नहीं कर सकता। पूर्व में गोरी जातियों का आगमन एक तेज़ मजबूत हवा के झोंके की तरह है, जो जर्जर विश्वासों और बर्बर रिवाजों के अप्रिय जालों को कहीं दूर उड़ा देगा। गोरे अपने साथ विवेक, सामान्य बुद्धि और संदेहवाद लेकर आएँगे। जीवन में इन बातों के लिए भी स्थान है।

सभ्यता ने अलौकिकता में हमारे विश्वास को लगभग नष्ट कर दिया है। फिर भी यह नहीं सोचा जाना चाहिए कि तिब्बत का अंधविश्वास पूरी तरह से झूठ है। ऐसा नहीं है। धुएँ के पीछे कहीं न कहीं आग है। विकृतियों के बीच भी सत्य होता है और हम उसमें ही उसे छिपा हुआ पाते हैं। लामा भले ही प्राकृतिक नियम नहीं बदल सकते परंतु वे उन नियमों का लाभ उठा सकते हैं जो हमारे लिए अज्ञात हैं और वे उन्हें लंबे समय से जानते आए हैं। उस जगह वास्तविक जादुई शक्तियों से संपन्न व्यक्ति भी हैं, परंतु वे मठों में नहीं पाए जाते। ऐसे व्यक्ति सदा साधारण भिक्षुओं से परे, एकांत स्थलों पर या पर्वतों के शिखरों में निवास करते हैं। और

स्वाभाविक रूप से, उनकी संख्या कम, बहुत कम है। वे जनसाधारण को अपने अलौकिक उपहारों के बल पर प्रभावित नहीं करना चाहते। परंतु दिखावा करने और डींगें हाँकनेवाले, कट्टर लामाओं के बीच अंधविश्वास से भरे भिक्षु, अपने चमत्कारी कामों के लिए जो प्रतिष्ठा रखते हैं, वह वैज्ञानिक परीक्षण के पहले स्पर्श से ही कहीं ओझल हो जाएगा और इस क्षेत्र में भारत भी पीछे नहीं है।

मैं भारत और अफ्रीका में ऐसे ढोंगियों से मिल चुका हूँ, जिन्होंने मुझे अपने ताबीज देते हुए कहा था कि उन्हें पहनने के बाद मेरे शरीर पर गोलियों का असर नहीं होगा।

हालाँकि, अतींद्रिय शक्तियों और बलों के लिए तिब्बती और भारतीय दावों की थोड़ी सी सत्यता को नकारा नहीं जा सकता क्योंकि तिब्बत के पठार पर उच्चतम आध्यात्मिक प्रज्ञा की परंपरा रही है। मैं अपने विविध शोधों के बल पर कह सकता हूँ कि कैलाश पर्वत और इसके निकट स्थित मानसरोवर झील गहन आध्यात्मिक स्पंदनों का चुंबकीय वातावरण रखते हैं, जैसा कि दक्षिण भारत में अरुणाचल पर्वत का है। मुझे पूरा विश्वास है कि कोई भी वास्तविक रूप से विशुद्ध व्यक्ति उस पर्वत पर पहुँचते ही आदर से नतमस्तक हो उठेगा, जो एशिया का आध्यात्मिक केंद्र और तिब्बत का आध्यात्मिक गर्व है।

जब कर्नल यंगहस्बैंड के नेतृत्व में ब्रिटिश सेना अंतत: ल्हासा पहुँची और इस युद्ध का एकमात्र उद्‌देश्य, वह संधि कर ली गई तो इसके नेता के साथ एक विचित्र ही घटना हुई। उन्होंने मुझे बताया कि उस घटना के अगले दिन उन्हें भीतर से गहरी इच्छा पैदा हुई और वे उस तीखी पथरीली पहाड़ी पर अकेले ही चल दिए, जहाँ से सारा ल्हासा दिखाई देता था। कुछ देर तक चढ़ाई करने के बाद, वे एक बड़े पत्थर पर बैठकर विश्राम करने लगे। तभी उनका अपने जीवन के सबसे अधिक द्रवित कर देनेवाले आध्यात्मिक अनुभव से सामना हुआ। उनका पूरा अस्तित्व एक प्रकार से रहस्यमयी आनंद के अतिरेक में डूब गया। आत्मा मानो एक गहरी शांति में स्थित हुई। उस अनुभव में कुछ भी निजी नहीं था, उनकी सभी इच्छाएँ, आसपास की अद्‌भुत अवैयक्तिक शांति के आगे कहीं शून्य में खो गईं।

जब वे पहाड़ी से उतरे तो एक अविस्मरणीय घटना उनके हृदय पर अंकित हो चुकी थी। तिब्बत ने उन्हें एक सैन्य विजय से कहीं अधिक दिया था; वे आध्यात्मिक रूप से उन्नत हुए।

उस हिमाच्छादित भूमि में उस उपहार के लिए कौन अथवा क्या उत्तरदायी था?

***

परंतु अब मुझे अपने विषय पर लौट आना चाहिए। पूर्व और पश्चिम में हर प्रकार का संपर्क अनिवार्य है। तिब्बत पश्चिमी विचारों के प्रवाह को अपने ऊँचे दर्रों से रोक नहीं सकता। परंतु इसे बीसवीं सदी का इंतज़ार करना पड़ा ताकि इस सत्य को खोजकर प्रकट किया जा सके। अब इस वर्जित धरती को बहुत समय तक अलग नहीं रखा जा सकता। वर्तमान में इसका पश्चिमी साम्राज्यवाद का भय निराधार है, हालाँकि यह आज से लगभग पचास वर्ष पूर्व तर्कसंगत रहा होगा। तिब्बत के निकट स्थित तीन महाशक्तियों में से, इंग्लैंड अब राज्य हरण करनेवाला देश नहीं रहा परंतु यह पूरी बुद्धिमत्ता से व्यापार के माध्यम से देश पर विजय हासिल करता है; रशिया के पास पर्याप्त भूमि है और वह आंतरिक रूप से अपने आर्थिक और औद्योगिक ढाँचे के निर्माण पर केंद्रित है और चीन देश स्वयं विघटन की मार झेल रहा है।

यदि तिब्बत के महान लामाओं को भय है कि पश्चिम तिब्बत के सुवर्ण भंडारों के प्रति लोभ रखता है, तो समझदारी इसमें ही होगी कि वह उन्हें यूरोपियन देशों को पट्टे पर दे दे ताकि वे अपने खदान विशेषज्ञों, इंजीनियरों और अद्यतन वैज्ञानिक उपकरणों और आधुनिक आवागमन के साधनों के साथ काम कर सकें। इस प्रकार सरकार को खदानों से अधिक लाभ होगा और खदानों पर उनका भावी स्वामित्व भी सुरक्षित रहेगा।

उन्हें अल्पकालीन राजनीतिक आशंकाओं से उबरते हुए, सिक्किम घाटी और नदी के साथ-साथ एक सड़क मार्ग तैयार करना चाहिए, भारत और तिब्बत के मध्य सबसे बेहतर प्राकृतिक व्यापारिक मार्ग और इस तरह पशु और मनुष्य, दोनों ही हिमाच्छादित दर्रों की आतंकपूर्ण यात्रा से बच सकेंगे।

मनुष्यों को सदा ईसा पूर्व के सिद्धांतों और कार्यों में डुबोए रखना पूरी तरह से स्वस्थ नहीं माना जा सकता। यदि तिब्बती बुद्धिमान होते तो वे अपने होनहार युवा लामाओं को पश्चिमी ज्ञान प्राप्त करने देते, खासतौर पर वैज्ञानिक ज्ञान प्राप्त करने भेजते और फिर बौद्ध प्रज्ञा के अनिवार्य सत्यों को बनाए रखते। ये दोनों ही समकालीन हो सकते हैं, हालाँकि यह काम संकीर्ण मानसिकतावाली कट्टर

आत्माओं के बस का नहीं है। अपनी धरती पर कड़ी स्वतंत्रता और संपूर्ण प्रभुसत्ता बरकरार रखते हुए, उन्हें विदेशियों के अपने देश में प्रवेश से जुड़े नियम पर बिना किसी भेदभाव के, विवेकसम्मत विचार करना चाहिए। इसके विपरीत यदि अच्छे, चरित्रवान और विशेषज्ञ व तकनीकी ज्ञान से भरपूर विदेशी उनकी बर्फीली और अनाकर्षक धरती पर कदम रखना चाहें; जिसकी घाटियाँ स्विटरज़रलैंड के एल्प्स से ऊँची हैं, जिनके मैदान दूर-दूर तक आश्रयहीन और बंजर हैं, जिनकी लंबाई व चौड़ाई धुव्रीय तूफानों से घिरी रहती है, तो संभवत: उन्हें ऐसे लोगों को खदेड़ने के बजाए उनका स्वागत करना चाहिए। नि:संदेह अवांछित समस्या पैदा करनेवालों और अपने श्रेष्ठता बोध के मारे सहानुभूति रहित लोगों और शोषकों को हर हाल में देश से दूर रखा जाए, परंतु देश को उन उपयोगी यूरोपियन लोगों के लिए अपने दरवाजे खोल देने चाहिए, जो सहानुभूति रखनेवाले गंभीर शुभचिंतक हैं।

मैं बुद्ध द्वारा सिखाए गए आधारभूत सत्यों पर पूरी तरह से विश्वास रखता हूँ और यही कारण है कि सभी बौद्ध लोगों के लिए मन में सहानुभूति है, मैं उन्हें हमेशा यही परामर्श देता हूँ कि वे स्वेच्छा से आधुनिक ज्ञान और तौर-तरीकों को अपनाएँ। इस प्रकार वे प्रगतिशील बीसवीं सदी के साथ चलते हुए, अपने प्राचीन विवेक की रक्षा भी कर सकते हैं। ऐसा नहीं कि मैं समय की व्यर्थता से पीड़ित हूँ और सदा यही कल्पना करता हूँ कि सत्रहवीं सदी के लिए बीसवीं सदी का विकल्प यही है कि अनिवार्य रूप से उच्चतम सभ्यता के स्थान पर निम्न प्रकार की सभ्यता की अधीनता स्वीकार की जाए। हमारी ओर से वैज्ञानिक अन्वेषणों का प्रयोग अंत:करण से रहित है, इसका अर्थ यह नहीं कि हमें उन अन्वेषणों के प्रति भी अरुचि रखनी चाहिए।

परंतु खेद से कहना पड़ता है, बुद्ध के वास्तविक अनुयायी, उनकी अपनी ही धरती पर दुर्लभ हो रहे हैं। जिस प्रकार ईसाईयों की भूमि पर ईसा के वास्तविक अनुयायी दुर्लभ होते जा रहे हैं। यही एक कारण है कि भगवान अब उन सीमाओं को भी तोड़ रहे हैं, जो लोगों, जातियों और देशों को बाँधती हैं।

भविष्य को देखा जा सकता है। आनेवाले एक संसार में, पूर्व और पश्चिम की मिली-जुली आगामी सभ्यता के बीच, मार्ग स्पष्ट होगा और ब्रह्माण्डीय उच्चतम आध्यात्मिक जागरण के संदेश के लिए तैयार होगा, जो अब भी आनेवाला है। किसी भी संप्रदाय की नहीं बल्कि दैवीय जीवन की ताज़ा उमंग की आवश्यकता है। यह अवश्य आएगी क्योंकि इसे आना ही चाहिए।

एक बार गंजे बौद्ध लामा ने मुझे एक पुरानी भविष्यवाणी की जानकारी दी थी। वे इन दिनों तिब्बत में हैं और उच्चस्तरीय लामाओं में से गिने जाते हैं। उनकी वह भविष्यवाणी वर्तमान परिस्थितियों पर खरी उतरती है। उन्होंने कहा कि वह भविष्यवाणी दो-तीन सदी पहले की गई थी। यह दलाई लामा, तिब्बत के राजा और पोप के लिए है। यह कहा गया था कि तेरहवें दलाई लामा अपने वंश के अंतिम लामा होंगे और उनके निधन के कुछ समय बाद तिब्बत सफेद 'बर्बरों' के हाथों में होगा, जिनकी भौतिकवादी संस्कृति देश को भेद देगी।

पुराने विश्वास के अनुसार, अगले राजा उनकी ही आत्मा का पुनर्जन्म होंगे। ल्हासा में वास करनेवाली उच्चस्तरीय लामाओं की महा परिषद का कर्तव्य बनता है कि वे उस बालक की खोज करें, जिसमें मृतक लामा-शासक की आत्मा ने पुनः जन्म लिया हो।

यह कहानी वास्तव में पुर्नजन्म की कथा नहीं है परंतु यह एक रहस्यमयी स्वर्गिक अस्तित्व का निस्सरण है, जो बुद्ध की कथा के समान है। वह किसी सुनिश्चित नवजात शिशु में प्रवेश करेगी, जो भावी महान लामा होगा। उनकी उपाधियों में से एक 'सर्वज्ञ' भी है इसलिए यह माना जाता है कि उनके पास समस्त दैवीय ज्ञान है।

महा परिषद सदा देव वाणी परिषद के मार्गदर्शन में ही बालक की खोज करती है। कुछ निश्चित पारंपरिक लक्षणों से युक्त बालकों को खोजने के बाद, यह उन सबके नाम तख्ती पर अंकित करने का आदेश देती है, जिन्हें एक सुनहरे पात्र में रखा जाता है और फिर उनमें से एक का चयन होता है।

जब उस लड़के को चुन लिया जाता है, तो उसे उच्च पद के अनुसार शिक्षित करते हुए तैयार किया जाता है। इसका अर्थ होगा जब तक बालक परिपक्व होकर वास्तव में शासन करे, उससे पहले पंद्रह से बीस वर्ष तक शिक्षा ग्रहण करनी होगी। इस दौरान देश पर मंत्री परिषद का शासन रहता है।

मुझे उस भिक्षु का नाम याद नहीं, जिन्होंने महान लामा के ओझल होने और तिब्बत में गोरों के प्रवेश की भविष्यवाणी की थी। हालाँकि मेरा मानना है कि इसका यह हिस्सा पूरा होगा और यह भली भाँति बंद करके रखा गया देश भी अंततः खुलेगा और चाहे जो भी हो, नए युग के प्रभाव और अनिवार्य शक्तियों का कष्ट वहन करेगा।

8

एक प्रतिनिधि ने मेरी संसार वापसी पर अभियोग लगाया - एकांतवास और खाली बैठने का सद्गुण - मेरा धर्म - द न्यू टेस्टामेंट - ईसा मसीह और उनके आलोचक

आज लगभग साढे तीन सप्ताह बीत चुके हैं और मैं अपनी कलम लेकर ये पंक्तियाँ लिखने बैठा हूँ, जो मेरी कलम से तितर-बितर होकर फैल रही हैं। जो भी हो, मैं इन आदिम वनों और हिमाच्छादित शिखरों पर लिखने नहीं, विश्राम करने आया हूँ। यदि मुझे अपने पर लगाए गए अभियोग के लिए निष्ठावान रहना है, तो मुझे अब भी अपने प्रमुख उद्‌देश्य के साथ रहना चाहिए। चाहे मैं कुछ दिन अपनी कलम के साथ पारदर्शी स्याही पात्र को इस्तेमाल करूँ या कुछ दिन अपने टाइपराइटर की चमकती कीज पर अपनी अंगुलियों का कमाल दिखाऊँ या फिर कई सप्ताह तक लिखने के दोनों ही साधनों को अनदेखा कर दूँ, इस जगह यह मेरी परेशानी की वजह नहीं होगी, भले ही यह यूरोप में मेरे लिए परेशानी का कारण रहा होगा। इन वृक्षों की छाया तले सांसारिक अस्तित्व की तुच्छता कहीं ओझल हो गई है।

मेरा मानना है कि परिश्रम एक अच्छी बात है और वास्तव में अपने अस्तित्व के साथ न्याय करना हो, तो यह अनिवार्य भी है परंतु मेरा यह भी मानना है कि ऐसा समय भी आना चाहिए, जब आप सीखें कि कम श्रेष्ठ और कम अनिवार्य कैसे होना है

ताकि आप जीवन के सर्वश्रेष्ठ नियम का पालन कर सकें।

मेरी दृष्टि सुदूर दिखाई देते लक्ष्य पर टिकी है। मैंने उस अद्‌भुत मार्ग को देख लिया है, जो सभी मनुष्यों के लिए खुला है, वही मार्ग स्वर्ग के राज्य की ओर ले जाता है, जिसके बारे में ईसा मसीह ने बताया और यही वह निर्वाण की शांति है, जिसका वर्णन भगवान बुद्ध ने किया है। हम सैंकड़ों हज़ारों वर्षों तक इसके आने का विरोध कर सकते हैं क्योंकि हम दैनिक जीवन के कष्टों और परेशानियों के बीच भौतिक इंद्रियों पर आधारित सुखों को प्राथमिकता देते हैं। हम उन पैगंबरों की मध्यस्थता पर रोष प्रकट कर सकते हैं, जो इस सुसमाचार को प्रकट करते हैं क्योंकि वे भ्रमों के बीच रखनेवाली हमारी सुविधाजनक रुढ़िवादिता पर संदेह का हिमशीतल जल छिड़कते हैं।

परंतु सच तो यही है कि प्रकृति हमें अपने अधीन रखती है: कोई भी परम आश्रय नहीं है। एक दिन, हमें पुकार लिया जाएगा और हम अपने सच्चे घर की ओर प्रस्थान करेंगे।

फिर तो मुझे, इस अंतहीन परिश्रम के नाम अपने सारे दिन व्यर्थ नहीं करने चाहिए। मैंने लगातार परिश्रम और दिन-रात के अध्ययन से विश्राम लेकर, कुछ समय तक ठहरने का अधिकार पाया है। मैंने अधिकतर मनुष्यों की तुलना में कहीं अधिक घनघोर परिश्रम करते हुए, कई रातें जागकर, अपने गंजे संपादकीय मस्तिष्क को मेज़ पर रखे कागज़ों के अंबार में घुसाकर, आनेवाली भोर का स्वागत किया है। किसी समय में मैं इस बात की डींगे मारा करता था कि मैं किसी गुलाम की तरह जमकर काम कर सकता हूँ और इस तरह सारा काम निपटाता हूँ, जैसे कोई भूखा कुत्ता अपने बिस्कुटों पर लपकता है। आज मैं ऐसे वेतनभोगी कामों के लिए इंकार कर देता हूँ, जो लगातार मेरे सामने आते रहे हैं।

ऐसा भी नहीं कि मैं अपने इस एकांतवास या दक्षिण में अपने आश्रम जीवन को ही अस्तित्व का एकमात्र रूप मानता हूँ; इसके विपरीत, मेरा विश्वास लय में रहा, गतिविधि के बाद निष्कासन, समाज के बाद एकांतवास, समाजसेवा के बाद आत्मकेंद्रित अवस्था और भौतिकता में पूरी तरह से संतुलन साधने के बाद आध्यात्मिकता। हमें इस बारे में ईसा के निर्देशों का पालन करना चाहिए कि 'कैसर को उसकी वस्तुएँ दो और परमेश्वर को वह दो, जो उसका है।' वे सभी वस्तुएँ, जो श्रेष्ठ भौतिक जीवन रचती हों -संपत्ति, घर, पद, विवाह, मोटर-कार, फर्निशिंग

और अच्छे कपड़े आदि, ये सब आकर्षक हैं, परंतु हमें इनकी खोज में निकलते हुए यह नहीं भूलना चाहिए कि हमारा पहला लक्ष्य क्या है?

इस प्रकार, यह आध्यात्मिक प्रवास मेरे जीवन का अंतिम लक्ष्य नहीं बल्कि एक प्रसंग है, राह में लगा एक शिविर! मैं न तो भारत का नागरिक हूँ और न ही कोई पर्यटक, मैं तो एक घुमक्कड़ हूँ, जो शायद एक या दो साल तक टिका रहे या मन की मौज आए तो अगली ही रात उड़ान भरकर लौट जाए। संक्षेप में, मेरा कोई स्थायी निवास नहीं है, न तो वीराने में और न ही किसी नगर में, मैं अपने मस्तिष्क को शांत और जीवन को अस्तव्यस्तता से परे रखने का प्रयत्न करता हूँ।

इन दिनों, मैं खाली बैठने लगा हूँ या आप निठल्ला भी कह सकते हैं, समाज के लिए अनुपयोगी और अपने लिए अलाभदायक; जो कुछ न करते हुए, केवल स्थिर बैठकर, अपने भीतर उमड़नेवाले विचारों के आवेग को शांत करता है। कुल मिलाकर, मेरा न तो कोई स्थिर पद है और न ही संसार में कोई प्रतिष्ठित स्थान है, अब मैं आदर योग्य भी नहीं रहा।

क्या इससे कोई अंतर पड़ता है?

***

बॉम्बे से एक मित्र ने काले रंग की जिल्द में बँधी छोटी सी पुस्तक भेजी है, जिसका आकार इतना छोटा है कि उसे जेब में भी रख सकते हैं। मैं उसमें से एक वाक्य पढ़ता हूँ, जिसे पढ़कर मन को सुकून सा मिलता है :

'यदि कोई मनुष्य अपनी ही आत्मा को खोकर सारा संसार भी पा ले तो उसे क्या लाभ होगा? और एक मनुष्य अपनी आत्मा के बदले में क्या देगा?'

पुस्तक का शीर्षक है – द न्यू टेस्टामेंट। इस कथन का अभिप्राय यही है कि किसी व्यक्ति को उसकी संपदा या उसकी कार्य करने की क्षमता से आँकना गलत होगा। केवल यही काफी नहीं कि उसने संसार के लिए क्या है, यह देखना होगा कि वह भीतर से स्वयं कैसा है।

हालाँकि मेरी मित्र ने आग्रह किया है कि मैं एक पृष्ठ विशेष को पढ़ूँ। उसने एक कोने पर पेंसिल से लिखा है : एक्ट, अध्याय 26, छंद 24 देखें।'

मैं उसके अनुसार ही पन्ने पलटता हूँ और उसे पढ़ना आरंभ करता हूँ :

जब वह इस रीति से उत्तर दे रहा था, तो फेस्तुस ने ऊँचे स्वर में कहा,
'हे पौलुस! : बहुत अधिक विद्या ने तुझे पागल कर दिया है।'

मुझसे पत्राचार करनेवाली मित्र मेरी गतिविधियों को मंजूर नहीं करतीं – या मुझे लिखना चाहिए कि उन्हें मेरी गतिविधि पसंद नहीं है! मुझे उनके पिछले पत्र से जानकारी मिली कि उनके अनुसार, मुझे भारत में बॉम्बे जैसे किसी बड़े नगर में बसना चाहिए और समाज में सम्मान का पात्र बनते हुए मध्यम और उच्च वर्गीय लोगों से मित्रता करनी चाहिए, दूसरों का और अपना मनोरंजन करना चाहिए, किसी सक्रिय महत्वाकांक्षा को पूरा करते हुए किसी पद को सुशोभित करना चाहिए और अंत में, वह सब करना चाहिए जो पारंपरिक लोगों से करने की अपेक्षा की जाती है।

उन्हें लगता है कि ऐसा करना कहीं अधिक समझदारी होगी। मुझे व्यवस्थित रूप से चक्राकार घूमनेवाले मनुष्य की तरह, भारी आबादीवाले नगर में जैज़ की तथाकथित धुन पर थिरकना चाहिए। उनका स्पष्टत: यही मानना है कि मेरे वर्तमान घर के बाहर स्थित हिमाच्छादित चमचमाती चोटियों व शिखरों को देखने के बजाए, अपने घर की खिड़की से, यूरोप में चिमनियों का दृश्य या भारत में हैं, तो चपटी छतों का दृश्य देखना बेहतर होगा। उनका मानना है कि मैंने स्वयं को यथार्थ से काट लिया है।

अगर इस यथार्थ का अर्थ उस बड़े शहर की खदबदाती भट्ठी और उसमें उबलनेवाले लालच, भय और घृणा से है, तो मेरे लिए यही सही होगा कि मैं स्वयं को इस हिमालय की धरती से जंजीरों में बाँध लूँ, अपने दिन शांतिपूर्ण संतोष में बिताते हुए, संसार में वापस घसीटे जाने से इंकार कर दूँ। परंतु सौभाग्य से मैं इतना भयभीत नहीं हूँ इसलिए मैं उस निराधार जीवन में अवश्य वापस जाऊँगा। मैंने अपने लिए संसार से एक तयशुदा एकांतवास लिया है, इसका पूरी तरह से त्याग नहीं किया।

ऐसा नहीं कि उनके लिए दैवीय जीवन का कोई अस्तित्व नहीं है परंतु उन्हें सामाजिक कल्याण और परिवेश के बीच रमना ज्यादा अच्छा लगता है।

हो सकता है, मुझसे पत्राचार करनेवाली महिला मित्र मेरी स्थिरता को केवल आलस्य कहकर खारिज कर दें, पर मेरा मानना है कि वह उसे बेहतर तरीके से समझती हैं। मैं उन्हें यूरोपियन और अमेरिकी लोगों के कड़े परिश्रम के सद्गुण को

याद करने का आग्रह करता हूँ, जो उनकी जलवायु की अनिवार्यताओं से उपजा है, उसी तरह पूरबवासियों में अपनी जलवायु की उष्णता के कारण ही आलस्य आया जान पड़ता है। पश्चिम के किसी भी ऊर्जावान प्रतिनिधि को देखें, जिसने भारत में लगभग बीस वर्ष का समय बिताया हो। वह परिवर्तन चौंका देनेवाला होगा। कभी परिश्रम करने के हिमायती जनाब भी आलस्य की राह पर चलते दिखाई देंगे। जलवायु ने उन्हें जीत लिया है, उनकी मजबूत मांसपेशियों को निढाल कर दिया है।

परंतु हम पश्चिमवाले ऊर्जा की इस अधिकता को मानो पूजते हैं; हमने तो इस साधना को ही छोटा-मोटा देवता मान लिया है। जब भी पश्चिम में जाता हूँ तो एक बड़ी सी डायरी साथ रखनी पड़ती है, इसके पन्ने जितने लंबे हों, उतना ही बेहतर क्योंकि हर घंटे कुछ सवाल सामने आ जाते हैं - 'इसके बाद क्या करना है?', 'इसके बाद किससे मिलना चाहिए?' आदि। यह असंभव है कि आप कुर्सी खींचकर अलाव के पास पूरे एक घंटे तक बैठे रहें और कुछ न करें।

दरअसल हममें से कुछ लोग बाइबिल की कथाओं के उस मछुआरे की तरह हैं, जिसने सारी रात मेहनत की थी पर हाथ कुछ नहीं आया। हम थोड़ा पैसा कमाने की कोशिश करते हैं, परंतु कई तरह के दूसरे कामों मे भी उलझ जाते हैं। हर चीज़ की कीमत चुकानी पड़ती है, 'यह सच है, पर कुछ चीज़ों का अपना मोल है; हमें अब भी समझदारी का पाठ पढ़ना है।'

यहाँ तक कि शेक्सपीयर भी मेरे साथ हैं। अन्यथा वे ऐसे न लिखते- There's nothing so becomes a man as modest stillness. (ऐसा कुछ नहीं, जो मनुष्य को आडंबरहीन शांत बनाता हो।)

मैं इन शब्दों के बाद एक बड़ा सा विस्मयादिबोधक (एक्स्लमेटरी मार्क) चिन्ह लगाना चाहता था ताकि इंग्लैंड के विख्यात कवि और भाषा के प्रतिभाशाली स्वामी का समर्थन मिल सके, यह विचार अपने आपमें भला है, परंतु मैं उनके काम से छेड़छाड़ करने का साहस नहीं कर सका। यह सच है, कोई जानकार आलोचक गुस्से में आकर कह सकता है कि मैंने इस सुखद कोटेशन को पाने के लिए, पहले वाक्य को काटा और फिर उसके पैर भी काट दिए। परंतु मैं यह उत्तर देता कि कोटेशन की पूरी कला यही है कि उसके संदर्भ से कुछ उपयुक्त शब्द लिए जाएँ और शेष को नकारा दिया जाए। मैंने इसके सिवा और क्या किया है?

फिर भी मुझे भय है कि आलोचक गुस्सा होंगे और शेक्सपीयर और अध्यात्म से जुड़ी मेरी बातों पर रोष प्रकट करेंगे।

मैं अपने साथ पत्राचार करनेवाली महिला मित्र को उसी पुस्तक से भी कुछ वाक्य भेज सकता था, जिसे वे बहुत आदर की दृष्टि से देखती हैं – 'खेत के लिली फूलों पर गौर करो, वे न तो श्रम करते हैं और न ही घूमते हैं।'

इस मनन के कारण ही मैंने हिमालय में प्रवेश किया! परंतु वे मुझे आग्रह करेंगी कि मैं इन तत्वमीमांसक बादलों से नीचे उतरकर, अपने आसपास की असली दुनिया पर ध्यान दूँ।

यदि सच कहूँ, मैंने अपने आदर्श एकांतवास में आकर, कोई बहुत बड़ा त्याग नहीं किया। मैं सामाजिक आनंदों के प्रति अनासक्त नहीं हूँ, परंतु उनके बिना भी रह सकता हूँ। मुझे किसी पहाड़ी के किनारे पर बैठकर नीचे का दृश्य देखने में भी कोई भय नहीं होता। यदि हम विवेकरूपी देवी का आशीर्वाद पाना चाहें, तो हमें एकांत में उसके चरणों में बैठकर आराधना करनी चाहिए। हालाँकि मैंने हमेशा वेनिस के फ्लोरियंस में बैठकर चाय पीने का भरपूर आनंद लिया है या फ्रांस के किसी कैफे में बैठकर, सड़क से गुज़रती भीड़ को भी भरपूर देखा है, परंतु ये स्थान मेरे अस्तित्व के लिए अनिवार्य नहीं हैं। हालाँकि, प्रकृति मेरे अस्तित्व के लिए बहुत महत्त्व रखती है। मैं भले ही उसे कुछ देर के लिए छोड़ सकता हूँ, परंतु मैं उसके पास एक दिन अवश्य लौटता हूँ जैसे भूल करनेवाला स्नेही पति!

मैं उस अंतिम कोटेशन को देने का भी लोभ वर्णन नहीं कर पा रहा, जो मेरी स्मृति में किसी जोंक की तरह चिपकी हुई है।

> 'कोई तर्क देगा कि समाज की दृष्टि से ध्यान या मनन-चिंतन करना सबसे बड़ा अपराध है लेकिन उच्चतम संस्कृति की दृष्टि से ध्यान करना ही मनुष्य के लिए सबसे उचित कार्य है।'

जो कलाकार वास्तव में एक प्रेरित तस्वीर बनाना चाहता हो, एक संगीतकार जो वास्तव में ऐसी धुन रचना चाहता हो, जो उसे जीनियस होने की प्रामाणिकता दिलवा सके, तो उन्हें सबसे परे चले जाना चाहिए या स्वयं को तब तक दरवाजों के भीतर बंद कर लेना चाहिए, जब तक उनके हाथ का काम समाप्त न हो जाए।

ऐसे समय में, जब रचनात्मक कलाकार, जो अपने पेशे में केवल औसत से ऊपर उठने की इच्छा रखता हो, यदि वह दुनिया को उसकी खोज में आने की

अनुमति देता है या स्वयं दुनिया की खोज में लग जाता है, तो वह अपने लिए संकट पैदा कर रहा है। उसे किसी भी उपासना गृह की तरह अपने अस्तित्व की पवित्रता का भी सम्मान करना चाहिए। एकांतवास उसकी बौद्धिकता का संरक्षण कर उसे बढ़ाने में सहायक होता है; परंतु समाज उसे नष्ट कर देता है। जीनियस को वास्तव में आध्यात्मिक, कलात्मक और भौतिक एकांतवास के लिए श्रम करना चाहिए। इसे चयनशील होना चाहिए और यह संसार से केवल उतना ही ले, जितना इसे अपना प्रधान उद्देश्य पूरा करने के लिए चाहिए। जो लोग आम जगहों पर रहते हों, वे इन विचित्रताओं पर हँस सकते हैं, परंतु वे कुछ भी असाधारण उत्पन्न नहीं कर पाते। ठीक इसी तरह, जब एक व्यक्ति स्वयं को आध्यात्मिक बनाने के लिए सर्वोच्च प्रयत्न करने की आशा रखता हो, तो उसे सबसे परे जाकर स्वयं को कमरे में बंद कर लेना चाहिए। यदि वह कलाकार नहीं भी है, तो भी उसकी कला अपने परिणामों में अमूर्त और अवर्णनीय होगी।

ठीक उसी तरह ही, यदि मेरे अपने सपने मुझे इस हिमालय तक ले आए हैं और मुझे मौन में बैठने का संकेत करते हैं, तो निश्चित रूप से जीवन में इसका भी कोई उपयोग अवश्य होगा। क्या मुझे यह मानना है कि अन्य व्यक्ति मेरे गुरु तथा परम अस्तित्व की तुलना में मेरे काम को कहीं बेहतर समझते हैं? नहीं, मेरी प्रिय मित्र, मैं अपने प्रति ही सच्चा रहना पसंद करूँगा और दूसरों के साथ कपट करने का प्रयत्न नहीं करूँगा। आपको और मुझे, हम दोनों को सामान्य रिवाज और सार्वजनिक भूल के नाम से भयभीत नहीं होना चाहिए बल्कि अपने अस्तित्व के महानतम नियम का पालन करना चाहिए। हमें डरने की आवश्यकता नहीं है। हमारी कोई हानि नहीं होगी – इतनी सी भी नहीं! दैवीय नियम ही हमारा ध्यान रखेंगे, यदि हम उन पर विश्वास रखेंगे तो हमारी प्रत्यक्ष हानि अस्थायी होगी और चक्रवृद्धि ब्याजसहित लाभ प्राप्त होगा। हमें उस अज्ञात न्याय की गणितीय उपयुक्तता पर भरोसा करना है; यह कभी हमसे विश्वासघात नहीं करेगा।

अब भी मेरी इस प्रवृत्ति का एक सर्वोच्च कारण शेष है। कुछ वर्ष पूर्व, गहन ध्यान की योग तंद्रा के दौरान, मुझे एक संदेश मिला, संभवत: मुझे कोई अभियान, परंतु निश्चित रूप से एक कार्य करना था। यह संदेश किसी एक खास पंथ के चार महान अस्तित्वों, स्वर्गिक देवदूतों की ओर से मिला, जो जनसाधारण में मानवता के आध्यात्मिक कल्याण में रुचि रखते हैं। जो दूसरे ग्रह से इस धरती के निकट आए हैं।

इस संदेश के अनुसार, मुझे कुछ समय तक धरती पर एक परिव्राजक के समान रहने का आदेश मिला और मैं इसी भावना के अनुरूप एक से दूसरे स्थान की यात्रा करता रहा। मैंने सार्वजनिक पुरस्कार की परवाह तब भी नहीं की और न ही आज करता हूँ। धन और यश मेरे लिए अवांछित सूची में ही रहे, मेरे लिए केवल इतना ही पर्याप्त है कि मैं सुंदर परिवेश में एक प्यारे अस्तित्व के बीच जी सकूँ और यात्रा व्यय के अतिरिक्त भार को वहन कर सकूँ। मैं कभी-कभार, बहुत कम मात्रा में मिलनेवाले आनंद के नमूनों को ही अपने लिए बहुत मानता हूँ। हालाँकि मैंने इस कार्य को स्वीकार किया, परंतु इसके सार्वजनिक पक्ष को नकार दिया। मैंने यही चाहा कि दूसरे लोग इस हिस्से को पूरा करें, जो सार्वजनिक पुरस्कार पाने की चाह रखते थे। यह मेरी प्रवृत्ति के अनुरूप था कि मैं इस काम के बुनियादी आधार को शांत भाव और गोपनीयता से पूरा करूँ। साहित्यिक कार्य मेरे लिए अंशकालिक विषय है और जहाँ तक बचत का प्रश्न है, मेरा यही मानना है कि दैवीय कृपा सदा मेरे साथ है; इसके सिवा मुझे कुछ और नहीं चाहिए।

मेरे प्रिय मित्र ने एक पैराग्राफ को रेखांकित किया है, जिसे वे मेरे मामले में बहुत महत्त्वपूर्ण समझती हैं। यदि यह संदर्भ किसी और व्यक्ति की ओर से आता तो बुरा भी लग सकता था, परंतु वह एक मित्र हैं और उनके पास मेरी मित्रता का लाइसेंस है। वैसे भी, सेना के कर्नल की अधेड़ विधवा के रूप में, मेरे कुछ आत्मीय और निजी मामलों की जानकार होने के नाते, वे मुझसे मातृवत स्नेह रखती हैं। मैं उनके संदर्भ को बिना बुरा माने स्वीकार करता हूँ और हँस देता हूँ क्योंकि मैं जानता हूँ कि उन्होंने मेरी निंदा या अपमान करने के लिए नहीं बल्कि स्नेहवश उस पैराग्राफ को रेखांकित किया है।

***

'स्थिर बुद्धि' या समझदारी के लिए लोग कैसी विचित्र परिभाषाएँ देते हैं, यह जानना भी कौतूहल का विषय हो सकता है। कुछ माह पूर्व, मैंने एक भारतीय विश्वविद्यालय में अपना संबोधन दिया। मैं चाहता था कि छात्रों के प्रमुख विषयों के अनुसार ही कुछ कहा जाए और 160 मील की यात्रा करके कुछ ऐसा भी नहीं कहना चाहता था, जो मेरी रुचि के अनुकूल न हो, तो मैंने मध्यम मार्ग अपनाते हुए, 'प्रेरणा का दर्शन' विषय को अपने व्याख्यान का विषय चुना। इस तरह मैं साहित्य, कला, व्यवसाय, आविष्कार, जीवन और धर्म जैसे विषयों पर प्रेरणा के बारे में बात कर सका और इसके साथ ही छात्रों को उनके कैरियर की तैयारी के

लिए एक या दो व्यावहारिक उपाय भी सुझाए।

जब मेरे संबोधन की अखबारी कतरनें छपीं, तो एक दल मुझसे मिलने आया और कहा कि वह अपने विश्वविद्यालय में मेरा व्याख्यान चाहता था। हालाँकि इस काम के लिए एक लंबी यात्रा करनी पड़ती और मैं प्राय: सार्वजनिक वक्ता के रूप में नहीं जाता और आदतन सभी निमंत्रणों को टाल देता हूँ। मैंने उत्तर दिया कि यदि वे मुझे व्याख्यान के लिए औपचारिक निमंत्रण भेज सकें, तो मेरे लिए आना संभव होगा। परंतु मेरे मित्र प्रोफेसरों ने जब अपने विश्वविद्यालय की शैक्षिक परिषद सभा में यह प्रस्ताव रखा, तो परिषद प्रमुख ने उसे अस्वीकृत कर दिया। इस तरह मुझे निमंत्रण नहीं दिया गया।

इस विरोध का कारण भी विचित्र था। मेरे निमत्रंण का विरोध करनेवाला एक यूरोपियन, एक अंग्रेज था, परंतु भारत में आजकल औपचारिक व्यवस्था के अनुसार सभी गोरे यूरोपियन ही कहलाते हैं। उसकी प्रमुख और एकमात्र आपत्ति यही थी कि 'एक गोरा जो स्थानीय लोगों के बीच रहते हुए, अपना अधिकतर समय आश्रम में योगियों के बीच बिताता हो, वह कोई पागल ही होगा!'

यदि कभी-कभी सीमित समय के लिए नगर से ग्राम, गतिविधि से एकांतवास की ओर जाना, विक्षिप्तता का संकेत देता है, तो मैं कभी समझदार होना ही नहीं चाहूँगा। यदि मेरे द्वारा खोजा जा रहा तत्त्वमीमांसक सत्य अथवा रहस्यमयी ध्यान का अभ्यास, अस्थिर बुद्धि का परिचायक है तो मैं देवों से प्रार्थना करूँगा कि वे मुझे कभी स्थिरबुद्धि न होने दे। यदि, इस शिक्षित किंतु अल्प-बुद्धि सज्जन के लिए इस शांतिहीन जगत में आंतरिक शांति की खोज और उसे बनाए रखने का प्रयास विक्षिप्तता है, तो मैं प्रसन्न हूँ कि उसने मुझे पागल समझा। परंतु मैं इसे सच्ची स्थिरता मानता हूँ कि सारे बाध्यकारी बलों के बीच, अपनी आत्मा की अखंडता बचाए रखूँ, ये बाधा देनेवाली शक्तियाँ आधुनिक अस्तित्व के आतंक और समस्याएँ हैं।

***

नि:संदेह मेरा शैक्षिक प्रतिद्वंद्वी पूरे आदरसहित हर रविवार को गिरजे जाता होगा, परंतु क्या वह ईसा के साथ कलवारी (ईसा का बलिदान स्थल) जाना चाहेगा? मैं सोचता हूँ कि क्या कभी उसने ईसा के कहे शब्दों के अर्थ पर गौर किया होगा? मैं सोचता हूँ कि क्या कभी उसे एहसास होगा कि हमारे समय के एक

संत, चाहे वे जन्म से हिंदू हों, वे रविवार धर्म की सारी भीड़ से कहीं अधिक ईसाई हो सकते हैं? मैं सोचता हूँ कि क्या वह कभी इस तथ्य को स्वीकार कर सकेगा कि काली चमड़ी स्वर्ग के राज्य में प्रवेश करने की बाधा नहीं है, जिसे जीजस ने हमारे समक्ष एक लक्ष्य के रूप में रखा परंतु आज बहुत कम ईसाई उसे समझते हैं।

मैं हर उपदेशक को, धर्मोपदेश आसन से एक भी शब्द कहने से पहले, वरिष्ठ उपदेशकों के पास भेजने के बजाए, जीवन का प्रशिक्षण लेने भेजता। इससे पूर्व कि वह उपदेशक अपने पहले उपदेश के साथ सबके सम्मुख आता, मैं उस नवयुवक को दरिद्रों और निर्बलों के बीच रहने भेजता। मैं उसे विवश करता कि वह अकेले पहाड़ों पर जाए और अनजाने वनों में भटके, ग्रंथों और दोस्तों के बिना तब तक अकेला रहे, जब तक उसे ईश्वर न मिल जाए या उसे यकीन न हो जाए कि गिरजा उसका पेशा नहीं है। मैं उसे कहता है कि वह तब तक दूसरों को धर्म के बारे में प्रेरित न करे, जब तक वह स्वयं भीतर से प्रेरित न हो। भले ही उसके उपदेश पारंपरिक श्रोताओं और कट्टर पादरियों को उतने न भाएँ, वे कम से कम सच्चे और ईमानदार होंगे। वह ईश्वरविहीन लोगों के लिए मिनिस्टर ऑफ गॉड बनने से पूर्व, उस दैवीय श्वास को पाने का अधिकारी होता, जो ऐसे प्रत्येक व्यक्ति में पहले प्रवेश करनी चाहिए। मैं हर उपदेशक और पादरी के लिए इसे अनिवार्य कर देता, भले ही वह ईसा के गिरजे से हो या फिर बुद्ध के पंथ से, भले ही वह अपने अनुयायियों को श्री कृष्ण के नाम से प्रवचन देता हो या फिर किसी अन्य पैगंबर से जुड़ा हो।

मैं ऐसी सौभाग्यशाली स्थिति में हूँ कि किसी भी कट्टर धर्म के प्रति आस्था नहीं रखता। जब कोई जिज्ञासु मुझसे इस बारे में पूछता है, जो कि उनका काम नहीं है, तो मेरे अतार्किक उत्तर सुनकर वह दोबारा ऐसा कुछ पूछने का साहस नहीं करता।

मैंने पाया कि मेरी प्रवाहित आत्मा किसी भी धर्म या आस्था व दर्शन से नहीं बँधती क्योंकि मैं उस परम आत्मा में विश्वास रखता हूँ, जैसे हवा जिधर चाहती है, उधर बहती है।

जो लोग जीजस के अनुयायी हैं, परंतु कभी उनके गहरे संकेतार्थों को नहीं समझ सके या उनका पालन नहीं कर सके, हो सकता है कि वे अपने पाखंडी

व्यवहार के चलते, उन लोगों की घुसपैठ या प्रवेश का विरोध करें, जो बाहरी तौर पर उनके किसी पंथ से संबंध नहीं रखता। एक ऐसा व्यक्ति जिसका आंतरिक विजन उनके और अपने बीच और अपने व अन्य पंथों के बीच अवरोधक बनाता हो, वह पाता है कि इस तरह वह मुक्त हो गया है। यदि वह इतना सशक्त है कि सभी कट्टर धर्मों और अपने आसपास के जातीय दलों से परे खड़ा हो सकता है और इतना स्वतंत्र है कि किसी का पक्ष न ले और न ही किसी के रोष से भयभीत हो, तो निश्चित रूप से नियति और चुनाव ने उसे एक अनूठी और प्रसन्नतादायक मुक्ति प्रदान की है। जब दूसरे लोग एक-दूसरे पर मूक या प्रत्यक्ष घृणा से वार करते हैं, जातियों में परस्पर संघर्ष होता है, संप्रदाय आपस में छोटी-छोटी बातों पर उलझते हैं, वह इन झगड़ालू लोगों की मूर्खता का आदर कर सकता है, जिनके बीच उसे एक निरीक्षक की हैसियत से भेजा गया है।

ऐसे व्यक्ति का कोई समकालीन नहीं होता और उसे किसी ऐसे व्यक्ति की आवश्यकता भी नहीं है। कट्टर लोग ऐसी आज़ादी को नहीं सराहते, जबकि नास्तिक इन्हें अंधविश्वास कहकर नकार सकते हैं। इससे कोई अंतर नहीं पड़ता। सत्य, प्रशांति और परम उसके लिए प्रतीक्षा कर सकते हैं। वह कुछ नहीं खो सकती क्योंकि वह अनंत है। उसका प्रकटीकरण देर-सवेर होना ही चाहिए, चाहे वह अचानक हो या धीरे-धीरे।

इसी अनासक्त स्थिति के कारण मैं सभी धर्मों के बीच अपने लिए मित्र बना सका हूँ और इन्हीं पंथों के बीच मेरे शत्रु भी हैं। मैं उनके बीच एक विदेशी की तरह रहता हूँ और अच्छी तरह जानता हूँ कि मेरा असली वास कहाँ है।

कोई भी धर्म संस्था या छिपे हुए सूर्य से गिरनेवाले पवित्र किरण समूह हमारे बीच नहीं आते।

नियति ने मुझे स्फिंक्स की बोली का दुभाषिया बनने का दंड दिया है; यह काम अपने आप तब तक आनंददायक है, जब तक कोई इन व्याख्याओं को अपने तक रखता है, परंतु ज्यों ही वह उन्हें संदेहवादी दुनिया के आगे ले आता है, तो इस पर असहमति होने लगती है। परंतु मुझे इस विचार से एक छिपा हुआ सुकून मिलता है कि मेरी यह लेखन यात्रा अस्थायी है और देव मुझे एक दिन मेरे अपने सितारे तक वापस जाने का मार्ग दे देंगे, जिसकी हल्की हरी रूपहली चमक को मैं हर रात आकाश में गहरी यादों के बीच खोजता हूँ।

मेरी बंबईवाली दोस्त, नेक आत्मा हैं परंतु भूलवश मुझे लताड़ने से बाज नहीं आतीं। वे चाहती हैं कि मैं गहरे आवरण में छिपे मामलों की तह तक जाना त्याग दूँ हालाँकि उन्होंने अनजाने में ही मेरी मदद ही की है। उन्होंने मेरे पुस्तकविहीन हाथों में (मैं अपने एकांतवास में ऐसे ही आया था), बुद्धिमान गैलीलियन के जीवन और शब्दों से सजी पुस्तक थमा दी है, जिनका नाम ही मेरे लिए किसी जादू से कम नहीं है। मैं इन पृष्ठों को आरंभ से पढ़ूँगा। यह सच है कि मैं इस पुस्तक के अधिकारिक संस्करण को कभी उनके सटीक वर्णन के रूप में स्वीकार नहीं कर सकता और न ही इसे संपूर्ण मान सकता हूँ क्योंकि अधिकतर सार्थक जानकारी को लेखकों ने नकार दिया और जो मुद्रित है, उसका बहुत खराब अनुवाद प्रकाशित किया गया है। जीजस के 12 से 30 वर्ष की आयु तक के, आरंभिक घुमक्कड़ी वर्षों का विवरण पूरी तरह से गायब है। यहाँ तक कि सच्ची घटनाओं को भी सही तरह से नहीं लिखा गया। खैर, भले ही यह जितनी भी अपूर्ण हो, मुझे यह नन्ही काली पुस्तक प्रिय है और मैं सदा इस उपहार को संजोकर रखूँगा।

मेरी प्रिय, हमें इस सतही-प्रतीक के परे देखना चाहिए, जिसे मनुष्य जीवन कहता है और यह पता लगाने का प्रयास करना चाहिए कि इसके सही मायने क्या हैं? जीजस जानते थे। हमें अस्तित्व की दुर्घटनाओं को ही इसकी बुनियाद नहीं मान लेना चाहिए। जो व्यक्ति अपनी आंतरिक शांति की कीमत पर संसार का अनुसरण करता है, वह स्वयं को दंडित करता है।

जीजस के सारे शब्द अभी संसार में खोए नहीं हैं, जैसे कि अन्य कई वक्ताओं की कही बातें नहीं रही, क्यों? क्योंकि जीजस ने अपने अस्तित्व की गहराईयों से कहा, जबकि दूसरे अपनी सामान्य बुद्धि के आधार पर बोल रहे थे। जीजस ने अपने समकालीनों से बात की परंतु उनके वचन आनेवाली पीढ़ियों तक भी पहुँचे। अन्य कभी अपने समकालीनों से आगे नहीं जा सके, दैनिक गजट में एक क्षणभंगुर जीवन से अधिक नहीं पा सके। उन्हें थोड़ा ध्यान रखते हुए बोलना पड़ा - सार्वजनिक मत और अपनी जेबों की परवाह करनी पड़ी। उनका बहाना था कि इंसान को जीवित भी रहना है, एक आभामंडल से रोटी कहीं बेहतर है। बेचारे लोग! वे नहीं जानते थे कि जिसे अपना आभामंडल मिल जाएगा, रोटी अपने आप उसके पास आ जाएगी। अगर चिड़ियों को भी भोजन मिल जाता है, तो आभामंडलयुक्त व्यक्ति को क्यों नहीं मिलेगा? ईश्वर इतना शक्तिहीन भी नहीं कि अपने ही बच्चों की देख-रेख न कर सके ...। सुकरात के शब्द अब भी मिलते हैं

क्योंकि उन्होंने रोटी की चिंता उसे स्वयं करने दी और रोटी ने ऐसा किया भी ...। किसी व्यक्ति के कहे शब्दों का मोल उसके आध्यात्मिक गुरुत्वाकर्षण पर निर्भर करता है।

जीजस के शब्द किसी भी अन्य पैगंबर की तुलना में सबसे अधिक दोहराए जाते हैं। व्याख्याकारों और धर्मवेत्ताओं का संसार उनके अर्थों के लिए आपस में उलझ सकता है, जैसे वे उन्नीस सौ वर्षों से करते आ रहे हैं। परंतु एक संवेदनशील सरल मन को उन अर्थों को समझने में इतनी कठिनाई नहीं होगी क्योंकि वे प्रत्यक्ष संबंध मे हैं और जीजस स्वयं कोई धर्मशास्त्री नहीं थे। न्यू टेस्टामेंट में ऐसा कुछ नहीं है, जो जटिल या अनिश्चित हो।

आज वह समय आ गया है, जैसा कि एक बार फिलिस्तीन में आया था कि प्रत्यक्ष रूप से बोलते हुए, सत्य को स्वर दिया जाए और अंधेरी गलियों में इसके बारे में अधसुने, आधे अर्थोंवाले वाक्य न फुसफुसाए जाएँ।

***

कितने खेद की बात है, हममें से अधिकतर आध्यात्मिक रूप से मूक हैं और एक शाश्वत शब्द नहीं बोल सकते! अफसोस, 'ईसाई धर्म की ओर चलो', 'हिंदू धर्म की ओर चलो' की पुकारें, जिन्हें मैंने क्रमश: यूरोप और भारत में सुना, वे भी किसी काम की नहीं। हमारे पास इन धर्मों को आज़माने का पर्याप्त समय था। यदि हम सदियों से, उनके प्रेरकों के काल से उनके साथ उचित रूप से प्रयोग नहीं कर सके, तो कभी नहीं कर सकेंगे। हमें स्वयं से छल नहीं करना चाहिए। अतीत की ओर लौटने जैसी कोई बात नहीं होती। प्रत्येक धर्म की मूल प्रेरणा ही इसके लिए सबसे अहम होती है। इसके प्रभाव में बहुत कुछ किया जा सकता है, जिसे बाद में बिना किसी दिल और दिमाग के केवल अनुसरण किया जा सकता है। घड़ी के पुर्जे विपरीत गति में नहीं चल सकते, चाहे हम कुछ भी क्यों न कर लें। अब अतीत को अपना ध्यान स्वयं ही रखना चाहिए। जीजस के कहने का भी यही अर्थ था, जब उन्होंने कहा, 'मृतकों को, मृतकों को दफनाने दो।'। हमें जीवन का अध्ययन जीवित वर्तमान में करना चाहिए, बीते हुए कल में नहीं। संसार अब भी अपने मुक्तिदाता की प्रतीक्षा में है। पुराने धर्म अपनी तेजस्विता खो चुके हैं। असली ईसाई वे थे, जो शेरों के आगे शहीद कर दिए गए। हमें पुराने सिद्धांतों की बाधा हटाकर अपने लिए सत्य की शिक्षा प्राप्त करनी होगी।

यदि प्राचीन सभ्यताओं की देववाणी मूक है, तो आधुनिक संसार की देववाणी सुनी जानी चाहिए। प्रेरणा स्वयं कभी कब्र में नहीं जाती, भले ही इसके आरंभिक साधन ऐसा करते हों।

***

अगर ईसा कैमडन नगर आए थे जैसा कि ब्लेक ने अपनी आध्यात्मिक समझ के अनुसार माना है कि वे आए होंगे, तो उन्हें कोई न पहचानता, इसका सादा सा कारण यही होता कि हमारी झूठी शिक्षा के साथ हमारी अपेक्षा यही होती कि खुले आकाश से अग्नि रथ उतरेंगे या फिर सपने में कोहरे जैसी एक धुंधली आकृति दिखाई देगी। जबकि वे राजमार्ग पर चुपचाप चलते हुए पाए गए होंगे, जिनके चेहरे पर ऐसे कोई निशान या पहचान नहीं रही होगी कि उन्हें दूसरे बढ़ईयों से अलग माना जा सके, जो उस अनजाने रास्ते पर, अनजाने पड़ोसियों की तरह चल रहे थे।

अब कोई सपने में भी नहीं सोच सकता कि वह जीजस को पागल कहे, हालाँकि जब वे पहली बार दाढ़ीवाले फरीसियों के बड़बड़ाते झुंड के आगे उपदेश देने लगे तो उन्हें पागल ही कहा गया। हालाँकि जब उन्होंने यह देखा कि वह व्यक्ति तो सही मायनों में दीवाना ही था, जब उसने कहा, 'मंदिर के अहाते में खरीद-बेच करनेवालों को बाहर निकाल दो और पैसों का लेन-देन करनेवालों के मेज़ पलट दो।' तब उन्होंने उस व्यक्ति को गंभीरता से लिया। और जब वह उनके पदों और आम जनता पर उनकी पकड़ के लिए संकट बन गया, तो वे उसे नष्ट करने का उपाय खोजने लगे; क्योंकि वे उससे भयभीत थे और सभी लोग उसके नियमों से अचंभित थे' वे हमेशा की तरह अपने दुःखदायी भ्रमों से उबरने से डरे हुए थे। उन्होंने नियमों के विपरीत जाने और सत्य के प्रति अभिमान को प्राथमिकता दी। वे अपने ही अस्तित्व से भागते थे, उन्हें भय था कि इससे उन्हें हानि होगी। मूर्ख दुष्ट लोग! वहाँ सब कुछ पाने के लिए ही था, खोने के लिए कुछ था ही नहीं।

अफसोस, स्वयं 'जीजस ने भी माना कि पैगंबर का अपने ही देश में कोई आदर नहीं था।'

इस तरह उन्होंने जुदाह को छोड़ा और गैलीली की राह ली और उन्हें सामरिया होते हुए जाना था... राह में याकूब का कुआँ था। अपनी यात्रा से थके हुए जीजस, उस कुएँ पर जाकर बैठ गए ...वहीं एक सामरी स्त्री जल लेने आई : जीजस ने उससे कहा, 'मुझे पीने का पानी दो।' तब उस स्त्री ने उनसे कहा, 'यह

कैसे हो सकता है, आप एक यहूदी होकर मुझसे जल चाहते हैं, मैं तो एक सामरी स्त्री हूँ। यहूदियों का हमसे कोई लेन-देन नहीं है।' जीजस ने उसे उत्तर दिया, 'यदि तू केवल इतना जानती कि परमेश्वर ने क्या दिया है और वह कौन है, जो तुझसे कह रहा है, 'मुझे जल दे', तो तू उससे माँगती और वह तुझे स्वच्छ जीवन-जल प्रदान करता।' स्त्री ने उनसे कहा, 'हे महाशय, मेरे पास तो कोई बर्तन तक नहीं है और कुआँ बहुत गहरा है, फिर आपके पास जीवन-जल कैसे हो सकता है?' उत्तर में जीजस ने कहा, 'हर एक जो इस कुएँ का पानी पीता है, उसे फिर प्यास लगेगी। किंतु वह जो उस जल को पिएगा, जो मैं दूँगा, वह फिर कभी प्यासा नहीं रहेगा बल्कि मेरा दिया हुआ जल उसके अंतर में पानी के एक झरने का रूप ले लेगा, जो उमड़-घुमड़कर उसे अनंत जीवन प्रदान करेगा।' तब उस स्त्री ने उनसे कहा, 'महाशय, मुझे लगता है कि आप नबी हैं।' जीजस ने कहा, 'हे स्त्री! मेरा विश्वास कर कि समय आ रहा है और आ ही गया है जब सच्चे उपासक पिता की आराधना, आत्मा और सच्चाई में करेंगे। परम पिता ऐसा ही उपासक चाहता है। परमेश्वर आत्मा है और इसलिए जो उसकी आराधना करें, उन्हें आत्मा की सच्चाई में ही उसकी आराधना करनी होगी।'

मैं आया, मैंने देखा और मैंने जीत लिया! रोमन नेता के ये शब्द जीजस पर लागू नहीं होते। उन्होंने बहुत कम हृदयों पर जीत हासिल की। यह सच है परंतु यहूदियों का बड़ा समुदाय कभी न सुधरनेवालों में से रहा। वे जिस तरह उनके बीच आए थे, उसी तरह गुमनामी के बीच चले भी गए। पक्षपातग्रस्त धर्म संबंधी इतिहासकारों के चलते, उस समय में उन पर एक भी लिखित दस्तावेज नहीं मिलता।

इस दौरान उनके चेलों ने उनसे प्रार्थना की, 'रबी कुछ खा लो।' परंतु उन्होंने कहा, 'मेरे पास ऐसा भोजन है जिसे तुम नहीं जानते।' तब चेलों ने आपस में कहा कि 'क्या कोई उनके लिए कुछ खाने को लाया है।' जीजस ने उनसे कहा, 'मेरा भोजन यह है कि अपने भेजनेवाले की इच्छा के अनुसार चलूँ और उसका काम पूरा करूँ।'

संदेहवादियों के लिए विश्वास करना कठिन होगा कि जीजस जीवित रहे, हो सकता है कि उन्हें क्षमा कर दिया गया हो, परंतु बौद्धिक रहस्यवादी जो सारी बाइबिलों को मात्र दृष्टांतों में और सारे पुराने धार्मिक गुरुओं को मनुष्य की चेतना के प्रतीकों में बदल देते थे, वे इस अनुमान में बहुत आगे निकल गए। ऐसे महान

पुरुष क्यों नही होने चाहिए, जिन्होंने अपने अंदर छिपे ईश्वरत्व की खोज की? और यदि वे कभी हुए, तो उनकी कहानियों को क्यों नहीं लिखा गया, भले ही वे त्रुटियों से भरपूर होतीं? ईसा और कृष्ण, बुद्ध और ओसीरिस अब मिथक जैसी आकृतियाँ नहीं रहीं, जैसे मुहम्मद हैं, जो हमारे समय के बहुत निकट रहे और उनके अस्तित्व को बिना किसी प्रश्न के स्वीकार कर लिया गया है। असली कठिनाई इन पवित्र इतिहासों के बूटेदार अंतर्वेशनों में छिपी है।

जीजस की रूपांतरण की शक्ति उनकी असाधारण योग्यता थी। उन्हें गैलीली के समुद्र तट पर दो मछुआरे मिलते हैं, जो अपने रोज़मर्रा के काम में लीन हैं, वे उनसे कुछ शब्द कहते हैं और उन्हें मनुष्यों के बीच एक अलग तरह का जाल डालने के लिए कहते हैं... पुत्र अपने पिता के खच्चरों के दल को लेने जाता है, मास्टर से भेंट करता है और बदल जाता है; इस प्रकार वह भी एक दिव्य झुंड को खोजने जाएगा... सॉल, दमिश्क की ओर यात्रा कर रहा है, उसकी भेंट अदृश्य ईसा से होती है और वह उनके चरणों पर गिर पड़ता है ...

हालाँकि जीजस की यह शक्ति चमत्कारी अथवा सार्वभौमिक नहीं थी; वे फरीसियों को परिवर्तित नहीं कर सके; उन्होंने अभी उन्हें भी परिवर्तित नहीं किया, जो बेहद कठोर, अकड़ू, औपचारिक, धूर्त जीव हैं, जो हर स्थान पर सदियों से होते आए हैं, जो केवल यहूदियों में ही नहीं होते बल्कि अन्य जातियों में भी पाए जाते हैं। क्योंकि जीजस केवल स्वयं को परिवर्तित कर सके। वास्तव में, वे उससे अधिक करना ही नहीं चाहते थे। वे उनके लिए आए थे, अपनी संतानों के लिए। ईश्वर का कोई भी व्यक्ति इससे अधिक नहीं कर सकता। स्वतंत्रता का ऐसा अदभुत उपहार, ईश्वर ने हम सबको दिया है - किसी भी व्यक्ति के संकल्प की रहस्यमयी स्वतंत्रता बाधित नहीं होगी। हमें अपने अनुसार ही अपने घर की ओर मुड़ना होगा, किसी का दबाव या हस्तक्षेप काम नहीं आएगा।

जैसे जीजस के समय में, मास्टर ऑफ लाइट केवल उन्हें ही तलाशती है, जो उसे ही खोज रहे हैं, जो अपने चेतन या अवचेतन मन के साथ घर लौटने को आतुर हैं। वे जानते हैं कि काँटेदार पौधों से अंगूर नहीं मिलते।

9

तूफान - मानसून के आने की आहट- मेरे पशु अतिथि - कपड़ों का प्रश्न

वर्षा ऋतु सुदूर है परंतु फिर भी उसके आने की छिटपुट आहट अभी से मिलने लगी है। इन दिनों हिमालय अजीब तरह से अस्थिर हो जाता है। हर दिन अच्छे और बुरे, कई तरह के नमूने देखने को मिलते हैं। क्षितिज के पास अनपेक्षित बदलाव दिखने लगते हैं, जहाँ मेघों की एक टूटी हुई सफेद रेखा, पर्वत शिखर और गिरते हिमकण आपस में उलझे हुए दिखाई देते हैं।

इस तरह की बारिशों से केवल यही लाभ होता है कि हमारी जल समस्या हल हो जाती है। इस जगह हमें पासवाले नाले से पानी भरकर लाना पड़ता है, जो लगभग एक चौथाई मील की दूरी पर है। इन दिनों हम पीने के पानी का बड़ा सा पात्र दरवाजे के बाहर रख देते हैं और कुदरत दरियादिली से इसे भरती रहती है। कई बार बारिश बहुत तेज आती है और अंततः यह भर जाता है। हालाँकि यह बारिश कब और कितनी आएगी, इसका अनुमान नहीं लगाया जा सकता।

रातें कई बार बहुत सर्द होती हैं, दक्षिण की ओर से आए व्यक्ति को सर्दी भी ज़्यादा लगती है। दिन ढ़लते ही शिखरों से बादल नीचे उतरते हैं और उनके साथ ही तिब्बत से आनेवाली सर्द हवाओं का मेल होता है। मेरे बंगले के आसपास कोहरे की

चादर बिछ जाती है, ऐसा लगता है कि हमारे घर के सिवा आसपास कुछ भी नहीं बचा। सब कुछ ओझल हो जाता है।

परंतु यह सब हिमालय की ओर से आनेवाले तूफानों के आगे कुछ भी नहीं है। वाकई मैंने इससे बदतर तूफान कहीं नहीं देखे परंतु फिर भी इतने प्रभावशाली दिखते हैं, मानो इनमें भव्यता का स्पर्श आ गया हो। इस सप्ताह हम दो बार इनसे घिर चुके हैं।

रात आते ही तूफान के आने की खबर मिली। तापमान में अचानक बदलाव आया और यह लगातार गिरता चला गया। मैंने ठंड के हमले से बचाव के लिए ऊनी कमीज पहनी और मोटे कॉलरवाला स्वेटर डाल लिया। इसके बाद दरवाजे की झिर्री से झाँकते हुए, बाहर से आनेवाले तूफान को देखने लगा। जल्द ही सारी हिमालय श्रेणी में भयंकर तूफान गरज उठा। ऐसा लगता था मानो पर्वतों में विस्फोट हो रहा हो और वे हिंसक अप्रत्यक्ष शक्तियों से हार रहे हों। हालाँकि मैं यह जानता हूँ कि क्वाटर्ज और ग्रेनाइट से ही हिमालय की सतह बनी है और वे प्रकृति के किसी भी भयानक रूप को सह सकते हैं। परंतु उस कोलाहल के बाद बिजली ने जो अदभुत प्रदर्शन किया, वह किसी क्षतिपूर्ति से कम नहीं था। इन्हें बिजली के लट्टुओं की आड़ी-तिरछी कतारें नहीं कहा जा सकता, यह तो सफेद फास्फोरस का बड़ा सा विशाल गोला है, जो आसपास फैले अंधकार में बड़े ही विचित्र तरीके से चमक रहा है।

हवा के एक भयंकर झोंके ने मेरे देवदार के लंबे पेड़ों के ऊपरी सिरों को बुरी तरह से हिला दिया और उनकी शाखाएँ किसी एक्सप्रेस गाड़ी की गति से इधर-उधर छितरा रही हैं। यह हवा घाटियों में गूँज रही है और नाजुक पेड़ों के पत्ते छिन गए हैं। आसमान से घड़ों पानी बरस रहा है, अब कुछ घंटों तक इसी तरह बड़ी-बड़ी बूँदें आकाश से बरसती रहेंगी। इस वर्षा के वेग को कम करने के लिए, भारी मात्रा में ओले भी पड़ने लगे, इनमें से प्रत्येक उन कंचों जितने बड़े हैं, जिनसे बच्चे अक्सर खेलते हैं। छत पर इनके गिरने की आवाज सुनाई दे रही है।

ये ओले बड़ी तबाही ला सकते हैं। कई बार तो ये अखरोट जितने बड़े आकार के होते हैं। भारी तूफान के बाद मैंने कुछ पक्षियों के मृत शरीर बंगले के पास पड़े पाए, एक लंबा देवदार वृक्ष बिजली गिरने के कारण मरकर धराशायी हो गया है।

आज अलसुबह, तूफ़ान की तेज़ आवाज़ के साथ आँख खुली, जो पूरी पहाड़ी वादी में गूँज रही थी। तेज़ गर्जना सुनाई दे रही थी और जब बाद में, बिना सूरज के फीकी सलेटी भोर हुई, तो मैंने अपने दरवाजे की ओट से वह असहनीय दृश्य देखा। गाढ़ा अभेद्य सफेद कोहरा देवदारों की पहली कतार से होते हुए सारे इलाके में छाया हुआ था, जो कोहरे से भरी सीमाओं पर खड़े प्रहरियों जैसे दिख रहे थे। जंगल कहीं ओझल हो चुका था, शिखरों और चोटियों की बर्फ से ढके दृश्य का जैसे कभी कोई अस्तित्व ही नहीं था। हम दस हजार फीट की ऊँचाई पर, दूधिया कोहरे से भरे सागर के बीच खड़े थे। भारत, तिब्बत और इंग्लैंड - ऐसा लग रहा था कि ये सब किन्हीं पौराणिक देशों के नाम भर थे। धरती, स्पष्ट रूप से उस सफेदी में घिरी भूमि में बदल गई थी और केवल हम ही मानो जीवित बचे थे, जो उस स्थान के बीच किसी तरह पैर जमाए खड़े थे।

सारे भू-परिदृश्य पर भिगो देनेवाला कोहरा और धुंध दिख रहे थे, वह धुंध घाटियों, सड़कों की ढलानों, शिखरों, चोटियों, खाईयों और पठारों से होते हुए गुज़र रही थी और हमें कुछ भी दिखाई नहीं दे रहा था। मैं इंग्लैंड की सर्दियों में घिरनेवाली काली-सलेटी सी सल्फरस धुंध से उसका मुकाबला कर सकता था, परंतु यह उससे कहीं अधिक सुखद थी। यह कम से कम सफेद और साफ दिखनेवाली तो है। परंतु ये मनुष्य को इस तरह अकेला कर देती है कि जीवन अचानक ही अजीब, विचित्र, रहस्यमयी, अनंत और एकांतप्रिय हो उठता है। इस अनुभव के बीच अनूठी विरक्ति का स्वाद पाया जा सकता है।

मुझे इस कोहरे और धुंध से कोई आपत्ति नहीं है, परंतु लगातार होनेवाली बारिश और तूफान के कारण अपनी पहाड़ी के ऊपर बनी आश्रयस्थली तक नहीं जा पा रहा। मुझे कमरे के भीतर ही ध्यान लगाना पड़ रहा है। इस समय मैं सूखे पत्तों और फूलों के बीच सुखद परिवेश में ध्यान नहीं कर पाता, मुझे कंबल लगे हुए बिस्तर पर उकडूँ होकर बैठना पड़ता है और फिर मैं सामने की डिस्टेंपर की हुई धुंधली दीवार की खाली जगह पर नज़रे जमा लता हूँ। मैं सोचता हूँ कि ऐसे समय में मेरा देवदार क्या सोचता होगा। उसकी कल्पना में मैं कितना दुर्बल हूँ। वह जिस बारिश को इतनी बहादुरी और उदासीनता से सहन करता है, मैं उसके कारण ही ध्यान के लिए बाहर नहीं आ पा रहा।

परंतु अधिकतर समय, मौसम अपना सुधार कर ही लेता है। बारिश अचानक थम जाती है और अचानक ही सूखेपन की बहार लौट आती है। धुंध रहस्यमयी

तरीके से गायब हो जाती है, जिस तरह पाइप से निकला तंबाकू का धुआँ ओझल हो जाता है। सूरज की किरणों का आनंद लौट आता है। छिपकलियों को चट्टानों की दरारों से बाहर आकर धूप सेंकने का मौका मिलता है। उनकी काँच जैसी आँखें कितनी समझदारी से भरी और दुष्ट दिखती हैं। एक बार फिर हिमालय उन्नत शीश के साथ दिखाई देने लगता है। इस माहौल के बीच, सूरज जगमग करती बर्फीली चोटियों पर चमकता है, आकाश का रंग गहरा नीला हो जाता है और बाहरी परिवेश में सुखद गरमाहट महसूस होने लगती है।

मैदानी इलाकों में गर्मी के वार सहने से तो यह कहीं बेहतर ही है। और फिर मैंने अपनी छड़ी उठाई और चुपके से अपनी आश्रयस्थली की ओर चल दिया। मैंने अपने जीर्ण देवदार से माफी माँगी और एक साफ जगह देखकर अपनी जलरोधी चादर बिछा दी।

मेरे सिर पर मंडरा रही चील ने अचानक उन तिब्बती गुरुओं की याद दिला दी, जो अपने शिष्यों से कहते हैं, **'जिस तरह चील किसी झुंड से किसी एक भेड़ को उठा ले जाती है, उसी तरह तुम्हें भी अपने असंख्य विचारों में से किसी एक विचार को चुनकर, उस पर मनन करना होगा।'**

जंगल में चारों ओर मंडराती तितलियों को जंगली फूलों पर बैठा देखा जा सकता है और इस दृश्य की शांति केवल खुशनुमा पक्षियों की चहचहाहट से ही भंग होती है। पिंजरों की कैद से आज़ाद, वे बेपरवाह पक्षी हिमालय और इसके वनों की प्रशंसा के गीत गाते हैं। समय-समय पर मेरा देवदार भी अपनी पकी हुई आयु का मान रखते हुए, बीच-बीच में सहमति देते हुए हल्की हवा के साथ अपनी शाखाओं को हिला देता है। अचानक चितकबरी कलगी और केसरिया गर्दनवाला हुदहुद पक्षी मेरी आँखों के सामने से गुज़र जाता है।

प्रकृति के इस खुशनुमा रूपांतरण के बीच, जिसने हिमालय को निरंतर भव्यता प्रदान की है, मुझे अपने शरीर के लिए कहीं अधिक दिव्य विश्रामस्थल और चित्त के लिए कहीं अधिक दिव्य परिचर्या मिली है। मैं एक जगह स्थिर बैठकर अपने विचारों को मौन के पंखों पर सवार होकर उड़ने देता हूँ और वह मुझे भीतर की ओर खींचता है। फिर अचानक मेरी असभ्यता पर दैवीय आवरण आ जाता है और मैं नहीं जानता कि मेरे विचारों का क्या हुआ।

सभी मनुष्यों को निश्चित रूप से स्वयं को व्यक्तित्व के दावों से अवश्य

अलग करना चाहिए।

***

मेरा नौकर मेरे पास उलाहना लेकर आया है कि मेरी कलाई की घड़ी टूटने के बाद वह सभ्य जीवन की इस अनिवार्य वस्तु से भी वंचित हो गया है - उसे समय ही नहीं पता चलता। नतीजन, वह नहीं जान पा रहा कि उसे मेरा भोजन बनाना कब शुरू करना चाहिए और सारा काम अनुमान के आधार पर होता है। इसी वजह से कई बार जब वह लंच का ऐलान करता है, तो मैं उसे हाथ के संकेत से पीछे कर देता हूँ और कई बार जब मैं अपनी भूख का ऐलान करता हूँ, तो उसके पास मेरी भूख शांत करने के लिए भोजन तैयार नहीं होता।

मुझसे यह शिकायत इतनी गंभीरता के साथ की गई कि ऐसा लगने लगा कि वाकई यह एक जायज़ बात है। थोड़ा सोचने के बाद मैंने तय किया कि मैं उसके फायदे के लिए एक सूर्य घड़ी पर काम करूँगा। मैंने जंगल में से एक सीधी लकड़ी का टुकड़ा चुना और उसे छीलकर मुलायम बना लिया। फिर उसे बंगले के पीछे बरामदे में गाड़ दिया गया। इसके बाद मैंने अगले दिन के सूर्योदय, दोपहर और सूर्यास्त के समय का इंतज़ार किया। मैंने छड़ी की परछाईं के साथ-साथ तीन पत्थर लगाते हुए शुरुआत की। इस तरह नाश्ते, लंच और चाय के वांछित घंटों के अनुसार, परछाईं के निशानों को बदलने का काम रह गया। जब तक धूप खिलती रहेगी, हमारी आदिम घड़ी सही तरह से काम आती रहेगी, हम बड़ी आसानी से बदलते मौसम के अनुसार अपनी परछाईं की लंबाई के हिसाब से समय का अनुमान लगाते रहेंगे।

समय किस तरह हमारा तानाशाह बना हुआ है। हमने इसके माप बनाए और अपने अस्तित्व के लिए अनिवार्य बना लिया। और फिर भी मनुष्य, अपने भीतर की प्रवृत्ति के साथ ऐसा जीव है, जो किसी भी समय की सीमा से परे है।

***

टिहरी के इस इलाके में बहुत कम खेती होती है और इसके लिए जगह भी बहुत कम है। हलवाहे के हल के लिए यह भूमि इतनी उपयुक्त नहीं है, इस जगह अधिकतर धरती पहाड़ी या जंगली है, कई जगह पर केवल चट्टानें या बड़े पत्थर पाए जाते हैं। बकरियों और पशुओं को चराना ही इस जगह के निवासियों का मुख्य कार्य है। वे जानवर कितनी कुशलता से पहाड़ों पर चरते हैं, यह देखकर वाकई

हैरानी होती है। इन चरवाहों के पास इस काम के अलावा कोई और चारा नहीं है।

बकरियों का एक चरवाहा अपने झुंड के साथ चरागाहों की तलाश में भटकता रहता है, एक दिन वह मेरे पास से गुज़रा। उसके कपड़े फटे हुए हैं, वे दिखने में वैसे ही जैसे इस जगह के स्थानीय लोग पहनते हैं। एक गोल और चपटी सतहवाली अकड़ी हुई टोपी, एक तंग फटेहाल बास्केट, एक ढीली पुराने जमाने की कमीज और धोती। उसकी चिबुक पर काली दाढ़ी देखी जा सकती है। उसकी आँखें लंबे समय से सूरज की रोशनी से बचाव की आदत के चलते हमेशा सिकुड़ी हुई दिखने लगी हैं। चमड़ी का रंग जले हुए काँसे जैसा लग रहा है। उसके हाथ छाती पर बँधे हैं और दूसरे हाथ में नक्काशी किया हुआ खंजर है। उसका पूरा चेहरा मौसम और उम्र की मार से जर्जर है। नंगे पैर धूल से अटे हुए हैं।

मैं हल्की धूप में बाहर बैठा, कुछ खत टाइप कर रहा था। उस आदमी ने लगभग बीस मिनट तक एक सम्मानजनक दूरी बनाए रखी और मुझे देखता रहा। फिर उसने बहुत देर बाद अपनी खामोशी तोड़ी और पास आते हुए दोनों जुड़े हाथों से अपनी भवें छूते हुए हौले से कहा, 'सलाम!' फिर वह पूरी तरह से नीचे झुक गया। तभी मुझे पता चला कि उसके दाएँ हाथ में एक कपड़े की पट्टी बँधी है। उसने कहा कि वह कुछ मील की दूरी पर झोंपड़ी में रहता है और उसका हाथ जख्मी हो गया है। क्या गरीबों के अन्नदाता मालिक, उसे घायल हाथ के लिए कोई दवा देंगे? एक बार फिर से वह आदर-मान में दोहरा गया।

मैंने उसके हाथ पर बँधी मैली पट्टी को खोलकर घाव देखा। शायद किसी जंगली जानवर ने काटा है। माँस का बड़ा सा टुकड़ा नोच लिया गया है, बड़ा ही वीभत्स दृश्य बन गया है। वह हिस्सा लहुलुहान माँस का लोथड़ा दिख रहा है। उसकी मैली और गंदी पट्टी में सेप्टिक होने का खतरा भी छिपा है। बेचारा गरीब इस बात की अहमियत नहीं समझता कि उसे समय-समय पर उस घाव की सफाई करते रहना चाहिए, जिसे धोया नहीं जा सकता। मैंने उसके हाथ को बोरिक एसिड के घोल से धोया क्योंकि यह भी एक हल्का कीटाणुरोधी होता है। फिर उसके हाथ को सूखे बोरिक पाउडर से ढका और थोड़ा सा हरा मलहम लगा दिया ताकि घाव जल्दी भर सके। इसके बाद उसके हाथ पर साफ पट्टी बाँधकर अपना काम पूरा किया। मैंने उसे पाउडर, मलहम और पट्टियाँ देते हुए, उन्हें इस्तेमाल करने का तरीका भी सिखा दिया।

उसने एक बार फिर से सलाम किया और धीरे-धीरे, अपने शोर मचानेवाले झुंड के साथ, ओझल हो गया। वापस जाते हुए उसका चेहरा किसी स्कूली छोकरे जैसा खुशहाल दिख रहा था, जिसे खेलने का समय मिला हो, एक छोटा सा खुशनुमा आदमी!

मुझे उसकी आत्मा की सादगी से जलन होती है। उसके जैसे पहाड़ी लोग कुदरत के कितना पास रहते हैं और इस तरह उनका एक ऐसा किरदार बन जाता है, जो किसी तरह की बौद्धिक समस्याओं से ग्रस्त नहीं होता। भारत के प्राचीन इतिहासकार हमें बताते हैं कि इस देश के आरंभिक निवासी इतने ईमानदार थे कि उन्हें अपने घरों के दरवाजों में ताले लगाने की ज़रूरत नहीं पड़ती थी। वही रिवाज इन पहाड़ी इलाकों में भी थोड़ा-बहुत बचा हुआ है और मेरा मानना है कि शायद इन लोगों में उस ईमानदारी का भी कुछ अंश मौजूद है।

बाहरी दुनिया से इनका संबंध न के बराबर है और आधुनिकता के साथ तो और भी कम है; ये अभी अधिक धन कमाने की होड़ में नहीं पड़े और शिक्षा उन्हें इससे अधिक प्रसन्न नहीं कर सकती, जितने वे इस समय हैं। ये लोग आश्चर्यजनक रूप से सौम्य और शांत हैं। ये बहुत ही निर्धनता के बीच जीते हैं परंतु प्रसन्न रहते हैं। लेकिन मेरी ईर्ष्या के बावजूद, मैं ज्ञानरूपी वृक्ष का स्वाद लेना चाहूँगा और इसकी अनिवार्य कीमत भी अदा करूँगा। मैं अतीत में जाकर, ऐसे लोगों से अपनी जगह नहीं बदल सकता, जो लंबे मार्ग पर कहीं दूर जा चुके हैं।

इन लोगों के पास बड़े ही अजीब मुहावरों और लोकोक्तियों का भंडार है। भाग्य से बचा नहीं जा सकता, इसके लिए ये कहते हैं, 'देनेवाला तो छप्पर फाड़कर भी देता है।' सभी मनुष्य समाज में परस्पर निर्भर हैं। इसके लिए कहा जाता है, 'एक आदमी अपना ही सिर नहीं मूँड सकता।' जीवन की क्षणभंगुरता को याद दिलाने के लिए कहा जाता है, 'इंसान कहता है कि वक्त बीत रहा है; वक्त कहता है कि इंसान बीत रहा है।' जब किसी मामले में कुछ नहीं किया जा सकता तो ये कंधे झटककर कहते हैं, 'माणा से आगे कोई गाँव नहीं है।' माणा, तिब्बत की ओर जानेवाले एक दर्रे का आखिरी गाँव पड़ता है।

***

एक ही सप्ताह में, मेरे सोने के कमरे में दो बार काले बड़े बिच्छू पाए गए। ये बड़े ही अप्रिय प्राणी हैं हालाँकि इन पहाड़ों पर ये अपने पीले मिस्री भाईयों जैसे

नहीं दिखते और बहुत कम पाए जाते हैं, परंतु इनकी पूँछ के खतरनाक डंक का कोई सानी नहीं है।

अगर प्रकृति मेरे घर कुछ विचित्र अतिथि भेजती है, तो भाग्य से एक साथी भी संगत को जुट गया है। सच कहूँ तो मैं अपने लिए इस जगह पूर्ण एकांत चाहता था, पर ऐसे एकांत के बीच अगर कोई खुशनुमा साथ मिल जाए तो कोई हर्ज भी नहीं होता। मेरा यह नया साथी ऐसा ही था। मैंने पहली ही नज़र में जान लिया था कि वह मेरे उन घंटों का आदर करेगी, जब मैं पूरी तरह से अकेला रहना चाहूँगा। यह प्यारी अपने गीतों से तभी मेरा मनोरंजन करेगी, जब मैं उसकी संगति सहने के लिए तैयार रहूँगा। मैं इससे भी आगे जा सकता हूँ। एक दिन जब मेरे चलते कदमों को हमेशा के लिए विराम मिल जाएगा, तो मैं हिमालय में ही सदा के लिए उसके साथ अपना स्थायी बसेरा कर लूँगा।

मेरा यह अतिथि, वास्तव में लाल छातीवाली नन्ही रॉबिन मादा है, जो चुपचाप मेरे बंगले के आसपास फुदकती रहती है और फिर पासवाली झाड़ी पर आकर, मेरी ओर रह-रहकर झाँकती है। मैं उस समय दोपहर की खिली हुई धूप में बैठा, अपने खत लिखता हूँ या अपनी डायरी में, आसपास के नज़ारों, कुछ इंटरव्यू और कई ध्यान सत्रों के विवरण दर्ज करता हूँ। ऐसा करते हुए मेरा हृदय किसी सूक्ष्मदर्शी की भाँति उन महीन बातों को देखता है, जिन्हें मैंने परमानंद के चमचमाते घंटों के दौरान पाया। हो सकता है कि कोई स्वर्गिक पत्रकार उनकी रिपोर्ट तैयार करे और उन्हें आनेवाले वर्षों के दस्तावेज़ के रूप में संभालकर रखा जाए।

इस रॉबिन ने मेरा दिल जीत लिया है और मैं इसके लिए ही अपनी जेब में बिस्कुटों का चूरा तैयार रखता हूँ। जब उसका हौसला बढ़ा और इंसानों से लगनेवाला डर थोड़ा घटने लगा तो उसने मेरा न्यौता स्वीकारा और शाखा से उतरकर और पास आने लगी। फिर इतना पास आने लगी कि मैं उसके खुले हुए मुँह में उसका मनपसंद भोजन अपने हाथों से डाल सकता था। हर बार, जब भी मैं उसकी छाती का लाल सुनहरा रंग देखता हूँ, तो भीतर से खुशी और संतोष का ऐसा ज्वार उमड़ता है, मानो प्रकृति ने अपनी ओर से मेरे लिए शाबाशी का मूक संदेश भेजा हो। मुझे अपनी प्यारी रॉबिन से प्रेम है और उम्मीद है कि वह भी मुझे छोड़कर नहीं जाएगी। इसने मेरे बंगले की छत के नीचे ही अपना नया घोंसला बनाया है, जब यह टहनियों पर नहीं फुदकती तो वहीं जा बैठती है।

परंतु इसके ठीक विपरीत, इस इलाके में एक और वासी भी है। वह एक शोरगुल मचानेवाला कौआ है, जो जंगल में सबसे बड़े देवदार वृक्ष पर रहता है, जो मेरे घासयुक्त पथरीले टीले पर खड़ा है। हर तेज़ हवा के झोंके के साथ यही डर बना रहता है कि कौआ शाखा से नीचे गिर जाएगा, वह उसी शाखा को पकड़ने का हठ लिए बैठा रहता है; वह अपना संतुलन बनाए रखने के लिए जितने भी हिंसक व उग्र प्रयत्न करता है, वे वाकई हास्यास्पद हैं। एक बार वह सामान्य से अधिक समय के लिए कहीं गायब हो गया था, तब मैं उस दुष्ट की खोज में निकला। मैंने उसे अपनी आश्रयस्थली के पास पाया, वह दूसरे कौओं के झुंड में उपस्थित था और वे सभी अपने कर्कश स्वरों में गंभीरता से राज्य की समस्याओं पर विचार कर रहे थे। मेरे कौए का स्वर भारी और खुरदुरा है और वह उसे छिपाने में विश्वास नहीं रखता; वह किसी लाउडस्पीकर की तरह है, उसके आते ही हर पशु, पक्षी और पहाड़ी कीट-पतंगे को पता चल जाना चाहिए कि वह आ गया है। वह अक्सर धरती पर अपनी चोंच खोले मंडराता दिखाई देता है और कई बार उलट-पुलट होकर करतब करते हुए, नीचे गिरे भोजन के टुकड़ों को उठाता रहता है। उसकी बड़ी सी चोंच, शोकपूर्ण काले पंख, संदेहग्रस्त किंतु कौतूहल से भरी दृष्टि बार-बार सामने आती है, जब वह मुझे टाइपराइटर पर काम करते देखता है। उसकी कर्कश काँव-काँव, ये कई बरसों तक मेरी यादों में अंकित रहेंगे। अगर मेरे दरबार में रॉबिन को गीत गानेवाली नन्ही लड़की कह सकते हैं, तो यह कौआ मेरा अनौपचारिक मूर्ख और बेसुध विदूषक है।

संध्या से ठीक पहले, हर शाम और जामुनी सूर्यास्त के समय, बड़े पत्थर के पास ही सीटी का स्वर सुनाई देता है। यह विशाल पत्थर मेरे पक्षी साथियों के लिए मंच का काम भी करता है और मेरे लिए एक श्रेष्ठ प्रदर्शन किया जाता है। इस सीटी का स्वर किसी स्कूली बच्चे की सीटी से कहीं ज्यादा संगीतमयी है।

कौए की कर्कश काँव-काँव के विपरीत, भूरे चितकबरे पंखोंवाले जंगली कबूतरों के जोड़े की कोमल और मधुर गुटर-गूँ भी सुनाई देती है। वे मेरे बहुत पास आ जाते हैं और बड़े ही कौतूहल से मेरे सारे कार्य देखते रहते हैं। मैं भी उन्हें देखता हूँ, क्या वे जानते होंगे कि मुझे उनके साथ को देखने में कितना आनंद आता है। वे एक पल के लिए भी एक-दूसरे की नज़रों से ओझल नहीं होते। वे दोनों अपने बीच कुछ गज से अधिक दूरी सह नहीं पाते।

एक चौथा साथी भी है, मैंने उसे कभी नहीं देखा, बस वह सुनाई देता है।

वह एक झींगुर है। यह कीट कौए के पेड़ पर, काफी निचले हिस्से में रहता है और थोड़े-थोड़े अंतराल पर इसकी तीखी आवाज़ सुनी जा सकती है।

एक पालतू मक्खी भी मेरे अजीब दोस्तों में से है। इसे मेरे अंगूठे के नाखून पर बैठना बहुत पसंद है। इस जगह इसे आराम से आधा घंटा बिताने का मौका मिल जाता है। थोड़े-थोड़े समय के बाद, मैं अपने हाथ में थोड़ी चीनी ले लेता हूँ और मक्खी उससे चिपक जाती है, भले ही मैं लिखते हुए अपने हाथ को कितना और कैसे भी क्यों न मरोड़ूँ। जब मैं इसे अंगूठे के नाखून पर बिठाकर थक जाता हूँ, तो इसे दूसरे हाथ पर बिठा देता हूँ और यह वहीं संतुष्ट होकर बैठी रहती है।

एक अनचाहा मेहमान भी आ गया था। वह बड़े से आकार की जंगली मक्खी थी। एक दिन इसने मुझे मेरी कमीज़ के ऊपर से काटा, तो मुझे इसके बारे में पता चला। उस डंक के कारण चमड़ी में कई दिन तक खुजली और बेचैनी सी रही। पर मुझे नहीं लगता कि वह दूसरी बार भी ऐसा ही कोई काम करना चाहेगी!

मेरे आसपास कई तरह के टिड्डे भी मज़ाकिया अंदाज़ में फुदकते रहते हैं।

इस जगह कुछ और मेहमान भी आते हैं, उनमें से कुछ पशु जगत से हैं, तो कुछ कीट जगत से हैं। दोनों ही प्रिय और अप्रिय, दोनों ही पालतू और जंगली, पर ये कभी-कभी आते हैं और अजनबियों की तरह लौट जाते हैं। हालाँकि बड़ी अनपेक्षित सी पुकार थी, पर एक दोपहर खाना खाते हुए मैंने उसे सुना। मुझे अपने पीछे दबे पैरों की आहट सुनाई दी, वह धीरे-धीरे मेरे पास आ रही थी। मैं सोचने लगा कि मेरे सामने अचानक कोई तेंदुआ या बाघ आ खड़ा होगा, इस रहस्य को खोलने के लिए मैंने मुड़कर देखा तो अचानक ही पहाड़ी बकरी को अपने पास पाया!

यह कोई हल्के सफेद रंग की बकरी है, जो अपने झुंड से भटक गई है और मेरे घर के खुले दरवाजे से आती भोजन की गंध सूंघकर भीतर आ गई है।

रात को मैं कई बार, नीले आकाश में पूरे चांद तले, जंगल के छोर पर जा बैठता हूँ। तब कहीं दूर से विचित्र से स्वर सुनाई देने लगते हैं। रात जंगली जानवरों को सैर का आमंत्रण देती है। इसके अलावा कुछ पक्षी भी रात को आकाश में खूब शोर मचाए रखते हैं। पेड़ों के बीच पतंगे घूमते हैं और अंधकार के बीच उनकी रोशनी के नए-नए ढाँचे बनते-बिगड़ते रहते हैं।

***

मैं उन्हीं कपड़ों में रात का खाना खाने बैठ गया हूँ, जो मैंने चोटी पर जाते समय पहने हुए थे। मैंने डिनर के समय धुली हुई शर्ट बदलने की जहमत नहीं उठाई। हो सकता है कि मैं इस जंगल में आकर अपनी गरिमा और शिष्टाचार, दोनों ही भुला चुका हूँ। खैर, मैं बहुत मुक्त अनुभव करता हूँ, मानो मुझे प्रकृति के प्रांगण में बेरोकटोक छोड़ दिया गया हो, मैं समाज में स्त्री-पुरुषों की ओर से थोपी गई औपचारिकताओं से कितना परे हूँ, मुझे इस बात की परवाह भी नहीं रही कि सभ्य समाज से जुड़े शिष्टाचारों का पालन किया जाए। धीरे-धीरे प्रकृति ने मुझे इतना विद्रोही तो बना ही दिया है।

यह सच है कि मैं रोज हजामत करता हूँ। किसी योगी या संत को दाढ़ी सोहती होगी, परंतु मैं अभी उस हद तक जाने से डरता हूँ।

एक अंग्रेज सज्जन थे, फॉरेस्ट रेंज अधिकारी, जिनसे कुछ समय पहले ही भेंट हुई। उन्हें पंजाब के थोड़े सुनसान से इलाके में तीन साल के लिए काम करने भेजा गया, जहाँ किसी यूरोपियन या फिर पढ़े-लिखे सभ्य भारतीय से भेंट होना लगभग दुर्लभ ही था। परंतु फिर भी वे हर शाम, बिना किसी अपवाद के, डिनर के समय अपना काला डिनर जैकेट पहनकर, सफेद अकड़ा हुआ कॉलर लगाते, मानो वे किसी औपचारिक दावत में आए हों। केवल उनका नौकर ही इस डिनर के लिए उनकी तैयारी का एकमात्र गवाह होता था। उन्होंने मुझे बताया था कि यदि वे इस तरह कपड़े न बदलें, तो अपने भोजन का स्वाद नहीं ले सकते थे। मैंने उन पर विश्वास कर लिया और उन्हें सराहा भी था।

हालाँकि यह एक मूक प्रश्न है कि एक व्यक्ति को निजी छवि के लिए बेपरवाह होना चाहिए क्योंकि वह समाज से परे, पेड़ों और शांत खड़े शिखरों के बीच है और वह कभी-कभार अनपढ़ देहातियों और चहचहाते पक्षियों के सिवा किसी से नहीं मिलता। मेरा मानना है कि शहरी जीवन में कोट, कॉलर और टाई चाहिए परंतु इस जगह उनकी कोई ज़रूरत नहीं है। एक इंसान को इस जगह टाई पहनने की आदत के बारे में चिंता करने की क्या ज़रूरत है, जहाँ उसका सारा परिवेश उसे उसी तरह मुक्त कर देता है, जैसे प्रकृति मुक्तमना है।

हिमालय में, बिना सिकुड़न की पतलून ही बेहतर हैं बल्कि यही पहननी चाहिए क्योंकि इस जगह पहाड़ों में प्रेस से तहें बिठाई गई पतलूनें लाना संभव नहीं है। हो सकता है कि मेफेयर, हटफोर्ड मार्ग पर वे पहनने में अटपटी लगें या ऐसा

लगे कि पहननेवाले को पोशाक पहनना नहीं आता। हालाँकि यही सबसे बड़ा अंतर है, हिमालय को पतलून की तुलना में पतलून पहननेवाले में ज़्यादा रुचि है!

फिर भी मैं समझ सकता हूँ कि किसी व्यक्ति का सौंदर्य बोध किस तरह उसे, उसकी अपनी तसल्ली के लिए दबाव देते हुए फुसला सकता है। किसी इंसान को उस आदिम एकांत के बीच भी निजी छवि के रख-रखाव का उसी तरह ध्यान रखना चाहिए, जैसे वह किसी भीड़ भरी सड़क या अपने ड्राईंग हॉल में रखता होगा। यह सब अपने स्वभाव और रुचि पर निर्भर करता है। जब कोई पहाड़ों और जंगलों के बिना दरवाजोंवाले इलाके में कदम रखे, तो जिसे जो पसंद हो, उसे वही करने दो। उसे अपने ही तरीके से खुश रहने दो और यह ज़रूरी नहीं कि दूसरे उस पर अपनी राय या तरीके थोपें।

दाढ़ीवाले कार्लाइल ने हमें अपना अनूठा पेंटिंग स्टाइल कपड़ों का दर्शन दिखाया और बताया कि उसके माध्यम से किसी इंसान को कैसे पढ़ सकते हैं। दर्जियों के आधे विज्ञापन हमें यही सिखाते हैं कि सही तरह के वस्त्र कैसे धारण करने हैं। संसार में फैशन और फुर्ती ही प्रधान हो गए हैं। केवल कोई अरबपति या फिर कोई फक्कड़ ही मैले कपड़े या फिर गलत पोशाक पहन सकता है। उसे समाज की अच्छी राय नहीं चाहिए, दुनिया उन्हें कैसे भी स्वीकार कर ही लेती है। परंतु ऐसे लोग कम हैं, जिन्हें हम कभी-कभार ही मिलते हैं। दूसरे लोगों को नियमों का पालन करना ही होगा वरना उनका गर्व चकनाचूर होगा, वे फैशनेबल लोगों की उठी हुई भृकुटियों और खोखली परख का शिकार होंगे।

10

एक और योगी का आगमन - कैलास पर्वत से कश्मीर तक उनकी रोमांचक यात्रा - पश्चिमी तिब्बत में उनका भ्रमण - कैसे उनके गुरु बर्फ के बीच भी निर्वस्त्र रहते थे - उनके अभियान का वर्णन

मैं ढलती दोपहरी में बाहर बैठा पहाड़ के एक ओर शैल फलक को देख रहा था कि अचानक नारंगी रंग के चोगे से ढकी आकृति मोड़ से मुड़ने के बाद मेरी ओर आती दिखाई दी। मैं अपने बंगले के बरामदे में धीरज से उनके आने की प्रतीक्षा करता रहा क्योंकि वे एक अपेक्षित अतिथि थे।

दो दिन पहले ही उनका पत्र आया, जिसमें यह सुखद समाचार दिया गया था कि वे अपना मार्ग बदलकर, मेरे साथ कुछ दिन बिताने के लिए रुकना चाहेंगे।

वे योगी प्रणवानंद हैं।

वे ही वह व्यक्ति हैं, जिनके साथ मैंने तिब्बत में कैलास पर्वत की यात्रा की योजना बनाई थी। जब मुझे यात्रा के लिए सरकारी अनुमति नहीं मिली तो वे बहुत निराश हुए थे। जब उन्हें एहसास हुआ कि सरकारी नामंजूरी बदली नहीं जा सकती थी, तो उन्होंने अकेले ही यात्रा पर जाने का निर्णय लिया। उनके लिए प्रवेश पर कोई रोक नहीं थी क्योंकि तिब्बती हिंदू योगियों को कैलास की तीर्थयात्रा पर आने से मना नहीं करते। हालाँकि उन्हें भी लंबे समय तक ठहरने की अनुमति नहीं दी जाती।

उन्होंने बंगले के पथरीले फर्श को पार किया और हमने एक-दूसरे को देखा। मैंने अपनी खुली हथेलियों को ऊपर की ओर करते हुए प्रणाम की मुद्रा में जोड़ा और धीरे से झुक गया। उन्होंने भी ऐसा ही किया।

उनकी कद-काठी मज़बूत व आँखें बड़ी और चमकीली हैं, चेहरे पर भारी दाढ़ी और कंधों पर बालों की लंबी जटाएँ झूल रही थीं। उनका शरीर नारंगी रंग के चोगों की मोटी परतों में छिपा था, जिस पर उन्होंने हल्का ढीला जलरोधी कोट पहना हुआ था।

योगी ने अपने लिए प्रस्तावित आसन लिया। उनका गंभीर चेहरा बहुत ही प्रभावशाली दिख रहा है। हमने दो घंटों तक बातें कीं और फिर ध्यान में बैठ गए। इसके बाद मैंने अपना भोजन किया। प्रणवानंद रात को भोजन नहीं करते परंतु उन्होंने कुछ फल खाकर, बकरी का दूध पिया।

हम देर रात बैठे रहें क्योंकि हमें बहुत सी बातों पर चर्चा करनी थी।

मेरे साथी को कैलास पर्वत और मानसरोवर झील से प्रेम है। उन्होंने उस पवित्र क्षेत्र की एक तस्वीर ली थी, जो आज भी मेरे कमरे में टँगी है। वे उस जगह दो बार गए हैं; पहली बार 1928 में, जब उन्होंने पश्चिमी और लंबा मार्ग अपनाया, वे कश्मीर और गरतोक से होते हुए गए और फिर कश्मीर से ही वापस आए; इसके बाद वे 1935 में दोबारा गए, तब उन्होंने अल्मोड़ा का दक्षिणी, सबसे छोटा, सुरक्षित और कम परेशानीवाला मार्ग लिया।

मुझसे मिलने के बाद, वे ब्रिटिश भारत लौटेंगे और फिर अल्मोड़ा के लिए रवाना होंगे, जहाँ से वे कुछ समय के लिए तिब्बत चले जाएँगे। परंतु इस बार वे केवल एक अतिथि नहीं होंगे, वे एक बौद्ध मठ के निवासी बनकर एक वर्ष का समय व्यतीत करेंगे। संभवत: वे त्रुफुकलो के महान मठ में रहेंगे, जिसे जारीद तुथुलफुक और सुंतुलफू भी कहते हैं। वे वहाँ ध्यान और अध्ययन में समय बिताएँगे। वे पश्चिमी तिब्बत में रहनेवाले एकमात्र हिंदू योगी होंगे और तिब्बतियों ने उन्हें यह अनुमति इसलिए दी है क्योंकि वे उनका बहुत मान करते हैं।

मुझे भी खेदपूर्वक याद आया कि मेरे कागजों में भी एक सीलबंद लिफाफा रखा है, जो इसी मठ के प्रधान लामा के नाम लिखा गया था। मैंने उनसे उस मठ में ठहरने और अपने अध्ययन और ध्यान को जारी रखने की अनुमति चाही थी। मेरे लिए वह परिचय पत्र एक तिब्बती अधिकारी ने लिखा था, वह मठ मानसरोवर

झील के दक्षिणी छोर पर स्थित था और वहाँ से कैलास पर्वत के भव्य दर्शन होते थे। परंतु अब खेद से कहना पड़ता है, लिफाफे पर सुंदर तिब्बती लिखावट में सजे वे शब्द कभी भी लामा की आँखों के आगे से नहीं गुज़र सकेंगे।

प्रणवानंद साल के एक तिहाई हिस्से तक भारत से कोई प्रत्यक्ष संप्रेषण नहीं कर सकेंगे क्योंकि भारी बर्फबारी के चलते, हिमालय के दर्रे बंद रहेंगे और पश्चिमी तिब्बत का संपर्क कट जाएगा। मैंने अपनी ओर से चिंता प्रकट की कि वे इतनी कड़ी सर्दी कैसे सहन करेंगे क्योंकि उन्होंने पहले कभी तिब्बत की सर्दी का अनुभव नहीं लिया, परंतु वे पूरी तरह से आशावादी और आत्मविश्वास से भरपूर दिखे।

रात को सोने जाने से पहले उस तस्वीर को देखते रहे, जो बिना किसी फ्रेम के, उस हल्के रंग की दीवार पर लगी दिखाई दे रही थी; कैलास, जमी हुई बर्फ और हिम से ढका हुआ था। उसे देखते हुए उनकी आँखें आदर और प्रशंसा से दमक रही थीं। इसमें कोई संदेह नहीं कि कैलास उन्हें धरती के किसी भी अन्य स्थान की तुलना में कहीं अधिक प्रिय है, संभवतः उनकी जन्मभूमि से भी अधिक प्रिय।

मुझे संसार के प्रति त्याग और योगाभ्यास के कारण ही आजीवन संतोष मिलता रहा है और मैं कभी अप्रसन्न नहीं रहा। हालाँकि एक बार मैंने गहरी अप्रसन्नता और उदासी महसूस की थी - एक अजीब सी विरक्ति, तेरह वर्ष पूर्व संसार के त्याग से अब तक ऐसा कभी महसूस नहीं हुआ था। और यही वह अवसर था, जब मुझे पिछले वर्ष कैलास क्षेत्र को त्यागकर भारत वापस आना पड़ा कि कहीं बर्फ पड़ने के बाद रास्ता बंद न हो जाए। मैंने बर्फीली जलवायु को सहन किया, भोजन और ईंधन के अभाव को सहन करते हुए बुनियादी सुविधाओं से भी वंचित रहा परंतु ये सभी कष्ट मेरे लिए कोई मायने नहीं रखते और न ही इनसे मेरा मन अशांत हुआ; वह केवल उस अद्भुत स्थान से विदा होने का दुःख था, जिसे मेरी भावनाओं को द्रवित करने और आत्मा को दुःख देने की क्षमता थी। ओह, कैलास का सौंदर्य मंत्रमुग्ध कर देता है और यदि आध्यात्मिक दृष्टिकोण से देखें, तो यह अपने भीतर उच्च कोटि का सूक्ष्म चुंबकीय स्पंदन भी संजोए हुए है।

मैंने भारत के लगभग सभी पवित्र तीर्थस्थलों की यात्रा की है, परंतु उनमें से किसी भी स्थान पर ऐसे उच्चस्तरीय आध्यात्मिक स्पंदन नहीं मिले, जो मुझे तिब्बती चोटी और झील के निकट मिले। स्थानीय किंवदंतियों के अनुसार कहते

हैं कि भगवान बुद्ध उस स्थान पर सूक्ष्म व अदृश्य रूप में विराजमान हैं, वे उसके भव्य रूपहले शिखर पर रहते हैं और मैं इस बात पर पूरी तरह से विश्वास कर सकता हूँ। मैं मानसरोवर के नीले-हरे जल पर ढलते सूर्य की किरणों से सजे दृश्य से अधिक आकर्षक और प्रेरक दृश्य नहीं जानता। यह ऐसा जान पड़ता है जैसे दो भव्य पर्वतों के बीच किसी ने विशाल मरकत मणि रख दी हो - उत्तर में कैलास और दक्षिण में गुरल मांधाता। ढलते सूर्य की आलीशान किरणों के साथ झील और भी रहस्यमयी हो जाती है, जो अपने आपमें ही पहले से अनेक रहस्य समेटे है। इससे निकलनेवाली आध्यात्मिक तरंगों ने मुझे घेरकर मन को एक सूक्ष्म प्रशांत लोक में पहुँचा दिया; प्राय: यह मुझे अनैच्छिक रूप से परमानंद तक ले जाती है। तिब्बत के सर्वश्रेष्ठ बौद्ध भिक्षु इन पवित्र किनारों पर बने मठों में ही वास करते हैं और उनमें से अनेक दिन-रात, निर्वाण के अखंड मौन को पाने के लिए प्रयत्नशील हैं। यदि तुम इस बार मेरे साथ आ पाते तो मुझे बहुत प्रसन्नता होती। पर हमें नियति को स्वीकार करना ही चाहिए; संभवत: अगले वर्ष तुम्हें तिब्बत जाने की अनुमति मिल जाए; तब मैं भारत लौटूँगा और यदि तुम्हारे पास समय रहा, तो हम दोनों एक साथ चलेंगे।

उन्होंने प्रणाम की मुद्रा में हाथ जोड़े और रात्रि विश्राम के लिए चले गए।

अगले दिन हम जंगल में भटकने लगे और देवदार के वृक्षों की फैली हुई बाँहों के नीचे से निकले, उनसे गिरे पत्तों के कालीन पर सैर करते हुए आगे बढ़े। कुछ जंगली हिमालयी प्रिमरोज़ के फूल कहीं-कहीं उजला रंग बिखेर रहे थे। अचानक घाटी में तेज़ हवा का झोंका आया और पेड़ों ने अपनी डालियाँ धरती की ओर झुका दीं। इनमें से प्रत्येक देवदार, विशाल क्रिसमस ट्री जैसा लग रहा है। हो सकता है कि यह वन सैंटा क्लॉज का छिपा हुआ निवास हो? हो सकता है कि एक दिन उससे मेरा आमना-सामना हो जाए? मैं उसे प्यारे दाढ़ीवाले बूढ़े से मिलना पसंद करूँगा। इसके साथ ही उससे कुछ सवाल भी करने हैं क्योंकि उसने मेरे बचपन में मुझे बहुत सताया है, वह अक्सर अपने उपहारों से भरे बड़े थैले लिए आता दिखाई देता था, पर वे सपने कभी साकार नहीं हुए।

हमने एक साफ छायादार स्थान देखा और वहीं बैठ गए। मैदानों की उजली पीली रोशनी के बीच आँखें कितना सुकून महसूस करती हैं! हमने बहुत देर तक बातें कीं। जल्दी ही हम अपने प्रिय विषय पर आ गए और योगी अपने जीवन की कथा कहने लगे। मैंने उन्हें उकसाया कि वे अपनी प्रथम कैलास यात्रा का वर्णन

करें। प्रणवानंद ने अपनी काली मोटी दाढ़ी सहलाई और कुछ देर मननशील मौन में बिताने के बाद कहने लगे।

***

इस बात को आठ साल हुए, जब मैं अपने एक साथी, अपने गुरुभाई के साथ इस यात्रा पर निकला था। हमारे गुरु, पूज्य स्वामी ज्ञानानंद पहले भी कैलास की तीर्थयात्रा कर चुके थे, उनके मुख से सुने विवरण और हमारी अपनी अभिलाषा ने हमें यह कठिन और जोखिम से भरी यात्रा आरंभ करने का साहस और प्रेरणा दी। पहले हम कश्मीर की ओर गए, उसकी राजधानी श्रीनगर से कुछ कपड़े और तिब्बत में जीवनयापन के लिए कुछ सामान लिया, हम आर्किटक हिमभूमि की ओर जा रहे थे।

फिर हम कश्मीर की सुंदर घाटी से चलते हुए इसे घेरनेवाली पर्वत श्रेणियों के पास पहुँचे, इसके बाद सिंध नदी के साथ होते हुए कारगिल और फिर लेह शहर तक गए। वह मार्ग हमें प्रसिद्ध जो-जीला पास तक ले गया, उस तक जाने के लिए जोखिम से भरपूर फिसलनयुक्त संकरे पहाड़ी हिस्सों और पहाड़ों के कोनो से होते हुए जाना था। हमें बर्फ से बने पुलों और मैदानों को लांघना था। कई बार तो रास्ता बहुत ही खतरनाक और खड़ी चढ़ाईवाला हो जाता क्योंकि लगातार हिमस्खलन के कारण मार्ग बाधित होता रहता था। उसके मार्ग में आनेवाले दुर्भाग्यपूर्ण जीव अपनी जान से हाथ धो बैठते। इन हिमस्खलनों के कारण रास्ते में फिसलनेवाली बर्फ की परत बिछ जाती और कुछ जगह तो हमें दरारों को छलांग मारकर पार करना पड़ता था। लामायुरु के निकट, वह मार्ग, नीचे की ओर उतरा, जिसे हम दुनिया की सबसे तंग और गहरी नदी घाटी कह सकते हैं। इसका तल जाने कौन से अंधकार में डूबा था।

हम कुछ समय बाद लेह पहुँचे और एक बौद्ध मठ में गए। उस जगह हमें मैत्रेय की विशालकाय प्रतिमा के दर्शन हुए, वे बौद्धों के मसीहा हैं। उनके विश्वास के अनुसार, आनेवाले दो हज़ार वर्षों में मैत्रेय संसार की रक्षा के लिए प्रकट होंगे। हालाँकि वह उनकी बैठी हुई मुद्रा थी परंतु वह इतनी ऊँची थी कि उनके कंधे छत तक जा रहे थे; उनका सिर भवन के दूसरे तल पर था।

लेह अपने आपमें एक छोटा सा रोचक शहर है, जो चार कारवाँ सड़कों के बीच स्थित है। एक मध्य एशिया और यारकंद की ओर जाती है, दूसरी तिब्बत

और चीन की ओर, इसके अलावा अन्य रास्ते अलग-अलग मार्गों से भारत में जाते हैं।

अब हम लद्दाख या छोटे तिब्बत में थे। यह देश कभी तिब्बत का एक हिस्सा था परंतु पिछली सदी के मध्य में, इस पर कश्मीरियों ने धावा बोला और इसे अपने अधीन कर लिया। इस तरह अब यह कश्मीर प्रांत के अधीन है परंतु इसके तिब्बती लक्षण और प्रभाव ज्यों का त्यों है।

हम दक्षिण-पूर्व दिशा की ओर बढ़े और अंत में हेमिस आ गए, जहाँ हमने लद्दाख का सबसे बड़ा मठ देखा। यह अपने मुखौटा नृत्य के लिए प्रसिद्ध है। इन नृत्यों में, लामाओं का दल अपने सिरों पर विकराल और विशाल मुखौटे पहनता था, जिनमें से प्रत्येक किसी दूसरे लोक के राक्षस या भयंकर जीव का प्रतीक होता है। वे अपने पैरों में घुंघरू पहनकर नाचते हैं। यह मठ भी एक संकरी घाटी में खड़ी चट्टान पर बना है परंतु प्रधान लामा के ध्यान के लिए एकांत में विशेष स्थान बनाया गया है, जो भवन से ऊपर, एक सुदूर चट्टान पर स्थित है।

जल्दी ही हम तिब्बती सीमा पर थे और वहीं हमें घनघोर सर्दी लगने लगी। हालाँकि अभी साल का अच्छा मौसम ही चल रहा था। ग्लेशियरों की ओर से हड्डियों को जमा देनेवाली हवाएँ चलने लगीं। हमारे हाथ और कान सुन्न पड़ गए। हम अपने घोड़ों की लगाम तक नहीं थाम पा रहे थे; कुछ दिन बाद ही, हम इस हिस्से को पार कर सके। हम झाड़ियों से आग जलाकर अपने हाथ सेंकने की कोशिश करते, पर जब तक एक ओर से हाथ गर्म होते, दूसरी ओर से अकड़ जाते। आप हमारे कष्ट का अनुमान कर सकते हैं क्योंकि हम हिंदू थे और हमारा शरीर कड़ी गर्मी का अभ्यस्त था। मेरा जन्म दक्षिण में राजामुंदरी में हुआ और कॉलेज की शिक्षा लाहौर में ली। इन दोनों स्थानों पर बहुत गर्मी होती है। मैं यह जानना चाहता था कि भारत की तुलना में तिब्बत के तापमान का कितना अंतर होता होगा इसलिए मैंने उस यात्रा में अपने साथ एक थर्मामीटर रखा। मैंने पाया कि सीमा और कैलास के मध्य औसतन तापमान जमा देनेवाला ही बना रहा।

हालाँकि, हमने अपना रोमांचक अभियान जारी रखा क्योंकि यह हमारे लिए एक पवित्र तीर्थयात्रा थी और एक बार आरंभ करने के बाद मृत्यु के सिवा इसके रुकने का कोई उपाय नहीं था। हमें मार्ग में भाषा न जानने के कारण बहुत कठिनाई का सामना करना पड़ा और कई बार तो बदलने के लिए घोड़े नहीं मिलने के कारण

बर्फीले मैदानों को पैदल ही पार करना पड़ता था। कई बार किसी भी तरह का भोजन मिलने में परेशानी होती। गाँवों के लोग साल-सालभर स्नान नहीं करते थे क्योंकि सर्दी बहुत अधिक थी।

गाइनमीना की पैठ में हमने अपने लिए एक गाइड किया पर जब उसे यह पता चला कि व्यापारियों के एक बड़े कारवां को लुटेरों ने लूटकर सारा माल और सामान छीन लिया था और उनके अभागों की देह पर कपड़े तक नहीं छोड़े थे, तो उसने साथ चलने इंकार कर दिया। पश्चिमी तिब्बत में प्राय: सशस्त्र लुटेरे घूमते रहते हैं और इस जगह की यात्रा करना सुरक्षित नहीं माना जाता। यह डाका उसी मार्ग में हुआ था, जिससे होकर हमें जाना था। हम गाइड के बिना आगे नहीं जा सकते थे। हालाँकि ईश्वर ने हमारी सुरक्षा का प्रबंध कर ही दिया। बाद में एक व्यापारी मिला, जिसने हमें भोजन देकर मित्रता की और निजी सेवक को हमारा मार्गदर्शक बनाकर साथ कर दिया।

हालाँकि अभी एक समस्या हल नहीं होती थी, दूसरी परेशानी सामने आ जाती। यह झूठी अफवाह फैल गई कि हम दोनों साधुओं के भेष में अंग्रेजों के भेजे हुए जासूस थे। तिब्बितयों ने हम पर कड़ी निगरानी रखी और हमारी जासूसी की जाने लगी ताकि हमें रंगे हाथों पकड़ा जा सके और हमारी सच्ची पहचान उगलवाई जा सके। इस तरह मुझे अपना कैमरा छिपाना पड़ा और मैं गुप्त रूप से ही उसका प्रयोग कर पाता था। किसी तरह हम उनके संदेह के दायरे से बाहर निकले ताकि अपनी यात्रा पर आगे जा सकें।

हालाँकि मैंने एक तिब्बती आदत अपनाने की बहुत कोशिश की पर सफल नहीं हो सका। वह उनकी चाय पीने की आदत थी। चाय को एक घंटे तक उबालकर, बासी मक्खन और नमक मिलाया जाता है। जब मैंने पहली बार उसे पीया तो आधे घंटे में ही तबीयत खराब हो गई थी।

एक और रोचक तथ्य यह था कि हमें हर जगह ईंधन के नाम पर जो छोटी झाड़ियाँ मिलती थीं, वे पूरी तरह से ताज़ी और हरी होने के बावजूद अच्छी तरह जलती थीं - मानो उन्हें पूरी तरह से सुखाकर ईंधन बनाया गया हो।

दारचेन में हमारी भेंट एक अतिथिप्रेमी तिब्बती गृहस्थ से हुई, जो अपने परिवार के साथ एक तंबू में रहते थे। उन्होंने हमें कुछ दिन के लिए भोजन और छत दिए। जब मैं अगली सुबह भोर में उठा, तो मैंने उनकी छोटी बेटी को देखा,

जो अभी साढ़े तीन साल की थी और इतनी कड़कती सर्दी में सारी रात अधखुले कपड़ों में चमड़े से बने कंबल में सोई थी। उस समय तापमान शून्य से दस डिग्री नीचे था। जैसे ही बच्ची ने मुझे जागते हुए देखा तो वह तीर की तरह उठी और बाहर निकल गई। वहाँ वह धरती पर जमे बर्फ के ढेर पर गिर गई और उस पर लेटी रही। कुछ देर बाद वह वापस आई और फिर से कंबल में लेट गई। फिर उसने मुझे गौर से देखा। ज्यों ही मैं अपने बिस्तर से उठने लगा, वह फिर से तंबू से बाहर भागी और दूसरी बार उसी बर्फ के ढेर पर गिर गई। मैं उसके इस विचित्र व्यवहार को समझ नहीं सका और मैंने अपने गाइड की मदद से उसके माता-पिता से इस बारे में बात की।

उन्होंने बताया कि रात के समय भारी बर्फ गिरती है और उनका कुत्ता बर्फ के नीचे दब जाता है। वह रात को पहरेदारी के लिए तंबू के बाहर रहता है। उस समय जानवर का नाक और आँखें ही बिना ढकी रहती हैं। कुत्ता सारी रात नहीं हिलता क्योंकि इस तरह उसके सोने की जगह गीली हो जाएगी इसलिए वह दिन चढ़ने तक उसी बर्फ के नीचे दबा रहता है। ये तिब्बती कुत्ते बहुत खूँखार होते हैं और इतने ताकतवर होते हैं कि किसी भेड़िए की तरह इंसान के टुकड़े-टुकड़े करके फेंक दें। उसने कहा कि उस नन्ही लड़की को एहसास हो गया था कि मेरी जान को जोखिम हो सकता था क्योंकि ज्यों ही मैं तंबू से बाहर जाता तो कुत्ता मुझे अजनबी समझकर हमला कर देता। यही वजह थी कि मेरे हिलते ही वह भागकर तंबू से बाहर गई और बर्फ के नीचे दबे कुत्ते पर लेट गई। इतना तो तय था कि यदि मैं अचानक बाहर निकलता तो शायद मुझे कुत्ते का पता ही नहीं चलता और वह मुझ पर हमला कर देता। वह कुछ बोल नहीं पाई और मुझे चेतावनी भी नहीं दे सकी क्योंकि उसे मेरी बोली नहीं आती थी, पर उस प्यारी और नेक बच्ची को मेरी जान की कितनी परवाह थी। बेशक यह उसके पिता के आध्यात्मिक संस्कारों का ही फल था। वह मुझसे प्रार्थना कर चुका था कि मैं जाने से पहले उसे प्राणायाम (मन की एकाग्रता के लिए श्वास-नियंत्रण का अभ्यास) सिखा दूँ और मैंने उसे कुछ हिंदू पद्धतियों का अभ्यास भी करवा दिया।

सिलिंग के प्राचीन मठ में हमारी भेंट एक सौ आठ भिक्षुओं से हुई, जिनकी आयु सात वर्ष से लेकर सत्तर वर्ष तक थी। उनके पास एक प्राचीन प्रिंटिंग प्रेस थी, जिसे एक बूढ़े लामा चलाते थे। वे चल प्रकार के टाइप्स का प्रयोग करने के बजाए सारे पन्ने को लकड़ी के खांचे पर अंकित करते और इस तरह वह किताब

बहुत धीरे-धीरे मेहनत से मुद्रित होती। एक लामा छोकरा उनके शिष्य के रूप में काम करता था ताकि उनके जाने के बाद काम संभाल सके। तैयार किताबें बहुत सुंदर और आकर्षक थीं। उन्हें ल्हासा के तीन तरह के कागजों पर छापा गया था- साधारण, उत्तम, शाही प्रकार का उत्तम कागज। आखिरी संस्करण में मुद्रित किताबों पर स्वर्ण अक्षर अंकित थे।

जब हम तकलाकोट के पास थे, तो रात होने के कारण राह भटक गए। जब हम असहाय होकर भटक रहे थे तो एक तगड़ा सा तिब्बती हाथ में खंजर लिए हमारी ओर दौड़ा। उसने मेरे साथी को जमीन पर गिराकर अपने खंजर की नोक मेरी गर्दन पर टिका दी और चिल्लाया, 'कौन हो तुम?' मैंने उत्तर देते हुए यही सोचा कि शायद हमारा अंतिम समय निकट आ गया था। 'हम गरीब साधु हैं। हमें तुम्हारे खंजर या धमकियों से डर नहीं लगता।' इसके बाद हमलावर जोर-जोर से हँसने लगा। जब वह शांत हुआ तो उसने कहा कि वह हमें नुकसान नहीं पहुँचाएगा। उसने कहा कि अचानक भेंट होने पर, उसने हमारे साथ यह मज़ाक किया था। ओह, तिब्बती हास्यबोध भी बड़ा ही निराला होता है।

मानसरोवर झील से छह मील की दूरी पर, पर्वत की तलहटी में हम पुनरी के सुंदर मठ में पहुँचे। दीवारों पर सफेद रंग किया गया था और ऊपरी हिस्सों पर लाल रंग का बॉर्डर सजा हुआ था। हम उस रात वहीं सोए और अगली सुबह एक युवा लामा हमें पुस्तकालय में ले गया। तिब्बत के हर मठ में अपना प्राचीन संस्कृत पुस्तकालय होता है। कई बार इनमें ऐसी पुस्तकें भी शामिल होती हैं, जो भारत से पलायन करनेवाले बौद्ध भिक्षु हज़ारों वर्ष पूर्व अपने साथ लाए थे। पुनरी पुस्तकालय में, पवित्र बुद्धों की अद्भुत मूर्तियाँ, प्राचीन पुस्तकों के बीच उन्नत मंचों पर रखी थीं। चीनी शैली में अनेक बहुमूल्य चित्र रेशमी चित्रपटों सहित दीवारों पर टँगे थे।

हमारा मार्गदर्शक हमें दीवारों पर बने आलों के पास ले गया, जिन पर दोनों ओर से भारी पर्दे लगे थे और उसके साथ ही एक भव्य रेशमी चंदोवा दिखाई दिया। पुस्तकालय कक्ष की सभी खिड़कियों पर रेशमी पर्दे लगे थे, उस जगह दो नन्हे दीपकों का ही धूमिल सा प्रकाश था। हमें यह समझने में कुछ क्षण लगे कि हमारे सामने मंच पर उपस्थित प्रतिमा कोई अन्य मूर्ति नहीं बल्कि एक जीता-जागता मनुष्य था। और वह एक युवक था। दरअसल, हमें बताया गया कि उनकी आयु केवल सोलह वर्ष थी और वे ही सारे मठ के प्रधान लामा थे, जिन्हें सभी कनिष्ठ और वरिष्ठ भिक्षु पूरा मान-सम्मान देते थे। वे साधारण जन के लिए भी पूज्य थे।

जैसा कि आप जानते हैं, तिब्बत के सबसे बड़े लामा और महत्त्वपूर्ण मठों के प्रधान लामा उस परिषद की ओर से चुने जाते हैं, जो मृतक लामाओं के अवतारों की तलाश करती है। उन्हें नवजात अवस्था में ही खोज लिया जाता है और फिर उच्च अधिकारी बहुत ही सावधानी से उनकी शिक्षा-दीक्षा पूरी करते हैं। पुनरी मठ के इस युवा लामा के समक्ष, परिषद ने मृतक लामा का बहुत सारा सामान रखा। उनमें जानकर दूसरे लामाओं का सामान भी मिला दिया गया। युवा लामा ने बिना किसी हिचक के केवल उन्हीं वस्तुओं को उठाया, जो उस मठ के मृतक लामा से संबंध रखती थीं। उन्होंने अन्य वस्तुओं को नकार दिया।

वे हमारे सामने लगभग निष्क्रिय बैठे थे। दाँया पैर बाईं जंघा पर था और बाँया पैर दाईं जंघा पर रखा था। एक हाथ दाएँ घुटने पर था परंतु दूसरा उनकी गोद में फैला था, हथेली ऊपर की ओर थी और अंगूठा उठा हुआ था।

मैं उनकी इस छवि से बेहद प्रभावित हुआ। उनका चेहरा सौम्य और प्रज्ञ दिख रहा था। हाथी दाँत सा रंग और चेहरे पर करुणा के भाव। सचमुच वे जीवंत युवा बुद्ध जैसे दिख रहे थे। मैं किसी भी व्यक्ति के आसपास के आध्यात्मिक परिवेश को तत्काल पहचान लेता हूँ। उनकी उपस्थिति में मैंने स्वयं को इतना धन्य अनुभव किया कि उसी समय आदरवश साष्टांग दंडवत कर लिया - अब तक तिब्बत में किसी के लिए ऐसा नहीं किया था क्योंकि मैं जितने भी लामाओं और भिक्षुओं से मिला, उनमें से एक भी उस आदर और मान के योग्य नहीं था, जो मैं अपने निजी गुरु को देता आया था। प्रधान लामा ने अपनी ओर निवेदित इस श्रद्धा के प्रत्युत्तर में अपने शरीर में गति लाते हुए, अपने दाएँ हाथ से मेरे झुके हुए शीश को स्पर्श किया। फिर उन्होंने एक ओर से, सुंदर कारीगरी से सजी पीतल की तश्तरी उठाई और मुझे एक मुट्ठी सूखी खुबानी थमा दी - यह भंगिमा उस जगह भी वही पवित्र भाव रखती है, जैसा भारत में रखा जाता है। मैंने स्वयं को धन्य अनुभव किया क्योंकि वे उन सभी लामाओं में से सबसे अधिक आध्यात्मिक रूप से शक्तिशाली और बुद्ध के समान दिखनेवाले थे, जिनके साथ मेरी तिब्बत में भेंट हुई थी।

अंततः, अविश्वसनीय सर्दी और उस विचित्र देश में हमारे सभी रोमांचों, भूख, दुर्बलता और शरीर के सुन्न पड़ने की अवस्था के बाद, हम मानसरोवर के तट पर पहुँचे। पथरीले रास्तों पर चलने से मेरे जूते फट चुके थे। मैं बर्फीले रास्तों पर छालों से भरे पैरों के साथ चलता रहा। जाने कब से पवित्र पर्वत के निकट स्थित झील को देखने की आस थी जो तब पूरी हो रही थी। जब हम पहुँचे तो शाम हो

रही थी और हमें एक पिरामिड के आकार की पहाड़ी पर बने छोटे से गोंपा में रात को रखा गया। रात को दस बजे के करीब मैंने खिड़की खोली और बाहर देखा। मैं सौभाग्यशाली था, चंद्रमा की रोशनी में सारी झील जगमगा रही थी। ठंडी हवा चल रही थी और गहरे नीले रंग की सतहवाला जल तेज़ लहरों के हवाले था। चंद्रमा की किरणें लहरों पर चमक रही थीं परंतु झील का बीचवाला हिस्सा शांत था, उसमें चंद्रमा और सितारे प्रतिबिंबित हो रहे थे। लाल चोंचवाले, सफेद हंस सतह पर तैर रहे थे। जल सफेद, वृक्षरहित रेतीले तट से रह-रहकर टकराते हुए लययुक्त सुंदर ध्वनि उत्पन्न कर रहा था। फिर अचानक काले घने मेघों का झुंड आ गया और मानसरोवर पर छाया डाल दी। उस परिवेश के आध्यात्मिक स्पंदन ऐसे थे कि मेरा हृदय खुशी के मारे उछलने लगा। मन ने अचेत ही सारे विचारों को परे कर दिया और धीरे-धीरे एकाग्र हो गया। मेरी चेतना परमानंद के रहस्यमयी सरोवर में लीन हो गई। मेरी प्रसन्नता अवर्णनीय थी।

मेरी यात्रा का अंतिम चरण मुझे कैलास पर्वत तक ले गया, जो पूरे एशिया में जाना जाता है। पहली ही दृष्टि में एक श्वेत हिम में लिपटा गुंबद दिखा, अन्य दो शिखर इसके दोनों छोरों को स्पर्श कर रहे थे। इसे ढकनेवाली बर्फ किसी चमकीली चांदी जैसी चमक रही थी। यही कारण है कि हिंदू इसे 'चांदी का पर्वत' भी कहते हैं। हमारे पुराणों में कहा गया है कि इस श्वेत शिखर पर भगवान शिव ध्यानमुद्रा में लीन हैं। जबकि तिब्बती लोगों का मानना है कि वहाँ बुद्ध उपस्थित हैं। निःसंदेह, मैं यह विश्वास नहीं करता कि वे उस जगह शारीरिक उपस्थिति रखते हैं, परंतु मेरा मानना है कि उस जगह उनकी आध्यात्मिक उपस्थिति है। वे स्पंदन अनूठे हैं और उन्होंने पर्वत को एक अवर्णनीय दैवीयता से घेर रखा है, जिस प्रकार कोई चुंबक, चुंबकत्व के अदृश्य क्षेत्र से जुड़ी रहती है। और इसी परिवेश के कारण कोई भी व्यक्ति अनजाने में ही ध्यानशील हो उठता है, यह मेरे जाने गए सभी परिवेशों से बेहतर है। यही कारण है कि मैं उसी क्षेत्र के बौद्ध मठों में एक वर्ष का समय बिताने जा रहा हूँ।

मैंने कैलास के चारों ओर तीस मील की और मानसरोवर के आसपास पचास मील की परिक्रमा पूरी की। धीमी गति से आगे बढ़ते हुए, मैंने अपने मन को उसी पावन परिवेश से जोड़े रखा। मेरी तीर्थ यात्रा का अंत होने को था। मैं तुम्हें कश्मीर वापसी की यात्रा के विवरण से परेशान नहीं करना चाहता। मैं सुरक्षित वापस आ गया और सात वर्ष बाद, पुनः कैलास यात्रा की परंतु उस बार अल्मोड़ावाले मार्ग

से गया, जो कहीं अधिक छोटा था, जिसे मैं दोबारा प्रयोग में लानेवाला हूँ।

योगी की कहानी समाप्त हो चुकी थी।

हम घने वन में गहरे मौन के बीच वापस आ गए और धीमे अडिग कदमों से चलने लगे।

***

अपनी कुछ दिन की भेंट के दौरान उन्होंने तिब्बती जीवन की कई झलकियाँ दीं। लद्दाख में उनका सामना उसी अंधविश्वास से हुआ, जिसे सर फ्रांसिस यंगहस्बैंड ने ल्हासा के सैन्य अभियान के दौरान जाना था। लद्दाखी लोगों ने उन्हें बताया कि जब महाराज ने 1848 में सेनापति जोरावर सिंह को तिब्बत पर हमला करने के लिए भेजा, उसके बाद उनका देश कश्मीर के अधीन हो गया। उनका दावा था कि कश्मीरी दल का नेता असाधारण शक्तियों का स्वामी था इसलिए कोई भी कांसे से बनी गोली उसके शरीर को भेद नहीं सकी। उसकी सेनाएँ पश्चिमी तिब्बत को पार कर गईं, जो मानसरोवर झील से बहुत दूर नहीं था। चीनी सेनापति ने एक विशाल सेना भेजी ताकि तिब्बतियों को मदद मिले और उन्होंने अपने सैनिकों की अधिक संख्या के साथ कश्मीरियों को हराने में सफलता हासिल की, परंतु जोरावर को मारने के लिए उन्हें भी सुनहरी गोली का ही प्रयोग करना पड़ा। इसके बाद उसके टुकड़े-टुकड़े कर दिए गए।

प्रणवानंद के भव्य व्यक्तित्व, संजीदगी और आध्यात्मिकता के कारण ही तिब्बती उन्हें आदर-मान देते होंगे। अब वे उन्हें अपने देश में आनेवाले श्रेष्ठ हिंदू योगियों में से एक मानते हैं इसलिए उन्हें उस स्थान पर निवास की सुविधा प्रदान की गई है। एक या दो माह के भीतर, वे तिब्बती बौद्ध मठ में रहनेवाले एकमात्र हिंदू योगी होंगे, उनके मित्र राहुल इसके अपवाद हैं, जो समय-समय पर ल्हासा में निवास करते आए हैं। हालाँकि राहुल एक बौद्ध भिक्षु जिनका जन्म भारत के बिहार प्रांत में हुआ और उनकी शिक्षा सीलोन की मंदिर पाठशाला में हुई; वे कोई हिंदू योगी नहीं हैं।

कुछ वर्ष पूर्व, भिक्षु राहुल से मेरी भेंट हुई थी। मेरा मानना था कि उनका चेहरा तिब्बतियों जैसा दिखता होगा, परंतु वे पूरी तरह से भारतीय लगते थे। जब वे अपनी पोशाक धारण करते तो वे पूरी तरह से लामा ही दिखते थे। उन्होंने मुझे एक विशाल, बहुमूल्य और दुर्लभ संग्रह दिखाया, उनमें प्राचीन रेशमी चित्र थे। वे

अंडाकार आकृति में बने चित्र, विविध मठों की दीवारों से उतारे गए और प्रधान लामाओं की ओर से उन्हें उपहार में दिए गए थे। तिब्बती उन्हें पसंद करते थे, उन पर विश्वास करते थे और यही कारण था कि उन्हें अपनी इच्छानुसार कभी भी ल्हासा के सबसे बड़े मठ में निवास करने की सुविधा दी गई थी। वे अपनी यात्रा से लौटे तो उनके पास उपहारस्वरूप मिली दुर्लभ पांडुलिपियों का संग्रह था। इस विशाल पुस्तकालय में ताड़पत्रों पर अंकित दुर्लभ बौद्ध संस्कृत ग्रंथ थे, जो बौद्ध विरोधी हमलावरों या कट्टरवादी ब्राह्मणों के कारण हुए विनाश के कारण, भारत से हज़ारों वर्ष पूर्व ओझल हो गए थे। वे उन तिब्बती अनुवादों की सहायता से खोए हुए मूल संस्कृत ग्रंथों की प्रतिलिपियाँ तैयार करना चाहते थे। उन्हें उन उपहारों को भारत वापस लाने के लिए कम से कम बीस खच्चरों पर सब कुछ लादकर लाना पड़ा।

बौद्ध धर्म अपनी जन्म भूमि से लगभग अलोप ही हो गया और राहुल को आशा थी कि वे उस हल्की सी लौ को पूरी तरह से बुझने से बचा सकेंगे।

***

एक दोपहर, जब हम एक घाटी के नाले के निकट बैठे थे, योगी प्रणवानंद अपने गुरु स्वामी ज्ञानानंद के बारे में बताने लगे।

मेरे गुरु आंध्र के एक संपन्न परिवार से थे, यह मद्रास प्रेसीडेंसी का उत्तर-पूर्वी हिस्सा पड़ता है। सत्रह वर्ष की आयु में उन्हें एक सपना आया, जिसमें एक महान आत्मा ने प्रकट होकर कहा कि उन्हें अपना घर छोड़ देना चाहिए, परंतु इस आग्रह के साथ ही उनकी आत्मा में एक संघर्ष छिड़ा और उन्होंने तत्काल उस बात का पालन नहीं किया। इसके बाद उसी महान आत्मा ने दूसरे सपने में आकर अपना आग्रह दोहराया, परंतु इस बार आंतरिक संघर्ष पहले से भी अधिक था, यह उस महान आत्मा का आज्ञा पालन और पत्नी के प्रति निष्ठा के बीच था। वे फिर से सकुचा गए, उनके भीतर पारिवारिक बंधन तोड़ने का साहस नहीं था। हालाँकि उस महान आत्मा ने एक बार फिर स्वप्न में आकर घर त्याग करने को कहा और इस बार उन्होंने आज्ञा पालन करने का साहस भी किया। इस तरह उन्होंने घर और संसार का त्याग कर दिया, वे सत्य की तलाश में निकल पड़े। उन्होंने सच्चे गुरु की खोज में उत्तर और दक्षिण की यात्रा की। कुछ वर्ष बाद, जब उन्हें अपने गुरु मिले, तो उन्होंने केवल इतना कहा, 'आध्यात्मिक लक्ष्य तो पहले से तुम्हारी गोद में है।'

उन्होंने देख लिया था कि उस युवक में कितनी उन्नत क्षमता विद्यमान थी। और इस तरह यह प्रमाणित हुआ क्योंकि जल्दी ही मेरे पूजनीय गुरु जी ने आध्यात्मिक तंद्रा की उच्चतम अवस्था में प्रवेश किया, जिससे वे एक नया व्यक्ति बनकर बाहर आए।

यद्यपि, वे अपने इस बोध को संपूर्ण, स्थिर और अखंड बनाना चाहते थे और इसी उद्देश्य की पूर्ति के लिए वे टिहरी राज्य में आए और 1923 में गंगोत्री में एकांतवास करने लगे। वहीं उन्हें वह अनुभव हुआ, जिसने उनकी आध्यात्मिक उपलब्धि की शक्ति का प्रदर्शन किया। उनका सामना एक बड़े बाघ से हुआ, जिसने उन्हें नुकसान पहुँचाने का कोई प्रयत्न नहीं किया। वह दो पैरों के भार बैठकर, कुछ देर उन्हें देखता रहा और फिर पासवाले जंगल में अलोप हो गया।

वे पूरी सर्दियाँ उसी स्थान पर रहे, जहाँ कोई और जीव बर्फबारी के कारण उस जगह रहने का साहस नहीं कर सकता था। वह सारी जगह सात फीट बर्फ तले दबी रहती थी। उस मौसम के दौरान किसी तरह का भोजन नहीं मिल सकता था, परंतु टिहरी राज्य के अधिकारियों ने निकटतम स्थानीय अधिकारियों की मदद से समय-समय पर रसद भेजने का प्रबंध कर दिया। वैसे हैरतंगेज बात यह थी कि ज्ञानानंद अपने इस प्रवास के दौरान लगभग निर्वस्त्र ही रहे, वे केवल एक छोटा सा लंगोट बाँधने के सिवा कोई वस्त्र धारण नहीं करते थे। ज्ञानानंद एक ऐसी गुफा में रहते थे, जिसमें कोई दरवाजा या अलाव का प्रबंध नहीं था। जब उनसे पूछा गया कि वे उस सर्दी में वस्त्रों के बिना कैसे रह सके, तो उन्होंने कहा, 'गंगोत्री में मेरी गुफा के आगे मैं ध्यान के लिए एक पत्थर की शिला पर जा बैठता और समाधि में चला जाता। मैं बिना किसी कठिनाई के उस कड़ी जलवायु का अभ्यस्त हो गया था। एक दिन, मेरे भीतर से सारे वस्त्र उतारने की इच्छा पैदा हुई। उस शक्ति और परमात्मा के नाम स्मरण ने मुझे कड़कती सर्दी के प्रति उदासीन कर दिया और मुझे कोई ठंड महसूस नहीं हुई।'

कल्पना की जा सकती है कि वे उस सुनसान वीरान क्षेत्र में हिम और बर्फ से ढके शिखरों के बीच रहते रहे, जिनसे लगातार हिमस्खलन होते रहते थे। मौन खड़ा हिमालय ही उनका एकमात्र साथी था और कभी-कभार कोई जंगली जानवर उस जगह से गुज़र जाता। इसके अलावा कुछ सरल पहाड़ीजन वहाँ से गुज़रते। आज, अगर आप स्वामी जी के लिए भोजन ले जानेवाले पहाड़ी से बात करें, तो आपको पता चलेगा कि उसके मन में महान आत्मा के प्रति प्रेम कैसे पैदा हुआ।

उसकी आँखें बात करते हुए चमक उठती हैं और हृदय आनंद से द्रवित हो उठता है।

***

अचानक, प्रणवानंद ने बात करना बंद कर दिया। उनकी आँखें अधखुली थीं, उनकी श्वास थोड़ी तेज़ और बलपूर्वक चलने लगी। मुझे लगा कि उन्हें कोई दौरा पड़नेवाला है। परंतु नहीं, जल्दी ही वे शांत हुए और तंद्रा की सहज अवस्था में आ गए। उनका शरीर अडोल और स्थिर रहा, केवल चुपचाप साँस लेने पर कंधे ही धीरे-धीरे ऊपर-नीचे हो रहे थे।

और तभी मैंने उस माहौल में एक अलग सा बदलाव अनुभव किया। वह रहस्यमयी स्थिरता, जो चेतना की उच्चतम अवस्था या किसी उच्चतम अस्तित्व के वायु में उपस्थित होने का लक्षण थी। मुझे उसी समय एहसास हो गया कि कुछ महत्त्वपूर्ण घटा है इसलिए मैंने योगी की ओर चेहरा घुमाया और धरती पर बैठकर, ध्यान मुद्रा में आ गया। मैंने भावी घटना पर ध्यान देने के लिए मन को एकाग्र कर दिया।

आंतरिक नेत्र, मन के नेत्र या पीनियल ग्रंथ से परे - नाम से मुझे कोई अंतर नहीं पड़ता - उस जगह पर अचानक चश्मे पहने हुए दाढ़ी और चौड़े नाकवाले व्यक्ति का चेहरा कौंध गया। उनके होठों पर स्नेही मुस्कान खेल रही थी। उन्होंने मुझे एक अर्थभरी दृष्टि से देखा और इसके तुरंत बाद, एक संदेश दिया।

मैं समझ गया।

वे स्वामी ज्ञानानंद थे। वे जिस स्तर से संबंध रखते थे, उस स्तर के गुरुओं के पास रहस्यमयी शक्ति होती है, जिसके बल पर वे अपने मन, आत्मा और सूक्ष्म देह - फिर से नाम मेरे लिए कोई मायने नहीं रखता - को अपने शिष्य में रूपांतरित कर देते हैं। उस एक क्षण में वे दोनों आध्यात्मिक तौर पर एक हो जाते हैं, उनके हृदय एकात्म हो उठते हैं। आत्म-रूपांतरण की यह प्रक्रिया संसार को भले ही उलझन में डाल दे, परंतु इसका ठीक वही अर्थ है जो जीजस ने कहा था। उन्होंने कहा है, 'मैं और मेरे पिता एक ही हैं।' यही शिष्यत्व का सच्चा महत्त्व, इसका आंतरिक रहस्य है। योगी परंपराओं में प्राय: गुरु के लिए पूर्ण समर्पण की बात की जाती है, इसे एक अनिवार्य शिक्षा माना गया है परंतु मूर्ख सदा ही इसे गलत रूप में लेते आए हैं। एक गुरु अपने शिष्य से केवल इतना ही चाहता है कि

वह उसके साथ आंतरिक पहचान जोड़े, इसका भौतिक वस्तुओं के समर्पण से कोई संबंध नहीं है। उसे आप कपटलीला कह सकते हैं। गुरु के प्रति आत्म-समर्पण का भाव उन सभी लंबे और परिश्रमी अभ्यासों की आवश्यकता को भी समाप्त कर देता है, जो अन्य मार्गों द्वारा लागू किए जाते हैं।

हम दोनों आधा घंटा, पूर्ण मौन के बीच बैठे रहें। गुरु की छत्रछाया से घिरा शिष्य और मैं। मैंने उस स्थान के भारी-भरकम स्पंदनों से युक्त करने का पूरा प्रयास किया। गुरु ने बिना शब्दों और वाणी के मुझसे बात की और मैंने उनके संदेश को पाने के लिए स्वयं को यथासंभव संवेदनशील और आग्रही बना लिया। बाहरी दुनिया को इसके सिवा कुछ नहीं दिखा होगा कि दो व्यक्ति आमने-सामने मुख किए बैठे हैं, जिनमें से एक की आँखें बंद और दूसरे की आँखें पूरी तरह से खुली हैं। परंतु मैंने एक सूक्ष्म उपस्थिति देखी, जिनके आगमन ने मुझे मेरे तुच्छ व्यक्तित्व से कुछ समय के लिए उन्नत बना दिया।

अंततः मेरा साथी धीरे-धीरे अपनी सामान्य अवस्था में लौटा, उन्होंने अपना सिर हिलाते हुए, रूमाल से आँखें छुईं। हम दोनों वहीं बैठे रहें। हालाँकि अब हम आमने-सामने नहीं थे पर हमारे बीच मौन का सेतु ज्यों का त्यों बना हुआ था। जब हम बाद में उठकर घाटी की ओर जाने लगे तो हमारे बीच अन्य विषयों पर बातें हुईं और हमने इस विषय को अछूता ही रहने दिया।

बंगले में, मैं गुरु की उस मुखाकृति को स्मरण करता रहा, जो मुझे मेरे मित्र के कारण देखने को मिली। मैंने देखा कि वे गंगोत्री में अपने स्थान पर ध्यानरत हैं, शायद वे बर्फीले किनारे पर मृगचर्म पर बैठे हैं और बर्फ ने उन्हें चारों ओर से आधा दबा दिया है, तिब्बत से आनेवाली ठंडी हवाएँ उनकी देह को भेद रही हैं। उन्होंने उस नीरव एकांत में जीवन के उन कठिन क्षणों को कैसे सहन किया होगा। गंगोत्री जैसी जगह पर हिमालय की सर्दियों को कैसे सहन किया होगा। वे समुद्र तल से ग्यारह हज़ार फीट की ऊँचाई पर थे और उनके निकट बीस हज़ार फीट ऊँचा हिम से ढका पहाड़ था। उन्होंने वस्त्रों और आग के बिना सब कुछ कैसे सहन किया होगा और इतनी कड़ी परीक्षा के बाद सुरक्षित कैसे आ सके होंगे?[1] शरीर कुछ निश्चित और सुपरिभाषित प्राकृतिक नियमों का पालन करता है और यदि कोई

---

[1] टिहरी स्टेट मेडिकल अधिकारी डॉक्टर डी.एन. नौटियाल, एम.बी.बी.एस. ने स्वामी ज्ञानानंद जी के वापस आने के बाद उनका परीक्षण किया और पाया कि अब उनकी नब्ज हमेशा के लिए सामान्य से तीस डिग्री पर स्थिर हो गई। मुझे एक राजकीय अधिकारी से इसके बारे में पता चला।

दूसरा व्यक्ति ऐसी परिस्थिति में निर्वस्त्र रहना चाहता तो निश्चित रूप से उसका अंत हो जाता। परंतु ऐसा जान पड़ता था कि स्वामी ज्ञानानंद जी ने अपने मधुर संकल्प के बल पर प्राकृतिक नियमों को भी एक ओर कर दिया था।

इसकी क्या व्याख्या दी जा सकती है?

***

मुझे इस उत्तर का संकेत अपनी स्मृति से मिला, यह आंशिक रूप से दो प्राचीन हिंदू ग्रंथों में उपलब्ध था और इसका एक अंश एक तिब्बती भिक्षु के कथन से मिला, जिसने मेरी भेंट वर्षों पूर्व बोध-गया में हुई थी।

इनमें से एक ग्रंथ हठ योग प्रदीपिका है, यह उन लोगों के लिए संस्कृत पाठ्य पुस्तक है, जो शरीर पर नियंत्रण का अभ्यास कर रहे हैं। इसमें आत्म-संयम के लिए बहुत ही कठोर और कठिन भौतिक तंत्र दिया गया है, जिसमें संकल्प शक्ति को भी शामिल किया जाता है। यह दावा करता है कि इसका अभ्यास करनेवालों पर तापमान में अंतर का प्रभाव नहीं होता। दूसरी पुस्तक भगवद् गीता है, यह योग और दर्शन का ग्रंथ है, जो साधक को परामर्श देता है कि उसे अपने मन को आध्यात्मिक केंद्र में इस तरह एकाग्र कर लेना चाहिए कि वह शारीरिक भावनाओं से परे हो जाए। 'विपरीत, ग्रीष्म और शीत के जोड़ों से परे हो जाओ।'

तिब्बती लोगों से ही मैंने जाना कि लामाओं के क्षेत्र में उन्नत लामा ऐसे भी हैं, जो कुछ शारीरिक और मानसिक अभ्यासों के बल पर एक आंतरिक ऊष्मा, एक सूक्ष्म अग्नियुक्त बल पैदा कर सकते हैं, जिसे वे लोमो कहते हैं। इन अभ्यासों में गहरे श्वसन के साथ संकल्प और कल्पना शक्ति को शामिल किया जाता है। पहले एक गुप्त मंत्र का जाप होता है ताकि अनिवार्य जादुई शक्ति मिल सके और फिर मानसिक चित्रण की शक्ति का प्रयोग करते हुए, अग्नि की व्यक्तिनिष्ठ छवि पैदा की जाती है। फिर लपटों की कल्पना होती है और यौनांगों से लेकर शीर्ष तक गहरा श्वसन जारी रहता है। इन अभ्यासों का लक्ष्य यही है कि इस कल्पित अग्नि से उत्पादक काम द्रव्य को गरमाहट मिलती है और फिर वह अन्य अभ्यासों के माध्यम से सारे शरीर की धमनियों और स्नायुओं में प्रवाहित होता है। अंत में साधक एक तंद्रा में चला जाता है, जिसमें वह कुछ देर तक स्थिर रहता है, उसका मन, उसके द्वारा स्थापित अग्नि की मृगतृष्णा में मग्न रहता है। मेरे तिब्बती जानकार ने दावा किया कि इस अभ्यास से शरीर को शीत का अनुभव नहीं होता

और व्यक्ति तिब्बत की कड़कती सर्दी के बीच भी एक सुखद ऊष्मा के एहसास से घिरा रहता है। दरअसल, उसने यह भी बताया कि कुछ साधक इसका अभ्यास करते हुए जानकर हिमशीतल जल में बैठते हैं। घड़ी को चलते रहना है और कैलेंडर के पन्ने पलटने ही पड़ते हैं।

योगी प्रणवानंद ने अपने नारंगी चोगे को देह के चारों ओर थोड़ा कसकर लपेटा और अपनी आगे की लंबी यात्रा के लिए प्रस्तुत हुए। उनकी चोगे में छिपी आकृति को सोलह हज़ार फीट के ऊँचे लिपु लेख दर्रे को, हिमाच्छादित और अलंघ्य होने से पहले पार करना होगा ताकि वे इस वर्ष तिब्बत की भूमि पर कदम रख सकें। हमारे आनंदी यात्रा संस्मरणों का अंत हुआ। हमारे मौन परस्पर संवाद मौन में ही समाप्त हुए।

अब मैं न तो उनकी इस स्वाभिमानी निर्भीक काठी को देख सकूँगा और न ही पूरे एक वर्ष या उससे भी अधिक समय तक उनकी यह गुरु गंभीर वाणी सुनाई देगी। फिर भी मैंने उनसे कहा कि जब वे कैलास पर्वत और मानसरोवर झील से घिरे आध्यात्मिक परिवेश में वास करेंगे, तो मैं उन्हें अनुभव करूँगा। हम दोनों के उस आंतरिक संपर्क से मुझे लाभ होगा और उस परिवेश का कोई स्मारक अदृश्य तरंगोंसहित मिल सके, तो मेरे लिए इससे बेहतर उपहार नहीं हो सकता।

उन्होंने अपना सिर हिलाते हुए हामी भरी।

ज़रूर, मैं किसी व्यापारी के माध्यम से तुम्हें कैलास पर्वत से बटोरे गए कुछ कंकड़ भेज दूँगा। वे तुम्हारे लिए किसी स्मारक से बढ़कर होंगे और तुम उस कैलास की धरती को स्पर्श करते हुए, सरकारी वर्जना की भी अवज्ञा कर सकोगे।

11

दर्शन और आनंद - मि. चार्ली चैप्लिन पर कुछ मनन - उनकी मूक कला और जीनियस - योग को आधुनिक बनाने की आवश्यकता - संन्यास के लिए परामर्श न देना - सेक्स व योग से जुड़े कुछ सत्य

यदि मेरे कुछ गंभीर मित्रों में से कोई, मेरे हिमालय स्थित आश्रम में अचानक आकर मेरे कमरे में प्रवेश करे, तो वह एक निश्चित वस्तु पर अवश्य ही आश्चर्य प्रकट कर सकता है, जो ऊपर दीवार पर लगी हुई है। वह उसे बाहरी दुनिया का प्रत्यक्ष संकेत मानते हुए नकार सकता है, अरे नहीं! वह यह भी मान सकता है कि अक्सर समाज के स्वस्थ संपर्क में न रहनेवाले व्यक्ति मेरी तरह अनिवार्य रूप से बिगड़ जाते हैं। वह यह भी मान सकता है कि मैं असमय ही सठिया गया हूँ। और वह निश्चित तौर पर मेरी ओर तिरस्कारभरी नज़रों से देख सकता है।

वह वस्तु जो मेरे लिए इतनी निंदनीय हो सकती है, मुझे स्वीकारने में लगभग शर्मिंदगी सी महसूस हो रही है, दरअसल वह एक फिल्मी कॉमेडियन का चित्र है, वह और कोई नहीं चार्ली चैप्लिन है। वह कोई आदमकद तैल चित्र नहीं और न ही उसे तराशे हुए फ्रेम में संजोया गया है। यह एक आम सा प्रिंट है, सादे अखबारी कागज पर घटिया स्याही से रेखाचित्र खींचा हुआ है। मुझे फिर यह मानने में संकोच हो रहा है कि यह कुछ और नहीं, एक सिनेमा थियेटर के विज्ञापन के लिए दिए गए पृष्ठ से फाड़ा गया था।

हिमालयी क्षेत्र की तीखी चट्टानों पर बहुत से सिनेमा थियेटर नहीं हैं (काश वे होते!)। सारे टिहरी-गढ़वाल के इलाके में यूरोप के छोटे देशों जैसे लिचनस्टेन और सैन मैरीनो की तरह, सफेद पर्दों पर मानवीय अस्तित्व की त्रासदी, जुनून और कॉमेडी की चलती-फिरती तस्वीरें नहीं दिखतीं; कोई दर्शक, इन बीसवीं सदी के मंदिरों में हॉलीवुड की हीरोइनों को अपनी प्रशंसा के सुमन अर्पित करने और उनके रोमानी हीरोज को आदर-मान देने नहीं पहुँचते। कोई भी बकरियाँ चरानेवाला, पश्चिम के सबसे आलीशान जादू, टॉकीज को सुनने के लिए मेहनत से कमाए गए पैसे खर्च नहीं करता।

परंतु मेरा एक मित्र किसी अखबार में संपादकीय में काम करता है और उसने मेरे इस प्यारे से एकांत में ध्यान रखते हुए, डाक के माध्यम से अपना पत्र भेजना जारी रखा है। हालाँकि मुझे हमेशा सारी खबरें देर से मिलती हैं क्योंकि डाकसेवा विभाग को हिमालय के असंख्य ऊबड़-खाबड़ मार्गों से होते हुए, मुझ तक डाक को पहुँचाना होता है। मैं बाहरी दुनिया की याद दिलानेवाले इन दस्तावेज़ों का हमेशा स्वागत करता हूँ। इन्हीं पत्रों में एक बार मुझे यह अनूठा, प्यारा और आकर्षक चित्र मिला था, जो दयनीय दिखनेवाले चार्ली का है, मैं इस पत्र का हमेशा आभारी रहूँगा।

यह सच है कि इस चित्र के पड़ोस में कई अच्छी और गरिमामायी तस्वीरें भी हैं, परंतु उनसे इसके अपने अस्तित्व का कोई बहाना नहीं बनता। इसके दाईं ओर अद्‌भुत बादलों के दृश्य का मैगजीन चित्र है, बाईं ओर कैलास के धवल शिखर दिख रहे हैं, वह चित्र मुझे योगी प्रणवानंद ने भेजा था, जब हमारी सामूहिक तीर्थयात्रा का कार्यक्रम असफल हो गया था। परंतु मिस्टर चार्ली चैप्लिन पूरे साहस से इन सबके बीच डटे हुए हैं, इस तरह पूरी दुनिया मेरी रुचि के अभाव को देख सकती है।

यदि मेरा अचानक आनेवाला मेहमान मेरी रुचि के बारे में कुछ कहकर नाक-मुँह चिढ़ाए और पूछे कि मैंने अपने कमरे की दीवार पर चार्ली चैप्लिन की तस्वीर क्यों लगा रखी है, तो मुझे उसके लिए पहले से उत्तर खोज रखना चाहिए। उसे मेरी सफाई से संतुष्टि मिलेगी या नहीं, यह मैं नहीं जानता, परंतु मैं मन ही मन अपने इस काम के लिए ठोस कारण प्रस्तुत कर रहा हूँ।

मैं इस चौड़ी हैट, खुली पतलूनवाले नाटे लंदनवासी का एक अदार्शनिक

सिनेमा प्रशंसक की तरह आदर क्यों करता हूँ? मेरा पहला उत्तर बिलकुल सादा होगा। मि. चार्ली चैप्लिन मेरे चेहरे पर मुस्कान लाते हैं। आज से बीस साल पहले, जब उन्होंने सारी दुनिया के आगे स्वयं को प्रकट किया, तब से ही वे मेरे दिल पर राज कर रहे हैं। मुझे हमेशा उन्हें अपने दिल के एक कोने में जगह देने में कोई पछतावा नहीं है। वे उस जगह बहुत आराम से रहते हैं, हालाँकि उसके पास ही दूसरे कोने में दर्शन की लंबी दाढ़ीवाली एक आकृति भी विराजमान है। शुक्र है, मेरे पास दोनों के लिए पर्याप्त जगह है। मैंने कभी अपनी किसी भी यात्रा को यह अनुमति नहीं दी कि गंभीर से गंभीर मसला होने पर भी इस विदूषक को मेरे कमरे से बाहर धकेल दिया जाए। स्वर्ग के सभी रहस्यमयी दरबारों में, मेरी सैर के दौरान, कहीं भी ऐसी कोई वर्जना से जुड़ी घोषणा पढ़ने को नहीं मिली, जिसमें लिखा हो कि हास्य वर्जित है।

खैर, सबका दायित्व लेनेवाले की नकल करने से बेहतर होगा कि हम इस नश्वर जीवन का उपहास करें। जीवन में हास्य की चमक न हो तो यह ऐसे सूप की तरह है, जिसमें नमक नहीं डाला गया - इसमें स्वाद आना बंद हो जाएगा। अगर जीवन को सहनीय बनाना हो तो हमें हँसना चाहिए। 'अगर प्रकृति ने हमें थोड़ा चंचल न बनाया होता तो हम लगभग बिखर चुके होते।' यह कथन एक चतुर फ्रेंच सज्जन का है, वे आगे कहते हैं, 'कोई व्यक्ति चंचल हो सकता है, यही वजह है कि अधिकतर लोग स्वयं को फाँसी पर नहीं लटका लेते।' जब हम जीवन पर हँस सकते हैं तो यह सहन करने योग्य हो जाता है।

मेरा दूसरा उत्तर यह होगा कि चैप्लिन मेरी सहानुभूति को जगाते हैं। जब यह कातर और घबराई हुई आकृति सड़क पर काँपती है, जो संभवत: सदा की हीनभावना की देन है, तब मुझे उसके लिए खेद होता है। मैं ऐसे लाखों दूसरे लजालु व्यक्तियों को देखता हूँ, जो मनुष्यों के लिए जन्म की दुर्घटना, प्रतियोगी अस्तित्व के विचित्र संघर्ष के लिए अनुपयुक्त रहे और जो निरंतर जीवन में उसी तरह दयनीय भाव से गोते खाते हैं, जिस तरह चैप्लिन अपनी फिल्मों में उतार-चढ़ाव से उतरते दिखाई देते हैं। मुझे उन सबके लिए खेद होता है। उनकी असहायता, उनका दुर्भाग्य, सामाजिक निर्दयता और कठोरता के बीच उनका आश्चर्य, वह सब इस आदमी के स्क्रीन कैरेक्टर में केंद्रित है, जो आँखों में ठीक उसी भाव के साथ दिखाई देता है। कहते हैं कि हम स्वयं को अपने फिल्म अभिनेताओं में पाते हैं। और हो सकता है कि मैं उन्हें उसी हीनभावना के साथ याद करता हूँ, जो तब मेरे

साथ थी, जब मुझे यह पता नहीं था कि संसार इस योग्य नहीं कि यह अपना भी मूल्यांकन कर सके।

तीसरे, मैं यह कहना चाहूँगा कि मेरे और चैप्लिन के बीच बहुत कुछ साझा है। मिसाल के तौर पर हमारे पेशों को ही लें! वे एक विदूषक के रूप में, लोगों को सांसारिक यथार्थ से पलायन का मार्ग दिखाते हैं। उनके लिए पलायन का मार्ग हास्य से जुड़ा है। मैं, एक आडंबरप्रिय अशैक्षिक दार्शनिक, मैं भी लोगों को सांसारिक यथार्थ से पलायन का मार्ग दिखाता हूँ। मेरा तरीका मानसिक रूप से मौन होने से संबंध रखता है।

हास्यबोध एक रहस्यमयी विशेषता है, जिसे देवताओं ने पतित मनुष्य जाति को उस दैवीय श्रेष्ठता के विकल्प के रूप में प्रदान किया है, जिसे वह खो चुका है। इस तरह व्यक्ति अपने दुर्भाग्य के दुष्प्रभावों, आसपास के परिवेश, असुखद यथार्थ, व्यक्तियों और इन सबसे भी पहले, अपने निजी अंह से मुक्त हो जाता है। जो व्यक्ति स्वयं पर हँस सकता है, उसे काफी हद तक अवैयक्तिक होना पड़ता है। आध्यात्मिक दार्शनिक भी इसी तरह के प्रभाव चाहता है। वह भी स्वयं को इन सब चीज़ों से मुक्त करना चाहता है। केवल उसका तरीका अलग होता है। वह मात्र चुप्पी साध लेता है क्योंकि वह जानता है कि **एक चीज़ तब तक कष्ट नहीं दे सकती, जब तक आप उसे अपने विचारों का हिस्सा नहीं बना लेते।**

किसी भी घटना में, मैं अपने कटाक्षप्रिय आगंतुकों को तीन से अधिक कारण नहीं देनेवाला। यदि मैं भी अन्य लाखों लोगों की तरह, चैप्लिन का स्नेहवश आदर करता हूँ, तो मुझे दीवार पर उनका चित्र लगाने में लज्जा नहीं आनी चाहिए।

उनकी लोकप्रियता अपूर्व है। उनका नाम अंतर्राष्ट्रीय स्तर के राजनेताओं के बीच भी लिया जाता है। मैं नहीं जानता कि कितने लाख लोग, मेरी तरह उनकी तस्वीर देखते होंगे, जैसे मैं देखता हूँ (अपनी घुमक्कड़ी के चलते जाने कितनी तस्वीरें देखनी छूट गईं मुझसे, खेद रहेगा)। जब वे पॅरिस आए और एक परिषद मंत्री ने सार्वजनिक रूप से उनके कोट पर सम्मानरूपी डेकोरेशन लगाया तो फ्रेंच उनके दीवाने हो उठे। एशिया के विशाल नगरों के साथ-साथ, वे यूएस के वाहनों से भरे नगरों में भी उतने ही स्नेह व आदर के पात्र हैं। रशियन बहुत उत्साह से उनका सम्मान करते हैं, जिस तरह वे अन्य कम्यूनिस्ट अधिकारियों का करते। वे सदा एक सार्वभौमिक बोली बोलते हैं, जिसे गोरे, काले और पीले, हर तरह के

इंसान समान रूप से समझते हैं- हास्य और करुणा की बोली!

उनकी नन्ही टूथब्रश जैसी मूँछ, उनकी मज़ाकिया सी छड़ी, उनके आकारहीन जूते और मजेदार कपड़े पूरी दुनिया में जाने जाते हैं। उनका हास्यबोध बेजोड़ है। वे अद्भुत मुख मुद्राएँ, वे विषादमयी अनासक्ति के हाव-भाव, वह परित्यक्त और बुरी तरह से बिखरी हुई काठी, बच्चों सा निर्दोष चरित्र - सभी उन्हें हमारा प्रिय बनाते हैं। उनकी वह आश्चर्यचकित कर देनेवाली चाल, प्रेरणा लोक से आती है। उन्होंने इसे लंदन के एक बूढ़े कोचवान से सीखा था, उसे अपना पैर खराब होने के कारण बड़े आकार के जूते पहनने पड़ते थे और इसी वजह से वह सड़क पर ऐसे मज़ाकिया तरीके से चलता था।

उनकी मर्यादित गंभीरता विचित्र से बचकानेपन के साथ मिल जाती है। उनकी हँसी, खुशी, मूर्खता उन सादगी से भरे हालात से निकलती है, जिन्हें वे तलाशते हैं और जो सड़कों के मेनहोल में गिरने या किसी के चेहरे पर चिपचिपा कस्टर्ड पुडिंग फेंकने के बासी और पुराने फार्मूले से बहुत परे है। यह चमकदार, सलवटों से भरी पतलूनवाला पदयात्री अपने झक्की आत्म-सम्मान के साथ प्राय: गंभीर दिखता है परंतु कभी नीरस नहीं जान पड़ता। कलात्मकता, निर्माण, उत्पादन, निर्देशन, उनकी फिल्मों की एक-एक बारीकी अपने आपमें संपूर्ण होती है। यहाँ यह देखा जा सकता है कि चैप्लिन अपने आलोचकों की तुलना में अपने ही काम के प्रति कहीं ज्यादा सख्त दिखाई देते हैं। वे केवल एक कलाकार ही नहीं बल्कि एक ऐसे व्यक्ति हैं, जो संपूर्णता की तलाश से पीड़ित हैं, जो सच्चे जीनियस को प्राय: आतंकित करती रहती है।

अन्य अभिनेताओं के मौखिक अभिनय की तुलना में उनके हाथ कहीं बेहतर मूकाभिनय करते हैं। आखिरकार, आदि मानव शब्दों व ध्वनियों की कला सीखने से पूर्व, एक-दूसरे से बात करने के लिए संकेतों और मुद्राओं का ही प्रयोग करते थे, इस तरह मूक अभिनय कला के प्राचीनतम रूपों में से है। चैप्लिन के अडोल होंठ आवाज से कहीं ज्यादा गरिमामयी हैं और अगर कहीं उन्होंने फिल्मों में बोलना आरंभ कर दिया, तो मैं इसके परिणाम से चिंतित हूँ। उनका मूकाभिनय सदा उनके वार्तालाप से बेहतर ही हो सकता है। आशा करते हैं कि यह दुर्बल देह अपने मज़ाकिया से फ्रॉक स्टाइल कोट में अपने मौन को कभी नहीं तोड़ेगी, जो दूसरों की आकर्षक वाणी से कहीं अधिक आकर्षक है, हालाँकि मुझे भय है कि टॉकीज का मोह बहुत बड़ा है और वह उन्हें कभी भी जीत सकता है।

ईश्वर उन्हें उनके मौन को बनाए रखने में सहायक हो क्योंकि वित्तीय रूप से उनके लिए यही उचित होगा। एशियाई और अफ्रीकी, जो अब उनके मूक अभिनय की मुद्राओं को समझते हैं, यदि वे बोलने लगे तो वे उनके शब्दों को नहीं समझ सकेंगे : इससे उनके मन में असंतोष पैदा होगा और इसके साथ ही उनके हीरो का सिंहासन डोल जाएगा। कलात्मक तौर पर, सदा उनका सूत्रवाक्य वही पुरानी कहावत होना चाहिए : मौन सुवर्ण है और वाणी चाँदी।

यह बहुत ही विचित्र और संकेतात्मक है कि उनके जन्म वर्ष में ही एडीसन के काइनेटोस्कोप का जन्म हुआ, जो आधुनिक मोशन पिक्चर कैमरा के अग्रदूत थे।

चैप्लिन की प्रसिद्धि उनके अभिनय की तरह ही चमत्कारी थी। भाग्य का रहस्यमयी पहिया केवल एक बार घूमा और वे कुछ ही माह में, दो महाद्वीपों में पहले से कहीं बेहतर तरीके से सामने आ गए। एक पुराने अभिनेता का पुत्र, इस ग्रह का परम विदूषक बन गया। उन्होंने घोर दरिद्रता के दिनों में जो पाठ सीखे वे उन छोटी स्क्रीन स्टोरीज़ में दिखाई देते हैं, जिन्होंने उन्हें हर जगह निर्धन वर्ग का प्रिय बना दिया। और जिन्होंने उनके हृदय को हास्य से भरते हुए, आँखों को आँसुओं से नम कर दिया। जीवन के असंख्य कष्टों के बीच, वे चैप्लिन की फिल्में देखकर थोड़ी प्रसन्नता पा लेते। यदि वे फिल्में 'हैप्पी एवर आफ्टर' के बजाए सांसारिक अस्तित्व और दुःख के मिश्रण के मूल्यांकन के साथ समाप्त होतीं और चैप्लिन के आंतरिक अस्तित्व के गहन निराशावाद को छलतीं, तो वे दरिद्र जान लेते कि वह झूठा नोट यथार्थवादियों ने नहीं बल्कि पटकथा लेखकों ने लिखा है। मज़ेदार शरारतों से भरी नन्ही सी वह छवि, जो हर बड़े से बड़े दुर्भाग्य को अपने कंधे उचकाकर स्वीकार करती थी, उसने उन्हें सहज भाग्यवाद की ओर ले जाने में मदद की, जो उसके हाथों की तरह ही उत्तम था।

इस तरह हर सिनेमा थियेटर को अपना मिशन पूरा करते हुए, स्वयं को एक ऐसी जगह के रूप में प्रकट करना चाहिए, जो किसी भी तरह के दुःख और संदेह से परे दो घंटे पूरी प्रसन्नता से बिताने का अवसर दे सके।

***

मैं एक बार कॉन्टीनेंटल कंट्री हाउस में ठहरा था, जहाँ कुछ समय पहले ही चैप्लिन अतिथि बन चुके थे। बड़े कक्ष के पियानो पर उनकी स्वहस्ताक्षरित तस्वीर

देखी जा सकती थी। जब मैं ऐसे जीनियस के प्रति अपने श्रद्धासुमन अर्पित करने चाहे, तो उनकी मेजबान ने उनकी प्रतिभा को स्वीकार करने के साथ ही उन पर अभियोग लगाया, 'पर वे एक बोल्शेविक हैं।'

यह पता चला कि उनकी बातों से अर्थव्यवस्था के विषयों में उनकी गहरी रुचि का पता चलता है और वे उस विशाल क्रांति के भी पक्षधर लगते हैं, जो मास्को के क्रेमलिन की निकटता में गढ़ी गई। जबकि वास्तव में, मुझे नहीं लगता कि वे सही कह रही थीं, उन्हें निजी भय था कि बोल्शेविक बल उनके देश के लिए खतरा हो सकते थे, वे इसे खतरे का लाल रंग मान रही थीं जबकि इसका रंग मात्र हल्का गुलाबी था। चैप्लिन एक व्यक्तिवादी तथा महान कलाकार हैं, जिन्हें किसी भी स्टेट समाजवाद के सिद्धांतों में सीमित नहीं किया जा सकता। उनकी वैयक्तिक ताकत और अनूठेपन के प्रमाण इसी तथ्य से प्रकट होते हैं कि जब लगभग सारी बोलती फिल्मों की दुनिया ने टॉकीज के वर्चस्व को स्वीकार लिया था, वे अकेले ही मूक फिल्मों का परचम लहारते हुए खड़े रहे।

परंतु उनके राजनीतिक विचार जो भी हों, उनके अर्थव्यवस्था संबंधी विचार जो भी हों, उनका सादा आडंबररहित शिष्टाचार और निजी जीवन की सादगी बताती है कि वे हॉलीवुड में सफलता के शिखरों को छूने के बाद भी ज्यों के त्यों हैं, जैसे कई और अभिनेता भी होते हैं।

***

खेद से कहना पड़ता है कि वह जीवन प्रेम के बिना अधूरा है! पुरुष और स्त्री को एक दूसरे की आवश्यकता है। हम इस समय ब्रह्मचर्य पर विस्तार से चर्चा नहीं करना चाहते।

दुर्भाग्य से, वे जिन विवाह बंधनों में रहे, उनमें उनका या उनकी पत्नियों का दोष नहीं था। जब दो सभ्य लोग, दूसरों के साथ भी बहुत अच्छी तरह पेश आते हों, एक-दूसरे के साथ अपनी अनुकूलता को जाने-समझे बिना वैवाहिक बंधन में बंध जाते हैं, तो अक्सर उनके अलग होने की दुखद खोज, दोनों के चरित्र में से बदतर पक्ष को सामने ले आती है। उन्हें मुक्त कर दो और वे फिर से नेक हो जाएँगे।

चैप्लिन की पहली पत्नी ने अपने तलाक के लिए जो कारण प्रस्तुत किए, उन पर मैंने एक से अधिक बार विचार किया। वे विचित्र मनोभावों के व्यक्ति

थे। उसकी शिकायत थी कि वे सागर किनारे लंबे समय तक टहलते रहते; वे बहुत बोलते नहीं थे, बहुत ज्यादा सोच-विचार करते रहते; वे एकांतसेवी थे जो बार-बार समाज से दूर रहने के लिए कैलीफोर्निया की पहाड़ियों पर चले जाते।

वे विवाहित थे परंतु उनके बीच संबंध नहीं था। मनुष्य हड़बड़ाहट में विवाह करता है और स्त्रियाँ अपने खाली समय में उस पर पछतावा करती हैं! मिसेज चैप्लिन, बेचारीं, वे अभी देह और आत्मा से इस बात को समझने के लिए बहुत अल्पायु थीं कि यदि चार्ल्स की जीनियस को जीवित रखना था तो उन्हें इस तरह के काम करने ही थे, उन्हें अपने से वार्तालाप करने के लिए एकांतसेवी होना ही था। यदि तलाक न हुआ होता, तो उनके काम की हानि होती और अन्य कई जीनियसों की तरह चार्ली को भी अपनी पिछली महानता और पिछली प्रतिष्ठा के आधार पर ही शेष जीवन जीना पड़ता।

उनके उदासीनता से भरे मनोभाव और गहरे मौन, उनकी जीनियस की कीमत थे। जब वैवाहिक बंधन, जेल की खनखन करती जंजीरों में बदल जाए, तो बेहतर यही होता है कि अपने सामान बांधकर, परस्पर विदा ले ली जाए; कई बार यह निजी त्याग को सीखने का कठिन किंतु दैवीय समय होता है।

जीनियस अपने ही जोखिम पर विवाह संबंध का हिस्सा बनते हैं।

एक बार थॉमस बर्क, एक उपन्यासकार ने कहा था, मैं जिन व्यक्तियों को जानता था, चैप्लिन उनमें से सबसे अकेले और उदास व्यक्तियों में से थे।

क्यों? कारण खोजने के लिए दूर जाने की आवश्यकता नहीं है। चैप्लिन अपने आपमें एक अवचेतन आध्यात्मिक साधु हैं, एक संभावित योगी।

उन्हें तो मेरे साथ इस बलशाली हिमालय के बीच होना चाहिए। हम एक साथ इस मौन आध्यात्मिक भेंट का आनंद लेंगे। दिन ढलने पर सूरज किस तरह चोटियों के पीछे ढलेगा, वे क्षण वास्तव में कितने सुखद होंगे। कितने ही अनदेखे, तस्वीरों से परे रोमांच, चाह और फिर अंत में सच्चे आध्यात्मिक अस्तित्व की खोज। परंतु अब मुझे उन पर और मनन नहीं करना चाहिए। जिस तरह वे भी अपनी फिल्म के अंत में, दयनीय रूप से कंधे झटककर, अपनी जानी-पहचानी छड़ी हिलाते हुए, एकांत की ओर निकल जाते हैं - मनुष्य जाति के बीच एक विषादग्रस्त स्नेही मनमौजी!

***

आज इस नाजुक मसले पर विचार करते हुए, मेरे मन में आया अगर आज मैं मि. चैप्लिन को योगी बनने का निमंत्रण दूँ तो सबसे पहली बात यही होगी कि मुझे गलत समझा जाएगा, इस शब्द के साथ ऐसी ही अलग धारणाएँ और भ्रम जुड़े हैं। मेरे मन में दूर-दूर तक ऐसा कोई विचार नहीं है कि मैं हॉलीवुड के उदास विदूषक से कहूँ कि वह अपने पश्चिमी वस्त्र त्यागकर केसरिया चोगा पहन ले, सिर पर पगड़ी पहने और पैरों मे खड़ाऊँ पहन ले। इसके विपरीत, मैं यही चाहूँगा या अपनी ओर से आग्रह करूँगा कि वे इस पथरीले इलाके में, अपनी संपूर्ण सजधज के साथ सुबह की सैर करें। यदि वे अपने छोटे फ्रॉक कट कोट, प्राचीन बोलर टोपी और बड़े जूते पहनकर आएँगे तो मुझे अपने देवदार से उनका परिचय करवाने में अधिक प्रसन्नता होगी।

मुझे भय है कि उन्हें अपनी योगियों की धारणा भारतीय धार्मिक गुरुओं के माध्यम से बनानी होगी, जो यूएसए में प्रकट हो चुके हैं, वे अपने प्रिय शिष्यों में मग्न हैं। यह भी अपने आपमें विचित्र बात है कि उनमें से अधिकतर तो स्वयं ही जीते जा चुके हैं, उनके अपने दर्शन में पश्चिम के नए और मुक्त जीवन के प्रलोभन नहीं थे। हालाँकि कुछ सम्माननीय अपवाद भी हैं। परंतु बाकी तो हास्यास्पद भीड़ से अधिक नहीं हैं। मैं हिमालय की तलहटी में स्थित, पवित्र आत्माओं की नगरी, ऋषिकेश में रहनेवाले एक विख्यात योग गुरु के पास अपने पश्चिमी डॉक्टर मित्र के साथ भेंट करने गया। जब उन्हें सुझाव दिया गया कि उन्हें पश्चिमवासियों को भी अपना शिष्य बनाना चाहिए, तो उन्होंने तत्काल उनको नकारते हुए कहा, 'पश्चिमवाले योग को व्यापार बना देंगे।' मैं उनके इस अन्याय से स्तब्ध हो उठा क्योंकि मैं तो यही जानता था कि आध्यात्मिक गंभीरता पर केवल भारत का ही वर्चस्व नहीं है। हालाँकि अब, उनके अनेक समकालीन एल डोराडो तक जा पहुँचे हैं, जिनकी स्वयं दी गई उपाधिया, योगी और स्वामी भी उनके साथ हैं। उन्होंने दिखा दिया है कि पूर्व को इस मामले में इन दुष्ट पश्चिमवासियों से कुछ भी सीखने की आवश्यकता नहीं है क्योंकि वे पहले ही सब कुछ सीख चुके हैं।

मुझे आशा है कि मि. चैप्लिन इस वर्ग की पोशाक, व्यक्ति और सिद्धांतों के अनुसार नहीं परखेंगे। मैं नहीं चाहता कि वे उनके लक्ष्य को अपना लक्ष्य बना लें। उन्हें प्राचीन सत्यों की विकृत गूँज को अपनाने के लिए अपने कठिनाई से प्राप्त पश्चिमी विवेक के त्याग की भी आवश्यकता नहीं है। जो आज भी अधिकतर भारतीयों के भीतर पूर्वी विवेक की धारा के रूप में प्रवाहित होती है। सत्य अपने

आपमें एक रहस्यमयी स्त्री है। पूर्वी और पश्चिमी प्रभावों व प्रलोभनों से परे है। उसे अवश्य पकड़ा जा सकता है, परंतु उसका अपना रहस्य ही उसका मूल्य है।

वर्तमान में साधु-संत, प्राचीन समय से बताए गए आहार तथा अनुशासनों के साथ जो समझौते करते हैं, वे ही हमारे समय में उन उपायों की अपर्याप्तता की ओर संकेत करते हैं। आप वह दूरी लांघकर, स्वयं को उस समय के अनुकूल क्यों नहीं बना लेते, जिसमें आप जी रहे हैं?

प्राचीन काल में किसी गुफा, वन, पर्वत, नदी किनारे या जंगल में रहने को कहा जाता था। उस समय के अनुसार वे सारे स्थान अच्छे थे। उन जगहों पर ऐसे व्यक्ति को पूरा एकांत मिलता था, जो ध्यान लगाना चाहता था। यदि किसी की परिस्थिति ऐसी है, तो वह कुछ समय के लिए ऐसा कर सकता है परंतु यदि वह लंबे समय तक ऐसी जगह रहना चाहेगा तो उसे तपेदिक हो सकता है। जैसा कि मेरे एक परिचित योगी के साथ हुआ। या फिर उसे गठिया रोग हो सकता है। नगर में आने पर ही भीड़भाड़ के बीच, वह एकांत में सीखे गए धैर्य और संयम का अभ्यास कर सकता है। शहरों के कोलाहल और प्रलोभनों के बीच ही वह यह पता लगा सकता है कि उसकी आध्यात्मिक उपलब्धि का सोना खरा है या नहीं। प्रकृति हर उस व्यक्ति की माता है जो सत्य, शांति व प्रसन्नता का आकांक्षी है और हाँ, वह उसकी सहायता करती है। परंतु जो बालक सदा माता की गोद में रहना चाहता है, वह सही मायनों में कभी वयस्क नहीं हो सकता।

मेरा मानना है कि यदि वह एकांत नैसर्गिक स्थानों को स्थायी आवास के बजाए केवल अस्थायी एकांतवास के लिए प्रयुक्त करे, तो वह एक श्रेष्ठ योगी बन सकता है। एकांत का उपयोग करें, उसका दुरुपयोग न करें। जब भी धरती में खुदाई की जाती है तो मशीन से भीतर तक भेदने के बाद, उसे दोबारा वापस निकालकर फिर से डाला जाता है, तब वह धरती में और गहराई तक खुदाई कर पाता है। आध्यात्मिकता के आकांक्षी लोगों के लिए भी यह नियम अच्छा है। उन्हें कुछ समय के लिए सक्रिय जीवन से परे होकर, एकांतवास करना चाहिए, जो एक दिन, सप्ताह, महीने या फिर कुछ वर्ष का भी हो सकता है, परंतु जब उन्हें अपने अस्तित्व की गहराई तक उतरना हो, तो उससे पूर्व कुछ समय के लिए उसी सक्रिय अस्तित्व में लौट आना चाहिए, जिसे नकारकर, उन्होंने एकांतवास किया था। फिर उन्हें उस जगह पर तब तक रहना चाहिए, जब तक संसार उनके लिए बहुत ज्यादा न होने लगे; इसके बाद वे पुनः आध्यात्मिक एकांतवास का आश्रय लें।

ऐसा ही जीवन संतुलित कहलाता है और सार्वभौमिक सृजन के व्यवस्थित लय और ताल के आदेश का पालन करता है। इस प्रकार सामाजिक जीवन आध्यात्मिक जीवन को प्रकट करेगा, आंतरिक संकल्प, बाहरी संकल्प को प्रभावित करेगा और बदलाव के साथ दोनों ही बेहतर होते जाएँगे। आत्मा और संसार के उचित ताल-मेल के साथ किसी को हानि नहीं हो सकती।

जो लोग आजीवन मठों या आश्रमों में रहते हैं, संभवत: उनके लिए वही श्रेष्ठ हो या वे लंबे समय तक उस जगह नहीं रहेंगे, परंतु कई बार तो यह उनके लिए बदतर हो जाता है। अनेक मामलों में, यदि वे स्वयं को नगरीय जीवन की परीक्षा में डालें, तो उनकी काल्पनिक आध्यात्मिक वृद्धि उसी तरह समाप्त हो जाती है, जैसे हवा के साथ परागकण उड़ते हैं। जो उनमें से अधिक संस्थागत और बौद्धिक प्रकार के लोग हैं, वे समय-समय पर संसार को स्प्रिंगबोर्ड की तरह प्रयुक्त करेंगे ताकि अपनी दैवीय क्षमता की परख कर सकें।

हमें मनुष्य की ओर से निर्मित अद्भुत आवासों को भी सराहना चाहिए, जो प्रकृति के सृजन की तरह ही सुंदर हैं। झूठे परिवेश के त्याग से नहीं बल्कि झूठे विचारों के त्याग के बल पर महानतम प्रगति की जा सकती है। वह जगह जहाँ वास्तव में परेशानी पैदा होती है, वह हमारे मन में ही है। भले ही यह न्यू यॉर्क का पार्क एवेन्यू अपार्टमेंट हो या वन्य मध्य एशियाई रेगिस्तान के एकांत में लगा टेंट, मैं आवश्यकता होने पर, इन दोनों को ही अपने अस्थायी आवास के रूप में इस्तेमाल करने के लिए तैयार हूँ। मैं दोनों का ही आनंद उठा सकता हूँ, फिर भी उन्हें किसी भी समय छोड़ सकता हूँ क्योंकि मैं जानता हूँ कि मेरा सच्चा घर कहाँ है। वह और कहीं नहीं, अपने ही भीतर है।

तो, मि. चैप्लिन, भले ही प्राचीन ऋषि-मुनियों ने अनावश्यक कष्ट सहे हों, परंतु हम अपने लिए कुछ बेहतर करेंगे, सुविधा और आराम को प्राथमिकता देंगे। हम पुरानी असुविधाओं के स्थान पर, आधुनिक सुविधाओं के साथ कहीं अधिक योग्यता के साथ योग कर सकते हैं, जैसे कलाकार अपनी पेंटिंग और साहित्य के लिए और बेहतर काम कर सकते हैं। जब उनका पेट भरा हो और उन पर आर्थिक भार न हो अन्यथा वे दो वक्त की रोटी का प्रबंध करने और कर्जदारों से निबटने में ही कहीं चुक जाते हैं। हमें भी मानसिक मौन के इस अभ्यास में कलाकार बनना होगा।

***

एक ओर बिंदु है, जहाँ आपके योगी बनने के प्रश्न पर भ्रांति हो सकती है, वह है सेक्स। ये स्वामी आपसे कहेंगे कि आपको पूरी तरह से ब्रह्मचर्य अपनाना होगा, अपने अवचेतन से शैतान को बाहर करने के लिए सभी स्त्रियों का त्याग करना होगा। वे आपसे कहेंगे कि अगर आप अविवाहित हैं तो विवाह न करें, यदि विवाहित हैं तो पत्नी का त्याग करें, यदि आप उसे आसानी से छोड़ नहीं सकते तो उसका भाई बनकर जीवन व्यतीत करें। यह उनका योग है, यह उनका मार्ग है, जो उन्होंने अपने चलने के लिए चुना है। उन्हें हर तरह से इस पर चलने दें क्योंकि यही उनके अनुकूल है। परंतु उन्हें इस मार्ग को आप पर थोपने की अनुमति न दें, उन्हें आप पर यह प्राचीन सिद्धांत न थोपने दें कि स्वर्ग के राज्य में प्रवेश के लिए कड़े ब्रह्मचर्य के सिवा कोई उपाय नहीं है। हमें प्रकृति अथवा अपने साथ हिंसा नहीं करनी। आध्यात्मिक जीवन के आकांक्षी लोगों के लिए अनिवार्य नहीं कि वे ऐसी संकीर्ण विचारधारा के शिकार हों। हमारे इष्ट ने कभी नहीं चाहा कि हम सहज प्राकृतिक प्रवृत्ति को त्यागकर कष्ट उठाएँ। सेक्स न तो कोई अलग चीज़ है और न ही दुष्टता है, इसे सृजनात्मक बलों ने हमें फुसलाने के लिए रखा है। यह सोच भी अपने आपमें विचित्र है। नहीं, यह मनुष्य के सूक्ष्म दर्शन की ऑर्गेनिक संपूर्णता का एक अंश है और जिस तरह हम अस्तित्व के किसी भी अंश को सराहते हैं, उसी तरह इसे भी आदर-मान दिया जाना चाहिए।

जिन्हें आवश्यकता है, उन्हें धार्मिक व नैतिक मान्यताओं और आश्रम संबंधी अनुशासन का पालन करना चाहिए परंतु सबको इसकी आवश्यकता नहीं है।

जिन्होंने अपने अस्तित्व के साथ मुक्त संप्रेषण की अवस्था प्राप्त नहीं की है, वे संपूर्ण वैराग्य का पालन करने को बाध्य नहीं हैं। दिव्यता प्राप्त करने के लिए, एक से अधिक मार्ग हो सकते हैं, एक ऐसा तथ्य जिसे कट्टर धार्मिक संप्रदाय उपेक्षित करते आए हैं क्योंकि वे इसके बारे में कुछ नहीं जानते।

यदि कोई व्यक्ति अपने लिए गरिमा और आत्म-संयम चाहता है, तो उसे यह याद रखना होगा कि शरीर की साफ-सफाई के भी नियम होते हैं, जिन्हें अच्छी सेहत के लिए पूरा किया जाना चाहिए, परंतु उसे संघर्ष और आत्म-बलिदान नहीं चाहिए।

भूतपूर्व युगों को आत्मसंयम के लिए अनेक नियम दिए गए, जब सामाजिक अवस्थाएँ वर्तमान से कई मायनों में अलग थीं। जो सदियाँ काल की गोद में समा चुकी हैं, उनके लिए बनाई वर्जनाओं का अब भी पालन किया जाए, ऐसी माँग

रखने से क्या लाभ? पुराने युग कहीं विस्मृति के गर्भ में खोते जा रहे हैं; चाहे हम जो भी करें, हम उन्हें खोजकर वापस नहीं ला सकेंगे।

यह सब शरीर पर इतना असर नहीं डालता, जितना यह शरीर में रहनेवाली आत्मा को प्रभावित करता है। हमें इसे अपनी इंद्रियों के माध्यम से नहीं बल्कि उन पर राज करनेवाले मन को जीत कर पाना होगा।

आत्मसंयम के सारे प्रश्न को ही हमेशा गलत दृष्टिकोण से देखा गया, इसे व्यक्तिगत आधार पर ही देखा जा सकता है। यह काफी हद तक हर व्यक्ति के स्वभाव के विशिष्ट लक्षणों पर निर्भर करता है और अधिकतर लोगों को इस बात का अनुमान नहीं है। इसके अलावा इस पर उसके जीवन के अनुभवों का भी आंशिक प्रभाव होता है।

कई लोग ऐसे भी हैं, जिन्हें प्रकृति, भाग्य और देवों ने संपूर्ण आत्मसंयम और संसार त्याग का कार्य सौंपा है। मेरे विचार उनके लिए नहीं हैं और मेरी ओर से उन पर अपने इन विचारों को थोपना मूर्खता, अनुचित और पाप के समान होगा, बेहतर यही होगा कि वे अपने विचारों को मुझे सौंपे। उन्हें उनकी अंतरात्मा के स्वर को सुनने दिया जाए, तभी वे अपना बेहतरीन पा सकते हैं। ऐसे व्यक्तियों के लिए मठ, आश्रम, वन या पर्वत ही स्थायी आवास होना चाहिए; संपूर्ण पवित्रता और अनवरत ब्रह्मचर्य के लिए आजीवन स्वीकृति; जहाँ सांसारिक मामलों को एक हाथ की दूरी पर ही रखा जाए। मैं ऐसे लोगों से भेंट करते हुए, यदि उन्हें गंभीर और सच्चा पाता हूँ, तो उनका केवल सम्मान नहीं करता बल्कि उन्हें श्रद्धा भाव से देखता हूँ।

परंतु अनिवार्य रूप से उनकी संख्या बहुत कम है। बाकी जो लोग उन महान आत्माओं अनुसरण कर रहे हैं, वे सब अपने ही जोखिम पर ऐसा करते है। उनके लिए आत्म-कपट और प्रतिक्रियाओं के गड्ढों में गिरने के सिवा कोई विकल्प नहीं रहते।

मैं जिस बूढ़े को अरूणाचल की आठ मील की परिक्रमा में धूल में लोटते देखता था, वही मेरे लिए एक शक्तिशाली प्रतीक बन गया है। मैं उसे उन विचारों और सिद्धांतों के प्रतिनिधि के रूप में देखता हूँ, जो अब नहीं रहे। हो सकता है कि वह बहुत ही पवित्र और श्रद्धालु सज्जन हो, पवित्र स्थलों के पूजन से तो यही प्रमाणित होता है। परंतु ऐसा करने से जो भी हासिल करेगा, वह पहाड़ी के

एक कोने में शांत भाव से, सादगी से बैठकर भी पा सकता है और उसके उच्च आध्यात्मिक स्पंदन उसके चित्त तक अपनी पहुँच बना सकते हैं। यह मूक, आडंबर से परे दिखनेवाला उपाय है परंतु यही कहीं अधिक प्रभावशाली, समझदार और कम परेशानीवाला उपाय हो सकता है।

ऐसे ही कुछ कारणों से, योगाभ्यास के नियमों का भी वर्तमान में पूरी तरह से पालन नहीं होता। उन्हें हज़ारों वर्षों पूर्व ऐसे युग में दिया गया था, जो वर्तमान समय से बहुत अलग था और उनके चेहरे और आत्मा हमारे लिए किसी दूसरे ग्रह के वासियों की तरह थे। ऐसे में समझदारी यही होगी कि हम अपने समय और युग के अनुकूल ही उन नियमों को नए सिरे से ग्रहण करें। पुराने के स्थान पर, नए के लिए जगह बनानी ही होगी। यदि योग के समर्थकों ने अतीत में ऐसी ही परिवर्तनशील पहल अपनाई होती, तो संभवत: यह विज्ञान इतना असामान्य न होता, इससे इतने कौतूहल का भाव न जुड़ा होता और न ही यह संसार की दृष्टि से लगभग ओझल होते हुए अलोप न होता, जैसा इन दिनों होता जा रहा हे। ये संन्यासी हमारे सिरों के ऊपर एक तरह के आध्यात्मिक समतापमंडल में तैरते रहते हैं और ऐसा लगता है कि हम दुर्बल नश्वरों के लिए इनकी ओर से कोई सहायता या आशा की किरण नहीं मिल सकती।

आधुनिक व्यक्ति को वैराग्य नहीं मोहता। मेरा मानना है कि यह अनिवार्य भी नहीं है। बाहरी जीवन और आंतरिक आत्मा के बीच समाधान हो सकता है और होना ही चाहिए। वह आंतरिक संयम का अभ्यास कर सकता है, जो उसके बाहरी जीवन के साथ बहुत हस्तक्षेप नहीं करेगा, परंतु निश्चित रूप से उसके हृदय और मन को प्रभावित करेगा। फिर वह अपने सक्रिय अस्तित्व में जो भी परिवर्तन लाना चाहेगा, वह आंतरिक क्षमता के बल पर ऐसा कर सकेगा। तब उसे आँखें मूंदकर किसी बाहरी अनुशासन का पालन नहीं करना होगा।

अगर मैंने वास्तव में कुछ सीखा है, तो यही कि संयम और वैराग्य मन की प्रवृत्ति है: अगर भीतर की ओर दृष्टि न हो तो संयम और वैराग्य की कोई भी भौतिक मुद्रा व्यर्थ है; और प्रकृति को भी किसी तरह की कोई जल्दबाजी नहीं होती। कई बार संपूर्णता पाने के प्रयास में, जो स्वैच्छिक संयम पाने के अभ्यास किए जाते हैं, वे ज्यादातर मूर्खता से भरे और निरर्थक होते हैं। किसी मनुष्य को क्रिया की मौजूदा आदतों का त्याग करने के लिए कहने के बजाए, मैं उन्हें सलाह दूँगा कि वे विचार की मौजूदा आदतों को बदलें। वे विचार की जिन पुरानी आदतों

से घिरे हैं, बेहतर होगा कि उस आदत की चारदीवारी में कुछ करने के बजाए वे अपनी सारी ऊर्जा उस चारदीवारी को तोड़ने में लगा दें। सभी कर्म, कुल मिलाकर, विचार की ही उपज हैं। वे हमारे सत्य के बोध अथवा अपने अवचेतन के मानसिक संघर्ष के ही परिणाम हैं।

और इसके साथ ही मुझे योग विज्ञान की एक और भ्रांति दिखाई देती है, मि. चैप्लिन। वे आपसे यह भी कहेंगे कि हमें एकांतवास करना चाहिए क्योंकि हमें ध्यान के अभ्यास को सारा समय देना चाहिए। जो लोग ऐसा कर सकते हैं, वे बहुत अच्छा काम कर रहे हैं और उन्हें ऐसा करने देना चाहिए।

परंतु मन को वश में करना इतना आसान नहीं होता। मैंने पूर्व और पश्चिम, दोनों जगहों पर अनेक आधुनिक योग आकांक्षी देखे हैं और मुझे संदेह है कि उनमें से पाँच प्रतिशत भी पूरा दिन ऐसा अभ्यास कर पाते होंगे अथवा नहीं। हालाँकि जो लोग इसका पालन करते हैं, वे अंतत: अपने प्रति असंतोष के सिवा कुछ नहीं पाते। उनके असफल प्रयासों से सहज आंतरिक संघर्ष पैदा होता है और शांति का लक्ष्य दूर होता जाता है। अंत में, प्रकृति उन्हें कहीं अधिक संतुलित अस्तित्व की ओर ले जाती है।

भले ही वे कितने बुद्धिमान हों, भले ही उन्होंने कितनी अनिवार्य आत्म-यंत्रणा झेली हो, काश उन्होंने एक सही सुर और ताल के साथ आरंभ किया होता, एक ऐसा नियमित कार्यक्रम रखा होता, जो उन्हें ध्यान के साथ सक्रिय जीवन के लिए भी समय देता। निष्कर्ष यही है कि ध्यान कोई लक्ष्य नहीं, केवल लक्ष्य तक जाने का साधन मात्र है। हमें मार्ग को ही मंजिल नहीं मान लेना चाहिए। ध्यान के बारे में और भी बहुत कुछ कहा जा सकता है, उन प्राचीन विधियों के बारे में बात की जा सकती है, जिनसे ध्यान किया जाता था और उनके आधुनिक रूपों पर चर्चा की जा सकती है, परंतु मैं अपनी बात यहीं समाप्त करूँगा।

वे आपसे कहेंगे, संभवत: कला एक पाश और बुद्धि एक जाल है। वे सत्य भी हो सकते हैं, परंतु उनका सत्य होना ज़रूरी नहीं है। वे अपने जैसे संकीर्ण दिमागवाले लोगों के लिए खतरा हैं, परंतु हम उन्हें मित्र बना सकते हैं: हम अपने सांस्कृतिक उपहारों का प्रयोग करते हुए, उनके उपहारों का आनंद उठा सकते हैं और इस तरह यह संसार और श्रेष्ठ बन जाएगा।

वास्तविक सत्य यही है कि किसी भी स्थान पर कोई संपूर्ण गुण या फिर

सक्रिय सामाजिक जीवन की तुलना में अ-सक्रिय एकांतिक जीवन में कोई श्रेष्ठता नहीं है। जो भी कोई किसी एक को दूसरे की तुलना में श्रेष्ठ कहता है, वह धोखे में है और अभी ब्रह्माण्ड के महान प्रकाश में उसके नेत्र नहीं खुले। जो लोग अपने कंधों पर, अपने गुरु के चोगे धारण कर, केवल प्राचीन मार्ग को ही स्वर्ग की ओर जाने का एकमात्र मार्ग कहते हैं और उन्हें ही सत्य मानते हैं, मुझे उनकी संकीर्णता की निंदा करने का लोभ संवरण करना चाहिए और उस उचित समय की प्रतीक्षा करनी चाहिए, जब आंतरिक स्वर मुझे बोलने का संकेत देगा। तब मैं प्रकट करूँगा कि उन्होंने एक विस्तृत धैर्य, सबको अपनानेवाली उदारता, परम पिता के सार्वभौमिक प्रकटन तथा बिना अपवाद के सभी जीवों के जीवन तथा सहयोग की कितनी संकीर्ण मान्यता बना ली है।

हम सबके लिए एक दैवीय प्रकाश, एक सुकून से भरा मोक्ष है, भले ही हम जो भी हों या जो भी करें, भले ही हम पुराने पापी हों या फिर नए संत; भले ही कोई मेहनती हो या फिर केवल सपने देखनेवाला या फिर केवल गप्पें मारनेवाला कोई झक्की। भले ही हमारी रुचि योग, धर्म, दर्शन आदि में हो या न हो, एक दिन इस सत्य का बोध सारी वयस्क मानवता के आगे प्रकट होगा और तब दिव्यता के गुप्त ढाँचे, हमारी पुरानी और जर्जर हो रही धरती पर फिर से अपना कार्य करेंगे।

12

निःशब्दता के बीच एक पवित्र अंतः प्रवाह - पर्वतारोहण अभियान और उनके महत्त्व

एक बार फिर मेरे पर्वतीय घर के आसपास, हल्के पंखोंवाली तितलियों की तरह दिन उड़ने लगे हैं। मैं नहीं भूलता, मैं भूल भी नहीं सकता कि मुझे कौन सा आलौकिक लक्ष्य इस भूमि पर खींच लाया है। सभी बातों से परे और ऊपर; कुछ समय के लिए आध्यात्मिक, मानसिक और भौतिक स्थिरता को पाना और बनाए रखना ही मेरी सबसे बड़ी आवश्यकता है।

इस शोकाकुल ग्रह में, असंख्य स्थानों पर, असंख्य मनुष्य इधर-उधर भाग रहे हैं, यहाँ से वहाँ कूद-फाँद रहे हैं ताकि निरंतर ऐसी गतिविधियों के माध्यम से और अधिक सुडौल देहयष्टि पा सकें। इसके विपरीत, मैं अपने शरीर को एक स्थान पर जड़ किए बैठा हूँ ताकि स्वयं को भौतिक संवेदनाओं के संदेशों से मुक्त कर सकूँ।

अगर मैं यह कहता हूँ कि जो व्यक्ति कुछ नहीं करता, वह सबसे अधिक गतिविधि में लीन है, जो इंसान हमेशा कुछ न करने में व्यस्त हो। इस संसार में मनुष्य का परम लक्ष्य यही है कि उसे संसार में कुछ न करने ही भेजा गया, तो क्या ये अतिशयोक्ति होगी? परंतु बड़े खेद से कहना पड़ता है कि बहुत कम पाठक ही इस विचार को समझेंगे!

हम चाहते हैं कि मनुष्य का ठोस स्पष्टीकरण किसी काम के अस्तित्व के रूप में मौजूद हो, परंतु प्रकृति का कोई भी महान रूप हमसे ऐसी माँग नहीं करता। सूरज काम नहीं करता, परंतु फिर भी किसी भी इंसान की तुलना में अपने अस्तित्व को सार्थक करता है। यह केवल एक झलक दिखाता है और अचानक ही धरती पर हज़ारों गतिविधियाँ अपने आप ही इसके अनुसार चलने लगती हैं। हमें भी सूर्य की तरह बनना है, हमें सीखना है कि कुछ न करने की उच्चतम कला किस तरह सारी प्रकृति को हमारे कदमों पर ले आएगी और हमारी ओर से पूरे उत्साह और जोश के साथ हर तरह की गतिविधि में लीन होगी।

असंख्य स्थानों पर असंख्य मनुष्य सैंकड़ों विषयों पर अपने गर्मी खाए हुए मस्तिष्कों के अणुओं को बौद्धिक विचार-विमर्शों के बीच उलझाए हुए हैं। इसके विपरीत, मैं प्रतीकात्मक रूप से शिखरों पर जमा बर्फ को अपने मस्तिष्क पर मल देता हूँ ताकि चिंतनशील कर्म के प्रभाव को शांत किया जा सके। पाँचों महाद्वीपों पर सभी मनुष्य अपने देवताओं को भोग, अनुष्ठान, आत्म-यंत्रणा, आकांक्षा, मंत्रोच्चार, प्रार्थना और समारोह के माध्यम से मनाने में लगे हैं। मैं इन सभी बातों के विपरीत, अपने हृदय को किसी शांत और ठहरे हुए ताल की भाँति रखते हुए, निर्माता के प्रकट होने की प्रतीक्षा में हूँ। मेरे पास इस बात का असीम धैर्य है कि वह शाश्वत है।

मेरे प्रयासहीन प्रयासों में कहीं कोई जल्दबाजी नहीं है। असफलता मेरे लिए निरर्थक है और रहेगी। अब मैं अपने सारे कार्य वस्तुओं की चक्रीय प्रकृति के अनुसार करता हूँ और हमेशा यह भाव बना रहता है कि हमारे नश्वर अस्तित्व के बीच भी अनश्वरता का आभास है। जीवन का चक्र अपनी गति से घूमता है, जिस प्रकार ब्रह्माण्ड का चक्र घूमते हुए सृजन और विनाश करता है। मुझे अपनी उपलब्धि अंत तक आते-आते निश्चित रूप से मिलेगी। ऐसा कोई जीव या बाधा नहीं है, जो मुझे इससे दूर कर सके। कोई भी जीव, चाहे वह मनुष्य हो या अमानव या फिर अतिमानव; बुरा हो अथवा भला, मेरे जीवन के जल को, दैवीय स्रोत के स्तर तक जाने से नहीं रोक सकता। हो सकता है कि आनेवाले कई वर्षों या फिर कई जन्मों तक वह उपलब्धि हासिल न हो क्योंकि मैं उस दिन की भविष्यवाणी नहीं कर सकता, जब यह पवित्र प्रवाह घटित होगा, परंतु मैं प्रतीक्षा तो कर ही सकता हूँ। इस समय मैं एक ऐसे शाश्वत भाव से घिरा हूँ, जिसने मुझे बादल की तरह अपने आवरण में ले रखा है। मैं इसी मेघ के भीतर जीता हूँ और श्वास लेता हूँ।

परंतु मैं यह कैसे जानता हूँ कि सफलता इतनी सुनिश्चित है? मेरे दिल में यह अखंड आशावाद इतनी गहराई से जड़ें कैसे जमा चुका है? इसका उत्तर केवल मैं ही दे सकता हूँ, जो मैं भी नहीं जानता। यह इसी जगह है और मैं इसे स्वीकार करता हूँ। मैं आकाश में रहनेवाले सूर्य पर सवाल नहीं उठाता। मैं आत्मविश्वास से भरे सहज ज्ञान पर भी संदेह नहीं करता, जो स्वयं ही मेरे हृदय में आ बसा है।

यह सच है कि पहले भी इसका कुछ प्रभाव रहा होगा, परंतु यदि यह पहले से उपस्थित न होता, तो कोई भी बाहरी संपर्क इसे इतना शक्तिशाली नहीं बना सकता था, जितना यह अब हो गया है। जब एक बार गर्मियों के मौसम में, थेम्स नदी के किनारे, मेरी आत्मा अनपेक्षित रूप से अपने चोले से इस तरह बाहर आ गई थी, मानो किसी तलवार को उसकी म्यान से बाहर निकाल दिया गया हो और मुझे तारों के बीच अंतरिक्ष लोक में पहुँचा दिया गया था। उसी संपर्क ने पहले से उपस्थित सहज ज्ञान को और भी सशक्त बनाया होगा। मुझे ईश्वर की ओर से, मनुष्य के दैवीय पुनरुद्धार का संदेश मिला और उसी पवित्र क्षण की स्मरणीय उपस्थिति के साथ, मैं अपने मस्तिष्क में शब्दों की एक छाप लिए वापस आया। वह कभी-कभी मुझे आनंदित करती है तो कभी-कभी रोष से भर देती है। परंतु नतीजा चाहे जो भी हो, मैं उन बलों की शाश्वत प्रकृति में असीम विश्वास रखता हूँ, जो संसार को अपनी पकड़ में रखती है और नतीजन उसने मेरे व्यक्तिगत जीवन को भी थामा हुआ है। उस भव्य अंत को जानने के बाद, यदि वह भव्यता मानव जाति की अधूरी नियति है तो मैं शांति से प्रतीक्षा कर सकता हूँ। एक मनुष्य होने के नाते, मुझे भी इसे दूसरों के साथ बाँटना चाहिए। सभी पराजय अस्थायी हैं। हम रोज़मर्रा के जीवन में जिन दुःखों के बीच से निकलते हैं, वे उस परम तत्त्व को नहीं छूते, जो एक दिन अपना दावा करेगा क्योंकि बाकी सब उसके ही अधीन हैं।

ऐसे आत्मविश्वास के साथ, व्यक्ति पर्वत के शिखर पर जाकर बैठ सकता है और जीवन उसके पास से तत्काल गुज़र जाएगा। अनंत की ऐसी निश्वास के बीच, वह अपने समय के साथ बँधा, बिना किसी शिकायत के प्रतीक्षा कर सकता है। यह जीवन ऐसे ही असंशोधित नियमों से भरा है और मुझे भी उन्हें स्वीकारने दें।

आशा ही सत्य की पताका है। हमारे भीतर एक अबूझ प्यास है, जो शीघ्र ही हमें सामने आने को विवश करेगी।

***

पत्तियों से भरे आश्रयगृह में एक और शाम सार्थक रही। आंतरिक उपस्थिति निरंतर मेरी प्रतीक्षा में है। हवा में स्नेह स्पंदित है और सत्य के सुंदर तत्त्व में मैं मग्न हूँ। मन बिना किसी प्रयास के अपने केंद्र में जाकर स्थिर हो गया है। आशीर्वाद पूरित प्रशांति हृदय पर छाने लगी है। मेरे मस्तिष्क में शांति, दिव्यता और रमणीयता लहरों की तरह प्रवाहित हो रहे हैं। श्वास धीरे-धीरे कोमलता के उस सोपान तक आ गई है कि उसका पता तक नहीं चलता।

शाश्वत की शोभायात्रा निकट से गुज़रती है। सभी छोटी क्षुद्रताएँ और अहं के खेल, भीतर छिपी कटुता और व्रिदोही सनकीपन और मामूली बातें, मेरे चरित्र से उसी तरह अलग हो गई हैं, जैसे पतझड़ में पेड़ पत्तों से विहीन होकर खड़ा रह जाता है। वे ऐसे विशुद्ध पवित्र वातावरण में टिक भी कैसे सकती हैं, जो मुझे इस सुपरिभाषित शक्ति से द्रवित कर रहा है? ये पीड़ादायी तत्त्व मुझे कष्ट कैसे दे सकते हैं, जब एक और अस्तित्व गुप्त रूप से, मेरे मन, शरीर और आत्मा को अपनी अस्थायी पकड़ में उसी तरह घेरे हुए है, जैसे कोई बिल्ली किसी चूहे को अपने सफेद दाँतों में पकड़ लेती है।

ओह, परंतु शिकार स्वयं ही कितना आग्रही है। वह पूरी तरह से असहाय है। वह इन शब्दों के साथ और गूढ़ तत्त्व को भेदने की कोशिश करता है, 'मेरी नहीं, तुम्हारी इच्छा पूरी हो। हे ईश्वर!' इसमें ही आदि कल्याण छिपा है। हमें उस परम कल्याण को पाने के बाद उससे स्नेह रखना चाहिए।

असहाय किंतु फिर भी कितनी आनंददायक स्वतंत्रता। निजी अहं के बंधन अदृश्य हाथों से एक ओर कर दिए जाते हैं और उनके साथ ही सारी देख-रेख, सारी परेशानी, पिछली भूलों के लिए सारी चिंता और भविष्य की अनिश्चितता भी कहीं अलोप हो जाती है। वह परम तत्त्व अपनी घोषणा करते हुए, यह भी घोषणा करता है कि यह एक मुक्तिदाता के रूप में आया है। यह आदेश देता है और जो भी क्षुद्र, तुच्छ और नीच है, वह संकुचित होकर ओझल हो जाता है। यह एक नज़र देखता है - और प्रेम, स्नेह और विनय का सागर इसके चरणों में उमड़ने लगता है।

इसकी सौम्य उपस्थिति का यह भाव ही कितना सुखदायी है! सारा आंतरिक संघर्ष स्थिर हो जाता है। अब रक्त का मस्तिष्क से कोई संघर्ष नहीं है; आवेग का विचार से कोई संघर्ष नहीं है। जब हमारे मन पूरी तरह से तर्क में खो जाते हैं, तो हम भी शेष नहीं रहते। दिव्यता तर्क से परे है।

हिमालय ने मेरे लिए स्वर्ग की सुनहरी खिड़कियों को खोल दिया और मुझे उस दिन के लिए आभार प्रकट करना चाहिए, जब मैंने इस शांत लोक में प्रवेश किया था।

ढलती संध्या के साथ ही, भीतर और बाहर की स्थिरता गहन हो उठती है। वह इस हद तक आ जाती है कि अब मैं ईसा के शब्दों का आध्यात्मिक अर्थ जानता हूँ : 'मैं और मेरे पिता एक ही हैं।'

हे परम तत्त्व! अपने अनोखे पुत्र को साथ ले लो और उसे अपना बंदी बना लो। जब कोई अपने भीतर छिपी गहराई को भेद लेता है, तो जीवन कितना मधुर हो जाता है। हमारे भीतर एक विस्तृत और विविध अस्तित्व को पाने की इच्छा नहीं, हम अपने लिए एक गहन अस्तित्व चाहते हैं। ऐसा अनुभव व्यक्ति को समझने में सहायक होता है कि लोग जीवन से इतना मोह क्यों करते हैं, जबकि उनके शरीर यंत्रणा के बीच, मन और आत्मा के साथ कष्ट भुगत रहे होते हैं। उनका यह गहरा मोह केवल उस गहरी आनंददायक संतोषजनक शांति की खोज के लिए है, जो उनके अपने ही हृदय में रहस्य की तरह छिपी है। वे जीवन को इसलिए थामे रखते हैं क्योंकि उन्हें असजगता के बीच यही जीवन का वरदान लगने लगता है। यदि वे इस भौतिक जीवन के मूल स्रोत को खोज पाते तो संभवत: स्वयं को स्रोत से जोड़ सकते थे। कुछ सैंकड़ों वर्षों के अल्पकालिक अस्तित्व में वास्तविकता में छिपी जीवन-धारा का सुदूर प्रतिबिंब भर छिपा है।

यह अस्तित्व के संपूर्ण चक्र का अंश भर है।

***

दार्जिलिंग से समाचार के साथ एक संदेश आया है कि रटलैज को अपने माउंट एवरेस्ट अभियान को बंद करने के लिए विवश कर दिया गया। संसार के जाने-माने पर्वत और शिखर उपलब्ध नहीं हो सकेंगे। हिमालय की सबसे ऊँची आकांक्षा मनुष्य की पहुँच से बाहर रहेगी। उनका दल शिखर से कुछ हज़ार फीट की दूरी पर ही रह गया था कि मौसम ने साथ नहीं दिया। उस तूफान के पास अधिक समय तक ठहरने का अर्थ था कि वे अपने लिए आत्महत्या चुन रहे थे।

भारत के उत्तरी छोर के आसपास बसी प्रकृति में ऐवरेस्ट की गिनती सबसे मनचाहे हीरक के रूप में होती आई है।

रटलैज और उनके साथी अपने साथ भव्य कीर्ति पताका लेकर आएँगे। वे अपनी ओर से जैसा और जितना कर सकते थे, उन्होंने किया। इससे अधिक करना असंभव था। उन्हें पूरे साल में अपनी इस उपलब्धि को अर्जित करने के लिए केवल छह सप्ताह का ही समय मिलता था। मई से पहले की सर्दी असहनीय होती है और जून के मध्य में मान्सून आ धमकता है। इसके बाद उन पर्वतीय मार्गों और शिखरों पर जाने के बारे में सोचा भी नहीं जा सकता। जल्दी ही बर्फ के तूफान मैदानों में भी बर्फ की इतनी मोटी तह बिछा देंगे कि फसलों का नामोनिशान तक नहीं रहेगा। ऐसी कठोर परिस्थितियों में यही समझदारी होगी कि वे वापस आ जाएँ, अन्यथा उन्हें प्रकृति का हिंसक रूप देखने को विवश होना होगा।

माउंट एवेरस्ट पर जीत का सेहरा मेरे आदरणीय मित्र, सर फ्रांसिस यंगहस्बैंड के सिर पर है। उनका जन्म हिमालयी क्षेत्र में ही हुआ। वे एक पुराने ब्रिटिश सैन्य परिवार से संबंध रखते थे, जो कई पीढ़ियों से भारत से ही जुड़ा था। वे इन श्वेत हिमाच्छादित पर्वतों से असीम स्नेह रखते थे। 1887 तक, उन्होंने मध्य एशिया की ओर से अनजाने मुज़ताग (तिब्बत के पठार के सबसे उत्तरी छोर की पहाड़ियों का दूसरा सबसे ऊँचा पर्वत) को पार कर लिया था, जिसके लिए उन्हें सारे चीन को पार करते हुए तीन हज़ार मील की अकेली और खतरनाक यात्रा करनी पड़ी। इस दौरान गोबी मरूस्थल का वीराना भी पसरा था, जहाँ वे और उनका ऊँट केवल रात को ही यात्रा कर सकते थे। उस दूर-दूर तक फैले मरूस्थल में किसी मनुष्य या उसकी गतिविधि का कोई निशान तक नहीं था। मुज़ताग के निकट ही वे संसार की दूसरी ऊँची चोटी, के2 के ठीक सामने थे, जो एवरेस्ट से केवल सात हज़ार फीट नीची है।

उस अनूठे दृश्य ने उनके भीतर एक अंकुर रोपा, जो लगभग तीस साल बाद जाकर अंकुरित हुआ। जब रॉयल जियोग्राफिकल सोसायटी के प्रेजीडेंट के रूप में, सर फ्रांसिस ने माउंट एवेरस्ट कमेटी का गठन किया।

सबसे पहले उन्हें राजनीतिक कठिनाईयों को दूर करना था, जो तब भी एवरेस्ट की राह में बाधा बनी हुई थीं। नेपाली और तिब्बती नहीं चाहते थे कि किसी भी अभियान को पूरा करने के दिशा में उनके देशों की सीमाओं का उल्लंघन हो। एवरेस्ट उनके लिए पवित्र चोटी थी, हालाँकि पहले नंबर पर कैलास था। कैलास पर्वत पर कभी किसी पश्चिमी को पैर तक नहीं रखने दिया जाएगा, जबकि तिब्बत में धर्मगुरुओं का अधिक प्रचलन है।

हालाँकि कमेटी उस जगह सफल रही, जहाँ कर्जन भी हार गए थे। इसका अगला व्यवसाय यही था कि अनिवार्य ज़रूरतों के लिए वित्तीय और अन्य सहायता दी जाए। विभिन्न वर्षों में इसके अधीन पाँच अभियान हुए और यदि सभी असफल रहे, तो भी पर्वतरोहण के इतिहास में वे असफलताएँ सबसे भव्य रहीं।

जहाँ एवरेस्ट ने अभियानों को पूरा करने की अनुमति नहीं दी, वहीं कुछ अन्य छोटे शिखरों पर मनुष्य अपने ध्वज लहराने में सफल रहे। कुछ वर्ष पूर्व, फ्रेंक स्मिथ अपने साहसी दल को कामेत चोटी पर ले गए जो 25,000 फीट की ऊँचाई पर स्थित थी। उनके पैर नर्म बर्फ में धँसे, उन्हें खड़ी तीखी चट्टानों पर चढ़ना पड़ा और उन्हें ठोस बर्फ में पैर रखने की जगह काटकर बनानी पड़ी। केवल एक फिसलन उन्हें मौत के मुँह में ले जाने के लिए बहुत थी। लेफ्ट. ओलिवर ने त्रिशूल के फिसलन भरे किनारों को पार किया और 1933 में, 20,000 फीट की ऊँचाई पर स्थित चोटी तक पहुँचे। सेना से मिली गर्मियों की छुट्टी के दौरान क्लांत ओलिवर अभियान पूरा करने में सफल रहे। एरिक शिपटन ने भी नंदा देवी के अनजाने प्राकृतिक बेसिन में संघर्ष किए, जहाँ पर्वत छिपा है। डॉ. पॉल बाउर दो बार कंचनजंघा तक जाने का प्रयास कर चुके थे, परंतु 25,600 फीट की ऊँचाई पर, शिखर दिखने के बावजूद, वे बर्फ से ढकी पर्वतीय दीवारों पर पैर टिकाने को जगह नहीं बना सके और कुछ समय के लिए हिमस्खलन के खतरे से भी घिर गए थे। उन्हें वापस आना पड़ा। मर्कल गर्मा के दल ने दो वर्ष पूर्व नांगा पर्वत पर जाने का प्रयत्न किया। उनमें से आधे लोगों को अपने प्राण त्यागने पड़े, मर्कल स्वयं 23,000 फीट की ऊँचाई पर बनी हिम गुफा में ठंड के कारण मारे गए। उनकी पूरी देह शीतदंश से ग्रस्त हो गई थी।

मध्य हिमालय के टिहरी-गढ़वाल क्षेत्र में भी, 1933 में पालिस और उनके साथी आए थे। वे गंगोत्री जाते हुए मेरे फॉरेस्ट बंगले के निकट से ही निकले होंगे और संभवत: इस जगह रात भी बिताई हो। उन्हें गंगोत्री पर 20,000 फीट की ऊँचाई के शिखर दिखाई दिए, जो उनकी प्रतीक्षा में थे। पहले उन्होंने 18,000 फीट की ऊँचाई पार की और केदारनाथ समूह के पास उतरकर, फिर 20,000 फीट की ऊँचाईवाले शिखर पर गए। फिर उन्होंने 22,000 फीट की ऊँचाई पर सतोपंथ को अपना लक्ष्य चुना और सफल रहे। उनके क्लांत शरीर आराम चाहते थे इसलिए वे कुछ दिन के लिए गंगोत्री के पास हर्षिल में आ गए। एक बार फिर से अभियान आरंभ हुआ, उन्होंने नेला दर्रे के पास एक ग्लेशियर पार किया और तिब्बती सीमा

पर स्पीति घाटी में जा पहुँचे। उस जगह से वे कोहरे, धुंध और तेज़ हवाओं के बीच हिंसक तूफानों की गड़गड़ाहट के साथ परगियल के शिखर तक जा पहुँचे।

इसके अलावा बहुत हिमालय शिखरों पर जीत हासिल की गई है और सफलता के रिकॉर्ड अभी संक्षिप्त ही हैं। ममरी नांगा पर्वत तक गए थे, परंतु वे कहाँ तक गए, यह किसी को पता नहीं चला क्योंकि उनके बारे में दोबारा किसी ने नहीं सुना। अबरूज़ी के ड्यूक ने पाया कि के2 पर चढ़ाई करना असंभव था। परंतु मनुष्य को निरंतर ऊपर की ओर जाने के लिए संघर्ष करना चाहिए। उसे शारीरिक और आध्यात्मिक रूप से प्रगति करनी है परंतु उसकी अन्वेषण की शक्ति अभी इतनी तीव्र नहीं हुई कि वह प्रकृति को हराकर, एशिया के हिमालय को जीत सके। जैसे उसने यूरोपियन एल्प्स को जीतकर दिखाया था।

हालाँकि दुनिया के सबसे भयंकर ग्लेशियरों, खड़ी चढ़ाईयों और शिखरों को जीतने के लिए अपवादित शारीरिक फिटनेस और सहन क्षमता चाहिए, जो सबके पास नहीं होती। इन ऊँचाईयों पर ऑक्सीजन की मात्रा इतनी कम होती है कि एक-एक साँस लेना दूभर होता है और एक-एक कदम चलना भी थका देता है। जलवायु के दबाव में बदलाव आता रहता है और ऊँचाई के अनभ्यस्त पर्वतारोही भयंकर सिरदर्द के शिकार होते हैं। उनके दिल मजबूत होने चाहिए, फेफड़े ताकतवर हों और हाथ-पैर बलशाली हों। अन्यथा वे जहाँ हैं, उन्हें वहीं रहना चाहिए। जैसे कि मैं रह रहा हूँ, यह जगह हिमालय में 10,000 फीट से कम ऊँचाई पर है। यदि इन बातों को ध्यान में रखा गया तो मृत्यु से दो-दो हाथ करने होंगे।

लगातार आनेवाले तूफानों, दाँत किटकिटा देनेवाली सर्दी और हिमाच्छादित शिखरों के कारण इन इलाकों में जाना किसी यंत्रणा से कम नहीं है। आर्कटिक तापमान की मार से असहाय शरीर, रक्त संचार में कमी के कारण भयंकर अवसाद में आ जाता है। साँस इतनी बुरी तरह से उखड़ती है कि हर तीन चार कदम के बाद रूककर दम साधना पड़ता है। इसके अलावा जानलेवा खाईयों में फिसलने और लुढ़कने का डर लगातार बना रहता है। किडनी के काम करने के तरीके में बदलाव आने के कारण शरीर अंदर से रोगी हो जाता है। मनुष्य हिमालय के इन शिखरों तक जाने का साहस तभी कर सकते हैं, जब वे आशावादी रवैए से भरपूर हों और उनके पास सुदृढ़ शारीरिक बल के साथ जवानी का जोश भी हो।

हिमालय की ओर बार-बार दोहराई जानेवाली इन चुनौतियों में एक

आध्यात्मिक मूल्य और आध्यात्मिक महत्त्व तो अवश्य है। कोई भी जो, स्वेच्छा से इसका अन्वेषण करना चाहे और किसी भी शिखर से भयभीत न हो, उसके पास निश्चित रूप से ऐसे दैवीय गुण होने चाहिए, जो एक नए दैवीय जीवन के आरंभ से संबंध रखता हो। वह इस कहीं अधिक महान उद्यम के लिए, अपनी सबसे प्रिय संपत्ति, मौजूद रहने के अधिकार को खोने के लिए भी तैयार है। अध्यात्म के आकांक्षी को उस जगह जाने के लिए प्रस्तुत रहना चाहिए, जहाँ उसका आंतरिक स्वर उसे जाने की अनुमति दे, भले ही वह मार्ग यंत्रणा या शहीदी की ओर क्यों न जाता हो, जैसा कि अनेक लोगों ने किया और अपनी देह त्याग दीं। उसे सभी पारंपरिक संकेतों से संपर्क काटकर, निडर होकर, कच्ची ढलानों और चढ़ाईयों पर चलना चाहिए, उस राह पर चलते हुए अपना रास्ता खुद बनाना चाहिए। सत्य की आकांक्षा रखनेवाले को धर्म और दर्शन के पारंपरिक सिद्धांतों से परे हटकर, आँखें खुली रखते हुए चलना चाहिए, यही सोचना चाहिए कि वह अपने हर बढ़ते कदम के साथ सत्य के उस संसार में अपने लिए राह खोज रहा है, जो उसके भीतर बसी है। और अंतत:, पर्वतारोही को एकांत, सादगी, शांति और प्रकृति के दृश्यों से प्रेम होना चाहिए या फिर वे शिखर उसे आकर्षित नहीं कर सकेंगे। उसे अपने मन में इन चारों के लिए स्नेह बनाकर रखना होगा ताकि एक दिन आकांक्षी को वह गुप्त उपहार मिल सके, जो प्रकृति की आत्मा ने उसके लिए रखा है।

इन हिमालय के अभियानों का आंतरिक महत्त्व क्या है? क्या वह आकांक्षी उन सभी योग्य मनुष्यों के हार्दिक सुर में नहीं गाता, जो एक ही लय पर थिरकते हैं? क्या ऐसा नहीं है कि तीर्थयात्रा हमारी प्रकृति में बसी है और एक ठहरा हुआ आत्म-संतोष किसी पाप से कम नहीं है?

हमारे ग्रह की चपटी सतह पर चमचमाते शिखर, हिमालय के आकाश में जगमगाते हैं, जिसके बादल निश्चित रूप से सर्वश्रेष्ठ मनुष्यों का वंश मानते हैं, जो उद्भव तक पहुँचे हैं। नीत्शे के महामानव का सपना अवश्य पूरा होगा, हालाँकि वह उनके उन अनगढ़ और निर्दयी रूप में संभव नहीं होगा। अब भी कुछ एकांतप्रिय जीवित हैं। वही लक्ष्य और मार्गदर्शक होने चाहिए। एक प्रकाशित मनीषी और शक्तिशाली ज्ञानी ही हमारी भावी उपलब्धि का वर्तमान चित्र है।

फ्लोरेंटाइन दांते ने अपने आरंभिक स्वर्ग को एक पर्वत पर स्थित किया था, जैसे जापानी चित्रकार मानते हैं कि उनके देवता, फूजीयामा के हिम से ढके शिखरों पर वास करते हैं, जो जापान के सबसे उच्चतम शिखर हैं। और अब जापान में एक

दुर्लभ ज्वालामुखी माउंट कैलास भी है, जिसमें दुनियाभर से तीर्थयात्री आते हैं, जब वे अपने घरों को वापस लौटते हैं, तो वे इसके भौतिक सौंदर्य और आध्यात्मिक महत्त्व से प्रेरित और अभिभूत होते हैं।

पर्वतारोही हों या मैदानों के वासी, हम सबसे परे और ऊपर, उस सर्जक की ओर से निर्मित श्वेत शिखर रूपहली आभा में दमकते हैं ताकि हम उन पर चढ़ाई कर सकें। वह शाश्वत है और युगों-युगों तक हमें इसी तरह पुकारता रहेगा। हमें भी एवरेस्ट पर चढ़ना चाहिए। क्या हम कायर बनकर घर की सुविधाओं में दुबके रहेंगे? या फिर हम हाथ में छड़ी लिए, दिलों में अडिग संकल्प के साथ, उस सबसे अद्‌भुत अभियान पर निकल पड़ेंगे, जो संसार हमें प्रस्तुत कर सकता है।

13

एक तेंदुए से सामना- प्रकृति की क्रूरता की समस्या

इस दोपहर जंगल की सैर से लौटते हुए, अपने बंगले की ओर वापसी यात्रा में लगभग पंद्रह मिनट की दूरी पर, मुझे वह बात याद आई, जिसे मैं अक्सर इस क्षेत्र के अद्भुत सौंदर्य के बीच भुला देता हूँ- यह तथ्य कि इस एकांत राज्य में जंगली जानवरों का राज है। अचानक ही मेरी नज़र मेरे दाएँ हाथ की ओर गई और दोपहरी की धूप में एक असामान्य सी दिखनेवाली चमक ने मेरा ध्यान अपनी ओर खींचा। उस पत्तेदार वृक्ष में अधछिपा सा तेंदुआ, असाधारण अवस्था में दिखा। वह दो तिरछी टहनियों के बीच पसरा हुआ था, जो धरती से लगभग दो गज की दूरी पर थीं। उसका गोल सिर आगेवाले पंजों पर टिका था और चित्तीदार शरीर पूरी लंबाई में फैला हुआ था।

पशु गहरी नींद में सोया है।

दोपहरी के सूरज की तिरछी किरणें धरती पर पड़ रही थीं जिससे फैली गरमाहट ने पशु को आलस से भरी गहरी नींद में सुला दिया था। इस आरामदेह मुद्रा के लिए कोई और व्याख्या नहीं की जा सकती थी। पेड़ पर इसकी उपस्थिति पूरी तरह से स्पष्ट थी। पासवाली घाटियों में तेंदुओं का वास था। अक्सर वे रात को ही बाहर आते और रात के अंधेरे में उनकी चमकती

आँखें अपना काम करती थीं। यह जानवर अक्सर असाधारण घंटों में ही अपने ठिकाने से बाहर आता है। जंगल के सभी जानवरों में से तेंदुआ सबसे शांत माना जाता है; यह बहुत धीमे-धीमे चलते हुए, धीरे से अपने पंजे रखता है ताकि किसी तरह की आवाज़ न हो। वह नहीं चाहता कि शिकार को उसके आने की पूर्व सूचना मिले। यह पेड़ पर चढ़कर टहनियों की ओट में छिपकर बैठा है ताकि आसपास के इलाके पर नज़र रखते हुए भी दूसरे जानवरों से बच सके और ठीक किसी उपयुक्त मनोवैज्ञानिक क्षण में यह धावा बोल सके।

मेरी अपनी स्थिति भी असामान्य ही है। मैं क्लांत हूँ और यथासंभव जल्दी से घर जाना चाहता हूँ। यदि आगे बढ़ा तो इस पेड़ के आगे से निकलना होगा, जिस पर तेंदुआ सो रहा है और उसके जागने की पूरी संभावना है। जिस जगह तक आ गया हूँ, इससे पीछे मुड़ने की भी इच्छा नहीं है। मेरे पास बचाव के नाम पर बेंत की छोटी टहनी है, जिसे मैंने यूँ ही राह में से उठा लिया था। इन परिस्थितियों में इसकी उपयोगिता दियासलाई जितनी ही मानी जा सकती है।

आगे जाने के सिवा कुछ नहीं किया जा सकता इसलिए मैं दबे पाँव आगे बढ़ा पर मेरी सावधानी किसी काम नहीं आई। उस चुप्पे जंगल में हल्की सी आहट भी दूर तक सुनाई देती है। पेड़ से गिरते पत्ते की आवाज भी चौकन्ना कर देती है। मैं ज्यों ही उस छतनार पेड़ के तले से निकलने लगा, तेंदुआ जाग गया।

इस बार मेरे पास वहीं ठिठककर खड़े होने और आनेवाली घटनाओं की प्रतीक्षा करने के सिवा कोई चारा नहीं था। उस जीव ने अपना बिल्ली जैसा सिर उठाया और फिर उसका सुंदर रोएंदार शरीर सीधा हो गया। उसने सवालिया निगाहों से मुझे देखा, पीली-हरी आग उगलती आँखें दुष्टता से चमक रही थीं। मैंने भी उसी हैरानी से भरी दृष्टि से प्रत्युत्तर दिया।

मेरा दिल सामान्य से कहीं तेज़ गति से धड़क रहा है। मैं कोई वीर महापुरुष नहीं हूँ, जिसके पास असीम साहस और शारीरिक बल होता है। मेरे पास केवल आंतरिक स्थिरता और शांति का भाव है और मैंने अपने उसी भाव को भीतर से पुकारा और संभवत: वही कई बार मेरे लिए साहस का काम भी कर जाता है।

तेंदुए को लगा कि मैंने उसे चीन्ह लिया है इसलिए उसके चेहरे पर गुस्से के भाव आ गए। उसने खीझकर अपना जबड़ा खोला और नंगे दाँत दिखाई दिए। सिर के पास कान खड़े हुए हैं। फिर वह किसी इंसानी खांसी जैसे सुर में गुर्राया।

बलशाली शरीर किसी धनुष की तरह तना। उसने पेड़ के दूसरे हिस्से पर छलाँग लगा दी और जंगल के उलझे हुए हिस्से में धम्म से उतरने की आवाज सुनाई दी। मुझे आखिर में एक लंबी काली पूँछ हिलती दिखाई दी और इसके बाद वह पशु वन में कहीं ओझल हो गया।

टिहरी राज्य में और पशु भी हैं, जो न तो इंसानों से प्रेम करते हैं और न ही इंसान उन्हें चाहते हैं। काले भालू प्राय: दिखते हैं, तेंदुए भी उधर-उधर घूमते रहते हैं, जंगली भालू अपनी ओर से तबाही मचा जाते हैं, हालाँकि चीतों ने अब स्वयं को कुछ खास इलाकों में सीमित कर लिया है। परंतु नियम के अनुसार वे दिन के समय शांत रहते हैं और रात को ही बाहर आते हैं। अक्सर रात को बिस्तर में लेटने के बाद उनकी आहटें, गुर्राहटें, आवाजें सुनी जा सकती हैं। इन इलाकों में अक्सर इन जानवरों की रात की सैर के प्रमाण दिन में मिल जाते हैं। एक बार मैंने अपनी टॉर्च से एक छोटे से भालू के चेहरे पर रोशनी डाली थी, जो रात के समय मेरे सोने के कमरे की बाहरी खिड़की के पास खड़ा गुर्रा रहा था।

पहाड़ी ढलानों पर जंगली बारहसिंगों के झुंड रहते हैं। इसके अलावा चकत्तोंवाले जंगली हिरण और बड़े ही कौतूहलप्रिय, सादे, शरमीले और मासूम बकरे-बकरियाँ रहते हैं। ये तब तक शांत रहते हैं जब तक इन्हें जान बचाने के लिए किसी दूसरे जंगली जानवर से भिडंत नहीं करनी पड़ती। इसके बाद ताकतवर जंगली हिरण आते हैं और कई बार तो वे भारी संख्या में दिखते हैं। एक अकेला तेंदुआ इनके पूरे दल को खदेड़ने के लिए बहुत होता है और ये आखिरी समय तक रिरियाते रहते हैं।

इस इलाके में काकड़ भी मिलते हैं -एक सुंदर और पतली टाँगोंवाला जानवर!

अगर अचानक किसी काले हिमालयी भालू से आमना-सामना हो जाए तो अच्छी बात नहीं मानी जाती। उस समय इसका मिज़ाज ही तय करता है कि वह इंसान पर हमला करेगा या उसे छोड़ देगा। हालाँकि इसे बहुत ही दुष्ट, बदले की भावना से भरा हुआ और विनाशकारी माना जाता है।

इन इलाकों में एक युवा शिकारी का प्रसंग कहा जाता है, जिसने घने वन से घिरी ढलान पर एक भालू देखा और अपनी बंदूक चलाते हुए उसे थोड़ा घायल कर दिया। गुस्से और दर्द से पगलाया भालू तेज़ी से पहाड़ से नीचे उतरा, उसने उस

बदकिस्मत आदमी को घसीटा और पास ही खाई में उछालकर फेंक दिया। वह आदमी वहीं मारा गया।

अपने आदिम रूप में, जीवन में ऐसा आंतक नहीं था, जो अब मनुष्य और जीवों के दोनों राज्यों के बीच दिखाई देता है। मैं जानता हूँ कि भौतिकवादी विकासवादी हमें एक ऐसे समय के बारे में बताते हैं, जब मनुष्य गुहाओं में वास करता था और धरती पर विशालकाय जीव भयंकर अभिप्राय के साथ विचरण करते थे। इस तरह के तथ्य को देखने या जानने के लिए निकटतम संग्रहालय के अतिरिक्त कहीं और जाने की आवश्यकता नहीं है, उस जगह रखे फॉसिल या जीवाश्म सारी कहानी सुना सकते हैं। परंतु दुर्भाग्य से हमारे सिद्धांतवादी इससे बहुत आगे नहीं जा सके। वे मनुष्य के इतिहास और ग्लोब के भूगोल का अध्ययन करते हुए इतना थक गए कि वहीं काम रोक दिया। परंतु यह लंबी कथा यहीं से आरंभ नहीं हुई थी। यह तो कुछ ऐसा हुआ मानो किसी दूसरे ग्रह से आया रिपोर्टर, अंतिम युद्ध के बीच रिपोर्ट लेने आए और अपने लोगों से जाकर कहे कि इस ग्रह के सभी लोग परस्पर विनाश के प्रति निष्ठा रखते हैं। यदि वह कुछ वर्ष पहले आया होता तो संभवत: उसकी रिपोर्ट कुछ और ही होती।

मैं अपनी बात के साक्ष्य में किसी तरह के जीवाश्मों का प्रमाण नहीं दे सकता और न ही आदिमानव भी इस बात की पुष्टि के लिए कोई प्रमाण छोड़ गए हैं। मैं किसी को भी ठोस प्रमाण के आधार पर उत्तर नहीं दे सकता। आज का ग्रह, बीते हुए समय का ग्रह नहीं है और समय के साथ इसकी सतह और संरचना में आनेवाले भारी बदलाव, युगों के उन साक्ष्यों को नष्ट कर चुके हैं, जो इतने सुदूर हैं कि कोई मायने नहीं रखते। धरती माता अपने प्राचीन इतिहास के प्रत्येक साक्ष्य का संरक्षण नहीं करती कि कुछ वैज्ञानिकों को ऐसी सामग्री मिल जाए, जिसके माध्यम से वे अपनी बुद्धि के घोड़े दौड़ाते हुए कुछ नए सिद्धांत तैयार कर सकें। उसे अच्छी तरह पता है कि उसने क्या किया है और अगर तुच्छ प्राण को इसके अतिरिक्त कुछ लगता है तो यह उनकी चिंता का विषय है, धरती का इससे कोई लेन-देन नहीं है।

परंतु यदि मैं अपने ऐलान के साथ किसी भी प्रमाण को नहीं लेकर आता कि प्रकृति की आरंभिक मंशा ऐसी नहीं थी कि वह आतंक का साम्राज्य आरंभ करे, उसके लिए मक्खी के पीछे पड़नेवाला मकड़ा एक प्रतीक मात्र है, तो इसके विपरीत, मेरे पास इस बारे में पर्याप्त सूचना है कि उसकी मूल स्नेही प्रकृति मेरी

अपनी आलोचना को संतुष्ट करने की क्षमता रखती है, जो एक समय में उन वैज्ञानिकों की तुलना में भी कहीं अधिक विनाशक थी, जिनके अनुमान मैंने अनजाने में ही ग्रहण कर लिए थे। हालाँकि यह सूचना मेरे पास किसी भी ऐसे आधुनिक जगत से नहीं आई, जिसे संसार बहुत आदर से देखता है और वर्तमान श्रोताओं के सामने उनके बारे में बात करना केवल समय की बरबादी ही होगी। केवल इतना ही कहना बहुत होगा कि अस्तित्व की एक निश्चित अवस्था है, जो कि अर्ध-तंद्रा की अवस्था में होती है, और इसी अवस्था में प्राय: अदृश्य बल मनुष्य से संप्रेषण करते हैं। इस तरह, मैंने हमारी जाति के अनलिखे इतिहास के बारे में थोड़ा सीखा है।

इस तरह जो उभरकर सामने आया है, वह एक आदि युग की तस्वीर दिखाता है, जिसमें ईश्वर संकीर्ण भाव में संपूर्ण वर्चस्व नहीं रखता था और पदार्थ आत्मा के अधीन था। उस समय की मानवता दैवीय प्रवृत्ति के प्रकाश में जीती थी और उसे अपने हितों को जानने के लिए चतुराई और बुद्धिमत्ता की आवश्यकता नहीं थी। सबल व्यक्तियों द्वारा निर्बलों का शोषण नहीं होता था और न ही हो सकता था; क्योंकि सभी मनुष्यों को अपने हृदय में यही अनुभव होता था कि उन सबका पिता एक था, जिसे वे सभी पूजते थे।

उस युग के पशुओं को मनुष्यों से भय नहीं था और न ही उनके पास भयभीत होने का कोई कारण था। वे आपस में भी भयभीत नहीं होते थे। प्रकृति ने बिना किसी हानिकारक तरीके से, सबकी माँगों के लिए भरपूर दे रखा था। एक जाति पर दूसरी जाति की निर्भरता न केवल अनावश्यक बल्कि अज्ञात ही थी।

***

यदि मैं कहता हूँ कि मेरे पास अपनी बात को प्रमाणित करने के लिए कोई तथ्य या जीवाश्म नहीं हैं, तो इसका अर्थ है कि मैं उन लोगों को कुछ प्रमाणित करना भी नहीं चाहता। वास्तव में, मेरे पास एक प्रश्न है। प्रत्येक बुद्धिमान व्यक्ति – स्कूली किताबों से मिली तथाकथित बुद्धिमत्ता से नहीं बल्कि जीवन के अनुभव से समझदार हुआ हो, उसने कभी न कभी नेपोलियन की तरह ही कहा होगा। एक बार उसने अपनी खिड़की से तारों से भरे आकाश को देखते हुए कहा था, 'मुझे यह मानने को विवश न करो कि इस इतनी भव्य रचना का कोई लेखक नहीं है।'

यदि वह इस लेखक, इस ईश्वर के अस्तित्व को स्वीकार करता है, तो उसे

पीड़ा और बुराई की समस्या का सामना भी करना होगा; ईश्वर हमारे बीच उन्हें आने की अनुमति क्यों देता है। इन पीड़ाओं के अस्तित्व को स्वीकार करने के लिए, उसे यह भी स्वीकार करना होगा कि ईश्वर ने जान-बूझकर उन्हें अपनी सृष्टि का अंग बनाया या वे अपनी मर्जी से, उसकी स्पष्ट इच्छा के बिना ही प्रकट हो गए। इस मसले को समाप्त करने का एकमात्र उपाय यही है कि संसार के मिश्रित चरित्र और इसके साथ ही असीम दुःख और आनंददायक सुखों पर बल देते हुए कहा जाए कि ईश्वर ने इस ब्रह्माण्ड की रचना मदमत्त होकर की!

नि:संदेह यह समस्या, सबसे पुरानी है, जिससे नए और पुराने विचारकों को जूझना पड़ता है। सभी इसे हल करने में असफल रहे हैं। मैं भी स्वयं को इसमें उलझाना नहीं चाहता।

परंतु ईश्वर की ओर से मनुष्य के लिए केवल एक ही संदेश दिया गया है, वह पहले से सभी धर्मों में मौजूद है और समय-समय पर प्रकट होता रहता है। हो सकता है कि हम उन्हें इस रूप में न स्वीकारें परंतु वह बिना आग के धुएँ की तरह है। यह मानना अतार्किक नहीं होगा कुछ साहसी आत्माओं ने उच्चतम क्षेत्रों को लाँघकर, मानवजाति की सामान्य सीमाओं को पार किया और सर्जक का समाचार लेकर लौटी हैं। ये सभी धर्म ईश्वर की बात करते हैं, वह ईश्वर, जो हम सबके प्रति स्नेही और करुणामयी है।

यदि प्रत्येक धार्मिक नेता, यदि प्रत्येक साधु और मुनि व पैगंबर ने जो कहा है, यदि वह एक छल है, तो हमारी बुद्धि के अनुसार जीवन में जो भी भला है, उसका त्याग कर देना चाहिए। हमें पूरी नृशंसता और स्वार्थपरता के साथ हमारी संभ्रमित और अस्पष्ट मानव जाति के लिए सारी भावी आशाओं का त्याग कर देना चाहिए। फिर हमें जर्मनी के निराशावाद और बल के सुधारक नेता ऑस्वाल्ड स्पेंगलर के सिद्धांत को स्वीकार कर लेना चाहिए कि मनुष्य स्वयं एक हिंसक पशु है।

सौभाग्यवश अधिकतर समझदार व्यक्ति ऐसे नहीं हैं। वे हमारे आधुनिक चिंतकों की तरह नहीं सोचते। जहाँ वे ईसाई धर्म से भले विमुख हों परंतु ईसा से मुख नहीं मोड़ सकते। वे भले ही नष्ट हो रहे हिंदू धर्म को पसंद न करें, परंतु इसके भूतपूर्व ऋषियों के प्रति आज भी आदर भाव रखते हैं। इस प्रकार ईश्वर के स्नेही भाव का विचार अब भी कई व्यक्तियों के लिए आशा और विश्वास बना हुआ है।

ये सभी व्यक्ति, अपनी शिक्षा के कारण, विकास की कहानी को स्वीकार करते हैं जो बर्बरता से सभ्यता की ओर आती है। यह कहानी कोई पूरा उपन्यास नहीं बल्कि एक धारावाहिक की कथा है। वैज्ञानिक, जैसा कि मैंने कहा, केवल कुछ अंतिम किस्तों को ही बस में कर सके हैं। जब उन्हें आरंभिक अंश जानने को मिलेंगे, तो वे अपनी परख बदलने पर विवश हो जाएँगे।

प्रकृति की क्रूरता की अवधारणा के अनुसार सबसे पहले पाश्विक मनुष्य और भयंकर पशु आए, पिछली सदी के तीन चौथाई समय से यह सोच शिक्षित लोगों के बीच पाई जाती है।

अब मेरा प्रश्न तैयार है और ऐसे ही लोगों के नाम संबोधित है। यदि आप एक स्नेही ईश्वर में विश्वास रखते हैं, तो आप यह कैसे मान सकते हैं कि उसने अपना कार्य इतने गलत और दुष्ट रूप में आरंभ किया होगा?

इसके विपरीत यह विश्वास कहीं अधिक तर्कसंगत लगता है कि ईश्वर ने आरंभ में, अपनी प्रकृति के अनुरूप यथासंभव रूप में नेक इंसान और अच्छे पशु बनाए होंगे। यही उसकी पहली मंशा रही होगी। जब वे मनुष्य और पशु अपने ही नियमों को भंग करके पतन की ओर अग्रसर हुए होंगे तो वे बर्बरता की ओर आए होंगे, इसमें ईश्वर की कहीं कोई इच्छा नहीं थी।

बाइबिल की मनुष्य के पतन की कथा आंशिक रूप से दृष्टान्त है, परंतु यह अपने आपमें सच भी है।

हमें गिरने और धकेलने के अंतर को महसूस करना होगा। ईश्वर कभी भी अपनी सृष्टि को बदतर हालात में नहीं लाता। न ही वह ऐसे हालात पैदा करता है कि किसी को कठपुतली की तरह इशारों पर नाचना पड़े। हमारा गिरना ही इस बात का सुबूत है कि हमें गिरने की पर्याप्त स्वतंत्रता दी गई थी।

फिर भी यदि सारे ब्रह्माण्ड के धार्मिक गुरु एकत्र हों और इतिहास के भविष्यसूचक मिलकर मुझसे कहें कि हमारा सर्जक दुष्ट, निर्दयी और जालिम था, तो मुझे उनका विश्वास नहीं करना चाहिए। यदि सारी मानव जाति मुझसे कहे तो भी मुझे उनकी बात नहीं माननी चाहिए।

वे सभी गलत थे, इसके लिए मेरा अंतिम प्रमाण मेरे अपने आंतरिक अनुभव पर आधारित होगा। मैं ब्रह्माण्डीय जीवन के भूतपूर्व चरणों के चतुराईपूर्ण बोध के

आधार पर उनका खंडन नहीं करूँगा। मेरे लिए कुछ सहज भाव से अधिक गहन, अनमोल और अखंडनीय होना चाहिए।

परंतु मेरे विचार, भले ही मेरे दूरदर्शी मन को कितने भी उज्ज्वल और तथ्यपरक क्यों न लगें, आधुनिक युग के चतुर, विद्वान और सर्वज्ञ मनुष्यों को व्यर्थ की बकवास और अटकलें ही लगेंगे।

14

एक नेपाली राजकुमार का आगमन - हमने एक सुंदर नदी घाटी का अन्वेषण किया - एक पागल हाथी के साथ रोमांच - नेपाल में बौद्ध धर्म - श्रीकृष्ण और भगवान बुद्ध की तुलना

जब पिछली बार, मसूरी के राजकुमार शमशेर जंग बहादुर राणा से नेपाल में भेंट हुई तो मैंने उनके आगे इच्छा जाहिर की थी कि मैं एक आध्यात्मिक और आंतरिक रोमांच के लिए हिमालय पर्वतों में विश्राम करने जाना चाहता था। मेरे दिलदार दोस्त ने कहा था कि काश उसे भी कुछ समय के लिए अपने आनंद और कर्तव्य से कुछ पल चुराकर मेरा साथ देने का अवसर मिल सके। मानो यह यात्रा कोई आधे घंटे भर की बात थी। तब मैंने उपहास में उत्तर दिया था, जो भी हो, मसूरी के राजकुमार, एक दिन मेरे साथ आना, हम साथ में चाय पीएँगे। और इस तरह हम दोनों ही इस मामूली सी बात पर हँस दिए थे।

उसके बाद से कभी राजकुमार के बारे में कुछ नहीं सुना और आज अचानक ही बिना किसी सूचना और अपेक्षा के, वे मेरे यहाँ आ पहुँचे। वे अपने दो नौकरों के साथ, भूरे घोड़े पर सवार होकर, मेरे एकांतवास में पधारे।

तो आप चाय पीने आ ही गए! जब उन्हें देखने के बाद आश्चर्य कुछ कम हुआ और मेज़बानी का भाव भीतर से उमड़ा तो मैंने कहा, 'हर किसी को अपने मित्र का इसी आत्मीयता से स्वागत करना चाहिए।'

परंतु राजकुमार ने मेरे प्रस्ताव को वहीं नकार दिया, वे बोले कि उनके मन में चाय के लिए इतना आग्रह नहीं है। वे और कुछ भी पी लेंगे परंतु चाय नहीं पीनेवाले। दुर्भाग्यवश, मेरे पास उस सभ्यता से दूर आश्रयस्थल में, पानी के सिवा पेश करने के लिए कोई और पेय पदार्थ नहीं था। हालाँकि उनकी जाति की कट्टर परंपराओं के अनुसार यही संभव था कि उनका अपना नौकर ही उन्हें उनके सामान में रखा पानी लाकर पिलाएगा।

और जब वे इस रंगहीन द्रव्य का आनंद ले रहे थे तो मैं उस व्यक्ति के बारे में विचार कर रहा था, जो पर्वतों में संन्यासी बनकर रहने जाता और चाहता है कि उससे कोई भेंट करने आए पर फिर भी कुछ लोग उससे मिलने चले आते हैं। औसत के नियम अनुसार तो यही लगता है कि मेरे शेष एकांतवास में लगभग दस अतिथि और आ सकते हैं। इस प्रकार यह पूरी तरह से प्रमाणित हो जाता है कि इस बीसवीं सदी में कोई भी रॉबिनसन क्रूसो नहीं बन सकता। भले ही स्वयं को सुदूर पैसीफिक द्वीप पर ले जाए या स्वयं को किसी पहाड़ की चोटी पर स्थापित कर चढ़ जाए। संसार उसे खोजकर उतार लेगा और उसका एकांत भंग कर देगा। यदि उस तक पहुँचने का कोई साधन न बचे, तो हैलीकॉप्टर उसके एकांतवास में घुसे चले आएँगे!

खैर, मैं कोई असभ्य नहीं हूँ। मैं इन आगंतुकों का आभारी हूँ। भाग्य से केवल ऐसे ही अतिथि मिलने आए, जो वास्तव में स्वागतयोग्य हैं। मेरे अतिथियों ने मेरी बुद्धि को उत्तेजित करते हुए, आध्यात्मिक संवाद करने का आनंद भी दिया है। सच में, हमारे पास कुछ ऐसे ही आंतरिक प्रकार के संबंध होने चाहिए, कुछ अनजान और अमूर्त संबंध, वरना और क्या कारण हो सकता है कि वे इन सुदूर और एकांत में बसे पहाड़ों की ढलानों पर कठिन यात्रा करते हुए मुझसे भेंट करने आएँ? इन्होंने मुझे पूरी तरह से अपने आपमें लीन होने से बचाया है। इससे भी बेहतर बात यह है कि ये सब मेरे प्रति हार्दिक स्नेह रखते हैं। कोई मित्र या अजनबी किसी व्यक्ति को इससे बेहतर और क्या उपहार दे सकता है?

मसूरी के राजकुमार की आयु तैंतीस वर्ष के लगभग है। उनके पास एक सुंदर दिखनेवाला मंगोलियन चेहरा; चपटी नाक और पीलापन लिए हल्की सी फैली हुई आँखें हैं; उनका कद काफी कम है, मुझसे लंबे नहीं होंगे परंतु हम दोनों का यह लक्षण साझा है और हमारी अच्छी बनती है। हालाँकि अरेबिया के कर्नल लॉरेंस को पिछले युद्ध में उनके ठिगनेपन के कारण ही पद के लिए अस्वीकृत कर दिया

गया था, जबकि नेपोलियन को अपने कुछ इंच छोटे कद के कारण ही 'लिटिल कारपोरल' (छोटा नायक) कहा गया। राजकुमार की आवाज़ मजबूत और भारी है, जो अक्सर नेपाल के पहाड़ियों में पाई जाती है! वे स्वभाव से नेक हैं, हास्यप्रिय हैं पर बहुत जल्दी आग भी उगलने लगते हैं, यह भी नेपालियों के स्वभाव में ही है।

वे नेपाल के महाराज हिज़ हाईनेस के भतीजे हैं और कट्टरता की हद तक अपनी धरती के प्रति प्रेम रखते हैं, जिसके बारे में बहुत कम लोग जानते हैं। जब कुछ वर्ष पूर्व, सीमा संबंधी छोटे से मामले में तिब्बत से दो-दो हाथ करने की नौबत आ गई थी, एक ऐसा जोखिम जो आखिरी पल में ही टाला गया, उन्होंने कहा था, ये तिब्बतियों के लिए अच्छा ही हुआ। वे अक्सर गर्व से ऐलान करते कि छोटे कद के गोरखे ब्रिटिश भारतीय फौज में सबसे अच्छे लड़ाकू माने जाते हैं और इनके अपने अधिकारी होते हैं।

जब शाम का भोजन तैयार हो रहा था, तो हम दोनों सफेदी किए हुए, देवदार के पेड़ों से घिरे बंगले से दूर टहलते हुए निकल गए। मैं अपने अतिथि को खड़ी चढ़ाई पर बने अपने प्रिय एकांतस्थल पर ले गया। वे वहीं टहलते हुए, संकरी घाटियों और ऊँचे पहाड़ों के मनोरम दृश्यों को सराहते हुए इधर-उधर घूमने लगे। जब वे जी भरकर देख चुके, तो मैं उन्हें अपने ध्यान स्थल पर ले गया, जहाँ जाकर हम दोनों बैठ गए। हमारे पैरों के नीचे प्राकृतिक परिवेश इस तरह सजा हुआ था कि उनके होठों से वाह निकले बिना नहीं रही।

यह तो आपके उद्‌देश्य के लिए बिलकुल कमाल है। आपने उचित चुनाव किया है। हम पिछली बातें करते रहे और अंत में बातें घूम-घूमकर मेरे अपने विषय के पास आ गईं। राजकुमार ने अपने जीवन के आरंभिक दिनों के योग के अनुभव मेरे साथ साझा किए। उन्हें भी पश्चिमी शिक्षा प्रदान की गई थी परंतु कोई भी ऊपर से थोपा गया वैज्ञानिक प्रशिक्षण जीवन की अलौकिक शक्तियों में विश्वास को छीन नहीं सकेगा, जो प्रत्येक मनस्वी पूरबवासी के रक्त में बसे हैं।

मेरा हठयोग के प्रति गहरा आकर्षण रहा है। जिसे आप शरीर-नियंत्रण का नाम भी दे सकते हैं। वैसे मेरे एक योग गुरू भी हैं और कभी-कभी उनसे भेंट भी होती है, परंतु मैं उनसे मिलने से पहले ही सहज रुचि के कारण बहुत सी चीज़ें सीख चुका था। मेरा यह मानना है कि मैं पिछले जन्मों में ही हठ योग की शिक्षा

ले चुका था। मैंने शारीरिक आसनों के साथ आरंभ किया, जो इस तंत्र का आधार हैं और यह देखकर आश्चर्य हुआ कि मेरे लिए वे कठिन योगासन कितने सरल थे। आज भी, कुछ वर्षों से योगाभ्यास छूटने के बाद भी, मैं उनमें से आधा दर्जन आसन आराम से कर सकता हूँ।

क्या आप उन्हें यहाँ करके दिखा सकते हैं?

क्यों नहीं, बेशक!

और राजकुमार ने मेरे आगे कुछ योगासन करके दिखाए, जिनसे मैं अच्छी तरह परिचित था। पहले उन्होंने मयूरासन किया, वह तथाकथित ही कहा जाएगा क्योंकि केवल अंत में उनका शरीर मयूर के शरीर की आकृति की हल्की रूपरेखा जैसा लग रहा था। फिर उन्होंने शल्भासन किया; उनका तीसरा आसन गर्भासन और चौथा आसन सर्वांगासन था, जिसे उन्होंने ठीक उस तरह किया जैसे बरामा करते थे, वे वही हठयोगी थे, जिनके जीवन और उपलब्धियों के बारे में मैंने 'गुप्त भारत की खोज' में बताया है। राजकुमार ने अंत में धनुषासन करके दिखाया।

मुझे यह मानना होगा कि राजकुमार की देह शरीर-नियंत्रण की सक्षमता का उत्कृष्ट उदाहरण थी क्योंकि तैंतीस वर्ष की आयु के बावजूद, वे उन्नीस बरस के छोकरे जैसे ही जवान ही दिखते थे। उनकी सेहत बढ़िया है; वे अपने खान-पान का पूरा ध्यान रखते हैं, पूरे दिन में एक से अधिक बार भोजन नहीं करते और इससे भी कम भोजन ग्रहण करने को तैयार रहते हैं। उनका दृढ़ विश्वास है कि अधिकतर लोग आवश्यकता से अधिक भोजन करने से ही अपने शरीर के उत्तकों को अनावश्यक काम के बोझ से क्लांत कर देते हैं।

उन्होंने बस्ति के बारे में बताया, यह प्राचीन हठयोगियों द्वारा की जानेवाली एक क्रिया है। इस तरह वे नदी में कमर तक डूबकर अपने मलाशय की गहरी सफाई करते थे। उन्होंने बताया, इसे अब भी किया जाता है।

मैं किसी एक भी ऐसे यूरोपियन को नहीं जानता, जो साफ-सफाई की इस आदत के बारे में जानता हो, मैंने उत्तर दिया। हालाँकि हममें से कुछ लोगों ने कृत्रिम तरीके अपनाकर इसकी नकल करने की कोशिश की है, हम इसे 'आंतरिक स्नान' कहते हैं। हम ढलते सूरज के साथ बंगले में वापस आ गए, जहाँ आसमान का नीला और हल्का पीला रंग अंधेरे में डूबता जा रहा था। ओह, मुझे दिन के समाप्त होने और रात के आरंभ होने का यह अंतराल कितना प्रिय है, इस समय प्रकृति

अपनी रंगों की कूची उठाकर, हिमालय के संसार को अपने अनूठे रंगों से रंग देती है।

रात को मैंने आकाश की ओर देखा। सुंदर दक्षिणी क्रॉस डूबने के कगार पर है। राशिमंडल की तीसरी राशि तथा कैस्टर और पोलक्स के आपसी भाईचारे का मूक प्रतीक मिथुन राशि उत्तर-पश्चिमी रिम को जगमगा रही है। पूर्वी क्षितिज की ओर, एक नीला-सफेद प्रकाश बिंदु सभी सितारों में से चमकीला लग रहा है।

अगली सुबह, हमने एक फीते जैसी संकरी पगड़ंडी पकड़ी जो ढालू पहाड़ के दूसरी ओर जाती है। घाटी के छोर पर चट्टान का उभरा हुआ ऊँचा भाग हमारा लक्ष्य है। पृष्ठभूमि में बहुत सारी बर्फीली चोटियाँ दिख रही हैं, वे बादलों के किनारों तक जाते हुए एक लंबी रेखा सी दिखती हैं, जो दोपहर से पहले की रोशनी में चमक रही हैं। ग्लेशियर ऐसे दिख रहे हैं, मानो पहाड़ी की तलहटी तक सफेद धारियाँ चली आ रही हों।

हम जिस इलाके में चल रहे थे, यह अपने आपमें निराला है। टिहरी-गढ़वाल के वनों और पर्वतों में अनेक वन्य पशुओं का वास है। समय-समय पर, जब मैं देर रात तक जागता हूँ तो वनों के गहरे सन्नाटे के बीच जंगली जानवरों की आवाज़ें सुनी जा सकती हैं और फिर एहसास होता है कि अगर मैं शिकारी होता तो यह इलाका मेरे लिए कितना रोचक व रोमांचक हो सकता था।

हम जड़ों के टूटे हुए हिस्सों और इधर-उधर पड़े पत्थरों की पगडंडी से ढलान पर चढ़ने लगे, ये पगडंडियाँ तूफानी आँधियों के चलते तहस-नहस हो चुकी हैं। हम एक पर्वत के उभरे हिस्से पर चढ़े और फिर धीरे-धीरे दूसरी ओर उतरते हुए, देवदार वनों की ओर हो लिए। एक जगह तो वाकई इतनी खड़ी चढ़ाई थी कि हमें अपनी अंगुलियों के साथ पैरों से जड़ों और पत्थरों को पकड़कर सहारा लेना पड़ा। जब हम कुछ मील तक चल लिए तो गहरी धुंध के चलते आगे का नज़ारा धुंधलाने लगा और बरसात के आसार दिखने लगे। हमें विवश होकर ठहरना पड़ा।

सौभाग्य से, धुंध जल्दी ही हट गई। ज्यों ही हमारे सामने से धुंध छंटी तो सामने के दृश्य और भी जादुई रूप से दिखाई देने लगे।

हमारा बातचीत का सिरा राजकुमार के अपने देश की ओर चला गया और हम आगे की ओर बढ़ते गए। उनके मुख से नेपाल से जुड़े अनूठे तथ्य सुनाई देने लगे। वे रोचक इसलिए लग रहे थे क्योंकि उनकी धरती के शासकों ने अब भी इसे

एक रहस्यमयी धरती बना रखा था और बहुत कम पश्चिमवासियों को उनके देश में जाने की अनुमति मिलती थी। हालाँकि वे तिब्बत की तरह बहुत अधिक अति पर नहीं आए थे। जो भी हो, वह एक वर्जित क्षेत्र था जिसे यूरोपियनों पर अविश्वास के कारण बंद रखा गया था। वैसे भी, नेपाल के पर्वत, टिहरी वनों के कारण भारत से अलग हो जाते हैं।

युद्धबंदी के बाद के दिनों में यूरोप के कुछ हिस्सों में तानाशाही चल रही है क्योंकि यही किसी देश की सरकार चलाने का बेहतर तरीका है। मैंने कहा, और मेरा मानना है कि आपके लोगों ने भी इसे अपना लिया है।

मसूरी के राजकुमार ने उत्तर दिया :

हम्म, नेपाल आज से पचास साल पहले जो कर चुका है, यूरोप उसे आज कर रहा है। मेरे चाचा, हिज़ हाईनेस महाराज, लोगों पर पूरा अधिकार व सत्ता रखते हैं और किसी तानाशाह की तरह ही हैं। वे सही मायनों में लोगों पर राज करते हैं परंतु उनके शासन में स्नेह है और वे अपनी ताकत के बल पर प्रजा का कल्याण चाहते हैं। उदाहरण के लिए, दो साल पहले, हमारे नेपाल में भारी भूकंप आया, जिसने सारी धरती और उसकी आत्मा को दहला दिया। पाँच सौ मील लंबी धरती फट गई। हमारी राजधानी काठमांडू पूरी तरह से नष्ट हो गई। महाराज स्वयं एक अस्थायी आवास में रहने चले गए। वे लंबे समय तक वहीं रहे। जब जनता और उनके संबंधियों ने बार-बार उनके महल का पुनःनिर्माण करवाने की विनती की तो उन्होंने उत्तर दिया, मैं अपने घर की नींव में एक भी ईंट लगाने की अनुमति नहीं दूँगा जब तक मेरे लोग दोबारा अपने घरों में शरण नहीं पाते।

महाराज एक बहुत ही निपुण घुड़सवार है। और हिमालय की तीखी ढलानों पर भी तेज़ी से घोड़ा दौड़ा सकते हैं। यहाँ तक कि हमारे बेहतरीन घुड़सवार अधिकारी भी उनका मुकाबला नहीं कर सकते।

कुछ समय बाद मैंने जाना :

शेरपा कबीलेवाले, जो हमें अनेक माउंट एवरेस्ट आरोहण अभियानों में सहायता करते आए हैं, वे नेपाल में कांगलाचेन पास के निकट रहते हैं। उनके साहस और प्रयत्नों के बल पर ही इस क्षेत्र में उल्लेखनीय सफलता मिली हैं। उनके अभाव में ब्रिटिश पर्वतारोही कभी उन पर्वत शिखरों तक नहीं जा सकते थे।

जब हम पर्वत श्रेणी के उभरे हुए हिस्से तक पहुँचे, तो एक स्थान पर बैठकर स्वयं को सामने दिख रहे प्राकृतिक दृश्य के लिए समर्पित कर दिया। तब मैंने मौन ध्यान के बीच आधा घंटा विश्राम किया और राजकुमार भी इस अबोली मित्रता के साक्षी रहे। मैंने उस शांति को अनुभव किया जिसने हम दोनों को अपने घेरे में ले लिया था। मैं उनके सामने उकड़ू होकर बैठा और अपने मन को उस पवित्र स्रोत के हवाले कर दिया, जहाँ से उसे जीवन मिलता है। इसने बिना किसी कठिनाई के बाहरी परिवेश का त्याग किया और भीतर पहुँच गया; जहाँ सब संपूर्ण, शांत और स्वर्गिक है। मुझे समय बीतने का भी भान नहीं हुआ। वास्तव में समय भी किसी अवांछित सत्ता की तरह पीछे हट गया था। मैं केवल इतना जानता था कि मैंने निजी दंभ और बौद्धिक घमंड के चीथड़े फेंक दिए थे, मैं अचानक ही सहृदय हो उठा और मैं प्रकृति की उस महान शक्ति के आगे असीम आदरयुक्त चोगा पहने बैठा था, जो मेरे सामने कितनी भव्यता के साथ प्रकट हो गई थी। मैं मन ही मन विलाप करने लगा, 'हे महान माता, अपने बिगड़ैल बालक को अपने पास बुला लो।' और उस क्षण में मैंने स्वयं को उस प्रेम और मार्गदर्शन के हवाले कर दिया। माँ की परम उपस्थिति में ही मनुष्य और उसके सर्जक के बीच सच्चा संबंध प्रकट होता है, जो बहुत मर्मस्पर्शी और संध्या के गहरे सन्नाटे के समान है।

जब हम उठे और वापसी की यात्रा आरंभ की, तो हमारे बीच आपसी समझ की एक मुस्कान आ चुकी थी, परंतु हमारे बीच उस अनुभव का कोई मौखिक संदर्भ नहीं था।

उस शाम, मैंने एक अनुभव के बारे में, मसूरी के राजकुमार से असाधारण कथा सुनी, जो उनके जीवन में अनेक वर्ष पूर्व घटी थी।

आपकी पुस्तक, 'ए सर्च इन सीक्रेट इजिप्ट' में आपने कैरो के एक जादूगर के बारे में बताया है, जिसने जिन्नों और आत्माओं को बस में किया हुआ था। एक बार मैं भी ऐसे ही एक व्यक्ति से मिला था और इसके बाद जो घटनाएँ घटीं, वे इतनी हैरतंगेज़ थीं कि मैं उन्हें केवल कल्पना का अंश कहकर नकार नहीं सकता और न ही अपनी आँखों देखी पर विश्वास कर सकता हूँ। मैं सोच रहा हूँ कि क्या आप भी उन्हें जिन्नों की कहानी मानना चाहेंगे। सच में, अगर कोई जिन्नों के शोधकर्ता होते हैं, तो यह 'जिन्नोलॉजिस्ट' का केस कहा जा सकता है।

एक फकीर मेरे पास आया और कहा कि वह जिन्नों से जुड़े एक अनुभव

में मुझे शामिल करना चाहता है। वह हिमालय में रहनेवाला गढ़वाली था। हालाँकि मुझे ऐसे अनुभवों में कोई दिलचस्पी नहीं थी इसलिए मैंने ऐसा कुछ भी करने से इंकार कर दिया। परंतु वह कई दिन तक मुझ पर लगातार दबाव बनाता रहा, पर उसे सफलता नहीं मिल सकी। अंत में, उसने कहा कि चाहे मेरी मर्जी हो या न हो, वह इस अनुभव को अवश्य पूरा करेगा। उसका कहना था कि वह कई साल से एक जिन्न के साथ रह रहा था। वह लंबे समय से उसकी सेवा करता आ रहा था। अब वह अपने जादू-टोने को त्याग कर, आध्यात्मिक योग के पथ पर जाना चाहता था। ऐसा करने के लिए उसे जिन्न को त्याग कर, अपने से दूर करना होगा। जिन्न का कहना था कि जब तक उसे कोई उपयुक्त मालिक नहीं मिलेगा, वह उसे छोड़कर नहीं जाएगा। तब से फकीर किसी ऐसे व्यक्ति की खोज में था जो उसे जिन्न से मुक्त कर सके। जाने क्यों, उसने इस काम के लिए मुझे चुना था पर मैं उसे निरंतर यही कहता रहा कि मेरा इन बातों से कोई लेन-देन नहीं था।

एक रात, लगभग दो बजे के करीब मैं झटके से उठ बैठा। मेरा दम सा घुटने लगा मानो किसी ने कमरे में धुआँ और लपटें भर दी हों। दरअसल मैं सोने और जागने की अवस्था के बीच था। तभी मेरे कानों को एक आवाज सुनाई दी, 'तुझे तेरे हठ की कीमत चुकानी होगी।' फिर और ज़्यादा दम घुटने लगा और लगा मानो धरती पर मेरी आखिरी घड़ी निकट आ गई थी। सौभाग्य से मेरा दिमाग काम कर गया। मुझे मेरे गुरु जी याद आ आए, वे कांगड़ा के पहाड़ो में रहनेवाले महान हिंदू योगी थे। मैं चुपचाप उन्हें याद करते हुए अपने बचाव के लिए प्रार्थना करने लगा। मेरे गुरु की शक्ति अंततः प्रकट हुई, मेरा मन दिलासे से भर उठा, ऐसा लगा सारा धुआँ छँट गया और साँस में साँस लौट आई।

अगले दिन वह अजीब सा दिखनेवाला फकीर फिर से मेरे घर आया। उसके पहले शब्द थे : 'क्या आपको पता है कि रात को आपका दम क्यों घुट रहा था? मैं आपको बताना चाहूँगा। मेरा जिन्न इस बात से नाराज़ था कि आपने उसका मालिक बनने से इंकार कर दिया, वह आपको सजा देना चाहता था। मुझे खेद है कि उसने आप पर हमला किया, काश मैं उसे ऐसा करने से रोक पाता। बदकिस्मती से, अब उस पर मेरा इतना जोर नहीं रहा और मैं लाचार था। उस दिन मैंने आपको बिना बताए जिन्न को आपकी सेवा में देने की कोशिश की थी। अगर मैं कामयाब हो जाता तो शायद वह आपके संसारी मामलों में इतनी मदद करता कि आप अंदाज़ा भी नहीं लगा सकते। पर मेरे अनुष्ठान में कोई कमी रह गई। मैंने अनजाने में या

लापरवाही से एक ज़रूरी बात का ध्यान नहीं रखा। नतीजन अब मैं जिन्न को वश में भी नहीं कर सकता। आप भी उसके मालिक नहीं बने इसलिए अब वह जिन्न मेरे लिए बुरी मंशा रखता है। उसने कहा है कि अगली पूर्णिमा से पहले मेरी जान ले लेगा। मुझे डर है कि अब इस दुनिया से विदा लेनी होगी। राजकुमार को दम लेने के लिए अपनी कहानी बीच में रोकनी पड़ी।

कुछ देर बाद राजकुमार ने आगे कहा, मुझे फकीर से यह अजीब कहानी सुनने को मिली। मेरे लिए तो यह सब कमाल की बात थी। अपनी आधुनिक शिक्षा के चलते मैं पूरी तरह से उसकी बात पर यकीन नहीं कर पाया। मैंने यही माना कि उस रात मुझे कोई बुरा सपना आया होगा। पर जरा ठहरें ...।

माफ करें, आपको अच्छी तरह याद है कि आपने फकीर की बात पूरी होने से पहले, अपने रात के अनुभव के बारे में एक भी शब्द नहीं कहा था?

एक भी शब्द नहीं। किसी से भी एक भी शब्द तक नहीं कहा था। वह आदमी तो मेरे घर आने से पहले ही सब जानता था। यह अद्‌भुत था। पर इसके आगे भी तो सुनें। मुझे पता है कि आपको यह किस्सा अरेबियान नाइट्स की कहानी जैसा लगेगा, पर अब तक आपको पूरब का बहुत सा अनुभव हो चुका है और आप जानते हैं कि इस तरह के चमत्कार होते आए हैं और संभव हैं।

मेरे साथी ने थोड़ा रुककर, आगे का किस्सा सुनाया। बहुत जल्दी फकीर के साथ वही हुआ, जिसका उसे डर सता रहा था। अठारह दिन बाद वह मारा गया। पूर्णिमा से ठीक एक दिन पहले उसकी मौत हुई, जैसी जिन्न ने धमकी दी थी!

***

एक और दिन धीमी गति से बीत गया। हमारा यह व्याकुल ग्लोब एक और चक्कर पूरा कर चुका था। मैं अपने नेपाली मित्र के साथ एक और सैर कर आया था। हम जंगल से घिरी खाई में करीब डेढ सौ फीट, पेड़ों के तने पकड़ते हुए नीचे उतरे और कुछ दूरी तक पेड़ों के बीच तिरछे चलते हुए अपने लिए रास्ता बनाया।

फिर हम उसी राह पर लगभग आधा मील चलते रहे। फिर हमने अचानक बाईं ओर मोड़ लिया और एक गहरी खाई की ओर नीचे ढलाने में उतरने लगे। चारों ओर देवदार के ही पेड़ दिख रहे थे। कहीं-कहीं बलूत के पेड़ों के अलावा कहीं इक्का-दुक्का बुरुंश के फूल भी दिख जाते थे। हमारी इस यात्रा में कुछ जंगली

जानवरों की झलक से भी रंग आने लगा, ढलान इतनी तीखी थी कि हमारे लिए धीमे चलना लगभग असंभव था। हम तकरीबन फिसलते हुए खतरनाक जगहों से उतर रहे थे। हाथों में पकड़ी हुई अल्पाइन की तीखी टहनियों से सहारा मिल रहा था। इस तरह हमने रिकॉर्ड समय में दो हजार पाँच सौ फीट का रास्ता तय किया और झाड़ियों, पेड़ों, काँटों, ठूँठों, चट्टानों, पत्थरों और कच्ची ज़मीन के जंगली रास्ते को पार करते हुए खाई की तलहटी में आ पहुँचे। नीचे आते ही, इतनी तेज़ गति से उतरने का इनाम भी हमारे सामने था।

सुंदर अद्भुत दृश्यों में से एक, अचानक ही हमारे सामने आ गया। हमने स्वयं को एक नदी के पास पाया। जो पच्चीस फीट चौड़ी होने के बावजूद सूखकर कुछेक गज के चौड़े पाट की रह गई थी। हमारे चारों ओर बड़े विशाल पत्थर और चट्टानें दिख रही थीं। गहरी हरी झाड़ियों और नदी के किनारे कतार में खड़े पेड़ों के बीच सुंदर लाल लपटोंवाले बुरुंश गजब ढा रहे थे। पानी भयंकर गति से आगे बढ़ते हुए, छोटे झरनों की ओर जा रहा था, भारी पत्थरों के बीच गोलाकार चक्कर लगाते हुए, असंख्य धुले कंकड़ों के बीच सुरीला संगीत सुना रहा था, जो सूरज की रोशनी में हर संभव रंग में दमक रहे थे। हमारे आसपास नीले आकाश को चूमते हुए पर्वतों के ऊँचे संकरे हिस्से दीवारों की तरह तने थे। आकाश में चारों ओर हल्के सफेद दूधिया बादल दिखाई दे रहे थे।

हमने तेज़ी से बहते नाले को पार किया और एक बड़े पत्थर पर बैठकर उसकी सुंदरता का आनंद लेने लगे। पानी हमारे पैरों को चूम रहा था। मैंने पत्थरों पर नृत्यरत सुनहरी किरणों को देखा। इस इलाके में कुदरत को अपने ही भव्य और उद्दाम रूप में देखने का विस्मय कभी अंत नहीं होता। इस परिवेश का अपना ही सम्मोहक आकर्षण है, जिसका वर्णन नहीं कर सकते। किसी प्राचीन संस्कृत कवि ने सही कहा है, 'देवताओं के सैंकड़ों युगों में भी मैं आपको हिमालय की कीर्ति गाथाएँ नहीं सुना सकता।' मुझे नहीं लगता कि इस भव्य पंद्रह हज़ार मील के पर्वतीय जगत के सौंदर्य का दोहराव हो सकता है। इसके बारे में जो भी कहा जाएगा, वह कभी अतिश्योक्ति नहीं होगा।

राजकुमार मसूरी ने नदी के किनारे टहलने का मन बना लिया और हम एक से दूसरे पत्थर पर कूदते हुए, छड़ियों की मदद से पथरीले रास्ते पर आगे बढ़ने लगे। लगभग एक मील तक चलने के बाद हम पर्वतों की संकरी ऊँची दीवारों के पास पहुँच गए। अब इसके बाद उन खड़ी चट्टानों पर चढ़ना असंभव था। ये भव्य

दीवारे किसी विशाल गोथिक चर्च जैसी लग रही थीं, जिसकी मीनारों को भूकंप ने आपस में अलग कर दिया हो। हम अकसर चलते-चलते रुक जाते और बहते हुए नाले के सुरीले संगीत को सुनने लगते, जो चट्टानों को चीरते हुए अपने रास्ते बढ़ा जा रहा था। एक दो माह में ही यह नाला एक बड़ी और चौड़ी नदी में बदल जाएगा और इसकी ऐसी गुनगुनाहट मिलनी असंभव होगी।

हम अपनी सैर से थककर लौटे परंतु मन बहुत संतुष्ट था। हमने घर की राह ली। तीखी चट्टान पर लगभग ढाई हजार फीट की चढ़ाई दम फुलाने के लिए काफी थी, हमने यहाँ-वहाँ की बातों और चुटकुलों के बीच अपने माहौल को हल्का बनाए रखा। फिर भी ऊपर तक आना किसी भारी संघर्ष से कम नहीं था।

जब हम जंगल के पास से गुज़रे, तो उसके दृश्य को सराहने के लिए कुछ देर रुक गए। मैं जानता हूँ कि यह जंगल भालुओं को बहुत प्रिय है इसलिए मैंने राजकुमार को चेताया कि दिन ढल राह था। वे इस खतरे की बात सुनकर हँसने लगे।

नेपाल में भी बहुत भालू होते हैं। कुछ जिलों में तो इतने भालू हैं कि औरतें हमेशा अपने साथ घास काटने की दरांती के अलावा कांटेदार पंजा भी रखती हैं। वे भालू के हमलों से बचाव में सहायक होते हैं। वे बाएँ हाथ में काँटा पकड़कर, जानवर को पीछे रखती हैं और फिर दूसरे हाथ की दरांती से वार करती हैं।

हमारे पहाड़ों में कहा जाता है कि अगर कोई भालू अचानक और अनपेक्षित रूप से सामने आ जाए, तो उस समय धरती की ओर मुख करके लेट जाना चाहिए। इस तरह दिखाना चाहिए मानो तुम मर गए हो। भालू तुम्हें सूँघकर वापस चला जाएगा। मैंने अभी तक इसे आज़माया नहीं है पर उम्मीद करता हूँ कि सच ही होगा। वैसे कभी आपने घायल भालू की कराह सुनी है? हमने कुछ समय पहले एक भालू को गोली मारी थी पर उसे जान से मारने में असफल रहे। यह एक इंसान की तरह रो रहा था। बिलकुल ठीक उसी सुर में!

जब कोई घोड़ा बुरी तरह से डर जाता है तो वह भी बिलकुल इसी तरह हिनहिनाता है मानो कोई इंसान रो रहा हो। एक बार मैं अपने भाई और नौकर के साथ नेपाली हिमालय के पहाड़ी रास्ते से होकर जा रहा था। वह भी ऊँची संकरी चट्टानोंवाला रास्ता था। मेरा भाई घुड़सवारी से थक गया तो वह घोड़े से उतरा और उसकी रास पकड़कर पैदल चलने लगा। अचानक एक तीखा मोड़ आया और

उसका घोड़ा फिसलकर खाई की ओर गिरा। उसके दौ पैर हवा में थे पर उसने किसी तरह आगेवाले पैरों से छोर को जकड़ लिया। मेरे भाई ने उसका सिर हाथों में पकड़ा और हम दोनों उसकी मदद के लिए भागे। घोड़े का अधिकतर भार खाई की ओर था और हम तीनों की लाख कोशिशों के बाद भी हम उसे सुरक्षित वापस नहीं ला सके। बेचारा जीव अपने आसपास मंडरा रहे खतरे को भाँपते ही बुरी तरह से हिनहिनाने लगा। हमने उसे बचाने की बहुत कोशिश की पर उसका भार ज्यादा था और उस जगह हमारे अपने पैर भी नहीं टिका पा रहे थे। जब घोड़े ने भी हिम्मत हार दी तो उसका रुदन और भी बढ़ गया। वह मारे भय और दुःख के इंसानों की तरह रोने जैसी आवाजें निकाल रहा था। अंत में वह हमारी पकड़ से छूटा और नीचे गहरी खाई में जा गिरा। नीचे गिरकर बुरी तरह से कुचलने तक वह लगातार तेज़ आवाज़ में रोता रहा था।

मेरे नौकरों में एक ने मुझे एक नर-पशु की असाधारण जाति से भेंट के बारे में बताया था। वे नेपाल के जंगली इलाकों के भीतरी हिस्सों में रहते हैं। वे स्वयं को सदा छिपाए रखते हैं और इंसानों के साथ से दूर ही रहते हैं। उनके शरीर पूरी तरह से उलझे हुए बालों से ढके रहते हैं; वे हमारी जाति के स्त्री-पुरुषों की तुलना में ठिगने होते हैं; जबकि उनके चेहरे काफी हद तक चिंपांजी और मनुष्य के चेहरे से मिलते-जुलते होते हैं। हमारी देसी ऐतिहासिक परंपराओं में प्राय: इन लोगों के किस्से कहे जाते हैं, परंतु इन दिनों इन्हें खोज पाना कठिन है।

अगर पशुओं की बात करें, तो मैं आपको बताना चाहूँगा कि कैसे मुझे एक बार हाथी के साथ दौड़ लगानी पड़ी थी। हम बहुत सारे लोगों ने मिलकर एक दल बनाया और शिकार को निकले। हम सभी हाथियों पर हौदे में सवार थे और नदी पार करते हुए, एक हाथी बौरा गया। उसने अपने सवार को पानी में डुबोते हुए, अपनी सूंड से नीचे फेंककर मारने का प्रयत्न किया। जब कोई हाथी पगला जाए तो उस पर कोई तर्क काम नहीं आता। उसका सवार अपनी जान बचाकर भागा और दूसरे हौदे पर शरण ली। हम जितनी जल्दी हो सके, उस जगह से निकले और उस बौराए हाथी को वहीं छोड़ दिया गया। बदकिस्मती से हमें शाम को फिर उसी रास्ते से वापस ज़ाना था और हमारे पास कोई और उपाय नहीं था। वह पागल हाथी हमें वहीं प्रतीक्षा करता दिखाई दिया। उसने हमारे दल पर धावा बोलते हुए, एक आदमी को अपनी सूँड में टाँग से पकड़ लिया और उसे यहाँ-वहाँ झुलाने लगा। हाथी ने उसे इस तरह हवा में लहराया मानो वह कोई झंडा हो। उस आदमी को

अपनी आँखों के आगे मौत नाचती दिखाई दे रही थी। वह डर के माने इतनी जोर से चिल्लाया कि सचमुच पागल हाथी भी थोड़ा सा डर गया। उसने अपने शिकार को वहीं छोड़ दिया। वह आदमी जमीन पर गिरा पर उसे चोट नहीं आई। वह झट से भागकर दूसरे हाथी के पैरों के नीचे जा छिपा और सुरक्षित हो गया।

पागल हाथी का गुस्सा सातवें आसमान पर था क्योंकि शिकार हाथ से निकल गया था। वह सीधा मेरी ओर भागा। यह परिस्थिति याद दिला रही थी कि विवेक भी साहस का अंग होता है। मैंने अपने हौदे से छलाँग भरी और घने जंगलों की ओर दौड़ने लगा। पगाल हाथी गुस्से में सूँड लहराते हुए मेरे पीछे भागा। मैं इतनी तेज़ी से दौड़ा जितना पूरे जीवन में कभी नहीं दौड़ा था। पूरे शरीर से पसीना टपक रहा था। एक पल को तो लगा कि मैं अपनी गर्दन के पिछले हिस्से पर उसकी साँस महसूस कर सकता था। मुझे पता था कि उसके खिलाफ मेरे पास कोई बचाव नहीं था इसलिए मैंने अपनी पूरी ताकत बटोरी और जी-जान से दौड़ने लगा। उस रात सचमुच ज़मीन पर दौड़ने के बजाए उड़कर ही मेरी जान बची थी।

उस रात जब हम बंगले में रात का खाना खाने लगे, तो मुझे एहसास हुआ कि सचमुच भूख सबसे स्वादिष्ट व्यंजन है। अगर भूख लगी हो तो डिब्बाबंद भोजन भी ताज़ा और खुशबूदार लगने लगता है।

इसके बाद आनेवाले तीन दिन उस इलाके के अलग-अलग हिस्सों की सैर में बीते। इस तरह राजकुमार के साथ की जानेवाली इस सैर में मुझे अपने ही आसपास के इलाके को और बेहतर तरीके से जानने का अवसर मिला और शरीर का व्यायाम भी हुआ, जिसकी मुझे सख्त आवश्यकता थी। हम गहरी और संकरी खाईयों तक चले जाते, जहाँ कँटीली पगडंडियों के सिवा कोई राह नहीं होती थी। हम नुकीली और तीखी चट्टानों से होकर गुज़रे और गहरी घाटियों में बसे वनों की सैर की। हमारे सिरों पर आसमान में गिद्ध उड़ते दिखाई देते। वे बहुत ऊँचाई तक उड़ान भरने के बाद, अपने पंख हिलाए बिना, एक सुरक्षित दूरी तक नीचे उतर आते। वे मीलों लंबी इस यात्रा में एक बार भी पंख हिलाए बिना, अपनी गति बनाए रखते थे। उन्हें इस तरह उड़ान भरते देखना एक विस्मयकारी अनुभव था।

इन उलझे हुए संकरे ऊँचे हिस्सों की पथरीली सतह पर किसी वनस्पति का उगना संभव नहीं है जबकि कुछ हिस्से भरपूर हरियाली से घिरे हैं। इन भूरी चट्टानों की वीरानी और एकांत को ढकने के लिए इक्का दुक्का फूलों के पौधे दिख जाते

हैं, जो जापानी छोटे बगीचों जैसे लगते हैं। हल्के सफेद, पीले, गुलाबी फूल; चट्टानों के बीच उग आए छुईमुई के पौधे देखने के लिए अक्सर ठिठकना पड़ता है। पथरीले रास्ते के भीतरी ओर हरी काई के पास ही एक पीला गेंदा अपनी सुंदरता बिखेर रहा है। हिमालय पर उगनेवाला जंगली रसभरी का पौधा अक्सर हमें अपने कच्चे सिंदूरी फल दिखाकर लुभाता है; गुलाबी जंगली फूलों की बेलों से जंगल भरा हुआ है। इधर-उधर छोटी पंखुड़ियोंवाले जामुनी फूल भी दिख जाते हैं और यहाँ तक कि अंग्रेजी नस्ल का पीला छोटा गुलाब भी अपने पूरे अस्तित्व के साथ उपस्थित है।

संध्या समय, जब हरी-भरी चोटियाँ जामुनी आभा से रंग जाती हैं, सुनसान रास्ते गुलाबों से अटे हुए हैं और जब ढलता हुआ सूरज शिखरों पर सुनहरी किरणें बिखेरता है, तो सारे हिमालय क्षेत्र पर परम शांति का भाव विराज जाता है। इस सौम्य, शहरी कोलाहल से दूर स्थान पर, कारों या ट्रामों का कोई शोर सुनाई नहीं देता। न तो कोई आवाजें और न ही इंसानी भीड़; दिन बहुत ही सहजता से बीतकर, बीते हुए दिन में बदल जाता है। यहाँ दूर क्षितिज तक, जहाँ दिन और रात मिलते दिखाई देते हैं, वहाँ तक मनुष्य को परम संतोष के साथ संपूर्ण प्रशांति का अनुभव हो सकता है।

***

एक और उजली दोपहर आ पहुँची। दोपहरी का सूरज धरती पर तिरछी किरणें बिखेर रहा है। हवा में चारों ओर कुछ खोजनेवाली मक्खियों की तलाश जारी है। जंगल के काई से ढके टीलों पर कई तरह के छोटे पक्षी बसेरा डाले हुए हैं। कुदरत की आनंददायक ध्वनियों के अतिरिक्त, इस परिवेश में एक सम्मोहक मौन छिपा है। कोई विश्वास नहीं कर सकता है कि जीवन सुंदर, दयालु और शांत होने के सिवा और कुछ नहीं है। फिर भी, सुदूर उत्तर में, यूरोप तनाव, भय और दबाव के बीच जी रहा है; पूरब में समान दूरी पर चीन गणतंत्र किसी टूटे बर्तन की तरह टुकड़ों में विभाजित हो रहा है और कहीं पश्चिम में, यूथोपिया के राजसी परिवार में मृत्यु की घरघराहट सुनी जा सकती है।

सभ्यता के भीड़ भरे केंद्रों में, सूक्ष्म मनुष्य इधर-उधर भागते फिरते हैं; वे आत्मलीन हैं और उस ग्रह के लिए आपस में संघर्ष कर रहे हैं, जिसका अंतिम विश्लेषण उनसे कोई संबंध नहीं रखता। यहाँ अनेक उच्च शिखर ग्रह पर शान से सिर उठाए खड़े हैं, मानो वे उनके राजत्व, शक्ति और भव्यता से अनजान हों।

हम दोनों बंगले के बरामदे में बैठे थे, राजकुमार मसूरी शमशेर जंग बहादुर राणा और मैं अपनी-अपनी बेंत की आरामकुर्सी पर उस परम संतोष के बीच विराजमान थे, जो अक्सर किसी दोपहर के स्वादिष्ट भोजन के बाद चेहरे पर दिखाई देता है।

पता नहीं हमारे माहौल का असर था या यूँ ही उनके मन में एक विचार आ गया और हमारे बीच भगवान बुद्ध के बारे में बात होने लगी। उन्होंने कहा, नेपाल ने दुनियाभर की अच्छी सेनाओं से कहीं अधिक योगदान दिया है। क्या आप जानते हैं कि महान गौतम बुद्ध का नेपाल से आत्मीय संबंध था? उनका जन्म नेपाल की सीमाओं पर हुआ। तीन सौ मिलियन एशियाई लोगों के लिए नेपाल में, पाँच एकड़ में फैला छोटा सा रुम्मिनदेई वन, उनके जन्मस्थान के रूप में पवित्र माना जाता है। सम्राट अशोक ने लगभग 2200 वर्ष पूर्व उस स्थान पर एक शिलालेख की स्थापना की थी, जो आज भी ज्यों का त्यों मौजूद है।

और जब, भारत में मुसलमान हमलावरों या कट्टर रुढ़िवादी ब्राह्मणों के कारण बौद्ध धर्म अपनी स्थापना के लगभग हज़ार वर्ष बाद नष्ट होने लगा, तो अनेक विद्वान और भिक्षु नेपाल के पहाड़ी इलाकों में आ गए क्योंकि वे अपने पूर्वजों के धर्म का त्याग नहीं करना चाहते थे। उस जगह वे सुरक्षित थे। यही कारण है कि आज हमारे बौद्ध मठों व मंदिरों में हज़ारों की संख्या में दुर्लभ और प्राचीन पांडुलिपियाँ, ताड़पत्रों पर लिखी पुस्तकें, मूर्तियाँ, प्रतिमाएँ और प्राचीन वस्तुएँ हैं, जो वे शरणार्थी अपने साथ लाए थे। यही कारण है कि आधुनिक नेपाल के धर्म में भी बौद्ध और हिंदू धर्म का मिश्रण दिखाई देता है। एक नेपाली को दोनों धर्मों में किसी विरोध का सामना नहीं करना पड़ता और वह प्राय: एक दिन हिंदू मंदिर में और दूसरे दिन बौद्ध मठ में शीश नवाता है। जैसा कि आप जानते हैं कि मैं एक हिंदू हूँ पर मेरे मन में बौद्ध धर्म के लिए भी उतनी ही श्रद्धा है।

हालाँकि क्या आप जानते हैं कि बौद्ध धर्म के अंतिम गढ़ उत्तरी भारत की सीमा पर रहे, जो अब नेपाल, तिब्बत और सिक्किम में हैं परंतु कभी यह टिहरी गढ़वाल के इलाके में भी फला-फूला था? बरहट नामक एक जगह है, जो यहाँ से ठीक पच्चीस मील की दूरी पर स्थित है। उस जगह अन्य भवनों सहित प्राचीन मंदिरों के अवशेष भी मिलते हैं, एक तांबे का बड़ा सा त्रिशूल भी है, जिस पर नेपाली बौद्ध राजाओं के आगमन के बारे में सूचना अंकित है। वे बारहवीं सदी के आसपास उस स्थान पर तीर्थयात्रा के लिए आते थे। चीनी बौद्ध तीर्थयात्री हवेन

सांग का कहना है कि यह क्षेत्र उसके समय में ब्रह्मपुत्र की राजधानी कहलाता था और इस जगह पर प्राचीन बौद्ध धर्म का अस्तित्व था।

हम हिंदू और बौद्ध धर्म की आश्चर्यजनक समानताओं और विचित्र दिखनेवाले विरोधाभासों पर चर्चा करने लगे। मैंने राजकुमार को बताया कि एक यूरोपियन बुद्धिजीवी होने के नाते, मुझे भगवान बुद्ध के साथ जो निकटता अनुभव होती है, वह मैं इतनी सरलता से श्रीकृष्ण के साथ नहीं कर पाता क्योंकि बुद्ध एक विचारशील व्यक्ति थे, जो देवता बने और श्रीकृष्ण जन्म से ही देवता थे, जो कभी-कभी मनुष्यों की तरह पेश आते थे। भगवान बुद्ध ने सामान्य मनुष्य के जीवन में आनेवाले प्रलोभनों का अनुभव पाने के बाद स्वयं को स्त्रियों से दूर व निष्कलंक रखा, जबकि श्रीकृष्ण का संबंध अनेक स्त्रियों से रहा। भगवान बुद्ध ने ऐसे संसार का त्याग नहीं किया था, जिसके बारे में वे कुछ नहीं जानते थे, जैसा कि बहुत से भिक्षु करते हैं। उनके लिए अपने राजसी जीवन के वैभव और काम प्रलोभनों का त्याग करना सरल नहीं रहा होगा और यही देखकर उनके प्रति आदर व श्रद्धा का भाव उमड़ता है, परंतु श्रीकृष्ण का मानवीय भावनाओं का आश्रय लेना, इतना प्रशंसनीय नहीं था। हो सकता है कि उनकी कहानी के आसपास बचकाने मिथ गूँथे गए हों, हो सकता है कि इस प्रेमविलासी देवता के रोमांच और उनसे जुड़े रंगीले शिलामुद्रण; जिनसे हिंदू प्राय: अपनी दीवारों की सजावट करते हैं, वे पूरी तरह से गैर-ऐतिहासिक रहे हों।

यही बेहतर होगा कि हम इन कथाओं को पृष्ठभूमि में ही रहने दें। हालाँकि मैंने उन्हें यह भी बताया कि मैंने श्रीकृष्ण को अपने जीवन के उत्तरार्ध में धार्मिक श्रद्धा का केंद्र पाया, मेरे लिए श्रीकृष्ण के उपदेश जीवन को उन्नत करनेवाले रहे हैं : उन्होंने अपने शिष्य अर्जुन को जिस प्रकार निर्भीक होकर बिना किसी संकोच के अपना पूरा जीवन परम शक्ति के हाथों सौंपने को कहा, वह वास्तव में किसी भी दूसरे व्यक्ति के लिए प्रेरक हो सकता है। जहाँ भगवान बुद्ध केवल कोरे तार्किक और केवल मानवीय प्रयासों पर निर्भर दिखते हैं, वे उस परम शक्ति से भी स्वतंत्र हैं, जो ईश्वर समर्पण करनेवाली आत्मा को प्रदान करता है।

अर्जुन और श्रीकृष्ण के संवाद में ही श्रीकृष्ण भगवान बुद्ध की भी तुलना में कहीं अधिक सर्वश्रेष्ठ, स्नेही और प्रिय हो जाते हैं क्योंकि वहाँ वे भगवान बुद्ध की तरह केवल वैराग्य की बात न करते हुए, अपने शिष्य के स्तर पर आकर वार्तालाप करते दिखाई देते हैं।

फिर मैंने राजकुमार मसूरी को कमरे में बुलाया और एक लंबा सा संदूक खोलकर बौद्ध कला का एक अद्‌भुत नमूना दिखाया। यह उपहार मुझे एक ऐसे व्यक्ति से मिला था, जिसका नाम न लेना ही ठीक रहेगा। यह एक ऐसी वस्तु है, जो मेरे साथ लगभग पूरी दुनिया घूम चुकी है; एक लकड़ी की गोल छड़ी पर आधा फीट चौड़ा हल्के पीले रंग का चित्रपट बना है, जिसे लाल रेशमी फीते से बाँधा गया है। मैंने बहुत ही सावधानी से धीरे-धीरे उसे खोला और हमारे सामने एक नीले और पीले रेशमी वस्त्र पर बना एक बहुत विशाल चित्र उपस्थित था। नीचे से ऊपर तक उजले और चमकदार रंगों से बना वह चित्र, दीवार पर टाँगते ही किसी धातु पर रखे गए चमकीले नीलम सा जगमगा उठा।

मेरे साथी ने चित्र का बहुत ही बारीकी से अध्ययन किया। उन्होंने कहा, यह तो वास्तव में किसी तिब्बती मठ से मिली प्रामाणिक वस्तु है। फिर उन्होंने उसे पलटकर पीछे की ओर देखा। लाल स्याही में लिखी कुछ पंक्तियों से उनके कथन की पुष्टि हो गई।

हालाँकि चित्र को लपेटनेवाला वस्त्र और उसकी पृष्ठभूमि समय के साथ थोड़े धूमिल हो गए हैं, परंतु उसका रंगीन हिस्सा आज भी अपने रंगों के साथ इतना उजला और चमकीला है, मानो उसे कलाकार ने एक या दो साल पहले ही रंगा हो। इसमें भगवान बुद्ध के अड़तीस छोटे चित्र हैं, जिन्हें ऊपर से नीचे तक सात सीधी पंक्तियों में दिखाया गया है। इनमें एशिया का प्रकाश कहे जानेवाले भगवान बुद्ध पद्मासन लगाए बैठे हैं परंतु उनके हाथों की मुद्राएँ सभी चित्रों में अलग हैं। उनके हाथों की ये अड़तीस मुद्राएँ प्रतीकात्मक होने के अतिरिक्त बहुत गहरा अर्थ रखती हैं, जबकि पीछे लिखी पंक्तियाँ छोटे चित्रों के अनुरूप हैं। यदि चित्र को ध्यान से देखा जाए तो इन छोटे अक्षरों को भी रोशनी में पढ़ सकते हैं। वे 'ओम्-अह-हम्' का दोहराव ही हैं मानो हर चित्र के मुख से वे शब्द निकल रहे हों। यह एक रहस्यमयी बौद्ध मंत्र है, जो अनेक पवित्र अर्थ व प्रतीकों से भरा है।

इस सारे चित्र के मध्य में भगवान बुद्ध का एक विशाल चित्र है। इसमें भी वे पद्मासन लगाए हुए हैं; बाएँ हाथ की हथेली ऊपर की ओर है और अंगूठा गोद में ऊँचा उठा हुआ है, जबकि दाँया हाथ खुली हुई अंगुलियों के साथ धरती पर गिरा हुआ है। वे उनतीसवें बुद्ध हैं, जो मेरे लिए निजी रूप से महत्त्व रखते हैं।

हम दोनों बहुत देर तक मेरे खज़ाने को ताकते रहे। प्रज्ञावान गौतम की वे

लघु आकृतियाँ अपने साथ एक सौम्य आशीर्वाद का भाव ले आई थीं, एक परम शांति! इस कलात्मक चित्र की लय कितनी सुंदर मुद्रा व आकार में दिखाई देती है। मुझे मानना ही होगा कि हिंदुस्तान में चारों ओर मिलनेवाली श्रीकृष्ण की असंख्य पीतल और तांबे की मूर्तियों के प्रति ऐसा भाव नहीं उपजता। उनकी नृत्यरत भंगिमा से कोई उत्साह या आशीर्वाद का भाव नहीं झलकता। फिर भी इसमें कोई संदेह नहीं है कि श्रीकृष्ण का संदेश जीजस के संदेश की तरह ही दिव्य था और दोनों ही भगवान बुद्ध की भाँति प्रज्ञावान भी थे। हो सकता है कि यह मेरा ही आधुनिक नज़रिया हो, जो बाज़ार में ग्रीक सादगी से भरा आकार और सुकरात जैसा कौतूहल खोजते हुए, श्रीकृष्ण की प्रेरक अभिव्यक्ति के स्थान पर भगवान बुद्ध के आत्मीय शब्दों में अधिक बौद्धिक निर्देश पा रहा हो। हालाँकि दुर्भाग्य से, भगवान बुद्ध ने अस्तित्व को बहुत अधिक गंभीरता से ले लिया है। हो सकता है कि उन्होंने किसी निश्चित हिंदू दार्शनिक के ग्रंथ से एक पृष्ठ निकालकर उसे एक सपने की तरह, एक अति अलंकृत आवेश और उमड़ती लहरों की तरह देखा हो, जो सागर को ठीक वैसा ही छोड़ जाती हैं, जैसा वह पहले था। यदि भगवान बुद्ध ने जीवन पर हँसना सीखा होता तो एशिया का धार्मिक इतिहास अलग ही होता।

परंतु अब मुझे अपने इस ट्रांस-हिमालय खज़ाने को आराम से सहेजकर रख देना चाहिए। फिर नेपाली राजकुमार ने जाने की तैयारी आरंभ की। मैंने उन्हें इस बौद्धिक उत्तेजना के सुखद आश्चर्य के लिए धन्यवाद दिया, जो उनकी ओर से मुझे अचानक ही मिला था, मैंने कई सप्ताह तक वृक्षों, चट्टानों और घाटियों के बीच अकेले घूमते हुए इसे पाया। वे उछलकर अपने घोड़े पर सवार हुए और अपना हाथ हिलाते ही, मेरे बंगले के बाहर खड़े वृक्षों की पंक्ति के बीच ओझल हो गए। वे तेज़ हवा के झोंकों के बीच भी पूरी तरह से तने हुए थे। उनकी तनी हुई देह भी उन लोगों के जुलूस का हिस्सा बन गई, जो आते और जाते रहे हैं जैसे सितारे रात को आकाश में चमकते हैं और फिर ओझल हो जाते हैं। वे जिस संसार से संबंध रखते हैं, उसका अपना ही दावा है, परंतु कुछ ऐसा भी है जिसे वह संसार नहीं पा सकता और उनके हृदय में चुपके से जड़ें जमा चुके उस नाजुक पौधे को जान सकता है, जो एक दिन निश्चित रूप से फलेगा-फूलेगा।

15

खुले मैदानों में मेरी रात्रि सैर - सितारों पर मनन - ज्योतिष का सच - सीरियस का रहस्य - क्या दूसरे ग्रहों पर जीवन है? - सूर्य का प्रतीक - देवदार वृक्ष से बातें - मेरे बंगले से विदा

जब कोई पूरी तरह से अकेला हो तो दिन बहुत तेज़ी से नहीं बीतते। मैं अपने दिन के धीमी गति से बीतनेवाले घंटों को विविध किस्मों के पौधे या चट्टानों की परतें देखते हुए बिताता हूँ। मैं जंगली जानवरों को बहुत ध्यान से ताकता हूँ जो समय-समय पर मिलते या दिखाई देते हैं, ये जीव पूरी लापरवाही से, शिकार होने के भय से दूर आराम से विचरते हैं। मैं आकाश दर्शन करनेवालों में शुमार हो गया हूँ, पूरी सावधानी से आसपास विचरती धुंध की जलयात्रा के साथ हो लेता हूँ। मैं कभी-कभी आनेवाले तूफान के साथ आनेवाली मूसलाधार बरसात को सुनता हूँ, जैसे मैं अपने सभ्य दिनों में किसी नगर ऑर्क्रेस्ट्रा की सिंफनी के नोट्स सुनता था।

कभी-कभी मैं बेवक्त जागकर किसी चीते की तरह उठकर गश्त लगाने लगता हूँ क्योंकि मुझे घड़ी देखने की कोई आवश्यकता नहीं है, जो आधुनिक अस्तित्व बनाती है। एक बड़े पत्थर पर बैठकर, रात के दस, ग्यारह, बारह, सुबह के एक या दो बजे अपनी दृष्टि से आकाश में दिखते तारों को पहचानकर चुनता हूँ।

इन टिमटिम करते तारों का रहस्य बड़े ही आराम से सो रहे

नगरवासियों की ओर से इतना उपेक्षित रहा है कि यह मुझे प्रभावित करने लगा है। मैं बार-बार अपने रात्रि मनन के लिए इनके पास लौट आता हूँ। ये उन चिंगारियों की तरह दिखते हैं, जो अनंत की निहाई से छूटे हैं। मैं किसी पेशेवर खगोलशास्त्री की तकनीकी विशेषज्ञता के साथ इनका अध्ययन नहीं कर सकता, जो अपनी शक्तिशाली दूरबीन की मदद से इन्हें देखते हैं। मुझमें पुराने जमाने के नाविकों की तरह उत्सकुता से भरपूर रुचि भी नहीं, जो अपनी दिशा जानने के लिए उनका निरीक्षण किया करते थे। परंतु मैं इस जगह बैठकर, उनकी प्रकृति का अनुमान लगा सकता हूँ और संभवत: किसी दिवास्वप्न के माध्यम से, उनके साथ अतींद्रिय संपर्क स्थापित कर सकता हूँ।

मेरे सिर पर असंख्य जगमगाते संसार दिखाई देते हैं। जो व्यक्ति यह नहीं देख सकता कि एक उच्चतम शक्ति इनकी व्यवस्थित लय में बँधी गतिविधि को निर्देशित और संचालित करती है, वह कोई बौद्धिक नेत्रहीन ही होगा। ब्रह्माण्ड जीवित है, मरा हुआ नहीं है। परंतु यह नहीं कह सकते कि किसी भव्य विशाल मनुष्य के रूप में ईश्वर उन्हें निर्देशित और संचालित करता है। सितारों को दिशा देनेवाली बुद्धि और बल सहज भाव से उनके भीतर ही समाए हैं और उनकी आत्मा निर्मित करते हैं। संक्षेप में, जिस तरह बुद्धि और बल मनुष्य के भीतर समाए हैं और उसकी आत्मा निर्मित करते हैं। ईश्वर अपनी सृष्टि से कहीं बाहर नहीं है; सितारे कोई कठपुतलियाँ नहीं हैं जिन्हें वह डोरियों से नचाता है; और मनुष्य भी मात्र कठपुतली नहीं है जिसके साथ एक उदासीन दूरी रखते हुए, अनासक्त भाव से काम किया जा सके।

इस दौरान, हमारी घड़ियाँ हमारे ग्रहों को गति प्रदान करती हैं और हमारी अपनी पृथ्वी निरंतर अपने स्वामी के चक्कर लगाती है।

मैं आकाश में एक से दूसरे हिस्से की ओर देखता हूँ। उत्तर की ओर ड्रैगन दिखाई देता है, जो ध्रुव के निकट एक ऐसी अनजानी चमक के साथ प्रकाशित है, जो मैदानी इलाके के लोगों ने शायद ही देखी होगी। चीनियों ने हज़ारों साल पहले, इसे अपने राष्ट्रीय प्रतीक के रूप में चुना था, यह संसार की सबसे प्राचीनतम मौजूदा सभ्यता की चित्रलिपि है, यह उत्तरी नक्षत्रों में सबसे अधिक दर्शनीय है। आकाश के उत्तर-पश्चिम में ग्रेट बियर का राज है। आकाश के बीच में आर्कटुरस, 'द वाचर ऑफ द बीयर'- नारंगी रंग की आभा सहित मौजूद है! दक्षिण-पश्चिम में नीचे सेंटोर का तारापुंज है, जो आधा मनुष्य और आधा अश्व है। और एक तने

हुए धनुष के समान, मिल्की वे पूर्वी क्षितिज में उस ओर तक फैला है, जहाँ वह दक्षिणी ट्राईएंगल तक जाता है, वह भी इस तरह प्रकाशित है जिसे बादलों से घिरे उत्तरी आकाश के नीचे बसनेवाले कभी नहीं जान सकते।

स्पष्ट तौर से परिभाषित, स्कोर्पियो समूह, दक्षिण में अंग्रेजी के 'एस' अक्षर के आकार में दिखाई देता है, जो अपने साथी ज्यूपीटर के समान ही चमचमाता है, जो इसके ठीक दाईं ओर है। इनके मध्य में, मुझे एक छोटा सा लाल तारा दिखता है, जिसका प्रत्यक्ष आकार भ्रामक है, संभवत: एंटेयर्स इन सबके बीच सबसे बड़ा होगा; ठीक जिस तरह हम अंसख्य तारों की तुलना में सूर्य की विशालता से धोखा खा जाते हैं, जो दिखने में छोटे लगते हैं परंतु वास्तव में बहुत बड़े हैं।

और अचानक ही यादों के पिटारे से बूढ़े ज्योतिषी की कही बात याद आती, जो अपने ग्रह-नक्षत्रों और गणनाओं के साथ इस संसार से विदा ले चुका है। उसने धीरे से कहा था, तुम्हारी कुंडली में एंटेयर्स शनि के बहुत निकट बैठा है, जिसका अर्थ कम आयु में ही नेत्रहीनता होगा।

उसकी कही बात सच थी। मेरी और उसकी भेंट से पहले ही इसकी सत्यता प्रमाणित हो चुकी थी। एक सुबह, मेरी आँखों की पलकें बंद हो गईं और संसार मेरी नज़रों से ओझल हो गया। मैं अंधा हुआ और कई महीनों तक ऐसा ही रहा। तब सूरज, सितारें और सडकें मेरे लिए कोई अस्तित्व नहीं रखते थे। हो सकता है कि मेरे मन में इस पृथ्वी पर मेरे उपयोग के प्रति भावना रही हो। परंतु उस दौरान मैंने जो खोया, उसके बदले में जो पाया, उससे सब संतुलित हो गया - वह एक ऐसा आंतरिक जगत था जिसमें भूत भी यथार्थ हो जाते हैं। मुझे नहीं पता था कि आगे चलकर मैं जो दो किताबें तैयार करूँगा, वे नेत्रहीनों के लाभ के लिए ब्रेल लिपि में टाइप होंगी!

तो क्या मैंने ज्योतिष में विश्वास किया? संभवत: मैं विश्वास करता हूँ, परंतु ज्योतिषियों में मेरा विश्वास नहीं है। वे केवल आधे-अधूरे तथ्यों का व्यापार करते हैं, वे विविधताओं, अंधविश्वासों, नियमों और अनसुनी व्याख्याओं को प्रकट करते हैं। ज्योतिष में ऐसा बहुत कुछ है, जो निर्दोष निरीक्षक को कोई न कोई सुखद उपहार दे सकता है, परंतु एक बार विश्वास जम जाए तो उसे भ्रमित भी कर सकता है। यह सब अधूरा और अर्द्ध-वैज्ञानिक है। जिस भी सटीक भविष्यवाणी के बारे में हल्ला किया जाता है, उसके साथ ही कम से कम दर्जनों भविष्यवाणियाँ गलत भी होती हैं।

भारतीय पद्धति, पश्चिमी पद्धति की तुलना में अधिक जटिल है और इससे काफी अलग भी है। परंतु फिर भी दोनों पद्धतियों में ऐसे बहुत से रहस्य थे, जो प्राचीन जगत के साथ लुप्त हो गए इसलिए दोनों ही मार्गदर्शक के रूप में अविश्वसनीय हो गए हैं। हालाँकि असंख्य भूलों के बीच कहीं न कहीं तीर-तुक्का लगता रहता है। परंतु इतना सर्वज्ञ कौन होगा, जो पहले संकेत दे सके कि उनकी भविष्यवाणी सही है अथवा गलत? इनके बारे में निश्चित तौर पर कुछ नहीं कह सकते। इस प्रकार बुद्धिमान व्यक्ति बहुत सावधानी से इनका प्रयोग करता है या फिर पीछे हटकर, इन ज्योतिषियों पर भरोसा रखने के बजाए उस परम अस्तित्व पर भरोसा रखता है, जिससे कभी कोई भूल नहीं हो सकती। हो सकता है कि सितारों के बीच और भी विविध प्रकार के प्रभाव हों परंतु उसके भीतर तो केवल एक सर्वोच्च अस्तित्व का भी प्रभाव है।

तब उसे यह चिंता नहीं करनी होगी कि कब उसकी कुंडली में मंगल और सूर्य के बीच कोई दुष्ट संबंध होगा या जैसा कि मेरे साथ हुआ या फिर क्या शनि उसकी गर्दन से अपना जुआ उतारेगा? और न ही उसे यह सुनकर प्रसन्नता होगी कि ज्यूपीटर ने उसे आनेवाले पाँच वर्षों में धन देने का वादा किया है या वीनस के दुष्प्रभाव से तीन वर्ष में तलाक हो सकता है! वह इसे समझ जाएगा कि इन सारे भय तथा आशाओं के प्रति दासों की तरह अधीन होने से बेहतर होगा कि समझदारी से अनासक्त हो जाएँ। हो सकता है कि ऐसा करने के बाद मानो वह शांति के द्वार में प्रवेश कर जाए।

वह जानता है कि किसी प्रसिद्ध ज्योतिषी की भविष्यवाणी भी गलत हो सकती है और यदि उस पर काम किया जाए तो बरबादी की ओर भी ले जा सकती है, परंतु उस दिव्य अस्तित्व का मार्गदर्शन सदा संपूर्ण होगा और वही और अधिक सौम्यता, अधिक विवेक तथा अधिक प्रसन्नता की ओर ले जा सकता है।

***

कभी-कभी मेरी आँखें सीरियस, लुब्धक तारे पर टिक जाती हैं, जो भोर के तारों में सबसे अधिक चमकीला है, जो क्षितिज के छोर पर, जामुनी-नीले आकाश को भेदता है। मेरे लिए और एक वेधशाला में तारों का अध्ययन करनेवाले के लिए डॉग-स्टार आकाश के सभी तारों में से सबसे बड़ा है। हालाँकि खगोलशास्त्री इस विशाल और भव्य नीली चमक के भौतिक रूप को ही सराहते हैं; मैं भी

इसकी आश्चर्यजनक रूप से उजली चमक को सराहता हूँ परंतु यह विशुद्ध रूप से अतींद्रिय प्रभाव है।

मिस्रवासी इस सुंदर तारे को इतना ऊँचा मानते थे कि वे इसे 'दैवीय सोथी (सीरियस), स्वर्ग की रानी' के नाम से बुलाते थे। इसका मिड-समर उदय, नील नदी के वार्षिक जलप्लावन का सूचक है, जो सारी भूमि को सींचते हुए लाखों लोगों के लिए अन्न उत्पन्न करती है। उन्होंने इसे अपने ग्रंथों और अंकनों में स्थान दिया और इसे चित्रलिपि में अपने सबसे महानतम पर्वत की तरह दिखाया - एक त्रिकोण की आकृति। सितारे और पिरामिड के बीच भी एक आश्चर्यजनक संपर्क है। पुजारी-खगोलशास्त्री इसे ब्रह्माण्डीय इतिहास के युगों को मापने के आधार के रूप में लेते थे। वे इसके उत्तरोतर उदय को एक निश्चित जगह पर, उन कुछ क्षणों के दौरान देखते थे, जब इसका प्रकाश धूमिल होते हुए भोर के उजाले में विलीन हो जाता था। और जब ग्रीष्म संक्रांति में इसका उदय होता तो धरती और सूर्य के साथ इसकी स्थिति को ध्यान में रखते।

वे अपने निरीक्षण और गणना के आधार पर जानते थे कि वह स्थिति कितने समय बाद दोहराई जाएगी और उन्होंने इस अवधि को 'सोथी के चक्र' का नाम दिया। यह अवधि 1461 वर्षों से कम नहीं होती थी। इस प्रकार ग्रीष्म के मध्य प्रात:काल में, भोर से ठीक पहले सीरियस का उदय, प्रमुख मिस्री कैलेंडर का आरंभिक बिंदु बनता है और इसके सांसारिक चक्र का महान युग बनाता है। महान पिरामिड के चारों ओर, आधार के आवरणवाले पाषाणों की संख्या भी 1461 ही थी। यह ठीक वही संख्या है जो सोथी चक्र के सितारा वर्षों में पाई जाती है।

सीरियस का अन्य तथा पारंपरिक नाम डॉग-स्टार है। हालाँकि मिस्र के विद्वानों के बीच सीरियस का पहला प्रतीक चिन्ह कोई कुत्ता नहीं बल्कि जिराफ था। इस लंबी गर्दनवाले जानवर के पास बोलने के लिए कोई अंग नहीं है इसलिए यह कोई आवाज नहीं निकालता; नि:संदेह यह अपने आकार के अनुसार बड़े जानवरों में सबसे मूक व शांत है। वैसे भी, यह अपने सिर या आँखों को घुमाए बिना दोनों तरफ देख सकता है। यह चार देवताओं का संपूर्ण प्रतीक है, जो स्फिंक्स जैसे मौन के बीच मनुष्यजाति के उद्भव की रक्षा करते हैं। सीरियस निश्चित रूप से इन अतिमानव अस्तित्वों से संबंध रखता है, वे मूक दर्शक हैं और प्राचीन मिस्र के ज्ञानी इस संपर्क व संबंध को जानते थे।

सीरियस हमारे अपने तारामंडल के तंत्र से संबंध नहीं रखता; यह एक अजनबी है, जो क्षणभर के लिए हमारे निकट आता है परंतु अधिकतर समय, अंतरिक्ष की गहराईयों में ही टिमटिमाता रहता है। केवल मिस्रवासी ही सीरियस के ज्ञान और आदर में सबसे आगे नहीं थे। अधिकतर प्राचीन वंशों और जातियों में इस जगमग करते सितारे के प्रति आदर-भाव शामिल है।

परंतु आध्यात्मिक रूप से यह और भी अधिक अज्ञात है। इसमें रहनेवाले लोगों का अस्तित्व धरती के लोगों के अस्तित्व से अनंत रूप से सर्वोच्च है। बुद्धि, चरित्र, रचनात्मक शक्ति और आध्यात्मिकता के मामले में, हम उनके चरणों की धूल के समान हैं। सीरियसवासियों के पास ऐसी शक्तियाँ और साधन थे, जिन्हें पाने के लिए अभी हमें कई और वर्षों तक इंतज़ार करना होगा। वे हमारे अस्तित्व के बारे में पहले ही अनुमान लगा चुके हैं, जबकि हम उनके बारे में जानते तक नहीं थे और अक्सर इस बात को भी मानते कि तारों के बीच भी एक अलग दुनिया हो सकती है।

इस ग्रह पर मनुष्य की पदवी पानेवाले नन्हे गर्वीले प्राणी के साथ ही उद्भव, विकास और अवनति समाप्त नहीं हो जाते। उसका नाम संस्कृत मूल, मनस् से आया है - विचार करना! मैं उन विशाल वर्षों की संख्या नहीं गिन सकता, जब वह पहली बार इस अवस्था में आया होगा, परंतु यह तो पूरी तरह से स्पष्ट है कि उसने विचार के साधन का प्रयोग बहुत बाद में आरंभ किया और अभी उसे इसे पूरी तरह से उपयोग में लाने से पहले, एक लंबी दूरी तय करनी होगी। यदि कभी सीरियस का कोई गुलीवर, इस धरती के लिलिपुट पर उतरा, तो उसे भी हमारी पुरानी लोककथा से कहीं अधिक आश्चर्यजनक चीज़ें दिखाई देंगी, जिन्हें वह अपनी धरती पर जाकर लोगों से कहेगा।

जो लोग यह कल्पना करते हैं कि हमारा अपना ग्रह इस दुर्बल मानवता का भार वहन करता है इसलिए कोई और ग्रह इस तरह की बसावट नहीं कर सकता। हम चींटी जैसी संकीर्ण दृष्टि रखते हैं। यह भूरी पृथ्वी चींटियों के आवास के लिए अंतरिक्ष के चक्कर लगाती है, जैसा इन मनुष्य चींटियों को भी पूरा विश्वास है। उनके भ्रम और बर्नाड शॉ के नियम और सिद्धांत के बीच चुनाव करना कठिन होगा कि यह ग्रह सारे सौर मंडल के लिए पागलखाना है!

हमने सटीक डिग्री की माप तक विषुवतों को माप लिया है; हमने ग्रहण की

समय अवधि का प्रति सैकेंड के हिसाब से अनुमान लगा लिया है; परंतु हम अभी तक एक भी ऐसे बौद्धिक व्यक्तित्व का पता नहीं लगा सके जो शायद ब्रह्माण्ड के अन्य हिस्सों में कहीं बसते हों। परंतु भले ही हम उन्हें न जानते हों, उनमें से कुछ हमें जानते हैं, उनमें से कुछ हम पर तरस दिखाते हैं और यहाँ तक कि उनमें से कुछ तो हमारी सेवा भी करते हैं। ऐसे ही एक सेवक, क्राइस्ट थे। मनुष्य अपनी कल्पना के अनुसार इनमें से एक क्रिया को चुन सकता है। वह दोनों को ही मिटा सकता है; परंतु उनके घमंडी मत के आधार पर सत्य को कभी झुठलाया नहीं जा सकेगा।

और इस तरह मैं तारामंडल के रात्रि मनन पर वापस आता हूँ और उन ग्रहों की बात करता हूँ, जो सूर्य के चारों ओर चक्कर लगाते हैं। यदि ईश्वर का वास्तव में कोई अस्तित्व नहीं तो मुझे सूर्य का पूजन करना चाहिए; यदि सूर्य नहीं होता, तो मैं प्रकृति का पूजन करता, तब मैं इसे देख भी सकता था; और यदि प्रकृति नहीं होती तो मैं सितारों का पूजन करता। मैं चंद्रमा का पूजन न करता और न ही कभी करूँगा, यह एक ठंडा भूतिया विकराल गोला है!

हम अपने ग्रह से कई बार सितारों का टूटना और गिरना देखते हैं। ऐसी कौन सी अद्भुत घटना है, जो ब्रह्माण्डीय तंत्र को अपने स्थान से हिला देती है और एक धूमकेतु रात के आकाश में चमकीला मार्ग बनाता दिखता है।

मैं एक रात, देर से उठा ताकि आकाश में छितरे अंतिम तारों को देखते हुए, भोर के आगमन का साक्षी बन सकूँ। चंद्रमा का चेहरा, किसी पाउडर लगाई हुई स्त्री के समान लग रहा था, यह मेरी निगरानी पर अपनी नज़र रखे हुए है। मेरा पाषाण आसन उन तारों के मद्धिम प्रकाश में हल्का सा जगमगा रहा है, जो इस गहरी पृष्ठभूमि में जगमगा रहे हैं। मैं उस गति की गणना नहीं कर सकता जिसके अनुसार, ये हमारे अपने सितारे की त्वचा पर उभरे इन हिमालयी मुहाँसों तक की प्रकाश यात्रा कर रहे हैं। निश्चित रूप से मेरा सारा अनुमान गलत ही होगा और न ही मैं कुछ तारों की धरती से उल्लेखनीय दूरी माप सकता हूँ। निश्चित तौर पर, इसका अनुमान कई बिलियन मीलों में ही होगा पर वह भी एक अनुमान ही है। मैं इस जटिल ब्रह्माण्ड में फैले अनंत तारामंडलों, संसारों, सूर्यों, चंद्रमाओं, उपग्रहों, छोटे तारों और ग्रहों की संख्या का भी अनुमान नहीं लगा सकता। मेरा कोई भी अनुमान इनकी गिनती पर पूरा नहीं उतरेगा।

ऐसा कोई नहीं होगा, जो इस अल्कपनीय विस्तार में फैले अद्भुत सृजन को देखकर, सृष्टि के आदि के बारे में विस्मित नहीं होगा। वह ज्यादा से ज्यादा विनम्रतावश घुटने टेककर अपना आदर तो प्रकट कर ही सकता है? मेरी आत्मा स्वयं को इन रहस्यों में कहीं लीन कर देती है...। यह सब कितना सुदूर, स्वर्गिक और सीधा-साधा दिखाई देता है। जब कोई मनुष्य अपनी इन आँखों से यह सब देखता है, तो उसे अपनी समस्याएँ कितनी गौण और तुच्छ लगने लगती हैं।

समय बीत रहा है और मुझे अपनी निगरानी जारी रखनी चाहिए। मैंने तारों की रोशनी को आकाश से धीरे-धीरे ओझल होते देखा, जिस तरह मैंने उन्हें मिस्र के स्फिंक्स के सिर पर धुँधला पड़ते देखा था। जल्दी ही भोर का आगमन हुआ और तारों के सभी उजले, धुंधले रंग मिटने लगे। हमारे अंधकारमय जगत में सूर्य का प्रवेश हुआ। सारा मौसम साफ है और तेज़ी से उजला होता जा रहा है। मैंने सिर घुमाकर हिमालय के गौरव को देखा, जो अपने मौन और हिम के साथ, लाल उषाकाल के मध्य खड़ा था।

उगते सूरज ने हिमाच्छादित पर्वतों की चोटियों को चमकते हुए सोने के रंग में बदल दिया है। नीले आसमान की बदलती पृष्ठभूमि के साथ हिमाच्छादित शिखरों की कतारें भी बदलती लग रही हैं। जमी हुई हिम के शिखर प्रकाश के उस दिपदिपाते स्रोत से अपनी दैनिक भेंट कर रहे हैं। घाटियों और उन्नत शिखरों से झाँकती कंपित किरणें मानो छनकर आते हुए सब पर गहरा लाल रंग छिड़क रही हैं। हिम चूर्ण इन उन्नत शिखरों से भाप बनकर आकाश की ओर जा रहा है।

मेरा अंतिम मनन तारों से हटकर, आगामी सूर्य की ओर चला जाता है। लगभग प्रत्येक आदि धर्म में, यह एक दैवीय स्रोत के रूप में प्रकट होता रहा है, आकाश में ईश्वर का प्रतीक, जिसके साक्षी सभी मनुष्य हो सकें। इसका उदय और अस्त होना, प्राचीन ज्ञानियों को ब्रह्माण्ड की निजी मृत्यु तथा पुनर्जन्म के समान भी लगता था। वे जानते थे कि सूर्य और प्रकृति अमर रहेंगे। और प्राय: वे सूर्य के साथ कमल को जोड़ते थे। भारतीय और मिस्रवासी, एज़टेक और एंटलाटियन, इसे अपना पवित्र पुष्प मानते आए हैं। यह सुंदर पुष्प संध्या समय अपनी पंखुड़ियों को समेट लेता है और उन्हें प्रात:काल पुन: खोलता है; यह भी जीवन-ऊर्जा की मृत्यु और पुनर्जन्म का प्रतीक है। प्राचीन ज्ञानियों ने अपने मंदिरों की दीवारों और भोजपत्र पत्रिकाओं पर इसका बहुत अंकन किया है।

सूर्य और कमल की तुलना अपने आपमें और भी गहरी है। सूर्य गंदे से गंदे स्थान पर भी बिना किसी पक्षपात के चमकता है; इसी तरह कमल का फूल भी गंदे जलाशयों और दलदली कीच के बीच अपना सुंदर मुखड़ा दिखलाता है।

हम इन पंक्तियों से ज्ञानियों के आशय को संक्षेप में जान सकते हैं : दैवीय अस्तित्व मनुष्य के भीतर निर्दोष रहता है जबकि वह पदार्थ की सबसे खराब गहराईयों में उतरता है।

अब सारे हिमालय क्षेत्र में रोशनी हो गई है और सब कुछ दिखाई दे रहा है। मैं भौतिक जगत में ईश्वर के आदि प्रकटन, प्रकाश को दंडवत प्रणाम करता हूँ और वापस चला जाता हूँ।

***

अगर घड़ी की सुईयाँ हिलती हैं, तो कैलेंडर के पन्ने भी बदलते हैं। समय अपने ही पुराने तरीके से चलता है, यहाँ हिमालय में, इसमें बीते सप्ताहों के साथ भी! देश के इस हिस्से में मानसून आने ही वाला है। भारत की सूखी धरती, इस जल प्रवाह की प्रतीक्षा करती है, जिसे आकाश नौ माह तक जमा करता है ताकि शेष तीन महीने में बरसा सके। मानसून खुलकर बरसे तो फसलों को तबाह कर किसानों को बरबाद कर देता है और मानसून पूरा न आए तो भी ठीक ऐसा ही असर होता है। अगर एक मानसून सही तरह से न आए तो हज़ारों गाँव भुखमरी के शिकार हो सकते हैं। तट पर रहनेवाले कितनी व्यग्रता से काले क्रोधित मेघों की सेनाओं की प्रतीक्षा करते हैं, जो इस दो मुँहे, आनंददायी और भयंकर मानसून के आगमन का आभास देते हैं। मैं जानता हूँ, यह भारत के कुछ हिस्सों में पहुँच चुका है; पूर्वी हिमालयों ने उनका विशालकाय दीक्षा स्नान पा लिया है, जबकि मैं प्रतिदिन मध्य हिमालय के अप्रसन्न भाग्य की प्रतीक्षा करता हूँ। मुझे इसका जो पहला स्वाद मिला था, वह बहुत सुखद नहीं था।

मानसून का आगमन, मेरे जीवन के सामान्य स्वरूप को बदल देगा। इन पर्वतों में मेरे प्रवास का अधिकतर भाग कमरों के अंदर ही बीतेगा। मैं जल्दी ही भयंकर वर्षा, भारी तूफानों और तेज़ी से चलनेवाली हवाओं के कारण बंदी बन जाऊँगा। बेशक बीच में कुछ ऐसे अंतराल होंगे, जब लजीला सूरज बादलों से एक या दो घंटों के लिए झलक देगा ताकि संसार को अपने होने का आश्वासन दे सके और फिर ओझल हो जाएगा। वर्षा फिर से अपना रौद्र रूप धारण करेगी और मुझे

दिन-रात अपने कमरे में ही रहना होगा। जल की मोटी दीवार मेरे और मेरी आज़ादी के बीच आ जाएगी।

***

टिहरी गढ़वाल राज्य अधिकारियों के सौजन्य से मुझे इस समय जो अवसर दिया जा रहा है, वह कितना बढ़िया है। उनका कहना है कि मुझे इलाके के भीतरी हिस्से में, प्रतापनगर के समर पैलेस के निकट, एक बड़े से बंगले के बेहतर क्वार्टरों में रहने आ जाना चाहिए। भाग्य भी कितना दयालु है, उसने ठीक उसी समय मेरे लिए बेहतर आवास का प्रबंध कर दिया जब मुझे उसकी सही मायनों में आवश्यकता थी। यदि मुझे मानूसन का बंदी बनकर अपना अधिकतर समय कमरे में बिताना है, तो बेहतर होगा कि मेरा घर आरामदायक हो, जलवायु की कठोर दशाओं से अप्रभावित रहे और मुझे अपने राशन की आपूर्ति संबंधी समस्याओं की चिंता न करनी पड़े।

हालाँकि मेरे जीवन की दिशा में कोई बदलाव नहीं होगा। मैं अपने ध्यान सत्र पहले की तरह जारी रखूँगा। मेरी स्वतंत्रता और एकांत में भी कोई बाधा नहीं आएगी। मेरा एकांतवास और अधिक संपूर्ण होगा क्योंकि एक भी आगंतुक बरसात के मौसम में प्रतापनगर के पर्वतों को पार कर मुझसे मिलने आने का साहस नहीं करेगा। इस तरह मैं पहले से भी अधिक अनुपलब्ध हो जाऊँगा।

प्रतापनगर पैलेस इस क्षेत्र में एक बड़े पहाड़ी छोर पर स्थित है और मेरे निजी आवास जितना ही एकांतिक है। इसका बहुत कम इस्तेमाल होता है क्योंकि दक्षिण की ओर टिहरी शहर और नरेंद्रनगर में इससे कहीं अधिक सुविधाजनक महल मौजूद हैं। मुझे पूरा यकीन है कि आसपास का इलाका भी बहुत सुंदर होगा परंतु अफसोस, मानसून के आते ही मेरी घुमक्कड़ी पर रोक लग जाएगी। उन्हें मन में ही, उच्च विचारों के शिखरों और हल्के ध्यान की घाटियों के बीच जारी रखना होगा। किसी भी दशा में, मेरे भीतर बाहर जाने की प्रवृत्ति कम हो रही है। यौगिक मापदंडों के अनुसार, मैंने पर्याप्त से कहीं अधिक अभ्यास कर लिया है, जो मेरे इस प्रवास के अनुकूल होगा। मैं बाहरी दुनिया के अन्वेषण को कम करते हुए, शांत रहना चाहता हूँ और आंतरिक जगत का अन्वेषण अधिक करना चाहता हूँ। इस तरह, मानूसन के दौरान, प्रतापनगर में मेरा नया घर, मेरे वर्तमान फॉरेस्ट बंगले की तुलना में अपने सर्वश्रेष्ठ प्रबंध के साथ इस उद्देश्य के लिए कहीं बेहतर होगा।

तो सूरज उगने के कुछ ही समय बाद, मुझे अपने देवदार को अंतिम विदाई देने जाना चाहिए। वह लंबे समय से मेरा अभिभावक और अभिजातीय मार्गदर्शक रहा है। मेरे और इसके वार्तालाप का अब अंत हो जाना चाहिए। इसकी नीचे की ओर लटकती नोकदार शाखाओं के नीचे होनेवाले मेरे ध्यान सत्र समाप्त होने चाहिए।

मैं हाथ में छड़ी लिए, उस ऊँचे-नीचे मार्ग पर चलता हूँ, जहाँ ऊँचाई पर मेरी आश्रयस्थली है। हालाँकि मुझे ऐसा करना अच्छा नहीं लग रहा और यह भी नहीं जानता कि मेरी इस अनपेक्षित विदाई को देवदार किस रूप में लेगा।

जब मैं काँटेदार जगह और ढलान पर बिखरे पत्थरोंवाले मार्ग से, आश्रयस्थली के खुले स्थान में आया, तो अपनी उखड़ी हुई साँसों को संभालने के लिए रुका। मैंने देवदार पर झट से एक नज़र डाली। इसके हरे-भरे काईयुक्त माथे पर बल थे, नीचे झुकी हुई शाखाओं से उदासी भरी आह सुनाई दी और मैं समझ गया कि इसने मेरा मन पढ़ लिया। इसका चेहरा इतना उदास क्यों है? यह जानता है। मैंने अपना सिर लज्जा से झुका लिया।

मैं पुरानी परिचित जगह पर, पत्तियों पर उकड़ूँ होकर बैठ गया और अब भी अपनी नज़रें देवदार से परे रखी हुई हैं। गालों पर लहू का रंग उभर आया है। फिर मैं भी उदास हो गया। विदाई के दुःख ने मुझे भी प्रभावित किया।

अंततः मैंने ऊपर देखा। 'प्रिय देवदार, मुझे क्षमा कर दो। तुम जानते हो, यही जीवन है। साथी, मित्रता और विदाई। सांसारिक अस्तित्व के रेगिस्तान में कारवाँ को चलते रहना चाहिए, इसके पड़ाव एक रात जितने ही हैं। हालाँकि मेरे लिए बेहतर होगा कि तुम्हारे साथ की मधुर स्मृतियों को अपने साथ रखा जाए।

प्रिय, मैत्रीपूर्ण देवदार! जीवन ऐसा ही अस्थायी होता है। हमें विदा लेनी ही होगी; हमें प्यार और दोस्ती इसलिए ही मिलते हैं ताकि हम इन्हें फिर से खो सकें। फिर भी हमारी आत्मा अलग नहीं होगीं; वे इस ब्रह्माण्ड में प्रेम के माध्यम से जुड़ी रहेंगी।'

अचानक ही हवा में एक कौतूहल पूर्ण हलचल हुई। और फिर एक तितली, आश्चर्यजनक रूप से साधारण और इस पहाड़ी इलाके की सुंदर जीव; वह मेरे सिर के आसपास मंडराने के बाद, मुँह लटकाए खड़े देवदार की शाखा पर जा बैठी। इस तरह आयु और सुंदरता का विरोधाभासी रूप देखने को मिला। अपने

यूरोपियन संबंधियों से आकार में बड़ी, पंखोंवाली वह जीव (निश्चित रूप से यह सुंदर और नाजुक मेहमान किसी अच्छे खानदान में जन्मी महिला रही होगी) पौधे से आकर्षित हुई और एक शाखा पर स्थिर हो गई। क्या वह मेरी अशिष्ट विदाई को अपनी कृपा का दान देने आई है।

हमारे आसपास एक शक्तिशाली मौन छा गया, जो बार-बार उस दृश्य को प्रकट और ओझल कर रहा था।

मैंने ओस की उन बूंदों को देखा, जो अब भी अश्रुओं की तरह, बूढ़े देवदार की नुकीली शाखाओं से लटक रही हैं, वे भी इस तरह झुकी हैं मानो रो रही हों। हाँ, मेरा भी रोने का मन हो रहा है।

'हे देवदार, क्या मेरे लिए कोई संदेश है?'

गहरा मौन, अबाध शांति हमें एक मिनट के लिए और रोक लेते हैं। अंत में यह टूटता है, किसी आवाज़ से नहीं बल्कि एक बुदबुदाहट सुनाई देती है, यह एक विचार जो परिवेश से मेरे मस्तिष्क में आता है।

'तुम मेरे पास एक ऐसे संसार से आए जिसे मैं जानता नहीं और न ही समझता हूँ। देर-सवेर, मैं जानता था कि तुम्हें दोबारा उसके पास जाना होगा। मैं भला तुम्हें क्यों रोकने लगा? क्या मैंने अकेले रहना सीख नहीं लिया? क्या मुझे अपने ही एकांत में वह ताकत नहीं मिली, जो सभी चीज़ों को सहन कर सकती है - अब तो मैं हवा के तूफानी वेग और विनाशक बिजली की मार भी झेल सकता हूँ। मुझे इतनी सहनशक्ति कहाँ से मिली? मैंने इसे अपने ही हृदय से पाया है, जहाँ यह सुप्त अवस्था में रखी थी। अब मुझे किसी वस्तु का भय नहीं - मैं मौत से भी नहीं डरता जो मुझसे बहुत दूर नहीं है। मैंने अपने सिवा किसी और की मदद के बिना जीना सीख लिया है। मेरे युवा मित्र, तुम्हारे लिए मेरा यही उत्तर है। आत्मनिर्भर बनो, जिस जगह भी जाओ, भीतर से संन्यासी बने रहो। तब तुम्हारा संसार तुम्हें कभी दुर्बल नहीं बना सकता। तुमने जिस मौन को इस जगह पाया, इसे यहीं मत छोड़ जाना। इसे अपने साथ उस सुदूर जीवन में ले जाओ, जिसका कोलाहल मुझ तक कभी नहीं आता, इसे अपने प्रिय खज़ाने की तरह संभालकर रखो। और तुम निर्भीक भाव से सारे तूफानों को पार कर लोगे। यह याद रखो कि तुम्हें अपना अस्तित्व स्वर्ग से मिला है। मैं अपनी शांति भी तुम्हें देता हूँ।'

देवदार के मुख से मैंने ये अंतिम शब्द सुने थे। इस टैलीपैथी बातचीत के बाद

मैं गहरी तंद्रा में चला गया। बाहरी शांति भीतर तक समा गई। मैं झट से ऐसे इंसान की तरह बन गया, जो सम्मोहन में आकर अर्द्ध-तंद्रा में चला जाता है। मैं कोई अंग तो दूर रहा, अंगुली भी नहीं हिला सकता था और एक वृक्ष की तरह धरती पर जड़ हो गया।

ध्यान का मेरी ओर से कोई प्रयास नहीं हुआ, मैंने विचारों के प्रवाह को रोकने के लिए भी कुछ नहीं किया। मैं बहुत ही आसानी से उन्नत अवस्था को प्राप्त हुआ जैसे एक शक्तिशाली एनेस्थीसिया के प्रभाव में अस्पताल का रोगी बेहोश हो जाता है। मैं एक ऐसे आदमी की तरह असहाय हूँ जिसे बेहोशी की दवा दी गई हो, परंतु इस अंतर के साथ कि मैं अपने आसपास के भौतिक परिवेश के लिए पूरी तरह से सजग हूँ। मैंने अनुभव किया कि मेरा मन पूरे वेग से भीतर की ओर खिंच रहा है, मानो कोई चुंबकीय शक्ति इसे भीतर की ओर बुला रही है।

हे देवदार! तुमने मुझे क्या कर दिया है!

सभी विचार किसी हवाविहीन स्थान पर रखे दीपक की तरह स्थिर हो गए हैं। मेरा मन मेरे नीचे की ओर स्थित कंदरा की तरह स्थिर है।

मैं अपनी अधखुली पलकों को न तो खोल पा रहा हूँ और न ही बंद कर पा रहा हूँ। स्वयं को इस तंद्रा से बाहर नहीं ला पा रहा और न ही ऐसा करना चाहता हूँ, यह संवेदना है ही इतनी आनंददायी कि इससे बाहर आने को जी नहीं चाहता।

यह एक सौम्य और सुंदर अनुभव है, यह परमानंद इतना गहन है कि इसका वर्णन नहीं किया जा सकता। मैंने आज ही जाना कि हमारा अस्तित्व दैवीयता में गुंथा है। सही तरह से वर्णन करने के लिए, एक व्यक्ति को वैज्ञानिक की तरह लिखते हुए, विस्तृत रूप से विश्लेषण करना होगा; विश्लेषक वैज्ञानिक प्रक्रिया केवल सौंदर्य की चमकती अग्नि होकर राख में बदलती है; फिर भी इस राख का भी ऐसे संसार में स्वागत होता है, जहाँ अलौकिक सौंदर्य सुदूर और दुर्लभ है।

आंतरिक निश्चलता के इस दायरे में, मेरी प्रसन्नता संपूर्ण और पूरी है।

मैं इस अवस्था में कब तक रहा, कह नहीं सकता, हालाँकि इतना पता है कि यह आधे घंटे से कम समय की थी। परमानंद की वह अवस्था समाप्त हुई और मुझे बेमन से उठना पड़ा। कोई अतिमानव ही ऐसी अवस्था में सदैव रह सकता है।

यह अंत था। मैं सावधानी से ढलान उतरते हुए, देवदार की ओर बढ़ा और

राह के पत्थरों व जड़ों को दोनों हाथों से जकड़कर मार्ग बनाता गया। मैंने उसके तने का छोटा सा छिलका उतारा और फिर ऊपर आ गया। यह मेरा संस्मरण होगा, हिमालय के इस लंबे-चौड़े मूक पहरेदार की यादगार!

बंगले में कुली मेरे इंतजार में थे। उनकी पीठ पर लादे जानेवाले थैले तैयार हो चुके थे। इसके अलावा मजबूत पुट्ठोंवाला सलेटी रंग का घोड़ा अपने उभरे हुए माथे, बड़े घुटनों व खुरों और चमकदार त्वचा के साथ सामने खड़ा दिखाई दिया। ऐसा कुछ नहीं था, जिसके लिए और प्रतीक्षा की जाती।

मैं काठी पर सवार हुआ, अपने पैर उसके रकाब में फँसाए, लगाम संभाली और पर्वतों के बीच अपने नए आवास की ओर यात्रा आरंभ कर दी।

16

मैं फिर से घोड़े की पीठ पर सवार हुआ - टिहरी प्रांत के अद्‌भुत दृश्य - घाटियों और पर्वत मार्गों से होते हुए मेरी यात्रा - घने अंधकार के बीच वनों में - मैं प्रतापनगर पहुँचा

यह कहना अनुचित होगा कि एक व्यक्ति हिमालय में घोड़े की सवारी करता है। वह केवल काठी पर बैठता है और पशु स्वयं ही अपनी दुलकी चाल से धीरे-धीरे आगे चलता है। पर्वतों के बीच तीखी चट्टानों को काटकर बनाए गए रास्तों पर कोई एक गति से यात्रा नहीं कर सकता क्योंकि अचानक ही आगे राह बंद हो जाती है या फिर हम स्वयं को किसी खाई के किनारे खड़ा पाते हैं। इस खतरे के अलावा भी राह में जोखिमों की कमी नहीं है। अचानक तीखे घुमावदार मोड़ आते हैं। कई जगह पथरीली भूमि चढ़ाई और ढलानों से भरी है।

लगभग तीन-चौथाई मील तक, मैं जंगल में चलता रहा और फिर हम खुले मैदान में निकल आए। अब मैं अपने आगे पर्वत श्रेणी की ओर जा रही संकरी पगडंडी को देख सकता था जो दूसरी ओर जाकर ओझल हो रही थी। फिर वह अचानक कहीं से प्रकट होकर, संकरे दर्रे के आसपास घूमती दिखी और हमेशा के लिए फिर से खो गई।

मेरे कुली जंगल में पहले ही कहीं ओझल हो गए हैं और मैं शायद अगले दिन तक उनसे नहीं मिल सकूँगा। प्रतापनगर की यात्रा में दो दिन का समय लगता है, पर मैं इस दूरी को एक ही

दिन में पूरा करना चाहता हूँ, भले ही मुझे उस जगह पहुँचने में आधी रात हो जाए।

इस अल्प आबादीवाले क्षेत्र में, मीलों लंबी यात्रा के बीच भी कोई इंसान नहीं दिखता, यह मेरा सौभाग्य ही होगा कि मैं अपनी राह से न भटकूँ। हालाँकि मेरे पास नक्शा भी है। यहाँ भरमाने के लिए कोई दोराहे, छोटे रास्ते या फिर राह में लगे साइनबोर्ड नहीं हैं। यात्री या तो आगे जाएगा या फिर वापस आएगा। इसके अलावा कोई चुनाव नहीं है, जब तक कोई घाटी की तली में न उतर जाए।

मैंने सुबह के समय लगातार घुड़सवारी की और उस कोहरे को देखते हुए कहना मुश्किल था कि दिन में भी आसमान साफ होगा या नहीं। अचानक शिखर की ओर जानेवाली चढ़ाई का अंत हुआ और घोड़ा रुककर हाँफने लगा। यात्रा के इस मोड़ पर आसपास और सुदूर दिखनेवाला नज़ारा वास्तव में अद्‌भुत हो गया है। इस जगह से पास और दूर का दृश्य वाकई देखने योग्य है और क्षितिज पर कितनी खूबसूरती से परिभाषित है। मैं भारत के निचले मैदानों से उठते, हिमालय के उस विशाल विस्तार को देखता हूँ, जो उस ओर तक चला गया है, जहाँ टिहरी गढ़वाल के क्षेत्र से तिब्बत को जोड़ता है। इस जगह इंद्रधनुष के लगभग सभी रंग मौजूद हैं, इनमें से चंद्रकांत के श्वेत से लेकर रूबी स्पिनेल का बैंगनी, लेपिस लाजुली के गहरे नीले से लेकर क्रिसोबेरिल का जैतूनी हरा रंग शामिल है। दोपहर के सूरज की तिरछी किरणों में हर चीज़ चमक रही है और धूप कड़ी है। हम टूटे-फूटे पहाड़ी रास्तों पर चलते जा रहे हैं, जिन्होंने ढलान को थोड़ा और फिसलन भरा बना दिया है।

पाँच घंटे की घुड़सवारी के बाद ऐसा लगा कि जैसे बहुत हुआ, अब उतर जाना चाहिए। मैं घोड़े से उतर गया। मैंने स्वयं को निर्जन ऊँचाईयों, बैंगनी चट्टानों और स्लेटी पत्थरों के बीच पाया, जो मुझे मिस्र के ऊपरी हिस्से में स्थित वैली ऑफ टॉम्बस की याद दिला रहे थे। अब तक केवल दो यात्रियों से भेंट हुई, एक व्यक्ति गंगोत्री की पदयात्रा से वापस आ रहा था, पैरों में छाले हो गए थे। वह थका हुआ और बदहाल दिख रहा था पर चेहरे पर दृढ़ संकल्प के भाव थे। दूसरा अधनंगे कपड़ों में कोई पर्वतारोही किस्म का व्यक्ति था, जब मैं पास से निकला तो वह आदर जताते हुए दोहरा होकर झुक गया। पहले आदमी के साथ विदा लेने से पहले थोड़ी बातचीत हुई। दूसरा, बेशक कोई सादगी पसंद आत्मा थी, जो अपनी निर्धनता के बावजूद हम जैसे चतुर शहरियों को ईमानदारी और निष्ठा के कुछ पाठ पढ़ा सकती थी।

मैं पगडंडी के पास ही एक बड़ी सी चट्टान पर बैठ गया और चाय पीने के लिए अपना फ्लास्क खोला। काठी पर बँधे छोटे थैले में खाने के लिए थोड़ा ठोस खाद्य पदार्थ भी था, मैंने उसे अपने घोड़े के साथ बाँटकर खाया। चट्टान पर कुछ देर सुस्ताने के बाद थोड़ी ताज़गी आ गई और हम फिर से अपनी राह की ओर बढ़ चले।

जब हम आगे बढ़ते जा रहे थे तो ढलानों और चढ़ाईयों पर जाते हुए, आसपास के दृश्य लगातार बदल रहे थे। शिखरों, चोटियों, घाटियों, खाईयों के बीच चलते हुए, पर्वत श्रेणियों को तरंगों की तरह बार-बार सामने आते हुए देखा जा सकता था। वह सब कुछ आपस में मिलकर हिमालयी भू-परिदृश्य रच रहा था। प्रकृति की पूरी वन्य भव्यता के बीच उसके साथ अकेले रहना भी अपने आपमें एक विचित्र अनुभूति थी, लगता था मानो उस मदमत्त परिवेश ने मेरी सोच, आशाओं और आकांक्षाओं को भी रंग दिया हो। ऐसा लगता है मानो इन अभेद, ग्रेनाइट पहाड़ों से मनुष्य शक्ति प्राप्त कर सकता है, एक ऐसा चुंबकत्व, जो संकल्प शक्ति को मज़बूत करते हुए उन सभी बाधाओं से पार पाने की ताकत देता है, जो प्रत्येक मनुष्य के जीवन को पंगु बनाए रखती हैं। और इसे ऐसा होना भी चाहिए क्योंकि प्रकृति का स्वयं अपना भी एक आभामंडल होता है, उसका मानसिक परिवेश मनुष्यों से कहीं कम नहीं है।

जो भी कोई संवेदनशील है, वह इसे महसूस करता है, ग्रहण करता है और परिणामत: इससे प्रभावित भी होता है। मैं यह कथन किसी कवि के रूप में नहीं बल्कि एक वैज्ञानिक के तौर पर लिख रहा हूँ। ऐसे आभामंडल का इतना शक्तिशाली प्रदर्शन भला और कहाँ मिल सकता था, मैं हिमालय के बारे में विचार करता हूँ, यह प्रकृति के विलक्षण और महानतम प्रयासों में से एक है ताकि वह स्वयं को विशाल स्तर पर अभिव्यक्त कर सके। अधिकतर देवता और उनके सहायक देव, यूँ ही इस धरती से संबंध नहीं रखते थे।

मैं एक घने देवदार वन से गुज़र रहा हूँ, जिसे देखकर मुझे अपनी आश्रयस्थली में छोड़े गए देवदार मित्र की याद आ गई। क्या हम दोबारा कभी मिल सकेंगे?

पेड़ों की छतनार में से सूरज की किरणें आ रही हैं और धरती पर इधर-उधर छितराई दिख रही हैं। काई की झंडियाँ सी पेड़ों से लटक रही हैं, जो लंबे मस्तूलों से खड़े हैं। यहाँ-वहाँ ओक के पेड़ों के झुंड देखे जा सकते हैं, इस बनवासी राजा ने सारा दृश्य ही बदलकर रख दिया है।

मैं लगातार एक से दूसरी घाटी की ओर बढ़ता जा रहा हूँ। कई बार चढ़ाई इतनी ज़्यादा आ जाती है कि मैं खाई की तरफ घुड़सवारी करने के बजाए घोड़े से उतरने में ही अपनी भलाई समझता हूँ।

इस दौरान मीलों का फासला चुपके से पूरा हो गया है। मुझे पूरा विश्वास है कि ये यात्रा आधी रात से पहले पूरी हो जाएगी, हालाँकि मेरा आत्मविश्वास अनुमान से अधिक नहीं है क्योंकि मुझे आगे आनेवाले हालात और हालत का कोई अता-पता नहीं है।

अंत में, जब सूरज ढलने को हुआ, घोड़ा और सवार दोनों ही भूख-प्यास और थकान से निढाल हो गए, तो मैंने दूसरा और अंतिम विश्राम लेने का निर्णय लिया। मेरी बाईं ओर की चट्टानों के बीच दिखाई दे रहे उत्साही नाले ने मेरे निर्णय का स्वागत किया। घोड़े ने लालची बन, नाले के ताजे विशुद्ध पानी से जी भरकर प्यास बुझाई। मैंने भी छलछल करते पानी से दो प्याले भरकर पीए और उसकी ताज़गी व ठंडक को महसूस किया। फिर मैंने काठी के थैले से सारा बचा हुआ भोजन निकाल लिया और अपने आज्ञाकारी व समझदार जानवर साथी के साथ बाँट लिया।

***

घोड़े की पीठ से उतरकर, फूलों से भरी खुशनुमा धरती पर आराम करना कितना भला लग रहा था। मैं सूरज को एकटक देखता रहा, जो सारे संसार को हल्की पीली रोशनी से जगमगा रहा था। ढलते सूरज के साथ आकाश गहरे नीले से हल्के गुलाबी रंग में बदलता दिखने लगा।

कहीं पड़ोस में, एक कोयल बड़े ही मीठे स्वर में पुकार रही है। लगता है मानो चकवा अपने खुशनुमा राग में उसे उत्तर दे रहा है। मैं नीचे झुका और एक जंगली फूल को उठा लिया, चट्टानों के बीच उग आया घंटी की शक्ल जैसा फूल, मैंने उसकी ताज़ी गंध को सूंघा। अक्सर ऐसी अजीब दिखनेवाली जगहों पर जंगली फूल मिल जाते हैं, जो पहाड़ों में चट्टानो की दरारों के बीच जीवन से संघर्ष करते दिखते हैं। बर्फ के बीच लाल बुरांश और पीले छोटे गुलाब भी खिलते हैं। यह भी एक असाधारण सी बात है कि हिमालय के उच्च क्षेत्रों में कितने सुंदर फूल अपना अस्तित्व बनाए रखते हैं।

मैंने अपने आसपास की सारी सुंदरता और प्रकृति को सराहते हुए, उनके

प्रति आभार प्रकट किया। यह परम एकांत अपने भीतर एक असाधारण आरोग्य और विश्रांतकारी योग्यता लिए हुए है। हिमालय का परिवेश ही इतना विश्रांत है कि अपने काम के बोझ तले दबा व्यवसायी भी एक बार तो निश्चित रूप से अपने झमेले छोड़कर इसमें रम जाएगा। यदि वह अपने क्लांत स्नायुओं को तरोताज़ा करना चाहता है, तो उसे ऐसा करना ही चाहिए। समय-समय पर लोगों से दूर होना अच्छा और अनिवार्य होता है। अपनी थकी हुई देह को दस हज़ार फीट की ऊँचाई पर लाना वाकई कारगर हो सकता है। ऐसे दिन कभी व्यर्थ नहीं जाते, व्यस्त से व्यस्त व्यक्ति भी अपने साथ एक बेहतर नज़रिया, एक बेहतर दृष्टिकोण और अतिरिक्त प्रेरणा लेकर लौटते हैं। कई बार कुदरत भी किसी विशेषज्ञ की तरह किसी थके हुए डायरेक्टर को मदद कर सकती है कि वह प्रबंधन, निर्माण और सेल्समैनशिप से जुड़ी समस्याओं को हल कर सके। उसे भी रिपोर्ट जमा करनी पड़ती है। अंतर केवल इतना है - उसकी रिपोर्ट फुलस्केप टाइप किए हुए पन्नों पर नहीं, यह अंतर्दृष्टि की उस चकाचौंध के साथ आती है जो किसी के भीतर जाने कहाँ से उमड़ती है और यह तभी संभव होता है जब कोई प्रकृति के मौन और एकांत सानिध्य के बीच कुछ समय बिताता है।

एक बार फिर, मैंने अगले चरण की यात्रा आरंभ की, जो अब खड़ी चढ़ाई का रूप ले चुकी है। इसकी अधिकतर सतह पर ढीली बजरी और टूटी चट्टानों के टुकड़े हैं। घोड़ा भी चढ़ाई पर फिसलकर गिरने के भय से बहुत जमाकर, सावधानी से पैर रख रहा है।

इस इलाके में अक्सर भारी भूकंप आते हैं और ध्यान से देखा जाए तो कई जगहों पर उनके निशान देखे जा सकते हैं।

एक सप्ताह पहले, शाम के समय मुझे बहुत कम गहराई का झटका महसूस हुआ, जो लगभग तीस सैकेंड का था परंतु ध्यान के दौरान, मेरी पूरी देह में कंपकंपी दौड़ गई थी।

हम एक विशाल प्राकृतिक नाले के गोल दायरे के पास पहुँचे, जहाँ गोलाकार गहराईयों में कुछ छोटे गाँव बसे हुए दिख रहे थे। दूसरी ओर, एक छोटा गाँव, कम चढ़ाईवाले पहाड़ से किसी घोंसले की तरह चिपका हुआ है। उसके घर छोटे गुड़ियाघरों जैसे दिख रहे हैं।

घाटी से ऊँचाई तक और फिर बर्फीले शिखर से नीचे तक सारा भूखंड

गुलाबी, हल्की नारंगी और ढलते सूरज की अंतिम बैंगनी आभा में नहाया हुआ है। धरती पर इधर-उधर जंगली फूल खिले दिख रहे हैं। मेरे पीछे पहाड़ी बकरियों के मिमियाने की आवाज़ सुनाई दी, तो मैंने घोड़े को रास्ते के भीतरी छोर की ओर कर लिया ताकि उन्हें निकलने का रास्ता मिल सके। चरवाहा उन्हें घर से दूर, पहाड़ी के नीचे किसी पड़ोसी चरागाह की ओर ले जा रहा है। वह जांघों तक अधनंगा दिख रहा है और शरीर के ऊपरी भाग में ढीले झबले के साथ फटी हुई सलेटी शर्ट पहनी है। गोल काली टोपी, सिर के एक ओर टिकी है जैसे गोरखा सिपाही या स्कॉट सिपाही पहनते हैं। चेहरा सुंदर है और मेरे सामने से जाते हुए उसने मुस्कुराकर अभिवादन किया।

मैंने उसके झुंड को अपने से आगे निकलने दिया क्योंकि मुझे सौ गज की दूरी पर एक छोटी पल्ली दिखाई दे रही है और मैं दिन ढलने के बाद कहीं ठहरने की जगह देखना चाहता हूँ। कुछ ही मिनटों में, मैं आधा दर्जन घरों के पास आ गया, वहीं थोड़ी साफ जगह में कुछ खलिहान भी बने हुए थे। एक घर, खाई की ओर खतरनाक तरीके से झुका हुआ है। मिमियाती बकरियाँ दिखाई देनी बंद हो गई हैं और उस जगह के सभी लोग मेरा स्वागत करने बाहर आ गए हैं। मैं घोड़े से उतरा और उनमें से एक से छाछ का बड़ा कटोरा खरीदा। ये पहाड़ी लोग इस पेय पदार्थ को बड़े चाव से पीते हैं। उन्होंने पूछा कि मैं किस ओर जा रहा था तो जब मैंने प्रतापनगर का नाम लिया, तो उन्होंने सलाह दी कि मुझे जल्दी से जल्दी निकल जाना चाहिए क्योंकि अभी मुझे काफी गहरी उतराई और फिर चढ़ाई का रास्ता तय करना था।

यह सलाह सही समय पर मिली। सूरज की किरणें मंद हो रही हैं। मैंने घोड़े की गति बढ़ा ली। लगभग डेढ मील चलने के बाद वही उतराई आ गई, जिसके लिए मुझे चेतावनी दी गई थी। यह रास्ता घास की हरियाली से ढकी उतराई से होते हुए हज़ारों मील नीचे चला गया था। घाटी के साथ-साथ हल्का दूधिया रिबन सा दिखाई दे रहा था, यह एक नदी थी जिसे मैंने नक्शे के माध्यम से, भागीरथी के रूप में पहचाना। गंगोत्री से परे, एक 13000 फीट के ग्लेशियर से निकलनेवाली यह धारा, तिब्बती सीमा के निकट है और गंगा की प्रमुख धाराओं में से है क्योंकि यह हिमालय से निकलने से पूर्व अन्य नदियों से मिलती है और फिर वही मिश्रित जल गंगा कहलाता है। मुझे दूसरी ओर जाने के लिए इसे पार करना पड़ेगा; एक से दूसरी ओर ले जानेवाला पुल सुदूर स्थित काली रेखा सा दिख रहा है।

एक प्राचीन कवि ने कहा है, 'गंगा विष्णु के चरणों से उसी तरह प्रवाहित होती है, जैसे कमल पुष्प में कोमल तंतु निकलता है।'

पानी से परे एक औंधी पहाड़ी दिख रही है, जिसके घने वन हवा में हज़ारों फीट की ऊँचाई तक उठे हुए हैं। पहाड़ी पर ढलती किरणों में सफेद चमक सी दिख रही है, मेरा मानना है कि यही प्रतापनगर का महल होगा, इसके निकट ही वह जगह है, जो मेरा घर होनेवाली है।

यात्रा का अंतिम चरण कठिन होगा, नदी से पार लंबी कठिन चढ़ाई मेरे थके हुए घोड़े के लिए असंभव हो सकती है। सौभाग्य से, मुझे यह भी पता है कि पुल के पास ही मेरे लिए दूसरा घोड़ा भी इंतज़ार में होगा।

हमने बिलकुल अच्छी तरह से उतराई पूरी की। हालाँकि दो-तीन जगह खतरनाक सी लगी तो मैं घोड़े से उतरा पर अब मैं पहाड़ी रास्तों पर थोड़ा-बहुत जोखिम लेने से भी नहीं डर रहा। घर के नज़दीक आने का आकर्षण ही ऐसा होता है!

हम बिना किसी दुर्घटना के घाटी की तलहटी में आ गए और पुल पर इंतजार कर रहे घोड़े ने हमारा स्वागत किया। कुली ने मेरे थके हुए घोड़े को लिया और एक मजबूत चॉकलेटी भूरे रंग का घोड़ा सौंप दिया जो साफ, ताजगी से भरपूर और मजबूत दिख रहा था।

मैंने कुछ देर उस पुल को निहारते हुए समय नष्ट किया और अपने नीचे से बहते फेनिल जलधारा को देखता रहा। भोटिया व्यापारी, आधे-भारतीय, आधे-तिब्बती, ऊँचे दर्रों से इस जगह तक आते और उनके पास तिब्बत से लाया हुआ सामान जैसे नमक और बोरेक्स आदि होते, वे अपने साथ अनाज और कपड़े ले जाते। उनके जानवरों के झुंड के गलों में बहुत सारी घंटियाँ बँधी रहतीं, जिनमें से अधिकतर भेड़ और बकरियाँ होतीं। जानवरों की पीठ पर दो-दो टोकरे लटकते। वहीं पचास गज की दूरी पर एक खड़ा झरना दिख रहा है जहाँ पानी किसी झालर की तरह गिरते हुए गर्जना कर रहा है, यह विशालकाय चट्टानों से टकराते हुए, उनका सामना कर विजयी होकर आगे बढ़ता है। इस झरने का शोर निम्नतम स्तर पर, किसी हमलावर सेना के जयघोष जैसा सुनाई देता है, जिसने हारे हुए राज्य को अधीन कर लिया हो।

भागीरथी वेगवान नदी बनने से पूर्व, संकरे खड्ड जैसी तंग नदी घाटी से

होकर गुज़रती है, उसके आसपास की खड़ी चढ़ाईवाली घास से ढकी पाषाण दीवारें मुझे किसी विशाल दुर्ग सरीखी लगती हैं। किसी भी इंसान में ऐसी ताकत नहीं होगी कि उन लंबवत चट्टानों पर पैर रख सके।

मेरे पैरों के नीचे बह रहे उस पानी में जाने कितने पिघलते ग्लेशियरों और बर्फ का पानी मिला होगा? इनकी गहराईयों में जाने कितनी हिम, खनिज और हिमस्खलनों का भार छिपा होगा? गंगा के तीव्र वेग को अभी इस भारतीय उप महाद्वीप में बहुत दूरी तक इसी तरह प्रवाहित होना है ताकि वह हुगली के सात मुखों तक जा सके, यह दूरी एक हज़ार मील से अधिक होगी और फिर यह चौड़े पाटवाली नदी कहलाएगी। अथक हिमालय के अतिरिक्त किसमें इतना साहस है कि मैदानी इलाकों की महाकाय प्यास को बुझा सके।

मैं इस इलाके के नाचते-गाते नालों और झरनों को एक लंबे समय तक नहीं भुला सकूँगा। मैंने अपना ध्यान नदी की ओर से मोड़ा और अपने प्रतीक्षारत घोड़े पर सवार हुआ। मैं उसे उस वर्जित ऊँचाई की ओर ले चला जो हमें हमारा इंतज़ार कर रही थी और हम एक बार फिर, एक और अस्थायी घर की खोज पूरी करने चल दिए।

इस जगह रास्ता थोड़ा चौड़ा है, बाईं ओर चट्टानी दीवार है और दाईं ओर, दूर तक नदी चली गई है। पहले तो ज़मीन ठीक ही थी परंतु आगे चढ़ाई खड़ी होने लगी और घोड़ा अपनी पूरी ताकत के बावजूद अपनी चाल धीमी करने के लिए मजबूर हो गया। जब भी हम किसी मोड़ पर आते, घोड़ा आगे जाने से पहले, थोड़ा रुककर अपना दम साधता। हालाँकि एक जगह आकर, सीधी चढ़ाई, आड़े-तिरछे मार्ग में बदल गई। चढ़ाई का असर तो घटा पर हमारी यात्रा दुगनी हो गई।

राह में चट्टानों और पत्थरों के टुकड़े बिखरे हुए थे। उनमें से कई तो सुंदर जामुनी रंग के थे। राह में फिर से घनी जंगली वनस्पति दिखने लगी। वृक्षों ने जैसे सारी ढलान को कपड़ों से ढक रखा हो। कभी-कभार शाखाएँ इस तरह राह में झुक आती हैं कि मुझे उनकी पत्तियों को जबरन हाथ से हटाना पड़ता है। इस भूरेपन के बीच कुछ सनोबर हरियाली का आभास देते हैं परंतु शाहबलूत और देवदार अब भी ऊँचाई पर हैं। फिर मैं कैक्टस के पौधों की पाँत के पास से निकलता हूँ, जो छोटे पेड़ों की लंबाई जितने दिख रहे हैं। उनकी पत्तियाँ तीखी तलवारों की तरह हवा में लहरा रही हैं।

***

परंतु अब सूर्यास्त का समय निकट है, आखिरी रोशनी धीमी से धीमी होती जा रही है; मुझे एहसास हुआ कि हमें जल्दी करनी चाहिए। कुछ आगे जाकर मार्ग चौड़ा हो गया और उसके दोनों ओर बने दर्जनों मकान दिखने लगे। उनके दरवाजों पर उकड़ूँ बैठे पर्वतारोही नारियल का भूसा बचा रहे हैं, यह भी भारतीय तंबाकू का अजीब विकल्प है। उनमें से एक के पीछे बैठी पत्नी अपने बच्चे को दूध पिला रही है, उस महिला के नैन-नक्श मंगोल हैं और जन्म से आधी-तिब्बती दिखाई देती है। उसके नाक में चांदी की बालीनुमा नथुनी, पैरों में पायल और हाथों में चांदी की चूड़ियाँ पहनी हुई हैं। उसकी आँखों में काजल का गहरा रंग है। उसका चेहरा बहुत गंभीर है और शरीर पर गुलाबी साड़ी पहनी हुई है।

मैंने घोड़े की गति को बढ़ाना चाहा पर वह पहले से अपनी पूरी कोशिश कर रहा है। ऊपर की ओर आड़ी-तिरछी जानेवाली पहाड़ी पगडंडी पर छह से सात मील और जाना होगा। अंधेरा आसपास घिरने लगा है। क्या बेहतर नहीं होगा कि हम शिकार के लिए बनी किसी झोंपड़ी में आश्रय ले लें, अंधेरे में अनजानी पगड़ंडियों से जाने की बजाए यह बेहतर रहेगा? नहीं, यात्रा तो हर हाल में आज ही पूरी होनी है, मुझे किसी भी हाल में आज अपने ठिकाने पर जाना है।

धीरे-धीरे संध्या पूरी तरह से रात में बदल गई और खड़ी चट्टानों पर खड़े पेड़ों ने विशालकालय रूप ले लिया। घोड़ा पूरी निश्चितता से पैर जमाकर, बेहिचक चल रहा है मानो यह रास्ता उसका जाना-पहचाना हो। मुझे अपने पूरे जीवन का भार इसके हाथों में सौंपना ही होगा क्योंकि इस रास्ते के दाईं ओर की तीखी ढलान हमें सीधा नश्वर लोक से दूर ले जा सकती है। यह एक अजीब सी भावना है, इस चौपाये के प्रति पूर्ण समर्पण का भाव। इस तरह हमारे बीच एक अलग तरह की एकता और दोस्ती का भाव प्रकट हो गया है। मैंने पूरे उत्साह से उसका कंधा थपथपाया। वह उस अंधेरी रात में निरंतर पगड़ंडी की खड़ी चढ़ाई और ढलान से जूझ रहा है।

हर किसी को इस हिमालय क्षेत्र में इसी विश्वास के भरोसे जीना होता है, यहाँ वह हमेशा कुदरत की मेहरबानी पर होता है। हर साल, इस मौसम में, तीर्थयात्री भूस्खलन के कारण प्राण त्यागते हैं, जो अचानक उनके मार्ग में आकर, उनकी आगे जाने की राह बंद कर देता है।

एक ही घंटे में पहला सितारा चमकता दिखा और उसकी धूमिल रोशनी

ने रास्ते को हल्का सा रोशन किया। हम विशालकाय पत्थरों के ढेर के पास से निकले, जो विशालकाय मील के पत्थरों की तरह खड़े हैं। ऐसी कौन सी खगोलीय उथल-पुथल हुई होगी कि वे उस पर्वत से लुढ़ककर आंशिक रूप से छोटे स्टोनहेंग (दक्षिणी इंग्लैंड के प्राचीन महापाषाण, जो अनुष्ठान के लिए प्रयुक्त होते थे) दिखने लगे हैं। वे समुद्र तल से कितने हज़ार मीटर की ऊँचाई पर स्वयं को कितने खतरनाक ढंग से साधे हुए हैं?

जब हम आगे बढ़े तो मैंने अपनी गर्दन उठाकर, अपने ऊपर जगमग करते क्षितिज को देखा। आड़े-तिरछे पहाड़ी रास्ते, मेरा तीर्थ अब बहुत दूर नहीं है पर मैं जानता हूँ कि पहाड़ी रास्ते कितने भ्रामक होते हैं। मेरे आगे घना जंगल आनेवाला है और मुझे यह भी पता है कि रात के समय जंगली जानवर घूमने निकलते हैं।

चांद ने धीरे से अपना चेहरा दिखाया। अंधेरा बार-बार उस पर जीत हासिल कर रहा है। उस ओर से कोई मदद मिलने की उम्मीद नहीं है।

मैंने अपने आसपास के माहौल को भुलाने की कोशिश की और कुछ दूसरी बातों के बारे में सोचने लगा। मैं घोड़े पर सवार हूँ और यांत्रिक रूप से लगाम थामी हुई है। इंग्लैंड में मेरी एक परिचिता मृत्यु के बहुत निकट आ गई हैं, अगला चंद्रमा आकाश में आने तक उनकी आत्मा को अपना मार्ग मिल जाएगा। उन्होंने एक बार जो नन्ही कलम दी थी, उनकी वही यादगार मेरे पास रहेगी और मेरे लिए वह तराशे हुए पत्थर से बेहतर है। मेरा एक परिचित, बगदाद से शासन करता है, छोटे अरब राज्यों की किस्मत भावी खतरे की भविष्यवाणी को पूरा कर रही है, जिसे मैंने यूँ ही एक बार, एक औपचारिक दूतावास भवन के बाहर कह दिया था। मेरा स्नेह संरक्षक बनकर उसकी ओर बह निकला; 'वह सभी बहादुरों में से बहादुर है', जैसा कि नेपोलियन के समय में मार्शल नी को कहा गया था और वह अंततः शत्रु को अपने पैरों पर लाने में सफल होगा।

रास्ता ऊपर की ओर जाते हुए चौड़ा हो गया है। मेरे साथी के खुरों ने मीलों लंबे रास्ते को माप लिया है। उस लंबे और एकांत रास्ते को देखकर ऐसा लगता है मानो यह कहीं खत्म ही नहीं होगा। ज्यों ही हमने जंगल में कदम रखा, हमें चारों ओर से अभेद अंधकार ने घेर लिया। तारों से भरे आकाश से जो थोड़ी-बहुत रोशनी की झलक आ रही थी, उसे भी हमारे सिर पर तने वृक्षों की शाखाओं ने ढक लिया। अंधेरा इतना घना है कि अब मैं अपने घोड़े का सिर तक नहीं देख पा रहा।

इस सारे प्रसंग को और भी उलझाने के लिए मानो चढ़ाई अनपेक्षित रूप से और खड़ी हो गई है। मेरा घोड़ा बार-बार रूककर दम साधता है पर पूरी बहादुरी से चलता जा रहा है। इस तरह उसका हाँफते हुए आगे बढ़ना जारी है।

आधे घंटे की यात्रा के बाद नई कठिनाई सामने आ गई। इस जगह धरती की सतह पत्थरों से अटी हुई है, हालाँकि ये मानसूनी वर्षा में कारगर होते हैं। यह भी साफ लग रहा है कि प्रतापनगर आनेवाला है। बारिश ने इन्हें पूरी तरह से नहीं उखाड़ा पर बुनियाद को हिला दिया है और नतीजन ये बुरी तरह से फिसलन भरे हो गए हैं। इस ऊबड़-खाबड़ मार्ग पर घोड़े का पैर निरंतर फिसल रहा है।

यह भी स्पष्ट है कि अगर मैं इसी तरह सवारी करता रहा तो दो-तीन मिनट में ही मुँह के बल गिरा पड़ा मिलूँगा। मैं काठी से कूदा और लगाम पकड़कर चलने लगा। हम दोनों ही किसी घोंघे की गति से आगे जा रहे हैं क्योंकि हमें उस राह से आगे जाना है, जो चट्टानी टुकड़ों से भरी है।

मेंढक टर्रा रहे हैं और अचानक ही राह में आ जाते हैं। मैं शाखाओं से टपकती ओस की बूंदों को महसूस करता हूँ और उन्हें अपने हाथ से झटक देता हूँ।

शायद रात के ग्यारह बजे होंगे। एक आध बार घोड़ा अचानक ठिठका और अपना सिर झुकाए, सुदूर कहीं से आती जंगली जानवर की आवाज़ को सुनने लगा। मैंने उसका चेहरा थपथपाते हुए दिलासा दिया ताकि हम जल्दी से यात्रा के उस अंतिम हिस्से को पूरा कर सकें, पर मुझे अपने पर गुस्सा आ रहा था कि मैंने कुलियों को सामान देकर विदा देने से पूर्व बिजलीवाली टॉर्च क्यों नहीं ली। वे लोग तो बेशक, जंगल में बनी किसी कुटिया में खरार्टे भर रहे होंगे और सुबह से पहले नहीं आनेवाले।

अगर किसी जंगली जानवर की आँखों में अचानक टॉर्च की तेज़ रोशनी डाली जाए तो वे डर जाते हैं। बेचारा जानवर अपनी बोली में माँ को पुकारते हुए, जान बचाने की फिराक में भागता दिखेगा। इसके अलावा आप अपनी बंदूक का लाईसेंस लेने की ज़हमत से भी बच जाते हैं - दूसरे देशों की तुलना में यह काम कुछ ज़्यादा ही कठिन है। हालाँकि मैं दिन में ही अपने कैमरा से सारी शूटिंग कर ली थी और अब पॉकेट टॉर्च से यह काम हो रहा था। नतीजे इतने अच्छे रहे कि मैं बड़े से बड़े शिकारियों को भी इन हथियारों के प्रयोग की सलाह दे सकता हूँ।

अंततः काले घने वन में, बड़े-बड़े पत्थर के टुकड़ों पर यात्रा करने का अंत हुआ। हम अचानक पेड़ों से निकले तो स्वयं को टीले के शिखर पर पाया। सितारे अपनी जानी-पहचानी दोस्ताना रोशनी में एक बार फिर दो-चार हुए। धरती तुलनात्मक रूप से समतल लग रही थी। तीस या चालीस गज आगे, एक इमारत की चारदीवारी दिखी और उससे लटकी लालटेन की हल्की रोशनी भी दिखने लगी। मैंने विजयी उल्लास के साथ अनुमान लगाया कि वही प्रतापनगर था।

कुछ ही मिनट बाद, घोड़े को खरहरे के लिए भेज दिया गया है और मैं अपने नए घर के बरामदे में आराम कर रहा हूँ, जिसमें वास्तुशिल्प के हिसाब से अच्छा अनुपात दिखाई दे रहा है। मेरा बिस्तर अभी नहीं आया, अगले दिन तक भी नहीं आएगा। ज्यों ही मुझे अपने नौकर से दो कंबल उधार मिलेंगे, मैं अपने बड़े कमरे में दीपक की रोशनी में आराम करने चला जाऊँगा। जितनी बड़ी और लंबी यात्रा से आया हूँ, उसके ऐवज में मुझे इतना विश्राम तो मिलना ही चाहिए, मेरा हक बनता है।

17

हिमालय के विशालकाय दैत्य - एक भालू का हमला

प्रतापनगर के पहले कुछ दिन आनंददायक खोज और सुखद बोध से जुड़े रहें। मैंने बहुत ही बेपरवाही से अपने आसपास का दौरा किया और यह जानकर संतोष हुआ कि प्रकृति कितनी सुंदर हो सकती है और मनुष्य ने उसमें अपने लिए जो सुधार किए हैं वे भी बहुत आरामदायक हैं।

इन दिनों के दौरान, मानूसन के अचानक आ धमकने की कोई संभावना नहीं होती। सूरज इतनी सुंदरता से चमकता है कि इस बात पर यकीन करना मुश्किल हो जाता है कि इस जगह पर भी बारिश का मौसम आता होगा। हालाँकि मेरा इस जगह आने का विचार बढ़िया रहा, मेरा जीवन पहले से और बेहतर हो गया। नगरीय सभ्य जीवन की ऐसी बहुत सी सुविधाएँ हैं, जिनका पहले अभाव था, अब वे फिर से मिलने लगी हैं। यह सच है कि हमारे पास बिजली नहीं है, नलों में पानी नहीं आता, मोटर मार्ग नहीं हैं, सड़कें या दुकानें नहीं हैं पर हमारे अच्छे शांत अस्तित्व के लिए बहुत है। और वे पाँच चीज़ें जीवन में न भी हों, तो इनके साथ आनेवाले सहायक - शोर, घबराहट, राजनीतिक विद्रोह, दंगे और युद्ध की अफवाहें - ये भी पूरी तरह से अनुपस्थित रहते हैं। और जहाँ तक मेरा सवाल है, मैं बड़े आराम से इनके बिना

भी काम चला सकता हूँ। मेरे दरवाज़े से गाड़ियों की कोई खटपट सुनाई नहीं देती और न ही हर पाँच मिनट में फोन की घंटी बजती है। डाक से गजट आता है और जब तक वह मेरे सामने उपस्थित होता है, तब तक अधिकतर पाठक उन समाचारों को पढ़कर भूल भी चुके होते हैं। मुझे जैज़ के नाम अनावश्यक कोलाहल को सुनने के लिए कीमत भी अदा नहीं करनी पड़ती। कुल मिलाकर, मुझे प्रकृति माता का आभार प्रकट करना चाहिए, जो एशिया के इन निर्जन वनों भी वास करती है, आप यूरोप के शहरी शोर से भरे नगरों को तो छोड़ ही दें।

मैंने स्वयं को अपने पिछले आवास की तरह, इस जगह भी चारों ओर से मेघों और विशालकाय चोटियों से घिरा हुआ पाया। परंतु इस जगह पर सुंदर घाटियाँ हैं, जिन्हें लंबे समय तक देखा जा सकता है, मेरे घर से टीले के दोनों ओर, फूलों के सुंदर बाग बने हुए हैं। दक्षिण की ओर सबसे बड़ी घाटी दिखाई देती है, जिसकी गहराई में भागीरथी नदी, रूपहली रेखा सी प्रवाहित है। इसकी निचली ढलानों पर हरियाली छाई है। हालाँकि केवल उन्हीं जगहों पर थोड़ी खेती संभव है, जहाँ पहाड़ के पास पानी उपलब्ध है, ऐसा लगता है जैसे हरियाली के बीच किसी ने पीले टुकड़े बिछा दिए हों।

देवदार और बलूत के वन भी थोड़ी ही दूरी पर हैं। मैंने इस जगह बुलबुल का तराना सुनने की उम्मीद नहीं की थी, पर जंगल के एक हिस्से से उसकी आवाज़ आ रही है।

मैं अपने घर से एक असाधारण दृश्य का आनंद ले रहा हूँ, जिसके चारों ओर दरवाज़े और तीन ओर खिड़कियाँ बनी हैं। क्या किसी लेखक या कुछ न करनेवाले इंसान को कभी ऐसा नज़ारा देखने को मिला है, जैसा मैं इस जगह से देख रहा हूँ? प्रकृति ने मीलों-मील तक सुंदरता का अद्भुत नज़ारा फैला रखा है- जो निश्चित रूप से मेरे लिए इंसानों के रक्तपिपासु दंगों से कहीं बेहतर है। टीले आपस में बेतरह उलझे हुए हैं। पहले तो देखकर लगता है कि एक-दूसरे की ओर जा रहे हैं और फिर एक-दूसरे को छूने से पहले ही परे हो जाते हैं। बंजर पहाड़ियों पर विशालकाय ग्रेनाइट, घाटियाँ, खाईयाँ, दर्रे, घने वन और ऊँची चोटियों का आपसी मेल शानदार है। पहाड़ों के बीच दो नदियाँ आपस में एक-दूसरे को काटती दिखाई दे रही हैं, वे झरनों के जंगली संगीत के साथ पत्थरों से टकराकर नीचे की ओर प्रवाहित हैं।

परंतु इनमें से सबसे सुंदर नज़ारा तो उन हिमखंडों का है, जो नीले आसमान के पार झुके दिखाई दे रहे हैं। अब मैं पहले की तुलना में उन्हें कहीं बेहतर स्थिति में देख सकता हूँ। वे मेरी दक्षिणी खिड़की के बिलकुल पास दिखाई देते हैं। ये भव्य हिमाच्छादित शिखर अपनी पूरी भव्यता और सूक्ष्म सौंदर्य के साथ मेरे सम्मुख प्रस्तुत हैं। इनकी निकटता से मुझे एक तरह की प्रेरणा मिलती है और कई बार मैं भावुक हो जाता हूँ। इनके शिखरों की पूरी स्पष्टता अपनी ओर आकर्षित करती है।

कुछ शिखर तीखे शंकु हैं तो कुछ कूबड़ की तरह उभरे हैं। मैं उन्हें अपने आगे, एक-एक कर, सौ मील लंबी पंक्ति पर चुनता हूँ तो तिब्बत को पूरी तरह से मेरी दृष्टि से ओझल कर देते हैं। बाईं ओर, बाहरी छोर पर, मुझे सतलुज के पार चोटियों का अंतिम हिस्सा दिखता है। उसके पास ही बारनघाटी दर्रे को देख सकते हैं, यह 17,000 फीट ऊँची सड़क तिब्बत की ओर जाती है। मेरे ठीक पीछे बदरीपूँछ की चोटी है, जो मुझे जमुनोत्री को देखने नहीं देती, इसकी समुद्र तल से ऊँचाई 20,000 फीट के करीब है। इसके नाम का अर्थ है, 'बंदर की पूँछ'। इस जगह गोल शरीर और मुड़ी हुई पूँछ का आभास भी होता है, लगता है कि चट्टानों ने बर्फ का जामा पहनकर ऐसा रूप धरा है। इसके साथ ग्लेशियर दिखाई देते हैं, जो बर्फ के समंदर जान पड़ते हैं, जिनमें पचास से सौ फीट गहराई तक जमी हुई तरंगें हैं। कुछ ही मील की दूरी पर इसका साथी, श्रीकंठ, लगभग इसी ऊँचाई पर आकाश को भेदता है। इसकी पारंपरिक तिकोनी चोटी पर जमा बर्फ ने खड़ी चट्टान का रूप ले लिया है, जो लोगों के मन में छिपी छवि के अनुरूप है कि हिमालय की चोटियों को ऐसा दिखना चाहिए।

इसके दाईं ओर, इसके पिछले हिस्से से गंगोत्री का एक अंश उभर रहा है, जो सुदूर आठ मील की दूरी तक फैला है और 10,000 फीट की ऊँचाई पर है। यह प्राचीन मंदिर, सारी गर्मियों के दौरान तीर्थयात्रियों के लिए मक्का बना रहता है क्योंकि यह भारत की पवित्रतम नदी गंगा या फिर भागीरथी के ग्लेशियर स्रोत के निकट स्थित है। भागीरथी, गंगा की प्रमुख सहायक नदियों में से है, जो मेरे घर के निकट ही नीचे गहराई तक बहती दिखाई देती है। सदियों से, गंगोत्री में अधिकारिक ब्राह्मण पंडित, गंगाजल भरकर बहादुर व्यापारियों को देते रहे हैं, जो उन्हें भारत के मैदानी इलाकों में ले जाते हैं और उस गंगाजल को बेचकर भारी मुनाफा कमाते हैं।

उसी सफेद पंक्ति के साथ-साथ देखते हुए, मेरी आँखें केदारनाथ को पहचान

लेती हैं, एक और पवित्र पर्वत समूह, मुझे वहीं पंक्ति के साथ-साथ हिमस्खलन के कुछ अवशेष भी दिखते हैं, जो कहीं-कहीं जमा हो गए हैं। केदारनाथ की खड़ी तीखी चट्टानें 23,000 फीट की ऊँचाई तक हैं, हालाँकि दूसरी ओर वे धीरे-धीरे तिब्बत की ओर डूब जाती हैं। केदारनाथ अपनी विशालकाय देह के साथ, नीचे घाटी में स्थित तीर्थ की रक्षा करता है। यह तीर्थ उस स्थान पर स्थित है, जिसका वर्णन भारत के आरंभिक धार्मिक महाकाव्य महाभारत में भी आता है। यह भगवा वस्त्रधारी साधुओं का प्रिय तीर्थ है, जो गर्मियों के मौसम में, भारत के सभी मैदानी इलाकों से इस ओर आते हैं।

कहते हैं कि इसी जगह पर उनके प्रसिद्ध गुरु शंकर आचार्य भी दो हज़ार वर्ष पूर्व आए थे। उन्होंने आध्यात्मिक तंद्रा में समाधि ग्रहण कर देह त्यागी। वर्तमान में उनका अनुसरण करनेवाले इतने योग्य नहीं हैं और मन में यह विचार भी आता है कि वे किसी तरह की आध्यात्मिक तंद्रा अथवा समाधि में लीन होंगे या बहुत अशांति के बीच प्राण त्याग करेंगे। जो भी हो, सो हो; जिनके भीतर केदारनाथ तक आने का जीवट और साहस है, वे मानते हैं या उन्हें लगता है कि उन्हें इस तीर्थयात्रा के कष्ट सहन करने के बदले में, उन प्राचीन आत्माओं का आशीर्वाद प्राप्त होगा, जिन्होंने इस स्थान को ऐतिहासिक रूप से समृद्ध किया। उनकी स्वीकृति का औपचारिक अनुष्ठान अपने आपमें अनूठा है, जहाँ तक मेरी जानकारी है, पूरे भारत में कहीं भी ऐसा नहीं होता। वे मंदिर में प्रवेश करते हैं, जो केदारनाथ से नीचे जानेवाले ग्लेशियर से एक मील से भी कम दूरी पर होगा। वे दीपों की रोशनी व मंदिर के घंटों के स्वरों के बीच नीचे झुककर, शिव की अंकित छवि को अंक में भर लेते हैं। शिव, जो बैरागियों और योगियों के इष्ट हैं, मान्यता है कि उनकी आत्मा सदा मध्य हिमालय में वास करती है।

मेरी खिड़की से दिखनेवाले बर्फीले शिखरों में, बदरीनाथ को सबसे उज्ज्वल कहा जा सकता है, जो दाईं ओर, लगभग बीस मील की दूरी पर स्थित है, इसकी बाहरी रूपरेखा इतनी विशाल है कि देखकर लगता है कि ये बहुत निकट है। यह वास्तव में बहुत सारी चोटियों का चौरस हिस्सा है, जो मिलकर एक परकोटा सा बनाती हैं, मानो विशालकाय चांदी से बना दुर्ग, अपनी बर्फीली भव्यता के साथ, तिब्बत को घुसपैठियों से बचा रहा हो। इस जगह भी, इसके संरक्षण में घाटी की तलहटी में एक तीर्थ है और हिंदुओं के पवित्र इतिहास में जाना-माना नाम है। सबसे विचित्र बात यह है कि निकट ही एक ताल से गर्म पानी के सोते भी निकलते

हैं, घाटी के चारों ओर बर्फ और हिम के बीच जो तीर्थयात्री खौलते पानी का आनंद लेना चाहते हों, वे 170 डिग्री फैरनहाइट के तापमान पर स्नान कर सकते हैं।

अंत में, पहाड़ों के आखिरी पूर्वी छोर तक आता हूँ, जहाँ द्रोणगिरि को 23,000 फीट की ऊँचाई पर देखा जा सकता है और फिर अंत मं एक बड़ी सी सफेद रेखा, नीले क्षितिज को ढाँप रही है, वहीं से नंदा देवी की विशाल चोटी उभरती है। यह ब्रिटिश साम्राज्य की सबसे विशालतम चोटी है क्योंकि एवरेस्ट और कंचनजंघा नेपाल और तिब्बती क्षेत्रों में आते हैं। यह टिहरी राज्य और ब्रिटिश गढ़वाल की सीमाओं से परे है। नंदा देवी 25,600 फीट की ऊँचाई पर स्थित है।

***

मुझे इन पहाड़ों से इतना प्रेम क्यों है? क्या ऐसा इसलिए नहीं है क्योंकि ये मूर्त रूप से उस स्थिरता और सौंदर्य का आभास देते हैं, जिसे मैंने अपने अमूर्त ध्यान में पाया?

इस तरह हर सुबह, अपनी खिड़की से बाहर देखना, मेरे लिए एक तरह से पूजा-पाठ का ही अंग हो गया है। मैं हर दृष्टि के साथ हिमालय को अपना मूक अर्घ्य अर्पित करता हूँ और फिर आदर भाव से उसकी सराहना का स्तुति-गान करने लगता हूँ। ये पर्वत हमारी जाति से प्रतीकात्मक संबंध रखते हैं। ये हिमाच्छादित पर्वत श्रेणियाँ उठी हुई अंगुलियों की तरह, उन महान आकांक्षाओं की संकेत करती हैं, जो मनुष्य के अस्तित्व को रसातल में जाने से दूर रखेंगी और इनकी शुभ्रता और धवलता, उस विशुद्धता की ओर संकेत करती हैं, जिसे उसे अभी प्राप्त करना है - इसका संबंध उस बचकाने आस्तिकवाद से नहीं है, जिसे पारंपरिक नैतिकता की कसौटी पर खड़ा किया गया है। यह उस व्यक्तिगत कलुषता से विशुद्धि की बात है, जिसके लिए जीजस ने कहा था कि सबसे श्रेष्ठ विवेक यही है, 'मेरी नहीं, तेरी इच्छा पूर्ण हो।' जो लोग ऐसे क्षितिज के निकट वास करते हैं, जहाँ आकाश में जगमग करते धवल शिखरों का साम्राज्य छाया हो; वही उस मादकता को सराह सकते हैं, जो भोर बेला में इस दृश्य को देखने से प्राप्त होती है।

मेरे घर के आसपास के हिस्से को सुंदर लॉन में बदला गया है और इसके चारों ओर सुंदर बड़े खिले हुए फूलों के साथ छोटे जंगली फूल भी दिखाई देते हैं। हल्के गुलाबी और सफेद गुलाबों के साथ बड़े सुनहरी सूरजमुखी। तेज़ गंधवाले

वर्बिना की पतली टहनियाँ नन्हे कैंडीटफ्ट की सफेद पंखुड़ियों के झुंड की प्रमुख हैं। एक सुंदर फूलों का झुंड, नीले रंग की घंटियोंवाले सिरों का मेल-जोल दर्शाता है। नीले रंग के लाइलैक बारहमासी हैं। गहरे नीले हाइसिंथ और लाल लपट जैसे केसर के पौधे भी गेरुआ माटी में उग आए हैं। इन सभी और दूसरी किस्मों की सुंदरता के बीच, मेरा रंग-प्रेमी हृदय पूरी तरह से संतुष्ट हो सकता है।

बड़ी मज़ाकिया सी दिखनेवाली भूरे रंग की छिपकलियों की चूहों जितनी लंबी पूँछें हैं और उनकी संदेही पलकविहीन आँखों से बगीचे के मार्ग के दोनों ओर छिपे जीव, बच नहीं पाते। मुझे उनके साथ आँख मिचौली खेलना पसंद है, जैसे वे भी बाग के खाली होते ही मार्ग में बाहर आकर धूप सेंकने लगती हैं और मेरे पैरों की आहट पाकर खिसक जाती हैं। पर वे जिद्दी और अड़ियल हैं, और ज्यों ही वे खिसककर किनारे की ओर जाती हैं तो पीछे मुड़कर मुझे चोरी से पलकविहीन आँखों से ताकने लगती हैं। जब सूरज निकला हुआ हो तो उन्हें अपने पथरीले घरों में आराम करना पसंद नहीं है। ज्यों ही मैं हटने का दिखावा करता हूँ तो वे मार्ग में आ जाती हैं और जब मैं वापस मार्ग पर आता हूँ तो वे हैरान हो जाती हैं। वे अपनी नन्हीं गुफाओं में नन्हें योगियों सी वास करती हैं।

मेरे ध्यान सत्रों के लिए घर से बाहर कोई जगह चुनना बेकार है क्योंकि किसी भी दिन या किसी भी घंटे में मानसून आ सकता है। इसलिए मैंने अपने ही कमरे की दो फीट मोटी दीवारों के अंदर ही अपने लिए खाली जगह में ध्यान करने का आसन बना लिया है। यहाँ मैं अपनी कुर्सी पर आलथी-पालथी लगाकर बैठ सकता हूँ, जिसे खिड़की के पास ही हिम से घिरे सुंदर पर्वत शिखरों को देखने के लिए रखा गया है। इस तरह बैठकर मैं घर के भीतर से बाहर का आनंद ले पाता हूँ। अगर कोई व्यक्ति अरसिक होगा, तो वह भी इस परिवेश के बीच बैठकर काव्यमयी हो जाएगा।

मैंने अपने लिए सुविधाजनक रूप से श्रीकंठ की चोटी का त्रिकोण चुन लिया है, जिसकी ओर मैं अपनी दृष्टि रखूँगा, इसके साथ ही मेरा मन अपने भीतर की ओर ध्यानमग्न होगा। इस प्रकार मैं प्रतिदिन अपनी भौतिक इंद्रियों का त्याग करते हुए, सजगता के भाव को अंदर की ओर ले जाते हुए स्वयं को संसार से अलग कर लूँगा, जैसे एक कछुआ इस आतंकित कर देनेवाले संसार से बचाव के लिए अपने सिर और पैर को खोल के भीतर समेट लेता है और सक्रिय जीवन के घंटों के दौरान उन्हें बिलकुल गतिहीन रहने देता है। सभी चीज़ों में, मेरे पास समय ही

समय है और जैसा कि मैंने पाया, सभी अंगों की कार्यविधि से स्वयं को अलग करना, आध्यात्मिक अवशोषण के पवित्र अभ्यास से संबंध रखता है, यह सामान्य भौतिक गतिविधि की निरपेक्ष अवधि नहीं है। भौतिक अपंगता आध्यात्मिकता नहीं है परंतु निश्चित रूप से, मैं एक विधर्मी हूँ।

मेरी अनमोल तिब्बती पेंटिंग दीवार पर टँगी है। बीच-बीच में, मैं इसके मध्य में स्थित बुद्ध के प्रति अपना आदरभाव प्रकट करता हूँ और इस दौरान मेरी आँखें ध्यान से अधमुँदी होती हैं।

तब यह कुशनवाली कुर्सी ही मेरे पवित्रतम विचारों का सिंहासन बन जाती है; यह अर्द्धगोलाकार खिड़की अनंत की ओर खुलेगी; ये चार दूधिया सफेद रंग की दीवारें एक व्यक्ति के प्रयासों को घेरे रहेंगी ताकि उसके अस्तित्व का उद्देश्य पूरा हो सके; गहरे रंग की ओक लकड़ी से बनी छत मेरे अपने जागरण पर नज़र रखेगी; और यह पूरा कमरा उस एक के लिए समर्पित होगा, जिसके आदेश पर ही मैं यहाँ आया हूँ। 'स्थिर रहो और जानो कि मैं ईश्वर हूँ।' यही वह प्रमुख विषय होगा, जिस पर मैं आनेवाले दिनों में अपने निबंध लिखनेवाला हूँ, वे मेरी बेमन से निकली स्याही से नहीं बल्कि पूरे मन से जीए गए जीवन से लिखे जाएँगे।

***

शिकारी मुझे बताते हैं कि बाघ भी इंसानों की तरह मनमौजी होते है; सभी हमलावर नहीं होते, इनमें से कुछ तो कायरता के मारे अपने छिपने के ठिकाने पर वापस चले जाते हैं। वैसे, मेरे कमरे की ओर खुलनेवाले विशाल कक्ष में बाघों का एक पूरा परिवार उपस्थित है। उन्होंने गुस्से से अपने दाँत बाहर निकाले हुए हैं; बिल्ली जैसे कान पूरी चुस्ती से तने हुए हैं; तीखे पंजे इस तरह उभरे हुए हैं मानो वे लड़ने को तैयार हैं।

परंतु ये खूबसूरत रंगोंवाले जीव अब किसी पर झपट नहीं सकते, चर्म प्रसाधक ने इन्हें चुप और शांत रहने का ऐसा प्रशिक्षण दे दिया है कि अब ये कुछ नहीं बोलते! अब ये केवल माँसरहित खाल हैं, जो एक दीवार पर पसरी हुई हैं।

इस काली धारियोंवाले परिवार में एक सुंदर पिता, एक तुनकमिजाज़ माँ, दो बेटे और एक बेटी शामिल हैं। बाघ पिता की खाल कम से कम दस फीट लंबी होगी, इसका सिर ही लगभग सवा फुट रहा होगा, जीवंत और भरा हुआ, लगभग छह सौ पाउंड वज़न रहा होगा; मरकर पूरी तरह से खाली होने के बाद, अब यह

मुश्किल से अपने भार का दस गुना रह गया है। परंतु इसकी सुंदरता और भव्यता में कहीं कोई कमी नहीं आई। कुदरत ने मैदानी इलाकों में रहनेवाले बाघों की तुलना में, अपने पहाड़ी बाघों को शरीर पर मोटी रोएँदार चमड़ी दी है। यह पूरा परिवार, कुछ साल पहले, प्रतापनगर के ढलानवाले इलाकों में ही मारा गया था। परंतु अब आसपास के इलाकों में बाघ नहीं रहे। लोगों को सताने के लिए काले और भूरे भालू, तेंदुए और काले चित्तीदार चीते ज़रूर मौजूद हैं। इन पशुओं का इतना आतंक व्याप्त है कि मुझे पहले ही दिन से दिन ढले बाहर न निकलने की चेतावनी दे दी गई है।

मेरे सहायक ने बताया कि एक दिन, दोपहर के समय एक चीता घर के आसपास बने लॉन में घुस आया और अंदर चैन से सो रहे तीन कुत्तों पर धावा बोल दिया। इसने दो कुत्तों को वहीं मार दिया और इससे पहले कि कुछ किया जाता, तीसरे कुत्ते को घसीटकर पासवाले जंगल में ले गया।

यहाँ तक कि रात को भी घर के दरवाजों तक, भालू अपनी माँदों से निकलकर चले आते हैं। वे बगीचे में अपने लिए स्वादिष्ट कंद-मूल खोजते हैं या सेब के पेड़ों पर चढ़ने की कोशिश करते हैं। हर रात, जब मैं कंबलों में लिपटा होता हूँ, या फिर उससे भी बहुत देर के बाद, महल और उसके बागों की देख-रेख करनेवाले सिपाही की दो बार गोली चलाने की आवाज सुनाई देती है, जो भालू की सेंध लगाने की आदतों का पता देती है परंतु इन गोलियों की आवाज के बावजूद वह खुद को बदल नहीं सकते।

मेरे पिछले घर से कुछ ही दूरी पर, पिछली सर्दियों में एक देहाती को भालू ने मार गिराया था। यह एक अजीब सी घटना थी क्योंकि भालू अक्सर अपने शिकार को घायल करते हैं, उसकी जान नहीं लेते। यही वजह है कि उन्हें सभी जंगली जानवरों में से दुष्ट माना जाता है। दूसरे जानवर भोजन के लिए इंसानों पर हमला करके उन्हें मार देते हैं, परंतु ये भालू तो अपनी दुष्टता के चलते इंसानों पर हमला करके घायल करते हैं और फिर गायब हो जाते हैं। ये इंसानों को अच्छी तरह काट नहीं सकते क्योंकि इनके दाँतों की बनावट इस तरह नहीं होती इसलिए ये पंजों से भयानक वार करते हैं।

एक दोपहर, घर में एक व्यक्ति दयनीय दशा में दाखिल हुआ। करीबन आधा मील की दूरी पर ही उस पर एक जंगली भालू ने हमला कर दिया था और वह भी दिन-दहाड़े।

उसकी खोपड़ी खुल गई थी, एक आँख बाहर आ गई थी, उसके चेहरे, कंधे और बाजू माँस के लोथड़े बन गए थे। तार-तार हो चुके कपड़े खून से भरे हुए थे। उसकी पूरी छाती पर गहरे घाव और पंजों के निशान थे। यह भी शुक्र है कि महल का डॉक्टर अभी प्रतापनगर में ही था, हालाँकि वह कुछ ही दिन में अवकाश पर जानेवाला था। भालू के शिकार के घाव सिले गए, इलाज हुआ और खून बहना बंद हो गया और सिर व बाजू पट्टियों से लिपट गए।

अगले दिन जब वह बेचारा थोड़ा संभला तो उसने अपनी मुठभेड़ की कहानी सुनाई। वह एक नवयुवक था और मैंने अनमुान लगाया कि वह पढ़ा-लिखा भी था। संभवत: जाति से ब्राह्मण रहा होगा।

उसने बताया, मैं अनपढ़ लोगों की अर्जियाँ और पत्र लिखता हूँ। दो दिन पहले, मैं अपने गाँव से पैदल ही टिहरी शहर के लिए निकला, जहाँ थोड़ा काम था। दस साल का छोकरा, मेरा सहायक है, वह भी साथ ही था। कल दोपहर बाद, पाँच बजे के करीब, मैं उस जगह था जहाँ से रास्ता दो रास्तों में बदल जाता है। उनमें से एक इस खाई के ऊपर और महल की ओर जाता है और दूसरा नदी घाटी की ओर निकलते हुए टिहरी की ओर जाता है। अचानक ही मैंने गुर्राने की भयंकर आवाज सुनी। मैंने ऊपर पहाड़ की ओर देखा तो जंगल के पेड़ों के बीच, एक विशाल काले-भूरे रंग का भालू अपने बच्चों के साथ दिखाई दिया। वह जानवर ढलान से सीधा मेरी ओर किसी तूफान की तरह भागते हुए आया, वह लगातार गुस्से से गुर्रा रहा था। उसकी गति बहुत तेज़ थी और मुझे एहसास हुआ कि भागना बेकार था और जान बचाने का कोई उपाय नहीं था। चूँकि मैं इन भालुओं की आदतें जानता हूँ इसलिए मैंने खुद को बचाने की तैयारी कर ली। मेरे पास हथियार के नाम पर केवल एक छाता था। मैंने रोते हुए लड़के को अपने पीछे धकेल दिया ताकि उसे बचाया जा सके और बाएँ हाथ से अपना चेहरा ढकते हुए, दाएँ हाथ से छतरी को आगे कर दिया।

ऐसा लगा कि पलभर में ही भालू ढलान से उतरकर मेरे आगे आ गया था। मैंने देखा कि वह तो मादा भालू थी, ये हमेशा नर भालू से कहीं अधिक भयंकर और दुष्ट होती है। इसके शरीर पर नरम रोएँदार बाल, बड़े रोएँदार कान और एक काला नाक था। बालों की लंबी लट माथे से होते हुए एक आँख को लगभग ढक रही थी। इसने मुझ पर छलाँग लगाते हुए सिर, चेहरे और शरीर के ऊपरी हिस्से पर पंजे से प्रहार किया। मैं अपने छाते से तब तक उसके चेहरे को कोंचता रहा,

जब तक कि उसका कपड़ा पूरी तरह से फट नहीं गया। जब पशु ने मुझे बुरी तरह से घायल कर दिया और इस लड़ाई को चार-पाँच मिनट का समय बीत गया, तो मादा भालू को मानो संतुष्टि सी हो गई। फिर वह अपने बच्चे लेकर जंगल में वापस चली गई। मुझे खुशी थी कि मैंने अपने साथ चल रहे बच्चे को घायल होने से बचा लिया। फिर मैं किसी तरह लहूलुहान, सारे रास्ते पर खून टपकाते हुए किसी तरह आपके पास पहुँचा।

इस बदकिस्मत आदमी की कहानी ही ऐसी है। यह उसी बात को साबित करती है, जो इन हिस्सों में रहनेवाला हर पर्वतारोही जानता है कि भालू कभी किसी इंसान की जान नहीं लेते पर अगर इंसान को देख लें तो उसे नोचकर, आजीवन कुरूप बनाकर छोड़ते हैं।

भारत में जंगली जानवरों और जहरीले सरीसृपों के हाथों मरनेवालों की संख्या भले ही अधिक हो पर इनमें अधिक संख्या पशुओं की होती है परंतु मुझे नहीं लगता कि यह पश्चिम में मोटर दुर्घटना में मारे जानेवाले लोगों की संख्या से भी बदतर होगा। औसत पश्चिमवासियों को एहसास नहीं है कि इन दिनों औसत भारतीयों को बाघ और साँप से मारे जाने का जितना भय है, वे भी मोटरकारों के नीचे आने के जोखिम से उतना ही घिरे हैं। भारत में सर्प और बिच्छू इतने अधिक हैं कि वे लगभग हर पत्थर के नीचे हो सकते हैं और जंगल के हर हिस्से में जंगली पशु मिल सकते हैं। हाल ही के समय में, पश्चिम में दुर्घटना और मौत के आँकडे बढ़े हैं और उस हिसाब से जीव-जंतुओं से होनेवाली मौतें उससे भी अधिक होनी चाहिए। जबकि सच्चाई यह है कि जीव-जंतुओं से होनेवाली मौतें बहुत कम हैं। अगर मनुष्य किसी पशु का शिकार न करे तो वे इतनी आसानी से उन पर हमला नहीं करते। अगर किसी सर्प को कोई अनजाने में छुए नहीं या उन पर पैर न रखे, तो वे भी अपने आप नहीं काटते। कुल मिलाकर, अमेरिका और यूरोप में गाड़ियों से भरी सड़क पार करने का जोखिम, भारत में जंगली जानवरों से घिरे जंगल को पार करने के बराबर ही हो गया है!

18

चाय पीने का आनंद - मानसून के तूफान कैसे आते हैं

पिछले बीस वर्षों के दौरान, मैं इतनी बार चाय पीने के आनंद को अनुभव कर चुका हूँ, यह आदत मेरे लिए इतनी सुविधाजनक हो चुकी है कि मैंने इसे सुविधाहीन हिमालय में भी जारी रखा है और मेरा मन इस आनंद के पीछे छिपे दर्शन के बारे में विचार करने लगा।

मुझे तो केतली में उबलते पानी से मधुर ध्वनि कोई नहीं जान पड़ती। जिसकी सामग्री अंततः एक बड़े से गोल पात्र में ही जानी है, जो अक्सर हर उस जगह पर मेरे सफेद मेजपोश पर किसी मित्र की तरह मौजूद रहता है, जहाँ भी मैं जाता हूँ। मैं सुंदरता से बनी केतली के मुख से निकलती गर्म भाप को सुखद अनुभव से देखता हूँ।

यह बात विचित्र जान पड़ती है कि पश्चिमी जगत जाने कितनी सदियों तक सभ्य अस्तित्व के छोटे आनंदों और प्रधान आवश्यकताओं से वंचित रहा। हज़ारों वर्ष पूर्व यूरोप इन खुशबूदार जड़ी-बूटियों के अस्तित्व के बारे में जानता था। चीनी इसके सुनहरे सत्व को पीते हुए, इसके मधुर उत्तेजन के बीच गप्पें लगाया करते।

यह आज भी विचित्र लगता है कि जिस धरती से सारी

दुनिया को चाय की भारी मात्रा निर्यात की जाती है, उसे भी अंग्रेजों के आने की प्रतीक्षा करनी पड़ी और उसके बाद ही इसकी माटी में पहली जड़ें बोई गईं। पिछली सदी तक भारत में चाय का उत्पादन नहीं होता था और केवल अंग्रेज कृषक उद्यमियों ने ही इसे आरंभ किया। आज भी बहुत से भारतीय ऐसे हैं, जिन्होंने कभी चाय नहीं चखी और बहुत कम लोग इसे सही तरह से बनाना जानते हैं। एक चीनी कवि ने अपनी कविता में खेद प्रकट किया है कि लोग किस तरह अनजाने में गलत तरीके से चाय बनाते हुए अच्छी चाय को भी बरबाद कर देते हैं। इसमें कोई संदेह नहीं कि नई आदतों के साथ ही यह अज्ञान भी समाप्त होगा, जिनके बारे में निरंतर बताया जा रहा है।

मुझे बौद्ध धर्म के बारे में जानकारी देनेवाले बौद्ध भिक्षु ने बताया था कि बर्मा, चीन और जापान के अनेक बौद्ध मठों में यह रिवाज है कि ध्यान के लंबे रात्रिकालीन सत्रों के दौरान, भिक्षुओं के आगे ताज़ी चाय के नन्हे प्याले तैयार रखे जाते हैं ताकि वे नींद को दूर भगाकर, आध्यात्मिक अभ्यास को समय की सीमाओं से मुक्त कर सकें। इस तरह वे अधिक आध्यात्मिक प्रगति की आशा रखते हैं। उन्होंने मुझे चाय की उत्पत्ति से जुड़ी उल्लेखनीय कथा भी सुनाई, जो कौतूहल से भरपूर व आकर्षक है।

उन्होंने कहा कि एक बोधिधर्म नामक दक्षिण भारतीय साधु छठी सदी में चीन आए। वे एक खाली दीवार के आगे ध्यान करने बैठते थे। एक बार मानसिक अभ्यास के लंबे सत्र के दौरान उन्हें यह जानकर बहुत खीझ हुई कि वे उनींदे हो रहे थे। मतलब उन्हें नींद आ रही थी।

उन्होंने अपनी उनींदी पलकें काटकर दूर फेंक दीं। वे जिस जगह पर गिरीं, वहीं एक पौधा उग गया। इस पौधे की पत्तियों में यह गुण था कि वे मनुष्य की नींद दूर भगाकर उसे जगा सकती थीं।

यह कथा अपने आपमें रोचक है, परंतु इसमें से यह तथ्य सुनिश्चित है कि चाय का पौधा दक्षिण चीन में पैदा नहीं हुआ, बोधिधर्म उसी क्षेत्र में वास करते थे। आनेवाले समय में उन्होंने एक बड़े दार्शनिक पंथ चान या ज़ेन की स्थापना की। उनके अनुयायी आज भी अपनी प्रज्ञा के हस्तांतरण के दौरान भारी मात्रा में चाय पीते हैं। उनका नाम ही चीनी संकेत लिपि में चाय का प्रतीक है।

केवल कुछ पत्तियों को पानी में उबालकर पीने से मन और शरीर को जो

उत्तेजक परिणाम मिलते हैं, उसे जानकर चाय पीनेवाले आरंभिक लोगों में से एक, लूवु ने तो 'स्क्रप्चर ऑफ टी ड्रिंकिंग' नाम से पूरा काव्य ही रच दिया था। उनका लेखन, 'द चाकिंग' हज़ारों वर्षों से चीनी चाय व्यापारियों के लिए संरक्षक प्रतीक बना हुआ है। उन्होंने केवल एक कप चाय के प्याले के नाम इतना गहरा दर्शन परोसा है कि उसे व्यापारी चायप्रेमियों के लिए आज भी प्रस्तुत करते हैं। यह बड़े ही खेद की बात है कि आज तक किसी ने उस पुस्तक को किसी पश्चिमी भाषा में अनुवाद करने की समझदारी नहीं दिखाई। कवि ने चाय के बारे में लिखते हुए, पौधे के वनस्पतिक अध्ययन से लेकर चीनी मिट्टी के प्याले के लिए आदर्श रंग और चाय बनाने के उपयुक्त पहाड़ी नालों से मिले पानी तक का वर्णन करते हुए चाय पीने के आम तरीकों की गैर-कलात्मक अश्लीलता को भी फटकारा है।

हममें से जो लोग इस आनंददायक पेय के दीवाने हैं, वे निश्चित तौर पर उस व्यक्ति से भेंट करना चाहेंगे, जिसके लिए कहा जाता है कि उसके हाथों की बनी चाय का स्वाद, दूसरी चाय से अलग ही पहचाना जाता था। स्वयं सम्राट उसे कई बार इस काम के लिए निमंत्रण देते थे।

मैं एक और बात कहना चाहूँगा कि चीनी ही मेहमान या आगंतुक के आगे चाय परोसने के रिवाज को शुरू करने का दावा करते हैं। कहा जाता है कि मेरे प्रिय पूर्वी दार्शनिक लाओत्से के प्रधान शिष्यों में से एक, क्वानयिन ने इसे आरंभ किया। जब लाओत्से अपनी राजकीय सेवाओं से मुक्त होकर, पश्चिम की ओर अपनी यात्रा के दौरान हाना पास के द्वार तक पहुँचे (जिसके बाद वे अलोप हो गए), तो क्वानयिन ने उन्हें चाय का एक प्याला पेश किया था - यह अपने आपमें एक प्रतीकात्मक मूल्य रखता है क्योंकि इसके बाद सम्राट ने इसे सामाजिक जीवन में परिचित करवाया। मैं यही मानना चाहता हूँ कि मेरे दाढ़ीवाले प्रज्ञावान संत ने प्रकृति के निकट बसे सादगी से भरे जीवन में जाने से पूर्व, सभ्यता से ओझल होने से पूर्व इस सुनहरे पेय का घूँट भरा होगा। वे एक महान आत्मा थे और उनके लिए इस महान पेय से उपयुक्त और कुछ हो ही नहीं सकता था।

पंद्रहवीं सदी में, जापानियों ने भी इसके सम्मान में एक सौंदर्यबोधयुक्त संप्रदाय आरंभ किया, इसमें बहुत सारे विस्तृत अनुष्ठानों व रिवाजों को शामिल किया जाता है। दरअसल चाय के पौधे का उत्पादन और चाय बनाने का काम लंबे अरसे तक पुजारियों के अधीन रहा। लाल रंग का यह पेय पदार्थ अति उत्तम और राजसी पेय माना जाता था इसलिए केवल उच्चवर्गीय लोग ही इसे पीते थे। डच

व्यापारी जहाज पहली बार पूरबी सागरों से, चाय से भरे संदूक यूरोपियन सीमाओं में लाए। एक बार चखी जाने के बाद, इस नए पेय पदार्थ के लिए नियमित रूप से माँग होने लगी और यह पूरबवासियों के बीच स्थापित हो गया।

जापानियों ने इस टी सेरेमनी के लिए बहुत ही सूक्ष्म निर्देश दिए हैं, वे इन्हें पूरा करना बहुत महत्त्वपूर्ण मानते हैं। केतली का ढक्कन खोलने का एक तरीका है; पात्र में रखी चाय को एक खास तरीके से, बाँस से बनी कूची से हिलाया जाता है; चाय का प्याला एक खास अंदाज़ में आगंतुक को पेश किया जाता है; इस पेय को साढ़े तीन घूँट में पीने का भी अपना ही रिवाज है।

इस नाजुक मिज़ाज जड़ी के साथ जाने कितने प्रतीक जुड़े हैं। अमेरिकी उपनिवेशवादियों ने बोस्टन बंदरगाह में चाय से भरे संदूकों को फेंककर अंग्रेजों का राज उखाड़ दिया, उन संदूकों पर अतिरिक्त कर लगाया गया था। जबकि मार्को पोलो हमें एक चीनी वित्त मंत्री के बारे में बताते हैं, जिसे चाय पर बहुत अधिक कर लगाने के लिए ही पदच्युत कर दिया गया था। जिस तरह मध्यकालीन जापानियों के विस्तृत रस्मोरिवाज के बीच चाय के दौर चले, उसी तरह पश्चिमी समाज में भी दोपहर बाद की चाय दावतों में सामाजिक भाईचारे, आपसी सद्भाव, राष्ट्रीय आकांक्षाओं का मेल और लोगों के बीच मैत्री होती आई है। कितने लोग एक-दूसरे से परिचित हुए और एक छोटे से चाय के प्याले की मुलाकात ही आजीवन मैत्री का आधार बनी। वे विषय और निर्णय कितने बड़े रहे होंगे, जो प्यालों और तश्तरियों की खनखन के बीच स्त्री और पुरुषों के मध्य पूर्णता तक पहुँचे होंगे।

हर व्यक्ति का अपना स्वाद और जन्मजात प्राथमिकता होती है। वह अनिवार्य रूप से उसे अपने चाय-पान के क्षेत्र में लेकर आएगा। मैं भी पहले दार्जिलिंग चाय की गंध और स्वाद को पसंद करता था। हिमालय जगत के दूसरे बड़े पर्वत कंचनजंघा के निकट, गर्म जलवायुवाले पर्वतीय स्थल पर चाय के बागान स्थित हैं। वहाँ उगनेवाले चाय के पौधों से ऐसी चाय मिलती है, जिसका कोई मुकाबला नहीं कर सकता। परंतु मैं यह भी जानता हूँ कि कुछ लोग इस बात से सहमत नहीं होंगे। इसमें कोई संदेह नहीं कि इस आकर्षण का अधिकांश भाग हिमालय के उन चित्रों से आया था, जो प्राय: चाय के प्याले से निकलकर मेरे मन की आँखों पर छा जाते थे। 'वैसे यह सब स्वाद का खेल है और वास्तव में जब दुनिया को और बहुत सी बेहतरीन चाय पेश की जा रही हों, तो ऐसे में कोई विवेकहीन व्यक्ति ही

होगा, जो केवल अपनी पसंद के अनुसार चलने के लिए उनका त्याग कर देगा। अनेक वर्षों से, मैं बहुत हल्की चीनी चाय पीने लगा हूँ क्योंकि उनमें विषाक्तता (ज़हर) की मात्रा बहुत कम होती है।

मैं ऐसे अनेक लेखकों के बारे में जानता हूँ, जिन्हें चाय पीने में आनंद आता रहा है और उसी कड़ी में हम डॉ. जॉनसन का नाम ले सकते हैं, जो स्वयं को एक 'पक्का और निर्लज्ज चाय प्रेमी' कहते थे। चार्ल्स लैंब इसी श्रेणी में आते हैं, खेद से कहना पड़ता है कि मैं उनके शब्द भूल गया हूँ; और एडीसन, जिन्हें अपने निबंधों के वाक्य, चाय के प्याले के साथ ही सूझते थे।

मुझे भी एक या दो प्याले अच्छी चाय के साथ ही बौद्धिक उत्तेजना प्राप्त होती है जो अन्य किसी सामग्री से नहीं मिल सकती। ऐसा जान पड़ता है कि चाय के उत्तेजक प्रभाव से मस्तिष्क के अणु जीवंत होकर, पूरी सक्रियता से काम करने लगते हैं। खैर, मैं तो दिमाग के इस टॉनिक को लिए बिना, कोई गंभीर बौद्धिक काम करने के बारे में सोचूँगा भी नहीं। अगर मेरी बुद्धि हिसाबी होती तो मैं अनुमान लगा लेता कि मेरे लेखन के प्रति सौ पृष्ठों के लिए कितने पिंट चाय लगी होगी!

हिमालय में मेरा अबाधित अस्तित्व भी मुझे इस योग्य बनाता है कि मैं चायपान से अधिकतम लाभ उठा सकूँ। मैं संध्या समय अपने ध्यान सत्र से वापस आता हूँ, फिर आराम से बैठकर उस सुखद गरमाहट को अनुभव करता हूँ, जो पत्तों से छनकर मुझ तक आती है और रात के साए मेरे इस पहाड़ी घोंसले को घेरने के लिए हौले से तिर आते हैं। मैं चीनी के दानों को तब तक हिलाता हूँ जब तक वे इस तरल अमृत में घुल नहीं जाते और फिर हर घूँट, इसकी क्षमता को सराहते हुए पिया जाता है। मुझ पर समय का दबाव नहीं है, काम की जल्दबाजी नहीं है और लोगों की भीड़ मेरे साथ नहीं है। मानवजाति को जितनी भी तरह की चाय दी गई है, उसे इसी तरह शांत वातावरण में, बड़े ही आराम से पिया जाना चाहिए।

संसार को ऐसे भारी-भरकम पेय पदार्थ पीने दीजिए। मेरे लिए, मेरी स्वादग्रंथियों को आनंद देने और मन को प्रेरित करने के लिए यही पेय सदा पर्याप्त होगा।

चाय पीने का यह आनंद हानिरहित है। सुबह के समय एक प्याले से अधिक तरोताज़ा करनेवाला क्या हो सकता है? मेरे जैसे लिखनेवाले आदमी के लिए इससे अधिक उपयोगी क्या होगा, जो रात के शांत घंटों के दौरान अपने पन्नों पर काम

करना पसंद करता है; इसके अतिरिक्त उसके पास नींद को छलने का कोई और उपाय हो सकता है?

हालाँकि, हो सकता है कि अध्यात्म के आकांक्षी के आत्म अनुशासन कैरियर में ऐसा पड़ाव भी आएगा, जब वह बिना किसी उत्तेजक पेय को ग्रहण किए, अपने आंतरिक मौन के बल पर ध्यान कर सकेगा। उस विशेष काल में चाय के भी हानिकारक प्रभाव होंगे और उसे समय-समय पर इसके प्रयोग से बचते हुए, अपना ध्यान जारी रखना होगा।

मेरा मानना है कि जो लोग केवल एक तरह से चाय बनाते हैं, उन्हें दूसरे तरीकों के साथ भी प्रयोग करना चाहिए ताकि उन्हें अपने दैनिक पेय पदार्थ में विविधता मिल सके। उदाहरण के लिए, वे रात के खाने के बाद कॉफी के बजाय रशियन तरीके से चाय पी सकते हैं, जिसे गर्म मीठे पानी और नींबू के दो कतलों के साथ बनाया जाता है। लंच के बाद पी जानेवाली चाय के फारसी तरीके से भी सुखद बदलाव आ सकता है। इसे भी रशियन तरीके से ही बनाते हैं, अंतर केवल इतना है कि इसमें नींबू का खट्टापन मिलाने के बजाए पुदीने की गंध और स्वाद दिया जाता है।

इसके अलावा चाय बनाने का मिस्री तरीका भी कमाल है, बिना दूध की मीठी चाय से भरे गिलास में गुलाब की पत्तियों को शामिल करते हैं। दोपहर बादवाली चाय में दूधवाली चाय सही तरीके से ली जा सकती है। और मेरा मानना है कि नाश्ते के समय भी इसे ले सकते हैं। परंतु इस जगह फिर स्वाद की बात आती है, जैसा कि फ्रेंच कहावत भी है। हालाँकि मैंने आपको अपनी पसंद के बारे में बताया है।

और अब मुझे बैठकर एक प्याला, देवताओं का अमृत पीना चाहिए, जैसा कि किसी पूरबवाले ने कहा है। इसके साथ एक टोस्ट स्लाइस लिया जाए। इसकी स्वादिष्ट गरमाहट पूरे शरीर में फैलकर दिमाग को हल्का करेगी। दिल को खुशनुमा एहसास देगी और नासापुट चाय की पत्तियों की सुगंध का आनंद लेंगे।

***

एक दिन अलसुबह, गहरी गड़गड़ाहट का स्वर सुनाई दिया, जो पास आते हुए तूफान की गर्जना में बदल गया। यह ध्वनि मानसून के आगमन और भारत के सबसे बड़े जलवायु परिवर्तन की सूचक है।

मेरी खुली खिड़की से ठंडी हवा भीतर आने लगी। इस अनपेक्षित मौसमी अतिथि का आगमन अचानक ही हुआ है। पाँच मिनट पहले, मैं मेज़ के पास बैठा, बाहर खिली हुई धूप का नज़ारा ले रहा था। हरा लॉन धूप और छाया से घिरा था, पर्वत श्रेणियों में सुखद शांति का आभास था और गहरे नीले वनों से घिरे पहाड़ ऊष्मा से भरी मुस्कान दे रहे थे। हिमाच्छादित पर्वत श्रेणियों का आदिम सौंदर्य देखते ही बनता था। मैंने आभारसहित झुककर, उस दृश्य को प्रणाम किया।

मैंने आंतकित गर्जना को सुनकर फिर से बाहर देखा। धूप जा चुकी है। स्वर्ग से हल्की मरमराहट सुनाई दे रही है। मुझे सफेद रंग के कोहरे को अचानक देखकर हैरानी हुई। वह जाने कहाँ से प्रकट हुआ और घाटियों की ओर से घर की ओर आता दिखाई दिया। उसके ऊपर आकाश में, शिखरों के पास काले घने बादल घिरे हुए दिखाई दे रहे हैं। उन्होंने बड़े शिखरों को अपनी काली छाया में ढाँपना आरंभ कर दिया है।

पर्वत श्रेणियों के मध्य वायुयानों की कतारों की तरह काला सलेटी कोहरा मंडरा रहा है। उन्होंने सारे दृश्य को ढाँप लिया है और निचले परिदृश्य पर गहरी दूधिया भाप दिखाई दे रही है, मानो किसी कट्टर मुस्लिम महिला ने अपना पूरा चेहरा छिपा रखा हो।

मैं अब भी कुछ पर्वत श्रेणियों को देख पा रहा हूँ और बर्फीली हवा के झोंके, काले बादलों को इसके आसपास घुमा रहे हैं। उनके कारण ही वह तूफान मेरी ओर आ रहा है। वह वन के वृक्षों की पत्तियों को झकझोरते हुए आगे आया तो हज़ारों डालियों के झूमने का स्वर सुनाई देने लगा। यह हवा एकदम कमरे में घुसी और ऐसा लगा किसी ने चाकू से शरीर को काट दिया हो। मजबूरन मुझे अपनी पतली जैकेट के नीचे मोटा स्वेटर पहनना पड़ा।

कोहरा ऊँचा उठने लगा और जल्दी ही पूरा घर सफेद सागर में घिर सा गया। दस मिनट में ही जैसे सारी दुनिया बदल गई। मानो किसी जादूगर ने जादू की छड़ी घुमाकर हिमालय पर्वतों को बदल दिया हो। मुझे पलभर के लिए लंदन की उदासी से भरी धुंध की याद आई, पर मैंने पाया कि ये धुंध उसकी तुलना में साफ है और इसमें सल्फर की गंध भी नहीं है।

इसके बाद तूफान मेरे सिर पर नाचने लगा। इसके साथ ही बिजली गरजने और कड़कने की आवाज़ भी सुनाई दे रही थी। धीरे-धीरे सलेटी बादल मोटी

मूसलाधार बौछार में बदल गए। धरती पर बिजली गिरती दिखाई दे रही है। प्रकृति के तत्त्व अपना पूरा प्रभाव दिखा रहे हैं। मानसून लाखों की संख्या में बरसात की बड़ी बूंदें, किसी फ्लांग मशीन की गति से बरसा रहा है और इसके साथ ही ऐसा लगता है मानो कहीं बंदूकों से गोलीबारी हो रही हो। इसने पूरे वेग और बल के साथ अपनी लंबी अनुपस्थिति का बदला ले लिया है।

इस समय आकाश से जैसी वर्षा हो रही है, यूरोप की वर्षा उसका कहीं से भी मुकाबला नहीं कर सकती। वे बूंदें जिस ऊर्जा के साथ हिमालय के पर्वतों पर निर्भीक होकर बरस रही हैं, यदि उन्हें यांत्रिक रूप से बिजली की इकाईयों में बदला जाए, तो भारत के बहुत से विशाल क्षेत्रों में बिजली की समस्या दूर की जा सकती है।

अनेक घंटों तक तेज़ हवा के साथ तूफानी बरसात होती रही। बरसात ने किसी ठोस दीवार की तरह इमारत को घेर रखा है। पहले कभी-कभार बिजली कौंध रही थी, फिर यह नियमित अंतराल पर होने लगी। बाहर गरज रहे तूफान के बीच, तूफान की कड़कड़ ध्वनि के कारण धरती काँप उठी है।

संध्या समय होने पर भी वर्षा ने अपना काम चालू रखा। रात को मैं बिस्तर पर लेटा बारिश की ध्वनि सुनता रहा या दीवारों पर बिजली से बननेवाली परछाईयों के तमाशे देखता रहा। जी, मानसून का मौसम आ गया है और इसमें एक चीज़ लगातार अनपेक्षित रहेगी - वर्षा।

कुछ ही दिन में घर के आसपास का हरा-भरा लॉन कीचड़ से भरे गड्ढों मे बदल गया है। पानी और कीचड़ में अचानक ही पैर धंस जाते हैं, जो घास के नीचे कहीं छिपा है। हालाँकि मुझे इसका कोई खेद नहीं है। मैदानों की प्यासी धरती जल्दी ही इस गीलेपन को पूरे लोभ से सोख लेगी और बेचारे किसानों की फसलों की रक्षा होगी। इस अत्यधिक मानूसनी नमी के बीच, तूफानों से घिरे हिमालयी वनों के पेड़ लताओं और बेलों से ढके रहेंगे।

हालाँकि मौसम का मिज़ाज किसी रोगी और मुँह फुलाए घूमनेवाले बूढ़े जैसा लग रहा है। इस मौसम के दौरान, कई बार हिमालय का मौसम तापमान की अतियों का परिचय देते हुए उत्तरध्रुवीय से उष्णकटिबंधीय हो जाता है। शामें इतनी सर्द होती हैं कि मुझे सर्दियों के कपड़े पहनने पड़ते हैं ताकि शरीर में कंपकंपी न हो, जबकि दोहपर में कई बार मानूसन को पीछे धकेलते हुए सूरज सारे कोहरे

का सफाया कर देता है, वे उन सपनों में बदल जाते हैं, जो कहीं खो गए हैं। यह पूरी उदारता से पर्वतीय क्षेत्र को अपनी किरणों का उपहार देता है और मैं इसकी संतुष्टिदायक किरणों में सुस्ताने लगता हूँ। वर्षा से भरे काले मेघों के बीच ये क्षण देवदार की गंध से भरी वायु के बीच क्षतिपूर्ति से लगते हैं। मैंने पाया कि इस ऋतु में भी हिमालय अपने लिए रंग-बिरंगे वस्त्र रखता है और एक सप्ताह में ही कई तरह के चोले बदल सकता है।

हवाओं की गति इतनी तेज़ है कि एक सुबह मैंने बाहरी हिस्से की छत को टूटा हुआ पाया। तूफान की तीव्र ध्वनि सारे पहाड़ों के बीच गूंज रही थी।

अनियमित अंतराल बहुत सराहे जाते हैं और वे सूर्य की किरणों से रहित भोर को आने से रोक देते हैं, जो मेरे अच्छे दिनों की यादों को मिटाने पर तुली है।

वर्ष के इस समय में, गर्मी को मिटाने के लिए मानसून का आना बहुत ज़रूरी हो जाता है, जब थर्मामीटर का तापमान देह से सारी ऊर्जा निचोड़ते हुए उसे निष्प्राण सा कर देता है।

परंतु मन में इस बात का पछतावा भी रहता है कि मानसून के आते ही हिमालय का पुष्प अपनी प्यारी पंखुड़ियों को मोड़कर अपनी सुंदरता को दूधिया कोहरे, सलेटी भाप, काले बादलों और मूसलाधार बारिश के पीछे छिपा देता है।

***

पर्वतों में मेरे परवर्ती जीवन का यह प्रसंग, अब पूरी तरह से एक व्यक्ति के पवित्र एकांतवास में बीते घंटों, उनकी आंतरिक जिज्ञासा और आत्मीय पूजन का प्रसंग हो गया है। यही कारण है कि इसके पृष्ठों में इसके अतिरिक्त कुछ भी व्यक्त नहीं हुआ। अब किसी और घटना का वर्णन करने की आवश्यकता नहीं है क्योंकि अब यह एक गहरे मौन की कथा है। उस परम शून्य के लिए और क्या कहा जा सकता है, जिसे मैं भेदना चाहता था? मैं नि:शब्द हूँ, शब्द मुझे छलते हैं, जबकि कभी मेरे वे मेरे संकेतों पर नाचते थे। खेद से कहना पड़ता है कि मेरे विचार, कलम की नोक तक आने से पहले ही मर जाते हैं। मैं स्वयं को तैयार करता हूँ कि कलम को एक ओर रख दूँ ताकि इस डायरी के अन्य पृष्ठ अदृश्य लेखनी से लिखे जाएँ। मैं संसार को उस निजी दायरे में नहीं ले जाना चाहता और न ही मुझे इसकी परवाह है। इस पर मौन रूपी पर्दा ही पड़ा रहे तो बेहतर होगा।

उपसंहार

मैंने अपना सामान बाँध लिया है और अपनी आँखें दक्षिण की ओर घुमा दी हैं। मैं इस कोमल आकाश और आच्छादित पर्वत श्रेणियों के संसार को छोड़कर, एक बार फिर से बेघर, बेआसरा घुमक्कड़ बनने जा रहा हूँ। मौसम बदलते ही, दिन-ब-दिन ठंड बढ़ेगी और मेरे घर के आसपास सफेद बर्फ की सात फीट ऊँची परत जम जाएगी और आनेवाले महीनों में घर के बाहर और भीतर आने के दरवाजे बर्फ से बंद रहेंगे। जल्दी ही इसके जाने-पहचाने दृश्यों पर हिमकण गिरने लगेंगे और रास्तों पर चलना असंभव होगा। यह नन्हा सा साम्राज्य अपने भव्य एकांत में कहीं खो जाएगा। हिमालय के ये पर्वत, एक बार फिर से, बसंत के पुन: आगमन तक मानव जाति से कट जाएँगे।

हालाँकि कोई भी दक्षिण की चकाचौंध रोशनी और तेज़ गर्मी को जानते-बूझते, ऐसे स्फूर्तिदायक परिवेश को छोड़कर नहीं जाना चाहेगा। मैदानों के छोर तक आने के बाद ही मुझे गोरे चेहरे देखने का अवसर मिला था। मैंने खेद के साथ अपने पर्वतीय प्रवास से विदा ली।

मुझे यह याद करने में पीड़ा होती है कि मुझे जल्द ही कोलाहल से भरे नकली लोगों की दुनिया में फिर से जाना होगा,

जिनके स्वर मेरे लिए मक्खियों की भिनभिन की तरह निरर्थक हैं। मैं शहरों के लगातार बने रहनेवाले शोर और अंतहीन अनावश्यक वार्तालापों को कैसे सहन करूँगा? ऐसा लगता है कि इन पहाड़ों का मौन मेरी हड्डियों में बस गया है : इसे एक बार फिर से तोड़ने के लिए कोशिश करनी होगी। अरे! ऐसा करना ही होगा। मेरा गरिमामयी मौन बौद्धिक बड़बड़ाहट में बदलेगा, परंतु मैं कभी भी अपने हिमालय प्रवास की स्मृतियों को दोहरा सकता हूँ, जो अमिट है और इसका दैवीय फल कहा नहीं जा सकता। कोई भी यात्रा उस यात्रा से अधिक लाभदायक नहीं हो सकती, जो हमें सत्य की राह दिखानेवाले स्थान या मनुष्य की ओर ले जाती हो।

इस पांडुलिपि को पढ़कर प्रस्तावना लिखनेवाले मित्र का मानना है कि ये संस्मरण तब तक अधूरे रहेंगे, जब तक मैं दिग्भ्रमित मानव जाति के साथ हिमालय की प्रशांति से जुड़ा संदेश और प्रकृति से मिले पाठों को बाँट नहीं लेता। उसकी आलोचना तर्कसंगत लगी इसलिए मैंने इस आशा के साथ कुछ पंक्तियों को शामिल किया है कि शायद मेरे शब्दों की शक्ति उस शब्दरहित शक्ति का कुछ संकेत दे सके, जो मेरे लिए हिमालय का सर्वश्रेष्ठ वातावरण था और है।

मैं जानता हूँ, नियति ने मुझे मेरे शोधों के लिए सागर पार भेजा; मुझे हिमालय में एकांतवास का अवसर दिया : और अब हिमालय मुझे उस विशाल संसार में वापस भेज रहा है, जिसे मैं त्याग चुका था। यह चक्र पूरा हुआ। इन तीनों उल्लेखनीय बिंदुओं के मेल से एक संपूर्ण त्रिकोण बना। बहुत जल्दी मैं फिर से बाहरी प्रवास में गुम होनेवाला हूँ और फिर मैं मानवता और सामाजिक अस्तित्व के दावों से भी मुक्ति पा लूँगा।

फिर मेरे लिए हिमालय से भी लंबी यात्रा पर जाने की तैयारी का समय आएगा, तो मैं उसके लिए पूरी तरह से तैयार रहूँगा। मैं जानता हूँ कि यही परम शांति मेरे साथ मृत्यु लोक तक होगी और उस लोक में मेरा साथ देगी, जहाँ कोई और संपदा काम नहीं आती।

अगर हिमालय के संदेश को संक्षिप्त रूप में प्रस्तुत करना हो, तो वह होगा – मौन, ऐसा मौन जिसमें ईश्वर की साँस छिपी है। उसी मौन में मानवजाति ईश्वर के अस्तित्व; हर जगह, निरंतर कार्यरत प्रकृति के पीछे ब्रह्माण्डीय शक्ति के यथार्थ का प्रमाण भी मिल सकता है। मेरे लिए मेरा जीवन पहले से कहीं बड़ा और नेक होगा क्योंकि मैंने इस जगह प्रवास किया।

मेरा मानना है कि मैं इन शिखरों से अपने साथ यह अंतिम समाचार भी ले जाऊँगा, जो अपने आपमें बहुत ही प्राचीन है - वह ईश्वर के यथार्थ से जुड़ा है। उच्चतम शक्ति अब मेरे लिए विश्वास की वस्तु नहीं, अब वह प्रामाणिक, अस्वीकार से परे और सर्वश्रेष्ठ है, हालाँकि यह अब भी छिपी हुई है।

मेरा यह भी मानना है कि मैंने उच्चतम विवेक भी पा लिया है कि हमें इस शक्ति को खोजने के बाद इसके आगे घुटने टेक देने चाहिए। परंतु इसे खोजने के लिए प्रतिदिन कुछ समय के लिए मौन में जाना होगा, बाहरी दुनिया से छूटकर अपने भीतर प्रवेश करना होगा, जहाँ इसका वास है।

ईश्वर अनजान नश्वर प्राणियों के लिए अपनी अभिव्यक्ति का रूप नहीं बदलेगा। हमें ही उसकी बोली सीखनी होगी अन्यथा हम उसका संदेश नहीं सुन सकते। उसका संदेश इस मौन से अधिक नहीं है। और वह हमारे अपने ही अस्तित्व से कहीं दूर नहीं है।

इसका सार यही है कि मनुष्य को कभी अपनी संभावित विलुप्ति के लिए शोक नहीं करना चाहिए। अमरता की आशा ही इस बोध का अग्रदूत है। इन गहनतम क्षणों में ही, वह इस सत्य को महसूस करते हुए अनुभव कर सकता है। हालाँकि यह विचार असंख्य लोगों की ओर से साधारण उक्ति के रूप में इतनी बार कहा गया है कि यह ऊब पैदा करता है परंतु यह सत्य है। मनुष्यों के शरीर उसी तरह मिट जाएँगे जिस तरह मेरे आगे शिखरों पर चमकनेवाला पीला कोहरा छँट जाता है, परंतु उसे अपने अस्तित्व की अखंडता बनाए रखनी होगी क्योंकि वह दिव्य है।

मैं यह सब इसलिए नहीं जानता कि किसी बाइबिल को जाननेवाले या पादरी ने मुझसे ऐसा कहा है, मुझे पता है क्योंकि मैं स्वयं इस मौन में प्रवेश कर चुका हूँ। जब मैं अपने पर्वतीय आश्रयगृह में बैठता था, तो मैंने कई बार स्वयं को अपने शरीर से बाहर आकर, हवा में तैरते देखा है। मैं अपने आसपास के सारे दृश्य, जाने-पहचाने नज़ारे, वन की नदियाँ, घाटियाँ, नाले और बर्फीले शिखर देख सकता था। मैं सो नहीं रहा था, मैं सपना नहीं देख रहा था, पर जब एक बार मेरे नौकर ने पुकारा, तो मैं उसे सुनने के बावजूद अपने हाथ और पैर हिलाने में अक्षम था। मैं न तो कुछ बोल पा रहा था और न ही हिल-डुल सकता था, परंतु इसके बावजूद मैं स्पष्ट रूप से, अनासक्त भाव से अपने आसपास के माहौल में सब

कुछ देख सकता था। मेरा शरीर मृतक के समान हो गया था, हालाँकि मैं अभी जीवित था। इसने मुझे यकीन दिलाया कि मैं एक हज़ार तर्कों के बावजूद जीवित रहूँगा; क्योंकि इस अनुभव ने दिखा दिया था कि मन या भीतरी व्यक्ति के लिए जन्म, मृत्यु या स्वप्न के समय देह से बाहर आना या उसके भीतर जाना किस तरह संभव है।

दैवीय शक्ति ने अभी अपनी सृष्टि, ब्रह्माण्ड को नहीं त्यागा। यह निरंतर चुपचाप अपना काम कर रही है। हमें स्वयं को सांसारिक संघर्ष के इस समय में निरंतर और बार-बार यह याद दिलाना होगा। चाहे आज जो भी हो, मुझे पूरा यकीन है कि मनुष्य का आगामी इतिहास, ईश्वर के इस छिपे हुए काम करने के तरीके की वजह से ही अपनी उच्चतम आशाओं को साकार कर सकेगा। मुझे उस पर पूरा विश्वास है और जो भी उस मौन में जाकर निःशब्द को सुनेंगे, वे भी उस पर निश्चित रूप से विश्वास करेंगे। जब बाकी कुछ भी काम नहीं आए तो हमें इसी आशा को बनाए रखना चाहिए। देवताओं की जीत निश्चित तौर पर होगी और होनी ही चाहिए।

हिमालय ने मुझे यही सिखाया।

मैं अंतिम पंक्ति के रूप में भजन की पंक्ति को ही पुनः लिखना चाहूँगा :

शांत बनो और जानो कि मैं ही परमेश्वर हूँ...।

यह पुस्तक पढ़ने के बाद आप अपना अभिप्राय (विचार सेवा) इस Mail ID पर भेज सकते हैं ... books.feedback@tejgyan.org

तेजज्ञान फाउण्डेशन - परिचय

तेजज्ञान फाउण्डेशन आत्मविकास से आत्मसाक्षात्कार प्राप्त करने का एक रास्ता है। इसके लिए सरश्री द्वारा एक अनूठी बोध पद्धति (System for Wisdom) का सृजन हुआ है। इस पद्धति को अन्तर्राष्ट्रीय मानक ISO 9001:2015 के आवश्यकताओं एवं निर्देशों के अनुरूप ढालकर सरल, व्यावहारिक एवं प्रभावी बनाया गया है। इस संस्था की बोध पद्धति के विभिन्न पहलुओं (शिक्षण, निरीक्षण व गुणवत्ता) को स्वतंत्र गुणवत्ता परीक्षकों (Quality Auditors) द्वारा क्रमबद्ध तरीके से जाँचा गया। जिसके बाद इन पहलुओं को ISO 9001:2015 के अनुरूप पाकर, इस बोध पद्धति को प्रमाणित किया गया है।

तेजज्ञान फाउण्डेशन – परिचय

हॅपी थॉट्स तेजज्ञान यूट्यूब चैनल

महाआसमानी - अल्प परिचय

Self Delelopment to Self Realization

Towords Self Stabilizaion

क्या आपको उच्चतम आनंद पाने की इच्छा है? ऐसा आनंद, जो किसी कारण पर निर्भर नहीं है, जिसमें समय के साथ केवल बढ़ोतरी ही होती है? क्या आप इसी जीवन में प्रेम, विश्वास, शांति, समृद्धि और परमसंतुष्टि पाना चाहते हैं? क्या आप शारीरिक, मानसिक, सामाजिक, आर्थिक और आध्यात्मिक इन सभी स्तरों पर सफलता हासिल करना चाहते हैं? क्या आप 'मैं कौन हूँ' इस सवाल का जवाब अनुभव से जानना चाहते हैं? यदि आपके अंदर इन सवालों के जवाब जानने और 'अंतिम सत्य' पाने की प्यास जगी है तो तेजज्ञान फाउण्डेशन द्वारा आयोजित 'महाआसमानी परम ज्ञान शिविर' में आपका स्वागत है। यह शिविर पूर्णतः सरश्री की शिक्षाओं पर आधारित है।

महाआसमानी– अल्प परिचय

हैपी थॉट्स सरश्री (इंग्लिश) यूट्यूब चैनल

सरश्री द्वारा रचित पुस्तकों की जानकारी

सरश्री ने विविध विषयों पर 150 से अधिक पुस्तकों का लेखन किया है, जिनमें से 'विचार नियम', 'विश्वास नियम' 'स्वसंवाद का जादू', 'स्वयं का सामना', 'स्वीकार का जादू', 'निर्णय और ज़िम्मेदारी', 'निःशब्द संवाद का जादू', 'संपूर्ण ध्यान' आदि पुस्तकें बेस्टसेलर बन चुकी हैं। इनमें से कुछ पुस्तकें दस से अधिक भाषाओं में अनुवादित की जा चुकी हैं और प्रमुख प्रकाशकों द्वारा प्रकाशित की गई हैं, जैसे पेंगुइन बुक्स, जैको बुक्स, मंजुल पब्लिशिंग हाऊस, प्रभात प्रकाशन, राजपाल ऍण्ड सन्स, पेंटागॉन प्रेस, सकाळ प्रकाशन इत्यादि।

विचार नियम
आपकी कामयाबी का रहस्य

विश्वास नियम
सर्वोच्च शक्ति के सात नियम

मौन नियम
स्वयं को जानने का निःशब्द उपाय

www.ingramcontent.com/pod-product-compliance
Lightning Source LLC
LaVergne TN
LVHW060605051026
849519LV00002B/488
9789390607563